ヨーロッパ中世の時間意識

ヨーロッパ中世の時間意識

甚野尚志・益田朋幸 編

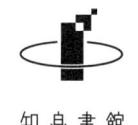

知泉書館

序

　本論文集は，早稲田大学のプロジェクト研究所「ヨーロッパ中世・ルネサンス研究所」が，2009年秋から2年にわたり行った時間意識をめぐる共同研究の成果である。時間意識というテーマは，領域横断的な共同研究を行うにあたって相互の議論が難しい問題ではあったが，一方できわめて知的刺激に富むものでもあった。なにより，我々が考察対象としたヨーロッパ中・近世で時間意識は，人々が属する社会層や居住する地域などにより多様性や複合性を孕むものであり，その意味で人々のものの考え方や感じ方を知るための格好の分析視角を提供するものだからである。ここではまず，ヨーロッパ中・近世の時間意識の根幹となるものを素描しつつ，各論文の内容を簡潔に紹介しておきたい。

　我々が，時間意識とは何かということを考えるとき，最も容易に思いつくのは，人間が日常生活のなかで感じる時間の流れの意識であろう。人間は，自身や周囲の人々の誕生から死にいたる過程をみることで不可逆的な時間の流れを感じるとともに，また同時に，昼と夜の繰り返し，星の動きや月の満ち欠け，四季の変化をみることで，繰り返される時間を意識する。そして，このような二つの異なる時間意識は，個としての人間においてだけでなく，太古以来，人間の社会全体でも同様に意識されてきたといえよう。つまり，不可逆的に流れる直線的な時間の意識と，一度滅んだものが繰り返し再生するという時間の意識が，人間の歴史の始まり以来，あらゆる文明の文芸や芸術の時間表現で見て取れるからである。

　直線的な時間意識は，古代以来，とりわけ諸民族の神話的な叙事詩のなかで，自身の来歴を語る際に必ず見出される。古代ギリシア，ローマ世界では多くの歴史叙述が書かれたが，そこでは自身の歴史が神話的な

過去から連続するものとして明確に描かれた。また古代ユダヤの世界でも，聖書で記されているようにユダヤ民族の歴史は，神による天地創造から歴史の終末へといたる直線的な歴史のなかに位置づけられた。だが一方で人間は，古代から自然環境の循環的な時間も明確に意識してきた。それは，農耕や牧畜の生活の維持のために作られた暦において最もよく見て取ることができよう。暦は，太陽や月の動き，寒暖の時期，雨季や乾季を把握するために作成されたが，農耕や牧畜といった生活維持のためのみならず，権力者により政治や宗教の活動も統制するものとして定められた。

　こうした前提の上で，ヨーロッパ中・近世の時間意識を考えるとき，キリスト教が古代的な時間意識をどのように変容させたかが重要な問題となる。中世ヨーロッパ世界がキリスト教化するにつれ，古代的な時間意識は，キリスト教の時間意識と融合し継承されていく。中世で一年の暦は，キリスト教会の影響下，それまでの古代の暦が聖人の祝祭を中心にした暦に変えられるが，一方で教会の暦は，古代的な循環する自然の意識も根底において受け継いでいる。つまり，クリスマスが冬至の祭り，聖ヨハネの祝日が夏至の祭りの日に設定されたように，教会の暦は，以前の異教世界の時間意識を土台として作られたからである。また同時に，直線的な時間意識でも，異教的伝統とキリスト教理念の融合がみられる。そのことは，中世の世界年代記において，古代ギリシア・ローマ世界の異教世界の出来事と聖書での出来事がつねに併記されて，天地創造以来の歴史の流れが記述されることをみれば明らかであろう。

　しかしこのような時間意識は，中世都市が成立し，商業交易や手工業が発達すると変化する。労働や生産，商取引などのあらゆる側面で，人々の間で共有できる計測可能な時間認識が必要となるからである。時間の正確な計測は，中世の機械時計の発明で実現されるが，それ以降，徐々に近代的な時間意識が形成されていった。また暦についても改革がなされる。中世で使用されたユリウス暦では，一年が完全に太陽の一年の動きと対応しておらず，復活祭を決めるための起点となる春分の日が次第にずれていった。そのずれを修正することが，中世末以来，教会の急務になる。天文学の発展により16世紀末に，正確に自然の一年と対応した暦であるグレゴリオ暦が教皇庁により作成され，この問題は解決され

る。そしてグレゴリオ暦が近代ヨーロッパ世界で普及し，それが最終的に現在の世界共通の暦となるのである。

　時間意識の中世から近代への移行をめぐっては，これまで多くの研究がなされてきた。ここでそうした研究を紹介する余裕はないが，少なくともいえることは，時間意識の近代化にかんする問題がこれまでの時間意識にかかわる研究の中心であり，我々の共同研究が対象とするヨーロッパ中世・近世の時間意識は，まだまだ十分な研究対象とはなっていない。しかし，前近代世界の社会や文化の深層を理解するために，時間意識の解明は重要な手がかりを与えてくれるものであり，今後の研究が待たれる研究領域といえよう。本論文集では，前近代世界の時間意識について，現実の社会の時間意識のみならず，文学，哲学，芸術作品で表現された時間意識を分析しつつ，多様な角度から検討していきたいと思う。以下で，所収された論文の内容を紹介しておきたい。

　この論文集は全体で三部構成になっている。第Ⅰ部「社会のなかの時間」は，ヨーロッパ中・近世における時間意識を社会的な文脈のなかで扱う。終末論，暦の改革といったテーマが中心であるが以下の五つの論文からなる。

　大月康弘「ビザンツ人の終末論　　古代末期における世界年代記と同時代認識」は，5-6 世紀のビザンツにおける終末論について考察する。5-6 世紀のビザンツ世界では，後期ローマ帝国の遺産に基づき多くの文学作品が生み出されたが，この時代の作品では歴史の終末論がしばしば語られた。ビザンツでも西欧の終末論と同様に，歴史は天地創造の 6 日間に対応して，6 つの段階を経て 7 番目の段階で終末を迎えるとされたが，ビザンツでは各段階が千年間続くものと想定されていた。5-6 世紀のビザンツの人々は，同時代が 6 番目の千年紀が終わる時期で 7 番目の千年紀に入ろうとする時期だとみなし，終末が迫っていると考えていた。この時代のビザンツでの終末論の背景には，飢饉，疫病，地震の自然災害や異民族の侵入，さらには皇帝ユスティニアヌスによる終末論的なプロパガンダがあったことが示唆される。

　甚野尚志「12 世紀の歴史記述——ハーフェルベルクのアンセルムスと終末論的歴史」は，12 世紀の歴史叙述のうち終末論の類型について，

ハーフェルベルクのアンセルムスの『対話』を取り上げ考察する。アンセルムスは同時代の神学の影響下，独自の終末論を構想したが，それは，フィオレのヨアキムの終末論にいたる12世紀の終末論の潮流にある。彼は『対話』で，歴史を天地創造の6日に対応する6段階に区分し，6番目がキリスト来臨以降の現在までの時代とした上で，さらに6番目の段階を7つに分ける。その1番目から3番目はキリスト来臨以後の初期の教会史であり，4番目が現在の段階とする。そして現在，改革修道院の律修参事会が教会を完成させると述べる。『対話』では，アンセルムスがコンスタンティノープルで行った東西の教義論争も付加されているが，ここから12世紀中葉の西欧で，東西教会合同が終末論的な文脈で待望されていたことが窺える。

黒田祐我「中世イベリア半島で使用された暦について」は，中世のイベリア半島で15世紀まで用いられたヒスパニア暦について論じる。イベリア半島独自の暦であるヒスパニア暦は，アウグストゥスの戸口調査が初めて実施された紀元前38年から始まるとされ，キリスト暦に38年加えたものであった。中世のカスティーリャ王国では，年代記や証書でヒスパニア暦が公式に使用され続けるが，「レコンキスタ」の進展とともに，ヒスパニア暦がキリスト教と無縁な暦であることから，トラスタマラ朝フアン1世が1383年に廃止し，それ以降はキリスト生誕暦が採用され，以後カスティーリャ王国内ではキリスト生誕暦での日時の記載がない文書は無効とされた。イベリア半島の中世では，ヒスパニア暦のみならず，イスラーム教のヒジュラ暦やビザンツのインディクティオー暦なども併用されており，そこには重層的・複合的な時間意識があったことが指摘される。

根占献一「「時」の人フィチーノとコペルニクス――暦・太陽・黄金時代」は，まずフィチーノの時間意識を論じ，彼の思想における占星術やホロスコープへの関心を指摘する。フィチーノは予言，予兆，個人と自然との相互関係，星占いについても言及し，天上世界の動きが月下世界にある地上の人間に対して影響を与えることを明確に述べた。しかしその後，教会暦改革が切実に求められる時代になると，コペルニクスのような地動説を唱える科学者もカトリック世界で受け入れられ，コペルニクス自身も教会暦改革では尽力する。ルネサンス期の大問題であった教会暦の

改良は，1582年に教皇グレゴリウス13世がグレゴリオ暦を制定することで一応の解決をみる。それにより，ユリウス暦で生じていた復活祭日の10日のずれは解決され，春分は3月21日に固定された。グレゴリオ暦制定はまた，時間の管理者としての教皇の権威を高揚させることにもなったのである。

皆川卓「良心の問題か現実の必要か——改暦紛争の神聖ローマ帝国」は，ユリウス暦からグレゴリオ暦への改暦により神聖ローマ帝国で生じた紛争について扱う。ドイツでは宗教改革後，カトリックとプロテスタントの宗派対立が生じたが，1582年に教皇庁が作ったグレゴリオ暦を導入するかどうかをめぐり，ドイツ内部のカトリックとプロテスタントの間で大きな対立が生じる。その結果，1世紀にわたりドイツ国内では新旧両暦が併存したが，これはまさにドイツにおける宗派対立を象徴する事件の一つであった。カトリック側に立つ皇帝は帝国単位での暦の統一を目指したが，等族はそれぞれの領内での改暦権を主張したので，改暦の問題が領邦の国家的自立化の一契機にもなる。政治と知とがからむこの問題は複雑な様相を呈し，プロテスタントは改暦に反対し続けるが，1世紀の紛争を経て最終的には，現実の必要から改暦を受け入れざるをえなくなった。

続いて第Ⅱ部「テクストの時間意識」は，音楽，文学，思想のテクストで表現される時間意識を扱う。ここでは中世の著作家が書いたテクストの分析から，ヨーロッパ中・近世の時間意識を考察するが，以下の四つの論文からなる。

西間木真「音楽と時間意識——カロリング時代の音楽書にみられるリズムとテンポ」は，カロリング時代の音楽関係写本を分析し，どのような形で音や旋律がこの時代に書きとめられたかを考える。カロリング時代の楽譜として残されているのは，ほぼすべて修道院あるいは教会内で唱えられた単旋律ラテン語典礼唱であったが，そこではまだ，中世盛期に出現する音の高さを記す譜線記譜法もなく，音の時間的な長さとリズムを表すモード記譜法や計量記譜法も存在しない。このような音楽理論生成期のカロリング期に，音や旋律がいかに論じられていたのかが考察される。カロリング期の音楽書では，音の長短やリズムの具体的な手掛

かりは見当たらないので，おそらく，音楽教師が典礼の執行季節や時間の枠組みとなる教会暦についての知識をもち，楽譜が典礼行事を行う季節や時間，場所や状況に合わせて解釈され，歌唱がなされていたことが指摘される。

　瀬戸直彦「人生の四時期——オジル・デ・カダルスとフィリップ・ド・ノヴァールの場合」は，時間の変化を題材にした中世フランス文学の二つの作品を考察し，とくに若さがどう扱われるかに注目する。一つは，人生の時期を春夏秋冬にわけ，四季の変化と重ね合わせて人間の身の処し方を説いたフィリップ・ド・ノヴァールの教訓の書『人生の四時期』（1265年頃）である。このオイル語で書かれた著作は，作者が70歳を超えた時期に書かれたが，人生の四時期——幼年期，青年期，壮年期，老年期——を春夏秋冬と対応させ身の処し方を論じる。もう一つは，12世紀のトルバドールであるオジル・デ・カダルスの作品で，男が女に言い寄るのに適当な一日の時間を論じたものである。ここでは，言い寄る相手の女性が年齢により，結婚前の娘，若い既婚夫人，30歳くらいの女性，年齢のいった夫人に分けられ，それぞれにふさわしい一日での言い寄る時刻が述べられる。

　田島照久「ドイツ神秘思想における時間把握——マイスター・エックハルトの瞬間論」は，エックハルトによる「今」の時間把握について考える。前提としてトマス・アクィナスの「今」の理解と，トマスが依拠したアリストテレスの「今」の理解を考察し，そこから，「始原とは永遠の第一の単一なる今である」というエックハルトの永遠についての言説を理解しようとする。トマスはアリストテレスに従い，時間とは「先後による運動の数」に他ならず，より先，より後という先後関係が数えられることを前提にして初めて「今」の概念が成立するとした。そして，時間が運動の数で，数えられた数であるかぎり，「精神」が存在しなければ「時間」も存在しないとする。エックハルトも，時間を自然的事物のうちに存在しない数とみなす。そして，数はそれ自体として存在せず，時間と数は本質的に魂の内にのみ存在することから，エックハルトは瞬間としての今の無時間性を導いたことが指摘される。

　黒岩卓「『アラス受難劇』およびグレバン作『受難の聖史劇』における「第一日目」——内容構成と韻文構造の比較」は，15世紀前半にアルヌー

ル・グレバンが書いた『受難の聖史劇』と，彼が参照した『アラス受難劇』とがどう違うか，「日」という概念を手掛かりに両作品を比較検討し，グレバンの作品制作の手法を明らかにする。グレバンの『受難の聖史劇』では，『アラス受難劇』の作品構成の枠組みを継承し，受難劇が四日間に分けられる。第一日目が最初の部，続く三日間が別の部となる。本論文では第一日目の内容が比較され，両作品の第一日目が『マタイ伝』と『ルカ伝』の1章，2章からなり，エピソードの配列は共通であるが，細部や長さが違うことが指摘される。グレバンは『アラス受難劇』の全体の区分，内容，詩作技巧を継承しつつ，第一日目で語られるべき内容——イエス・キリストの誕生——を『アラス受難劇』よりも明確に打ち出したことがいわれる。

　第Ⅲ部「図像のなかの時間」は，写本や聖堂壁画といった中世の美術作品にみられる時間意識を分析する。これまで美術における時間表現の分析は，物語を語るテクストがどのように絵画に写されるかを考えることが多かった。中世美術は，写真のように一瞬の出来事を記録するものではなく，時には複数の時間や場所をひとつの絵のなかに描くものだからである（益田朋幸『描かれた時間』論創社，参照）。

　物語図像の本格的な研究は6世紀の写本『ウィーン創世記』を検討した，1895年のヴィクホフによって緒に就き，ワイツマン（ヴァイツマン）の『巻子本と冊子本の挿絵』（1947年）によっていっそう精緻に展開された。ワイツマンの高弟であり，前掲書の邦訳（『古代・中世の挿絵芸術』中央公論美術出版）を刊行されている辻成史氏の「「物語の道筋」を歩く—その Text, Motion, Visuality」が第Ⅲ部の冒頭を飾る。辻氏にはヴィクホフの批判的紹介もあるので，併読されることをお薦めする（大手前大学人文科学部論集4（2003））。

　辻論文は，物語の展開する場，すなわち「世界」の視覚的な隠喩である風景（ランドスケープ）論の一環である。『ポリフォニア・ウィシビリス1』（英文，大阪大学文学部紀要29（1989）），「浮遊する風景」（大手前大学人文科学部論集6（2005），及び細田あや子／渡辺和子編『異界の交錯（下）』リトン，2006年）に続くと位置づけられる論考であるが，辻氏は本論文に見るように西洋古代末期の美術に限らず，日本美術（「イメージ・

リーディング再考——那智参詣曼荼羅によせて」金沢美術工芸大学紀要 42 (1998)),日本文学(「むさしの,そして『武蔵野』まで」武田恒夫・辻成史・松村昌家編『視覚芸術の比較文化』思文閣,2004 年)等に対しても,「風景」という視点から思索を繰り広げられてきた。その豊かな内容を要約することは困難であるが,いずれ単行本として一書にまとめられることを期待したい。辻氏も引用する,日本美術史の佐野みどり氏には,2010 年 9 月のシンポジウムにも参加いただき,交流を深めることができたのを附言する。

毛塚実江子「10 世紀イベリア半島の写本挿絵に見られる時間意識——ミレナリスムは存在したのか」は,『九六〇年聖書』と呼ばれるスペイン初期中世写本の研究者による論考である。8 世紀の修道士ベアトゥスが著した『黙示録註解』の写本は,スペインの初期中世からロマネスク時代にかけて多数制作されたが,これらの写本挿絵を詳細に比較することによって,文字史料には現れていない(残されてはいない),スペインにおける終末意識を説得的に再現している。5-6 世紀のビザンツと 10 世紀のイベリア半島,時代と場所は異なるが,第 I 部大月論文とも響く,キリスト教的終末の実態に関する考察である。

櫻井夕里子「アナスタシス(キリストの冥府降下)図像に内在する時間」以下 3 編は,東方キリスト教,ビザンティン美術における時間意識を論ずる。1 点の絵画には一瞬の時間,ひとつの場所が切りとられているのではなく,レヴェルの異なる内容が合成されている,という共通の視点に立っている。典礼を重視する立場も 3 編に共有されている。中世のキリスト教徒は,毎週日曜のミサにおいて,キリストの死と復活を想起しつつ,1 年間をかけてキリストの生涯を追体験したのであった。

櫻井論文は,キリストの復活を記念する「冥府降下」図像にソロモンが描かれていることに着目した。ソロモンはエルサレムに壮麗な神殿を建築し,同じ場所にキリスト教を公認したコンスタンティヌス帝が聖墳墓聖堂を建立する。キリストの復活を描いた図像に,旧約の王,初期キリスト教時代の皇帝,同時代のビザンツ皇帝のイメージが重層的に重ね合わされる状況を,実証的に論じた。

辻絵理子「神の足が立つところ——磔刑図像に描かれた礼拝者たちとその時間構造」は,11 世紀の詩篇挿絵を中心に採りあげつつ,同じ修

道院工房で制作された写本挿絵を比較して,「磔刑」図像の分析を行う。物語的な磔刑図の中に描かれた跪く人物は,初期キリスト教時代の巡礼であり,また旧約聖書の予型の成就として描かれている。ストゥディオス修道院という特定の場において,いかなる知的営為がなされていたのか,という探究でもある。

益田朋幸「ビザンティン聖堂装飾のイコンとナラティヴ」は,聖堂装飾をひとつの宇宙ととらえ,どのような原理によって壁面が装飾されるかを概観した。時間性のない聖人のイコン的な図像と,キリスト伝の説話図像が,巧みに組合わされつつ聖堂を飾る。物語は時間的順序に従って配されるのではなく,典礼と密接に関わって並んでいる。また物語は,その内容の対照性によって壁面の向かい合う場所に配されるという原則も提唱された。

巻末を飾る堀越宏一「中世ヨーロッパの写本挿絵における時代表現と写実性」を第Ⅲ部に置いたことには,若干の説明を要しよう。日本史の分野では五味文彦氏,黒田日出男氏らの著作において,美術作品が史料として用いられ,数々の新知見を生んできた。しかし西洋史・西洋美術史の分野での交流は,ほとんど行われていないのが現状である。ヨーロッパ中世・ルネサンス研究所ではディシプリンの垣根を取り払うべく,シンポジウムや研究会を通じて議論を行ってきたが,堀越氏の論考はその成果のひとつであるといえよう。美術作品を歴史史料として用いる際に,私たちは何に留意しなければならないのか,方法論的な検討がなされる。そこでは様式,写実性,記号的(ステレオタイプ,クリシェ)表現といった概念が問題になる。堀越氏の提言に対して,今後美術史側からの応答がなされるべきであろう。

本書の概要は以上の通りであるが,これらの論文が取り上げたヨーロッパ前近代世界の「時間意識」をめぐる問いは,ここで結論が出たといえるものではない。個々の論文が提示した様々な論点については,さらに議論を深めてゆくべきものばかりであろう。その意味で本書が,我が国での「時間意識」をめぐる学際的な研究を活性化する端緒となることを願っている。ともあれ,ここに集められた論文は,我々の研究所が行った最初の共同研究の成果であり,研究所の活動の2012年における

現状報告でもある。ここで扱われた諸問題については，今後の共同研究でも継続的に議論を深め，発展させていくつもりである。

目　次

序　　　　　　　　　　　　　　　　　　　　　　　　　　　　v

　　　　　　第Ⅰ部　社会のなかの時間

1　ビザンツ人の終末論
　　　　──古代末期における世界年代記と同時代認識　大月康弘　5
　はじめに　　　　　　　　　　　　　　　　　　　　　　　　5
　1　前　提──聖書的時間の典拠　　　　　　　　　　　　　7
　2　「世界の終わり」eschaton / ultima hora への意識の昂まり　11
　3　年代記作者の伝える終末論的言説　　　　　　　　　　　13
　4　外典における黙示録的伝統　　　　　　　　　　　　　　21
　おわりに──ビザンツ終末論と皇帝のプロパガンダ　　　　　24

2　12世紀の歴史記述
　　　　──ハーフェルベルクのアンセルムスと終末論的歴史
　　　　　　　　　　　　　　　　　　　　　　　甚野尚志　27
　はじめに　　　　　　　　　　　　　　　　　　　　　　　27
　1　ハーフェルベルクのアンセルムス（1095年頃─1158年）
　　　について　　　　　　　　　　　　　　　　　　　　　29
　2　『対話』における歴史の図式　　　　　　　　　　　　　33
　3　教会史の七つの段階　　　　　　　　　　　　　　　　　35
　4　教会の進歩と聖霊の役割　　　　　　　　　　　　　　　39
　5　改革の担い手としての修道院　　　　　　　　　　　　　40
　6　東西教会の合同と一つの教会の実現　　　　　　　　　　42
　おわりに　　　　　　　　　　　　　　　　　　　　　　　46

3　中世イベリア半島で使用された暦について　　黒田祐我　49
　はじめに　　49
　　1　ヒスパニア暦の起源と受容
　　　　――カスティーリャ王国の事例を中心として　　51
　　2　ヒスパニア暦の利用にみる半島内の地域的多様性　　57
　　3　複合的な時間意識　　61
　おわりに　　65

4　「時」の人フィチーノとコペルニクス
　　　　――暦・太陽・黄金時代　　根占献一　67
　　1　宗教暦と星辰世界　　67
　　2　教会暦改革の時代　　70
　　3　教皇庁とコペルニクス理論　　73
　　4　ルネサンス文化とコペルニクス　　77
　　5　文化の黄金時代　　83
　　6　フィチーノ思想と時代　　88

5　良心の問題か現実の必要か
　　　　――改暦紛争の神聖ローマ帝国　　皆川卓　93
　　1　改暦紛争とは　　93
　　2　突然の改暦宣言　　95
　　3　改暦紛争の発生　　99
　　4　プロテスタント知識人の改暦運動　　108
　　5　プロテスタント領邦における改暦の実現　　111
　おわりに　　117

第Ⅱ部　テクストの時間意識

1　音楽と時間意識――カロリング時代の音楽書にみられる
　　　　リズムとテンポ　　西間木真　121
　　1　音楽分類におけるリズム論　　123
　　2　韻律記号とネウマ記譜法　　128

　　　　　　　　　　　目　次　　　　　　　　　xvii

　　3　歌唱における音の長短　　　　　　　　　133
　　4　終わりに：音楽家と時間　　　　　　　　140

2　人生の四時期——オジル・デ・カダルスとフィリップ・ド・
　　　ノヴァールの場合　　　　　　　　　瀬戸直彦　143
　　1　オック語による教訓詩　　　　　　　　　145
　　2　フィリップ・ド・ノヴァール　　　　　　151
　　3　若さの危険　　　　　　　　　　　　　　154
　　4　背景としての医療術　　　　　　　　　　161

3　ドイツ神秘思想における時間把握
　　　　——マイスター・エックハルトの瞬間論　田島照久　167
　　はじめに　　　　　　　　　　　　　　　　　167
　　1　二つの「今」(nû)　　　　　　　　　　　168
　　2　中世の時間の定義　　　　　　　　　　　169
　　3　瞬間として今の無時間性　　　　　　　　175
　　4　永遠の第一の単一なる今 (primum nunc simplex aeternitatis)　182
　　5　時間の中の永遠　　　　　　　　　　　　188
　　まとめ　　　　　　　　　　　　　　　　　　192

4　『アラス受難劇』およびグレバン作『受難の聖史劇』
　　における「第一日目」——内容構成と韻文構造の比較
　　　　　　　　　　　　　　　　　　　黒岩　卓　193
　　はじめに　　　　　　　　　　　　　　　　　193
　　1　『受難の聖史劇』以前の受難劇作品における「日」に
　　　　よる区分　　　　　　　　　　　　　　　195
　　2　『アラス受難劇』と『受難の聖史劇』における
　　　　「第一日目」の構成　　　　　　　　　　198
　　3　「第一日目」の韻文構造に見られる修辞戦略　200
　　まとめ　　　　　　　　　　　　　　　　　　201

第Ⅲ部　図像のなかの時間

1　「物語の道筋」を歩く——その Text, Motion, Visuality
　　　　　　　　　　　　　　　　　　　　　辻　成史　211
　はじめに　211
　1　Topographia / Chorographia　212
　2　景観から物語へ　217
　3　日本の物語的景観　221
　4　Topothesia とローマ絵画の空間　223
　5　Landscape 論の新たな展開　226
　6　Text-Motion-Visuality　231
　7　結論に替えて　241

2　10 世紀イベリア半島の写本挿絵に見られる時間意識
　　　　——ミレナリスムは存在したのか　毛塚実江子　243
　はじめに　243
　1　ベアトゥスの時間意識　245
　2　10 世紀のベアトゥス写本に見る終末論的特徴　248
　3　写本の奥付に見る時間表記　254
　4　『九六〇年聖書』の時間意識　257
　おわりに　259

3　アナスタシス（キリストの冥府降下）図像に内在する
　　　　時間　　　　　　　　　　　　　　櫻井夕里子　261
　序　261
　1　歴史的・予型論的時間　265
　2　もうひとつの歴史的時間　272
　結　283

4　神の足が立つところ
　　　　——磔刑図像に描かれた礼拝者たちとその時間構造
　　　　　　　　　　　　　　　　　　　　辻絵理子　287

1	『パリ福音書』に内在する時間	288
2	『テオドロス詩篇』に描かれた時間	294
	結びにかえて	306

5　ビザンティン聖堂装飾のイコンとナラティヴ
益田朋幸　309

1	聖堂装飾における「イコンとナラティヴ」	309
2	イコンとナラティヴと典礼	314
3	図像の相称性	319
4	意味の相称性	325

6　中世ヨーロッパの写本挿絵における時代表現と写実性
堀越宏一　337

1	データベース化される写本挿絵	337
2	中世の図像表現における写実性	340
3	写本挿絵の史料批判と図像的アナクロニズム	344
4	時代考証の不在	351
5	写本挿絵の機能的な史料価値	355

あとがき	359
執筆者一覧	365
索　引	369

ヨーロッパ中世の時間意識

第Ⅰ部

社会のなかの時間

1
ビザンツ人の終末論
――古代末期における世界年代記と同時代認識――

大　月　康　弘

はじめに

　ヨーロッパ世界において,「古代」「中世」「近代」なる時代名称が登場する以前, つまり「中世」以前の時間意識とはそもそもどのようなものだったのだろうか。小論は, この素朴な問いから発して, いわゆる中世世界における時代認識のあり方について, その一端を理解しようとするものである。それを, 筆者が特に関心を寄せるビザンツ世界, とりわけ 5-6 世紀のいわゆる「古代末期」における事情を中心に簡単な展望を提供し, 今後の研究のための覚え書きとしておきたい。
　5-6 世紀のビザンツ世界に照準を合わせるのには相応の理由がある。第一に, 9-10 世紀に至るまで, いわゆる西欧世界もまた, コンスタンティノープルを中心とするキリスト教ローマ帝国の政治的, 文化的影響の外にはなかったと考えられるからである。フランク王オットー 3 世（在位 980-1002 年）が, ビザンツ皇帝ヨハネス 1 世ツィミスケスの姪とされるテオファーヌを母にもち, 都市ローマを帝都とするローマ帝国の復興 Renovatio Imperii Romanorum を夢想していたことは夙に知られているし, 帝王ばかりでなく, 政治, 文化の領域での人的交流があったことも, 今ではよく知られていよう[1]。西欧初期中世社会が後期ローマ帝

1）いわゆる中世ヨーロッパ世界が, ビザンツ世界, つまりコンスタンティノープルの皇帝と緊密な関係を継続していたことについては, 皇帝とフランク王との外交関係ば

国の遺産を受け継ぎながら形成されたとの理解も，今ではほぼ一般的になっている[2]。したがって，「古代末期」の事情を考察することは，ビザンツ世界ばかりでなく，西欧中世世界の理解についても大いに裨益すると考えられるのである。

　第二に，いわゆる世界年代記 Chronographia に属するテクストを含め，当該期（5-6世紀）にはそれ以前の時期にくらべて文学作品が叢生し，自然災害や皇帝の事績について興味深い記述を残されているからである。ここで文学史に立ち入ることはできないが，後述のように，マラス，アガティアス，プロコピオスなど，注目されるべきテクストは少なくない[3]。この時期に書かれた年代記テクストは，当然ながら「古代」や「中世」といったわれわれの時代区分論とは無関係な座標軸に沿って記述されている。したがって，それらのテクストが置かれたコンテクストや，記された内容の取り上げられた意味等を検討することで，われわれの通念とはまったく異なる，当時の世界認識の一端がかいま見られると期待されるのである。

　第三に，アナスタシオス帝期（在位491-518年）からユスティニアヌス帝期（在位527-565年）にかけて，帝国の再建に努めた皇帝の活発な事績が看取されることである。世界年代記の作者が記録するのは，アダムが創られた天地創造以来のできごとであるが，最終巻で同時代についての記録を残すのが常である。そこに認められるキリスト教的モチーフ

かりか，イタリア地域の君公との使節往来の諸相が雄弁に伝えている。cf. Nerlich, Daniel, *Diplomatische Gesandtschaften zwischen Ost- und Westkaisern 756-1002*. [Geist und Werk der Zeiten, Nr.92] Bern/ Berlin et al., Peter Lang, 1999; Leyser, Karl J., *Medieval Germany and its neighbours, 900-1250*. London, 1982. 少なくとも10世紀末まで，それ独自の観念世界を構成したと見ることは難しいからである。オットー3世の行動とそこに看取される想念については，三佐川亮宏「オットー三世・ローマ帝国の復興・"Teutonici"——生成期における"ドイツ人"のアイデンティティをめぐって」『歴史学研究』745（2001）34-51頁が，見通しのよい展望を与えてくれる。また，同「『ザルツブルク大編年史』920年の項に見える"ドイツ王国"概念の同時代性をめぐって——9世紀後半における theodiscus/ teutonicus の用例からの検証の試み」『東海大学文学部紀要』65（1996年）33-100頁も参照すると，当時の編年史作者における世界認識の一端が理解できる。

　2）佐藤彰一『中世世界とは何か』岩波書店，2008年。
　3）Agathias, Historiae, ed. R.Keydell. Berlin, 1967; Ioannis Malalae Chronographia. Ed. by Thurn, Ioannes. Berlin, 2000.（英語訳：The Chronicle of John Malalas, A Translation. [Byzantina Australiensia 4] Melbourne, 1986.); Procopius, *Secret History*. [Loeb Classical Library] Harvard University Press, 1935.

の含意をどう考えるか，という問題を含めて，ここに当時の（テクスト記述者における）時間意識が看取される，といわなければならない[4]。とりわけユスティニアヌス帝期に活発化する異民族との攻防，また偶々頻発した自然災害についての記述は，注目されるトピック群である。テクストで扱われた主題そのものの含意，また，その記述のあり方に，年代記作者たちの時間意識が反映されているとすれば，その分析は今後とも推進されねばならない。

　当時，コンスタンティノープルとそこに住まう皇帝と市民，また年代記作者たちには，差し迫った切実ともいえる事柄があった。小論では，5-6世紀に主としてギリシャ語で書かれた史料所言から注目される代表事例を紹介し，今後の研究に資するべくいくつかの指標を示しておきたいと思う。彼らの文化的座標軸の中で，われわれの時間意識，時代認識もまた相対化される可能性が見出せることだろう。

1　前　提——聖書的時間の典拠

　「ビザンツ人は，おそらく他の中世の人々にくらべて，歴史の変化を「よいこと」とは見ていなかった。「新しいこと」νεωτερισμόςや「革新」καινοτομίαということばは，かれらの用語法ではネガティブな意味合いで使われていた。ところが，彼らの文化に特有のパラドクスのひとつではあるが，彼らは，変化を，神が造りたもうた世界の創造過程に組み込まれたものと認識していた。したがって彼らは，歴史の展開を，神の摂理が作用している文脈で説明することができると考え，また計算さえできると考えていたのである」

　イギリスのビザンツ学者ポール・マグダリーノは，ビザンツ人の時

---

[4] Mango, Cyril, *Byzantium: The Empire of New Rome*. London, 1980; Scott, Roger, Malalas, the Secret History, and Justinian's Propaganda. *Dumbarton Oaks Paper (DOP)* 39 (1985), p.107-109.（本稿では，Meier, Mischa (Hrsg.), Justinian. Neue Wege der Forschung. Darmstadt, 2010. に依り p.70-72. 以下同様）なお，古くは，シャルル・ディールが，関連史料への注意を促していた。Diehl, Charles, De quelques croyance byzantines sur la fin du monde. *Byzantinische Zeitschrift* 30 (1929-30), p.192-196.

間意識についての論文を簡潔にこう書き出している[5]。マグダリーノは，彼らビザンツ人が観念していた未来のあり方について論じるのであるが，歴史は発展し，それは幸せなことだ，との通念に慣れ親しんだわれわれにとっては，いささか衝撃的ともいえる異質な時間意識がそこにあった，というのである。彼が指摘するビザンツ人の時間意識は，いかなる心的構造から成り成っていたのだろうか。近代的な時間意識とは異なる世界に，われわれの関心も喚起されるのである。

もとよりヨーロッパ＝キリスト教世界に特有の時間感覚について，われわれはすでに多少とも知識をもっている。つまり，終末論 Eschatology が，ユダヤ＝キリスト教世界ばかりかイスラーム世界にも通底する基調として，人びとの生活を律してきたことを承知している[6]。それは，ダニエル書やマタイによる福音書，またヨハネの黙示録によって伝えられる観念である。マグダリーノの整理によれば，ビザンツ世界が受け継いだこの終末論には3つの基本要素，そして2つの付加的要素があったという。

基本要素とは，①旧約聖書の予言，②新約聖書，特に福音書と書簡に見られる予言，③世界には終わり eschaton/ ultima hora があり，計算可能なその時間は，天地創造の6日間に対応しているとの観念（ペテロの第2の手紙3.8）である。

①については，とりわけ，4つの継起する世界王国に関するダニエル書の予言（第7書等），②については，特にキリストの再臨に関する予言（マタイ24）や，パウロによる「最後の帝国」についての言及，が問

---

5) Magdalino, Paul, The history of the future and its uses: prophecy, policy and propaganda', *The Making of Byzantine History. Studies Dedicated to Donald M. Nicol on his Seventieth Birthday*, ed. R. Beaton and C. Roueché (Aldershot, 1993), p.3-34; reprinted with postscript in *The Expansion of the Orthodox World*, ed. J. Shepard (Aldershot, 2004).

6) すでに Ch・ディールが指摘していた論題であるが，本格的な問題提起がなされたのは，G・ポズカルスキーによる悉皆的サーヴェイ（1972年刊）以降のことである。Diehl, Charles, De quelques croyance byzantines sur la fin du monde. *Byzantinische Zeitschrift* 30 (1929-30), p.192-196; Podskalsky, Gerhard, *Byzantinische Reichseschatologie. Die Periodisierung der Weltgeschichte in den vier Grossreichen (Daniel 2 und 7) und dem tausendjährigen Friedensreiche (Apok. 20). Eine Motivgeschichtliche Untersuchung*. München, 1972; Paul Alexander, *The Byzantine Apocalyptic Tradition*. Univ. of California Press, 1985; Mango, *op.cit*; Magdalino, *op.cit*. イスラーム世界における終末論的言説が，現代アラブ世界でも脈々と流れていることを指摘した，池内恵『現代アラブの社会思想』（講談社現代新書，2002年）も参照のこと。

題となる[7]。「最後の帝国」は，4世紀以前においてすでに容易にローマ帝国に擬えられたし，パウロの意見は，ダニエル書と結びついて，この世が帝国が続く限り存続するだろう，そして，帝国の命運は，コンスタンティノープルの運命と結びつく，と自然に受け入れられた（後述）。③に関しては，神の目には人間の千年が一日と映っている，との観念が随伴していた。

さらにマグダリーノが指摘するビザンツ終末論の付加的要素とは，④聖ヨハネの黙示録と，⑤外典 Apocrypha における予言伝統，であった。聖ヨハネの黙示録は，東方キリスト世界では正式の教典とは必ずしも認められていなかったものであるが，外典における予言伝統は，ユダヤキリスト教的である部分と，シビュラ的，異教的要素があり，他の事柄への言及とともに，ローマ皇帝が続くだろうことを予言して，ビザンツ世界では重要だった[8]。それは，「最後のとき」に至るまでの統治について確認するのに，10世紀においてもなお有用とされていたのである[9]。

---

[7] 「最後の帝国」は，その力が後退すると，反キリスト（アンチ）が登場することになる。『テサロニケ人への第二の手紙』2.7-8. にはこう記される。「罪悪の奥義がすでに，内に働いている。ただそれをとどめている者がいつか除かれる時までのことである。そのとき悪の者が現れる。そして主イエズスは御口の息でその者を殺し，来臨の輝きをもって滅ぼされる」（フェデリコ・バルバロ訳）。

[8] Hellholm. David (ed), *Apocrypha and Pseudepigrapha of the Old Testament in English*. with intro & critical & explanatory notes to the several books edited by R H Charles et al (2 vol set) Oxford UP, 1963; Kautzsch, Emil, *Die Apokryphen und Pseudepigraphen des Alten Testaments*. Tübingen 1900. (rep. Wissenschaftliche Buchgesellschaft Darmstadt, 1994). 東方教会において黙示録の伝統がもった影響については，Hellholm, David (ed), *Apocalypticism in the Mediterranean World and the Near East. Proceedings of the International Colloquium on Apocalypticism Uppsala, August 12-17, 1979*. 2., erw. Aufl. Tübingen: Mohr Siebeck 1989.XI, 910 S.

[9] 筆者が親しんできた例から挙げると，クレモナ司教リウトプランドの『コンスタンティノープル使節記』Relatio de Legatione Constantinopolitana に，当時のビザンツ皇帝の行動やオットー側の対応について，興味深い記述が含まれていた（日本語訳『ローマ皇帝称号問題と中世キリスト教世界の政治秩序に関する研究』（文部省科学研究費補助金基盤研究 (C) 成果報告書，2004年5月刊）所収）。この『使節記』には，ビザンツ宮廷事情から，リウトプランドが出会った人物たちの風貌，性格描写などが嘲笑的な筆で極めて興味深く記されるが，そのなかでこれまでビザンツ学がほとんど顧慮を向けなかった部分があった。ニケフォロス2世の東方遠征について語る段（第39-43節）で，リウトプランドは主人オットーに，その理由をある書物との関係で語っている箇所である。いわく，「彼がなぜまさにこの時期にアシュリア人（ムスリム勢力）に対して軍隊を向けたのか，その理由にご注意いただきたく思います。ギリシャ人もサラセン人も，『ダニエルの幻視』visiones Danielis と呼ばれる書物をもっていたからなのです」と。「私はこれを『シビュラの託宣』Sibylline と呼びます。こ

結論を先取りしていってしまえば，マグダリーノが指摘する聖書的な（正典・外典を含めた）コンテクストに規定された時間意識が，まさに5-6世紀のビザンツ世界において融合した，といってよい。

　それは，事実上500年頃から始まる，と考えてよいようである。キリスト教徒は，キリスト昇天以後その時期にいたるまで，もとよりキリストの再臨を待望してきた。ゲアハルト・ポズカリスキーの指摘によれば，キリスト教徒に想いを巡らせるさまざまな出来事が，それまでの数百年間に起こってはいた。ところが3世紀以来，特別な重要性が，キリスト生誕500周年には付け加わったという。端的な例として指摘されるのは，3世紀前半のローマで活躍したヒポリュトスが，キリスト生誕500周年の祝祭が，世界暦6000年に至福千年が始まるのを人びとが待ち受け始める時期に当たる，との認識を説いたことである[10]。この説教がギリシャ語に翻訳され，少なくとも東方ギリシャ世界では影響力をもっていた。

_____

れらの書物では，各皇帝がどれほど長く生きるのか，皇帝の治世がどれほど続くのか，平和になるのか戦争になるのか，また，運はサラセン人に向くのか，反するのか，に関する予言が見出されるのです。これらの書物は，このニケフォロスの治世中に，アシュリア人たちがギリシャ人に刃向かうはずはないこと，ニケフォロス自身は7年間統治するだろう，と述べています」。ニケフォロス2世の治世は，963年8月16日-969年12月11日だったから，まさに7年目の冬に暗殺されることを予言するこの記述から，『使節記』のこの部分は969年の暗殺事件後に執筆された，と推測されもするが，何よりここで重要なのは，シビュラと呼ばれる予言書がビザンツ世界，またアラブ・イスラーム世界に流布していたというのだった。また，オットー1世の妹で，西フランク王ルイ4世の王妃となったゲルベルガが修道士アゾAdsoに依頼した預言的著述（945-954年に執筆）では，「破滅」（＝アンチキリストの登場）は，すべての王国がローマ帝国から離脱するまで起こらないだろう，とパウロを引用しながら，王妃を安心させようとしていた。当時，王の男系血統はしばしば途絶えがちで，ゲルベルガの男児である最後のカロリング朝の王も亡くなることになる。アゾは言葉を注意深く選び，また予言と歴史的創話を結び付けて，王妃の不安を和らげようとしたのだった。結局は，エルサレムへ行って自分の笏と王冠をオリーブの山に据える偉大なフランク王かつローマ皇帝たる者が登場するだろう，と。アゾが見る限り，ローマ帝国はフランク王たちの中に脈々と伝わっており，完全に滅び絶えてしまったわけではない。彼らフランク王が続く限り，「世界」は続いていく，というのである。

　10) Podskalsky, *Reichseschatologie*, p.79-80. もっともポズカルスキーは，この理解をヒポリュトスにのみ帰することを慎重に留保している。例えば，シリア人バルデサネス（222年没）が，天文学的な観察にもとづく計算によって，世界暦6000年を算定していたことを指摘する。*op.cit.*, p.92, n.545. なお，ポズカルスキーの典拠として，ダニエル書第4章23-24; G.N.Bonwetsch, H.Achelis, *Hippolytus Werke*. Leipzig, 1897. p.240-248. また，A.Harnack, Diodor von Tarsus, TU 21/4. Leipzig, 1901, p.109-110; Lactantius, Divine Institutes, VII.25, 3-5.

2 「世界の終わり」eschaton / ultima hora への意識の昂まり

　ポズカルスキーは，アリストテレスの『天體論』Περὶ οὐρανοῦ / De Caelo に関する6世紀の異教徒哲学者シンプリキウス Simplicius の註釈から，2箇所，結論的な部分に注意を促している[11]。シンプリキウスは，敵対するキリスト教徒（これは，アレクサンドリアの学者ヨアンニス・フィロポノス Johannis Philoponos と想定される）の見解を批評するのだが，このキリスト教徒哲学者が，天上界は崩壊するものであり，沈むものである，と信じているというのだ。

> 「彼らによれば，それは最後の日々であるというのである。世界の終わりが，かつてないほど待望されている。今まで何か変わったものが天に現れるはずであり，その動きが……もし天が，彼らが信ずるように，6千年前にこの世に存在するようになったのなら，そして今，その最後の日々を迎えているのなら，没落や崩壊のきざしがどうして現れてこないのだろうか[12]」

　キリスト教徒のあいだで，「世界の終わり」が広範に話題になっていた，というのである。「世界」が7番目のミレニアムに向かって存続しているときに，「世界」がもはや存続できないと考える。それは，キリスト自身の預言が満たされることを示す表徴があることではじめて強調され，証明された，と，ポズカリスキー，マグダリーノ，またポール・アレクサンダーは考える。そして彼らは，『マタイによる福音書』にあるキリストが弟子たちに語った箇所を指摘する。「天の国のこの福音が，全世界にのべ伝えられ，諸国の人々に向かって証明されるとき，そのとき，終わりは来る」（24.14）。

---

　11) Podskalsky, Gerhard, Marginalien zur byzantinischen Reichseschatologie, *BZ* 66 (1973) p.351-358. esp. p.357, n.28.
　12) Commentaria in aristotelem graecum, VII, ed. I.L.Heiberg (Berlin, 1893), p.87-88; X, ed H.Diels (Berlin, 1895), p.1335.

ポール・アレクサンダーは，皇帝アナスタシオスの治世（491-518年）が，終末論的思考にとっては重要な時代だったとしている[13]。アナスタシオス帝治世に，エチオピアがキリスト教に改宗した。そして6世紀になると，教会史家たちは，キリスト教の説教が，フン族やペルシャ人たちのあいだに浸透したことを書き記している，と。ユスティニアヌス帝期におけるビザンツとペルシャ，とりわけコスロー1世（Khushraw I, 在位531-679年）との戦闘はよく知られていようが，これも，すでに『マタイによる福音書』に書かれていたことが当時の人びとに影響を与えた証左となる。「民は民に，国は国に逆らって立ち，諸方に，飢饉と地震がある」（24.7）とあったのだった。

　　「いと賢き人，司祭にして修道院長であるセルギオス殿。あなたの敬虔さを湛える書状を受け取りました。そこであなたは私に，いつものように，イナゴの大群がやってきたときのこと，太陽が暗くなったときのことを直接に書き記すように指示をくだされました。地震，飢饉，疫病がおこり，ローマ人とペルシア人とのあいだで戦争があったときの記憶を書き留めよ，とご下命になられました」

　これは，507年に書かれた『柱頭行者ヨシュアの年代記』というシリア語による年代記の書き出し部分である[14]。この『年代記』は，戦争，飢饉，疫病の数々を記録する，と言明して，アナスタシオス帝の華やかな治世にあって，エデッサの町，またメソポタミア地方全体に降りかかった災禍を記録した。記録された災禍の内容もさることながら，これ

　　13）　Alexander, Paul J., *The Oracle of Baalbek : the Tiburtine Sibyl in Greek dress*. Washington, D.C., 1967. p.116-120; Mango, *Byzantium*, p.203-204. なお，ヴァシリエフもまた1994年の段階で，キリスト生誕500周年というときが，同時代人たちに特別の印象を与えていたと記していた。Vasiliev, Alexander Alexandrovich, Medieval ideas of the end of the world: West and East. *Byzantion* 16 (1942-43) p.462-502 esp. p.469-470.

　　14）　*The Chronicle of Joshua the Stylite*. ed. W.Wright. Cambridge, 1882. 小稿では，主として次の英訳・解説を参照した。*The Chronicle of Pseudo-Joshua the Stylite*. tr. by Trombley, R.Frank and John W. Watt. Liverpool University Press, 2000; John W. Watt, Greek historiography and the 'Chronicle of Joshua the Stylite'. in *After Bardaisan: Studies on Continuity and Change in Syriac Christianity in Honour of Professor Han J.W. Drijvers*. Ed. by Reinink, Gerrit J. and Klugkist, Alex C.. Orientalia Lovaniensia Analecta 89. Louvain: Peeters, 1999. p. 317-327. (= in Id, *Rhetoric and Philosophy from Greek into Syriac*. Aldershot, 2010.)

は，当時の世相を占ううえで重要な史料のひとつにほかならなかった。そこには，苦悩の大きさばかりでなく，それらの災禍が予兆として生み出した関心をもうかがえるからである[15]。災禍の規模は，ユスティニアヌス治世（527-565年）の帝国全体を襲った災難にくらべれば小規模といえる。にもかかわらず，出来事にまつわる意味について，人びとは畏れを抱いていた。

　6世紀の年代記作者たちは，そういった出来事のカタログを作った。そのようなリストはそれまで存在しなかったのであるが，この時期，出来事は正確に記録された。なぜなら，人びとが自分たちのために出来事を注視していたからだった。少なからぬテクストにおいて，飢饉や疫病，地震，また540年代から550年代にかけて見られた異民族の侵入が，黙示録的な重要性をもって人びとの心に迫っていたようである。

3　年代記作者の伝える終末論的言説

（1）マララス──世界年代記の嚆矢

　ヨアンニス・マララス Johannis Malalas（c.491-578年）は，おそらくアンティオキア生まれで，同地で法学を学び，このシリアの町で法学者（ないし弁護士）をしていた（Malalas とはシリア語で「修辞学者」rhetor の意）。ユスティニアヌス帝期にコンスタンティノープルに出で，ビザンツ世界において現在知られるかぎり最古となる「世界年代記」を執筆した。それは全18章から成る。スラヴ語版には完全版があるものの，ギリシャ語で伝わる写本では，冒頭部と最後部が伝来しておらず，563年までの記述で終わっている。コンスタンティノープルとアンティオキアに関する記述が中心であるが，ビザンツ世界においてその後ギリシャ語で書かれた年代記の原型となった。また，オリエント諸語，スラヴ諸語での世界年代記，ラテン語での西ヨーロッパの編年史 Annales 作者にも影響を与えたことが知られている[16]。

---

15) *The Chronicle of Joshua the Stylite.* ed. W.Wright. p.4-5.
16) *Dictionnaire des auteurs grecs et latins de l'Antiquite et du Moyen Age.* Paris, 1991. p.718-719.

マララスのこの『年代記』第18章は，彼が生きたユスティニアヌス帝治世の出来事を伝えるいわば「現代史」である。1〜17章がアンティオキアのことを中心に，しかも単性論派に関わる内容を中心に記述されているのにくらべ，この章は，正教会のこと，皇帝のこと，当時の出来事を客観的に記している点が特長である。この章の冒頭部分で，マララスは，当該期の年代確定を熱心に行っていた。「年代記作者たる者は，各皇帝の統治年数を慎重に数え上げねばならず，年代記の読者は，言及された歴代皇帝のすべての治世で過ぎた年数を合計することに意を払わなければならない」。そうして，その結論部分ともいえるくだりに以下のように書き記した。

　「アウグストゥス・オクタヴィアヌス帝の治世から，ユスティニアヌス帝の執政官の第二任期が終わるまでの全期間は，559年であった。つまり，アダムからこのときまでで，6097年となる。これは，クレメントス，テオフィロス，ティモテオスらが算定し，彼らの年代記が一致して導き出してきた数字と合致する。パンフィロスの弟子であったエウセビオスの時代のものとして，アダムからユスティニアヌス帝の執政官第7インディクティオまでを6032年と計上する年数を見出した。テオフィロスとティモテオス（の算定）に従う者たちは，その年代記をより正確に書いている。もっとも，第6番目の千年紀が過ぎ去ったことについては，完全な合意がある」[17]

　ここでは，最後の「第6ミレニアムが過ぎ去った」と年代記作者たちのあいだで共通の理解があったと記されていることに注目すべきである。マララス自身が聖書の句を繰り返しているように，人間の千年は神の目には一日に映り，キリストはその6日目の半ばに生まれた，とい

---

　17) John Malalas, Chronographia. 428, 8-19. このテクスト箇所については，写本上の数字の書き込みについて，後代に改ざんされたと疑える余地があるという。Scott, The Secret History, and Justinian's Propaganda. p.76, n.78. いわゆるボン版を校訂したディンドルフ Dindolf は，バロッキアヌス写本にある「6497年」「6432年」を採用した。しかし同写本上の「400」は，明らかに中世期における追記であると，J・B・ビュアリが指摘し，スコットも同意する。J.B.Bury, The Text of Codex Baroccianus. *BZ* 6 (1897) p.221; *The Chronicle of John Malalas, A Translation*. [Byzantina Australiensia 4] Melbourne, 1986. p.247, note by Scott.

うわけである。主が眠りに就く 6 日目の晩が来る前に人類に悔悛のための半日の猶予を与えるということか，あるいは，最後の審判，ないしキリストの再臨こそが，マララスの期待していたことか，とスコットは問うている[18]。

マララスの年代記は，追記部分はともかくとして，541 年に記されたものである。この年は，腺ペストがアレクサンドリアとアンティオキアを襲い，コンスタンティノープルである女性が，この町が海中に沈む，と予言したまさにその年であった。怖れに駆られた民衆が黄金門近くの教会で連祷し，皇帝にもその予言のことが報告された，と伝えられる[19]。

「第 5 インディクティオの年（541 年 9 月-542 年 8 月）に，次のような出来事があった。黄金門と呼ばれる地区に住むひとりの女性が，ある晩，恍惚状態におちいり，意味のないことをたくさん話し始めた。コンスタンティノープルの人びとは駆け上がり，イェルサレムの聖ディオメデスを祀った教会[20]への祈りの行列に加わった。彼らは，彼女をその家から連れ出し，聖ディオメデス教会に連れて行った。というのも，彼女が，3 日の後に，海の潮位が高まり，すべての人が連れ去られると言うのである。皆は祈りの行列に加わり「主よ，憐れみたまえ」と祈った。なぜなら，多くの町がすでに海に飲み込まれてしまっているとの知らせが流布していたからである。まさにそのときである。エジプトで，アレクサンドリアを含めて多くの人びとが疫病で亡くなった。皇帝は，侍従長 cubicularius ナルセスほかを早船で派遣して，何が起こったのかを調べさせた。ナルセスの従者が，ナルセスの指示でディオメデス教会に出向き，集まっ

---

18) Scott, "Malalas", in Meier, *Justinian. Neue Wege der Forschung*. p.69.
19) John Malalas, Chronographia 481, 43.
20) ディオメデスとは 3 世紀末ないし 4 世紀初頭のディオクレティアヌスによる迫害により殉教したタウルス地方出身のキリスト教徒であった。コンスタンティヌス 1 世が，この聖人を祀る聖堂を新都の南東区画，黄金門付近に建てた。マララスのこの記事からも示唆されるように，黄金門が海岸にあるのにくらべて高台にあったと想定される。Patria Constantinoupoleos III, (*Scriptores originum Constantinopolitarum*), 225. p.246-247; R.Janin, *La géographie ecclésiastique de l'empire byzantin. I: Le siège de Constantinople et le patriarcat oecuménique, t.III: Les églises et les monastères*. 2e éd., Paris, 1969. p.95-97.

ていた群衆から，その女性が口にしていることを知った。従者たちは戻り，ナルセスに教会で起こっていることを報告した。そしてまた，恍惚状態におちいった女性から，3日の後に海がせり上がり，すべての人びとを呑み込む，と聴いたと報告した」

　541年の災禍（ペストの流行）に関する史料には，ほかにローマノス・メロードスに『十人の乙女への賛歌』という作品がある。

「最後の日は近い。いまやわれらはそのときのことを見ている。それらは戸口にあるのではない。戸口そのものなのだ。それらはすでに到来し，いまここにある。キリストが申されたことでないものはなにひとつとしてない。かの御方がいわれたように，すべてがやがて起こるだろう。飢饉，疫病，度重なる地震。民は民に逆らって立った。うちではすべてが恐ろしく，そとではすべてが争いに満ちている」[21]

　このような記述があることから，この作品は，明らかに上述のマララスによる541年記事からほど近い時期に作られたと想定される。
　マララスにせよローマノスにせよ，そこには，帝都コンスタンティノープルと皇帝たちに関わる，いささか扇情的ともいえる特別な言及があった。ギリシャ語による世界年代記の嚆矢は，伝来する事例で考えるかぎり，マララスである。それ以前に同時代のできごとを書きとどめた記録には，上で見たようなペシミスティクで深刻な論調は見られない。6世紀におけるこの文学史上の新規性は，キリスト生誕500周年という節目を迎えたキリスト教徒たち（少なくとも正教会に属するカルケドン派教徒たち）に看取される心的態度の表れ，少なくともその一端，と見なければなるまい。
　なお，その予言的言説のなかで，ビザンツ人の年代記作者がよく言及することになるひとつのトポス（主題）があった。彼らはよく，コンスタンティノープルが海に沈む，との予言を記すのである。これは，のち

---

21) Romanos, Hymnes. ed. J.Grosdidier de Matons, V, SC 283. Paris, 1981. p.272-327. esp. strophe 4.

の黙示録的テクストでも繰り返されることになる主題だった。もっともよく知られる例では，10世紀半ばに書かれて5世紀のコンスタンティノープルを舞台としている『聖アンドレアス・サロス伝』がある[22]。この聖人伝では，帝国の終焉が，必然的な事柄として，帝都コンスタンティノープルの終焉を含意しており，そのことが派手なかたちで示されている。そのとき，コンスタンティノープルは，神の命により，聖所ともども波に飲み込まれ，コンスタンティヌスの柱だけが，その柱頭を出したままになる，と。

（2）アガティアス――災害と帝都民の反応

アガティアス Agathias は，530年頃ないし532年頃の生まれで，579年頃ないし582年頃に没したとされる人である。小アジアのミリナ Myrina に生まれ，アレクサンドリアとコンスタンティノープルで学んで，弁護士となった。彼の『ユスティニアヌス帝の治世について』Περὶ τῆς Ἰουστινιανοῦ βασιλείας は，全5巻からなり，552-558年に起こった出来事を扱う未完の歴史書である。後述するプロコピオスに触発されて執筆したとされるが，ビザンツ文学研究者からは，様式，文体面ともプロコピオスの水準には及ばないとされている。

このアガディアスの年代記に，興味深い記述がある。557年，コンスタンティノープルで大地震があった。これによって，20年前にユスティニアヌスによって建てられた大聖堂ハギア・ソフィアは部分的に倒壊したが，そのときの民衆の反応について，こう記されるのである[23]。

「その後まもなく，根拠のない人を惑わす流言飛語がまわりだした。それらは，世界全体が消え去ろうとしている，というのだった。ある種の詐欺師 ἀπατεῶνες が，思い付きの託宣をたずさえて，頭に思い付いた事柄を予言しているのである。すでに完全に恐怖におののいている民衆を，この流言はさらにいっそう震え上がらせた。これらの者たちは，狂気を装い，悪魔が憑いたかのように振る舞いな

---

22) Ryden, Lennart, St.Andoreas Salos Apocalypse. Greek Text, Translation, and Commentary, *DOP* 28 (1974) p.197-261.

23) Agathias, Historiae, V.5. ed. R.Keydell. Berlin, 1967. p.169-170.

がら，さらに恐ろしいことが起こるだろうと吹聴した。それはまるで，取り憑いた幻影が彼らに未来を教えているかの振る舞いだった。彼らは災難にむしろ驚喜していた。他の者たちは，星辰の動きとかたちを見て，よりいっそうの災禍がやってくる，と暗示した。そして，世界のことごとがすっかり混乱すると言うのだった。この種の者たちは，混乱のときに群れることを常としている。しかし，彼らにとって，予言が悪い方に出るのは，むしろよいことだった。なぜなら，これらの予言を夢に見た者たちにとって，不信心（それは彼らが呼び込んだものだ）のそしりを逃れるために何か方法，高い力にいたる知恵を残しながら逃れる方法，があるはずだったからだ。

　しかし同時に，大きなショックも受けず，大いに心配してもいない人もいなかった。連祷と請願のための聖歌がいたるところで聞こえ，みなが参加していた。いつもことばで約束されながら実行に移されたことのなかったことが，そのときは容易に行われた。突然，すべての人たちが誠実にそれぞれの仕事を行うようになった。そのようなわけで，国家の役人ですら，自らのどん欲を押し控えて，法にしたがって訴訟を扱ったし，有力者らも，よきことを喜んで行い，恥ずべき行いから身を引いたのである。ある者たちは，生活態度をまったく改め，修道士的な生活，山中での生活を信奉するようになって，富や名誉，そのほかに人を喜ばすあらゆるものを捨てた。多くの寄進が教会になされ，夜になると，この上なく有力な市民たちが街路に出て，路上で不虞のまま横たわる哀れで卑しい者たちの世話をし，食料や衣類など彼らが必要なあらゆるものを提供し出したのである。しかし，この一連のあらゆることが，恐怖があったごく限られたあいだでのことにおわった。危険がいくばくかひと休みし，恐怖がやわらぐやいなや，人びとはいつもの生活ぶりに戻ったのである」

　以上の文言に解説は不要だろう。人びとの暮らしぶりの変化は，悔悛の念に衝き動かされて粛々となり，「国家の役人ですら，自らのどん欲を押し控えて，法にしたがって訴訟を扱った」ほどだったのである。

「連祷と請願のための聖歌がいたるところで聞こえ，みなが参加していた」ほど高まった敬虔さは，修道士を叢生し，教会や修道院への寄進を多くもたらした。余談に属しようが，筆者がかつて紹介したことのある教会・修道院への寄進を扱うユスティニアヌスの法令は，特に535年以降に発布された新法 Νεαρά /Novella に多く含まれていた[24]。ユスティニアヌスに帰される新法の総数は168通。そのうち，教会寄進を含めて「相続」に関わる規定を含むものは22通，間接的に言及するもの8通，ほかに市民のあいだでの私的な財産移転を論ずるものは18通にのぼっていた[25]。市民の財産移転に関する法規は，4世紀初頭のコンスタンティヌス帝期以前には見出されぬ「新しい事項」であったが，6世紀のこの時期，災禍がもたらしたローマ法制上のこの数的・質的変化は，それ自体注目されなければならない現象である。

さて，「根拠のない人を惑わす流言飛語」を流して災禍を解釈する者たちがあった。彼らは，専門家を自称する2つの集団であった。すなわち，ニセ狂人と占星術師である。前者は，後の時代にサロイ Saloi として記述されるようになる隠者の一類型（少なくともその原型）と考えられる。アガティアスの言を信じるならば，ニセ狂人が言いふらす予言は，明らかに直接的で人を怖じけ付けるものだった。この種の予言は，それまで知られていたもののうち，何に似ていたのだろうか。P・アレクサンダーは，黙示録的な記述の系譜に含まれる，と想像する[26]。それは，また後代にも脈々と流れることになる潮流だった。冒頭でも紹介したマグダリーノの整理に即せば，これらの予言には，聖書に見られる通常の理解に加えて，外典における黙示録的装飾の言説が含まれていた，と想

24) 拙著『帝国と慈善　ビザンツ』創文社，2005年，第1章，第2章。
25) 新法は総じて種々の問題を扱うことが多く，截然と分類できないが，「相続」に関する規定を含むものはおおむね以下の通りである。M・カプランやR・スコットの分類に学んで筆者もそれに同調する。Michel Kaplan, *Les propriétés de la Couronne et de l'Eglise dans l'Empire byzantin (Ve-VIIe siècles)*, Paris 1976. [Byzantina Sorbonensia 2]; Scott, The Secret History, and Justinian's Propaganda. p.73. 「相続」を直接扱う新法：Nov. 1,2,18,39,48,53,66,68,84,89,92,97,98,101,107,108,117,118,127,158,159,164. 間接的に言及している新法：Nov. 17, 22, 38, 74, 119, 150, 155. 市民の財産移転に関するものは，Nov.32,33,34,61,91,100,112,115,121,135,136,138,156,162,166,167,168. なお，教会財産の移転に関するユスティニアヌスの新法は，Nov. 7,40,46,54,55,65,67,120,131.
26) Alexander, The Byzantine Apocalyptic Tradition, passim.

像されるのである。

（3）プロコピオス——皇帝批判の含意
　カイサリアのプロコピオス（c.500-560 年）は，ユスティニアヌス帝期を代表する一流の文化人であった。ラテン語，シリア語，ゴート語，ペルシア語を解し，帝国内外諸地方の事情に通じていたようである。将軍ベリサリオスの知己をえて，その遠征すべてに随行した，と自ら記している。随行した遠征の模様を記した『戦史』や，ユスティニアヌスの事績として顕著な帝国内の各地方における城塞再建などを記して，当時の各地方事情を伝える『建築について』De aedificiis，また，ユスティニアヌスと皇后テオドラの日常の行状をネガティブに描く『秘史』Anecdota/ Historia arcana は，ビザンツ文学史上でももっとも有名な作品群といってよい。
　以下の記述は『秘史』に見られるものである。『秘史』で描かれたユスティニアヌス像は，彼のほかの著述とは異なり，揶揄や罵詈雑言にちかい。文学研究は，この小品をプロコピオスの他の著述ばかりか，同時代のテクストとの比較をこころみては様式論などを展開してきたが，マンゴーやスコット，マグダリーノなどの指摘以来，その意図や終末論的・黙示録的含意に関する分析視角が取り入れられるようになった。ヴォルフラム・ブランデスやミーシャ・マイヤーなど近年の研究者らの成果をここで立ち入って紹介することはできないが[27]，1 点のみ，テクストの傾向性を端的に表す部分を引用して，『秘史』におけるユスティニアヌス像の特徴を確認しておきたい。

　　「そのとき，ユスティニアヌスという姿をとって現れた悪魔 δαίμον の治世にすべての人びとの上に降りかかった災禍は，このようなものであった。その間，ユスティニアヌスの姿をした悪魔はというと，皇帝となって，それらの災禍の原因を生み出していたの

---

27) Brandes, Wolfram, *Endzeiten: Eschatologie in den monotheistischen Weltreligionen*. Walter de Gruyter, 2008; Meier, Mischa, *Das andere Zeitalter Justinians. Kontingenzerfahrung und Kontingenzbewältigung im 6. Jh. n. Chr.*, Göttingen, Vandenhoeck & Ruprecht, 2003; id., *Anastasios I. Die Entstehung des Byzantinischen Reiches*, Stuttgart 2009.

であった。そして私は，この悪魔なるユスティニアヌスが，人間に対して，隠れた力を使って，悪魔的な仕業でもって，いかに多くの悪事をなしてきたかを示そうと思う。この者がローマ国家を取り仕切っているあいだ，ほかにも多くの災難が降りかかってきた。前述のようにこの邪悪な悪魔の姿を通じて起こったのだ，と主張する者もいたが，他の者に言わせると，神が本来の御業を厭われて，ローマ帝国から離れてしまわれたからだというのだった。かくして，嫌悪すべき悪魔たちにこれらのことをかかる仕業でなさせる余地を与えてしまったからだ，というのである」[28]

こう記したプロコピオスは，続いて，エデッサで氾濫したスキルトス河が同地の住民たちに無数の災禍を与えたことや，例年並みに増水したものの水が引かないナイル河のおかげで住民がいなくなったこと，また，大地震でアンティオキアやセレウキアといったシリアの大都市，またキリキアからポントス，エピロス地方までの町々が壊滅的になったこと，つまりは，近時に生じた自然災害についてのリストを書き記すのである。そして，さらにこの上にペストまでが蔓延して追い打ちをかけた，と書き，「これらが，ユスティニアヌスが（ユスティヌス1世の）摂政であった時期に，また帝位を得てから起こったのである」と断じるのだった。

4　外典における黙示録的伝統

6世紀が，黙示録的不安感が濃密にあった時代であり，また高まった時期だったことを否定することは，いまやできない。

小論では，以上において，主として世界年代記に見られる終末論的記述に注目し，そこに見られる文言と黙示録的文脈との関連性について示唆してきた。本稿を閉じるに当たって最後に，小論では具体的なテクスト紹介ができなかった黙示録的伝統について付言しておきたい。それ

---

28) Procopius, *Anecdota (Secret History)*, XVIII, 36-37.

は，冒頭で紹介したマグダリーノの整理にもあった，⑤外典 Apocrypha における予言伝統，である。このジャンルの研究は，ビザンツ学にあっては，もっぱらポール・アレクサンダーによって推進されたが，外典テクスト研究の立場から，エルンスト・ザクアーによる貢献を基礎として，すでにシリア語原テクストの校訂作業，分析もいくつか押し進められている[29]。

シビュラ Sibylla と呼ばれる文書類型が，東地中海世界に広汎に流布していたことはよく知られていよう[30]。それは，キリスト教徒ばかりでなく，異教徒，ユダヤ教徒たちにも権威ある託宣集として，古代以来尊重されてきた文書ジャンルであった。数あるシビュラの系譜のうちもっとも広範に普及したのは，シリア版，ギリシャ版，ラテン版で知られる『偽メトディオス』Pseudo-Methodius，また，ビザンツ，またイタリア，フランク地域にとっても特に興味深いのは，ギリシャ語，ラテン語によって作成された「ティーブルのシビュラ」Tiburtine Sibyl と呼ばれる系譜のテクスト群である。エルンスト・ザクアーによって 1898 年に編纂刊行された，現存する最古のラテン版テクストの校訂本が，この興味深い文学ジャンルの概要を教えてくれる。

校訂された中世ラテン版ティーブル序文の説明によれば，シビュラとは本来「御神の御意志を解釈し，人々の将来生ずることを伝える女預言者」のことである。そしてこの序文では，10 名のシビュラが順番に説明され，ティーブルはその最後のシビュラとして挙げられる。他のシビュラと異なるのは，彼女だけがギリシャ語「ティーブル」Tyburtina

29) Alexander, Paul J., Historiens byzantins et croyances eschatologiques, in *Actes du XIIe Congrès International des Études Byzantines* (Ochride, 1961), Belgrade 1964, t.2, p.1-8. (= id., *Religious and Political Thought in the Byzantine Empire*. London, 1978, XV); id., *The Oracle of Baalbek : the Tiburtine Sibyl in Greek dress*. Washington, D.C., 1967; Alexander, Paul J., *The Byzantine Apocalyptic Tradition*. Univ. of California Press, 1985; Sackur, Ernst, *Sibyllinische Texte unde Forschungen. Pseudomethodius, Adso und die Tiburtinische Sibylle*. Halle a. S., 1898; Reinink, G.J. (hrsg.), *Die Syrische Apokalypse Des Pseudo-methodius. Text und Übersetzung* (Syr. 220. und 221.) (Corpus Scriptorum Christianorum Orientalium) Leuven, 1993.

30) McGinn, Bernard, *Visions of the End: Apocalyptic Traditions in the Middle Ages*. Columbia UP, 1998. p.43-50. また，マッギンの以下の読み物も西欧世界における終末論的言説を概観するには参考になる。McGinn, *Antichrist: Two Thousand Years of the Human Fascination With Evil*. Columbia UP, 1994.（日本語訳：松田直成訳『アンチキリスト——悪に魅せられた人類の二千年史』河出書房新社，1998 年）

のほかに，ラテン語名「アブルネア」Abulneaを与えられていることだった。

　テクストの原典は，ローマ帝国がキリスト教を国教とした4世紀後半に作成されたと推定されている。原テクストはギリシャ語で著述されたが，直ちにラテン語訳が作成され，その後各期の事情に合わせて改変・編纂を施されて伝承されたという。現存する最古のティーブルのシビュラは，1967年にアレクサンダーが編纂したギリシャ語版の通称『バールベックの神託』である。アレクサンダーの推定によれば，それは6世紀初頭に作成された。他方，ラテン語版の現存する最古のティーブルのシビュラは，上述の通りザクアー編纂のそれである。彼によれば，それは11世紀初頭のロンバルディアで作成されたものであった（ザクアーはコンラート2世期（1024-39年）とするが，ハインリヒ2世期（1002-24年）の可能性も残る[31]）。

　中世ラテン版ティーブルの原典（現存せず）は，4世紀後半に作成された。4世紀は，キリスト教ローマ帝国の理念が確立された時代である。それは，キリスト教が国教とされたことによって，キリスト教徒が，自分自身とローマ帝国との関係を，神による人類救済の歴史のなかに改めて位置付ける必要に迫られた時期である。この時代，それまで種々の黙示録や黙示録的文書を通じて，イエス再臨の直前の「最後の世界帝国」としてローマ帝国を否定的に描写してきたキリスト教徒たちは，新たな時代状況に対応して，このローマ帝国に積極的な歴史的意義を見出さざるをえなくなる。カイサリアのエウセビオス（399年没）が，ローマ帝国を神による壮大な世界救済計画の必然的担い手とし，ローマ帝国の長としての皇帝の地位をも必然的存在と規定したのも，この文脈においてであった。

　世界を治める最後の皇帝という伝説は，反(アンチ)キリスト伝説と同様に，一夜にして創られたものではない。ローマ皇帝に積極的な役割を与えて，黙示的な立場から新たな焦点を当てたのが，このティーブルのシビュラという文書類型だった，というのである。

　アウグスティヌスにも見られる必然的な神の救済計画が，その後の西

---

31) Möhring, Hannes, *Der Weltkaiser der Endzeit*. Stuttgart, 2000. p.33f.

方の歴史解釈に多大な影響を与えたことは，改めて指摘するまでもない。しかし他方で，黙示的文学の伝承も命脈を保ち続け，中世の地中海世界に広汎に普及していた。中世ラテン版ティーブルのシビュラに限ってもより慎重な精査が必要であるが，それが4-6世紀のギリシャ語文化圏で作成されたとすれば，小論で紹介したテクスト群との関連性を意識せざるをえないのである。

おわりに ── ビザンツ終末論と皇帝のプロパガンダ

すでにお気付きと思うが，プロコピオスとマララスにおけるユスティニアヌス像には大きなちがいがある。プロコピオスの『秘史』は，一貫してユスティニアヌスと皇后テオドラをネガティブに叙述する。その褒貶ぶりは，6世紀のビザンツ文学作品の中でも際立っているといわなければならない。

この点については，ロジャー・スコットが提唱した示唆が適切であるにちがいない，と筆者もまた感じている[32]。スコットは，帝国の政治全体，そしてユスティニアヌスのプロパガンダが終末論的な先見によってかたち作られたのではないか，と提起した。ユスティニアヌスへの幻滅，またユスティニアヌスへの褒貶が，皇帝を反キリスト(アンチ)の役割に置いているなら，皇帝サイドの記述（法令文を含む）や皇帝を称讃する書き物に表れているのは，いわばメダルの反対側であり，そこには，ユスティニアヌスを，キリストの再臨に向かって，世界を孜々として整える者として見せる意向が働いているにちがいない，というのだ。ユスティニアヌス自身によるプロパガンダがあり，それは，反キリスト(アンチ)の出現に対峙して「世界」を救済する皇帝，というイメージを打ち出していた，と考えられるというのである。マララスの『年代記』第18章は，皇帝によるプロパガンダに順応，ないし乗った作品，他方，プロコピオスの『秘史』はその逆だった，というわけである。この考え方は魅力的である。皇帝ユスティニアヌスの事績と，そのイメージを語る際に，今後考

---

32) Scott, "Malalas", in Meier, *Justinian. Neue Wege der Forschung*. p.70-71; Magdalino, op.cit. (n.5), p.7.

えなければならない観点といえようか。いずれ，スコットの提案した問題視角は，これまで触れられてこなかったユスティニアヌス像を，一つの見通しのもとにまったく異なるものとして押し出している。

　小論では，5～6世紀のビザンツ世界で見られた終末論的言説からいくつかの例を紹介した。テクストが置かれた政治的・文化的文脈を吟味して，テクスト内容が伝える「事実」を再構成する作業は，およそ歴史学の常道である。とはいえ，テクスト群が置かれたコンテクスト，あるいはテクスト群を取り巻く時代精神，とでもいうべき思潮は，いわば暗黙知として確たる証言を残さないのもまた常といえまいか。5～6世紀に関するかぎり，相互に関連しながらそれぞれに命脈を保っていた黙示録的，終末論的思潮が，たしかに，この時期に合流した蓋然性を想定せざるをえない史料状況，と思料される。

　年代記記事に見られる，ないし年代記作者が見せる「不安感」があった。それが，東ローマ帝国の文化やイデオロギーを構成し，また，この帝国の歴史を衝き動かした，との感覚が残る。マグダリーノが示唆するように，ここから2世紀にわたって，つまりユスティニアヌス期からイコノクラスム期までに，帝国の相貌が大きな変化を遂げることと，この終末論的文脈には，何か関連があるだろうか，と問うてみたくなる。東ローマ社会が「古代ローマ帝国」であることを止めて，「中世的なビザンツ」のアイデンティティを得ていくとすれば，その経路には何が伏在していたのだろうか。われわれとは異質な時間意識のなかでビザンツ人は，差し迫った事柄への「畏れ」と「不安」の感覚を抱いていた。それが，彼らの心理と思考にどのように織り込まれていたのか，との問いが改めて迫ってくるのである[33]。

---

　33) これは，近年「終末論的文脈」でユスティニアヌスやアナスタシオス1世の事績，またその歴史を伝えるテクスト分析の再評価を行っているミーシャ・マイヤーの問いでもある。Meier, Mischa, op.cit. (n.27); id. (hrsg.), *Justinian. Neue Wege der Forschung.* Darmstadt, 2010; id., *Anastasios I. Die Entstehung des Byzantinischen Reiches*, Stuttgart 2009.

2
12世紀の歴史記述
——ハーフェルベルクのアンセルムスと終末論的歴史——

甚 野 尚 志

はじめに

　西欧世界では12世紀に「12世紀ルネサンス」と呼ばれる文化復興の運動が生じる。そのなかでの特筆すべき現象は，新しい類型の歴史記述が生まれることである。11世紀までの歴史記述は，修道院で作成された情報量の少ない地域的編年誌か，司教・修道院長事績録や国王伝のような個人の伝記が主体であったが，それらには同時代の歴史を広い視野から具体的に描く姿勢が欠けていた。だが12世紀には，西欧世界の現実をより具体的に観察する歴史記述が生まれる[1]。シュペールは，12世紀に誕生する新しい類型の歴史記述には，周囲の世界の歴史を自然主義的に描写する態度が見て取れることを指摘した。彼は新しい歴史記述の例として，12世紀半ばに書かれた，フライジングのオットーの『二つの国の歴史』（Otto von Freising, *Historia de duabus civitatibus*），オルデリクス・ヴィターリスの『教会史』（Orderic Vitalis, *Historia ecclesiastica*），ソールズベリのジョンの『教皇史』（John of Salisbury, *Historia pontificalis*），そして本稿で扱うハーフェルベルクのアンセルム

---

1) C.H. Haskins, *The Renaissance of the Twelfth Century*, Cambridge, Mass. 1927.（邦訳，ハスキンズ『十二世紀ルネサンス』野口洋二訳，創文社，1985年。『十二世紀ルネサンス』別宮貞徳・朝倉文市訳，みすず書房，1989年）

スの『対話』（Anselm von Havelberg, *Dialogi*）を挙げている[2]。

シュペールによる先駆的研究を継承し，12世紀の歴史記述の分析をさらに発展させたのがクラッセンである。クラッセンは12世紀の歴史記述の特徴を，事件史（Res Gestae），普遍史（Universal History），終末論（Apocalypse）の三類型に分けて考察した。事件史とは，周囲で起こった出来事を具体的かつ客観的に記録する歴史記述の類型である。それには，ジェノヴァの都市執政官カファッロが書いた『ジェノヴァ年代記』（Caffaro, *Annali Genovesi*），オルデリクス・ヴィターリスの『教会史』などがある。普遍史は，世界の始まりから現在までを描く歴史記述で世界年代記とも呼ばれる類型であるが，それには，ジャンブルーのシゲベルトゥスの『年代記』（Sigebert de Gembloux, *Chronica*）や，フライジンクのオットーの『二つの国の歴史』などがある。さらに終末論は，神学者が聖書を注解しつつ天地創造から終末までの歴史の段階を論じた著作であるが，その類型のものとして，ドイツのルペルトゥスの『三位一体論』（Rupert von Deutz, *De sancta trinitate et operibus suis*），サン・ヴィクトルのフゴーの『秘蹟論』（Hugues de St.Victor, *De sacramentis*），ライヒェルスベルクのゲルホフスの『聖霊の賜物の秩序について』（Gerhoch von Reichersberg, *Libellus de ordine donorum spiritus sancti*），さらに，ここで扱うハーフェルベルクのアンセルムスの『対話』が挙げられる[3]。

クラッセンはこのように，ハーフェルベルクのアンセルムスの『対

---

2) J. Spörl, *Grundformen hochmittelalterlicher Geschichtsanschauung. Studien zum Weltbild der Geschichtsschreiber des 12.Jahrhunderts*, München 1935.

3) P.Classen, "Res Gestae,Universal History, Apocalypse:Visions of Past and Future,"in:R. L.Benson & G. Constable(eds.), *Renaissance and Renewal in the Twelfth Century*, Cambridge, Mass.1982, pp.387-420. この他に12世紀の歴史記述に関する示唆的な研究として，サザーンの"Aspects of the European Traditions of Historical Writings"と題した一連の論文も挙げておきたい（R.W.Southern,*History and Historians*, London 2004. に所収）。我が国で12世紀の歴史記述を扱った研究としては，池上俊一「十二世紀の歴史叙述と歴史意識」（上智大学中世思想研究所編『中世の歴史観と歴史記述』創文社，1986年，89-107頁），北嶋繁雄「オットー・フォン・フライジングの歴史思想」（『愛知大学文学論叢』62号，1979年，1-29頁），有光秀行「二人の年代記作家はイングランドとノルマンディをいかにとらえたか」（『史学雑誌』100-1号，1991年，74-99頁），甚野尚志「『教皇史』に描かれた世界」（同『十二世紀ルネサンスの精神——ソールズベリのジョンの思想構造』知泉書館，2009年，311-340頁）などがある。

話』を聖書注解に基づく終末論に分類したが,『対話』の内容は,他の終末論に分類される歴史記述とはかなり異質である。『対話』では歴史の段階が定式化されるだけではなく,同時代の教会の現状と,改革修道院が果たす役割が詳しく記述されており,その後半では,アンセルムスがコンスタンティノープルに滞在した際にニコメディア府主教ニケタスと行った,東西教会の教義と典礼をめぐる論争が詳細に書かれているからである。『対話』は,同時代の教会の状況と東西教会の対立点について多くの具体的な記述が見出される点で,12世紀の歴史記述としてはきわめてユニークなものといってよい[4]。以下では『対話』の一巻で展開される歴史論を考察し,それとともに,その歴史論が『対話』の二,三巻での東西教会の教義や典礼をめぐる議論とどう関連するのかを検討したい。

1　ハーフェルベルクのアンセルムス（1095年頃-1158年）について

(1)「宮廷司教」としての活動

まずハーフェルベルクのアンセルムスの生涯を簡単に概観しよう。彼は1095年頃に生まれたと推定される。出世地は不明であるが,当時「西欧のアテネ」との評判があったリエージュの司教座付属学校で学んだ。教えを受けた教師には,聖書注解で終末論的な歴史解釈を行った神学者ドイツのルペルトゥスがおり,『対話』の一巻で展開される歴史論

---

[4]　『対話』のテクストは,Anselmus Havelbergensis, "Dialogi," in: J.-P.Migne(ed.), *Patrologiae cursus completus. Series latina*, vol.188,1139-1248.[以下 *MPL*,vol.188. と略] アンセルムス自身が本来付けたタイトルは,Antikeimenon[対話]というギリシア語である。Migne版では,タイトルはラテン語のDialogiにされている。このテクストはドイツ語訳とともにウェブサイト（http://www.clausius-claperone.de/）でも閲覧できる。一巻のフランス語訳は,G.Salet, *Anselme de Havelberg:Dialogues, Livre I,* Sources Chrétiennes 118, Paris 1966. 二巻のフランス語訳は,P.Harang,"Dialogue entre Anselme de Havelberg et Néchitès de Nicomédie sur la procession du Saint Esprit," *Istina*, 17 (1972), pp.375-424.『対話』の新版の企画については,J.W.Braun,"Studien zur Überlieferung der Werke Anselm von Havelberg I ," *Deutsches Archiv für Erforschung des Mittelalters*, 28 (1972), pp.133-209.

にはルペルトゥスの影響があるとされる[5]。その後アンセルムスは，プレモントレ会の創設者クサンテンのノルベルトゥスの弟子になり，ノルベルトゥスがマクデブルク大司教になると彼に取り立てられ，マクデブルク大司教区内のハーフェルベルク司教に1129年に就任した[6]。

クサンテンのノルベルトゥスが創設したプレモントレ会は，修道士の「観想的生活（vita contemplativa）」と司祭の「活動的生活（vita activa）」の両方を行う律修参事会系の修道会であり，それは，11世紀半ばに始まる教会改革が生んだ新しい類型の修道院であった[7]。プレモントレ会の創設者のノルベルトゥス自身，「活動的生活」も実践する修道士としてマクデブルク大司教になり，ドイツ王ロタール3世のもとで宮廷司教として奉職した。そしてノルベルトゥスが1134年に没すると，それを引き継ぐ形で今度は，アンセルムスが国王ロタール3世の宮廷に奉仕するようになる。

その後アンセルムスは1136年に，ロタール3世の命によりコンスタンティノープルに派遣される。それは，ビザンツと同盟を結ぶための外交使節としてであった。だが，このとき彼は外交使節としての職務を果たすだけでなく，東西教会の教義や典礼の対立点をめぐり，ビザンツの教会知識人のニコメディア府主教ニケタスと論争を行う。翌年の1137年にロタール3世が没すると，彼は宮廷司教を辞めハーフェルベルクに司教として常時滞在するようになる。1147年に，ハーフェルベルク周辺を支配するスラヴ民族のヴェンド人に対する十字軍が開始されるが，彼はその積極的な推進者となった。その後1149年頃，教皇エウゲニウス3世の勧めにより，1137年にコンスタンティノープルで行った論争

---

5) J.T.Lees, *Anselm of Havelberg.Deed into Words in the Twelfth Century,* Leiden 1998, pp.177-183.

6) アンセルムスの生涯については，*Ibid.,* pp.11-122. S.Sigler, *Anselm von Havelberg. Beiträge zum Lebensbild eines Politikers,Theologen und königlichen Gesandten im 12.Jahrhundert,* Aachen 2005, pp.1-234.

7) クサンテンのノルベルトゥスとプレモントレ会については，G.Schreiber, "Praemonstratenserkultur des 12.Jahrhunderts," *Analecta Praemonstratensia,* 16（1940），pp.41-107, 17（1941），pp.5-33. F.Petit, *La spiritualité des Prémontrés aux XIIe et XIIIe siècles,* Paris, 1947. T. J.Antry & C. Neel, *Norbert and Early Norbertine Spirituality,* New York 2007. J.フィルハウス「最初の律修参事会――プレモントレ会の創立をめぐって」上智大学中世思想研究所編『中世の修道制』創文社，1991年，185-209頁。

の内容を『対話』という著作にまとめる[8]。その後 1152 年にコンラート 3 世が没すると，彼は新しい国王フリードリヒ・バルバロッサの宮廷に奉仕し，1155 年にラヴェンナ大司教に就任するが 1158 年に没した。

(2) 律修参事会の擁護

ところでアンセルムスの生涯と思想を考えるとき，彼が律修参事会系のプレモントレ会に属していたことが極めて重要な意味をもつ。彼の修道制についての考え方は，律修参事会の生活形態を擁護した著作『護教書簡（Epistola apologetica）』のなかに提示されているが，『対話』でも，現状の教会を刷新する律修参事会の役割が強調されているので，この二つの著作は内容的に深く関連するといえる。以下でまず，『護教書簡』の内容について簡単に触れておきたい。

『護教書簡』は，アンセルムスが 1137 年に宮廷司教を辞めハーフェルベルクに滞在するようになってから書かれた。彼がこの著作を書いたきっかけは，当時，マクデブルクの南西にあるハメルスレーベン律修参事会の長であったペトルスという人物が律修参事会員を辞め，ハルバーシュタット司教区にあったフイスブルク修道院の修道士になった事件である。この出来事は，修道士と律修参事会員との地位の優劣をめぐる論争を引き起こしたが，フイスブルク修道院長エグベルトゥスはペトルスの行動を擁護し，修道士が律修参事会員に優ることを述べる小論を書いた（ただしそのテクストは散逸し現在では伝わっていない）。アンセルムスはエグベルトゥスの小論を批判し，彼に宛てて律修参事会を擁護する『護教書簡』を書く[9]。

アンセルムスは，エグベルトゥスが律修参事会員の修道生活の新奇さ

---

[8] 『対話』の序によれば，教皇エウゲニウス 3 世は，教皇庁に来た東方教会の主教が彼らの教義や典礼の正統性を雄弁に語ったことに刺激を受け，東方教会の教義と典礼を深く知ろうとして，アンセルムスが行った論争を書物にするよう彼に依頼した。MPL, vol.188, 1139B-1140B.

[9] 『護教書簡』のテクストは，Anselmus Havelbergensis, "Epistola apologetica," MPL, vol.188, 1117-1138.（翻訳，ハーフェルベルクのアンセルムス「修道参事会員の身分のための弁明書簡」梶山義夫訳，上智大学中世思想研究所編訳『中世思想原典集成 10 修道院神学』1997 年，平凡社，543-584 頁）フイスブルク修道院長エグベルトゥス（Egbert von Huysburg）とアンセルムスとの論争および『護教書簡』の内容について，J.T.Lees, *op.cit*., pp.54-55,129-163.

を批判したのに対し，次のように反論する。

> 「あなたは律修参事会員という名前を取り上げて，新しいものは軽蔑すべきものとみなし，この名称を新しいもの，軽蔑されるべきものという。……古いものや過去からあったものもすべて新しいものであったときがあったのだから，あるものが新しいとか新しかったとう理由で，それを軽蔑してもよいということはない。……古かろうと新しかろうと，それが善いもので有益なものならば，すべての善き人々は受け入れなければならない。」[10]

アンセルムスはこのように，律修参事会員という名称やその生活形態が修道制の伝統に存在しない新しいものだからといって，その理由で軽蔑されるべきではないとした。彼は，聖書には，隠遁する修道士のあり方が最もよい生活であるとは書かれていないことも指摘する[11]。さらに彼は，使徒たちがキリストの生活をまねて，「観想」と「活動」の両方の生活をしたことを述べ，律修参事会員が「観想」と「活動」をともに行うことで，聖書で描かれた原始教会の使徒の生活を模倣する者であるとした[12]。結論として彼は，律修参事会員の存在が神の教会にとり有益で，教会の発展に貢献するものと主張した。アンセルムスはこのように，『護教書簡』で律修参事会のあり方を全面的に擁護したが，『対話』でも同じく，律修参事会のような改革修道院が果たすべき役割を強調している。それについては後で詳しく見ることにしたい。

---

10) *MPL*, vol.188, 1122C-D. "Causaris etiam hoc nomen regularis canonicus, et dicis illud esse novum, et ideo contemptibile,…"（翻訳，558-559頁）11世紀後半から12世紀前半にかけて西欧世界では大きな教会改革の運動が沸き起こったが，教会改革者は共通して，教会の「刷新（renovatio）」という言葉を使った。彼らにとり「刷新」は，使徒的生活への回帰であるとともに，現状の教会のあり方を批判して，伝統にない新しい信仰の生活の創出も意味した。アンセルムスが『護教書簡』で展開した修道生活の新しい形態の擁護は，まさにこの時代，教会の「刷新」をめぐり教会改革者が議論した問題でもあった。教会改革の時代における教会の「刷新」については，コンスタブルの論文が示唆に富む。G.Constable, "Renewal and Reform in Religious Life. Concept and Realities," in: R.L.Benson & G. Constable(eds.), *Renaissance and Renewal in the Twelfth Century*, Cambridge, Mass. 1982, pp.37-67.

11) *MPL*, vol.188, 1124D.（翻訳，561-562頁）

12) *MPL*, vol.188, 1133B.（翻訳，574頁）

2 『対話』における歴史の図式

　続いて『対話』の内容の分析に移ろう。最初に『対話』の全体の構成について述べておきたい。まず一巻では，彼の歴史の見取り図が描かれる。ここで展開される図式は，12世紀に流行する歴史論の一類型である，聖書注解に基づく終末論的な歴史解釈である。彼は神学の伝統に従い，聖書の言葉を象徴的に解釈して歴史の段階を説明した。さらに一巻に続き，二巻と三巻では，1136年にコンスタンティノープルでニコメディア府主教ニケタスと行った教義と典礼をめぐる論争が詳細に描かれる。二巻では，東西教会の最も大きな対立点であった「フィリオクエ (filioque)」の教義にかんする論争が記され，三巻では，キリスト教世界における教皇の首位権，聖体拝領での種無しパンの使用といった東西教会で一致を見なかった教会学や典礼の問題が論じられる。

　以下ではまず，『対話』の一巻で提示される歴史の段階について見ていきたい。一巻の冒頭に記される歴史の見取り図は，アウグスティヌスが『神の国』で定式化した歴史の段階の議論と同じものである。アウグスティヌスは天地創造から終末へいたる歴史の過程を，聖書で描かれる創造の六日間とその翌日の休息の日に対応するものとして提示したが，その図式は中世ヨーロッパの教会知識人においても一般的に受け入れられた。アウグスティヌスは，天地創造の六日間に対応する歴史の六つの段階を次のように説明した。すなわち，歴史の第一期はアダムからノアの洪水まで，第二期はノアの洪水からアブラハムまで，第三期はアブラハムからダビデまで，第四期はダビデからバビロン捕囚まで，第五期はバビロン捕囚からキリスト来臨まで，第六期はキリスト来臨から最後の審判までである。そしてこの第六期，つまり天地創造からの六日目に対応する時代が現在であり，歴史が終焉した後の第七期は，天地創造からの七日目にあたる神の安息日に対応する[13]。

---

13) アウグスティヌスは『神の国』22巻30章でこの時代区分を述べる。Augustinus, *De Civitate Dei*, Libri XXII, 30,5.（『アウグスティヌス著作集15「神の国」(5)』泉治典ほか訳，教文館，1983年，379-380頁）アウグスティヌスの歴史観については，K. リーゼンフー

アンセルムスは『対話』の一巻でまず，アウグスティヌスの歴史の段階に従って歴史の図式を述べる。ただしアンセルムスが提示する歴史の段階は，アウグスティヌスとまったく同じではない。アウグスティヌスと違い，歴史の第一の段階をアダムから始めるのではなく，アダムの子のアベルから始める。これはアンセルムスの歴史論の目的が，天地創造以降の世界史の流れを提示することよりも，教会の発展の歴史を描くことにあったからであろう。つまり彼は，アベルがとくに信仰心で神に嘉された者であることを重視し，教会の歴史をアベルから始めた。
　アンセルムスが提示する歴史の六つの段階は以下のようになる。第一の段階はアベルからノアまでで，そこでは自然法が世界を導き，多くの者が神を崇拝し始め，互いに慈善活動を行う時代である。第二の段階はノアからアブラハムまでで，第一の段階と同じく自然法が支配し，同じく神の礼拝と慈善がなされる時代である。第三の段階はアブラハムからモーセまでで，なお自然法が支配するが，この時代に特別な神の意図が実現される。つまり割礼の法が生まれる。第四の段階はモーセからダビデまでで，律法が神から与えられ，聖職者が任命されて，一つの教会に人々は集まる。第五の段階はダビデからキリストまでで，ここで教会はさらに発展し，律法に新しい儀礼や戒律が加わる。これらの五つの段階が旧約聖書の時代である。続く第六の段階は，キリスト来臨から最後の審判までで，この時代に教会は，多様な信仰の生活を許容しながら発展する[14]。
　アンセルムスは歴史の段階を提示するために，中世ヨーロッパの教会知識人によく知られていた，律法の前の時代（ante legem），律法の時代（sub lege），キリスト降臨後の福音の時代（sub gratia）の三区分も用いている。この三区分は，アウグスティヌスが使用して以降，中世でよ

バー「『神国論』におけるアウグスティヌスの歴史理解」上智大学中世思想研究所編『中世の歴史観と歴史記述』創文社，1986 年，3-38 頁，岡崎勝世『聖書 vs. 世界史』講談社現代新書，1996 年，42-49 頁。

　　14)　*MPL*, vol.188,1144C-1147D. アンセルムスの歴史論について，J.T.Lees, *op.cit.*, pp.172-223. W.Berschin,"Anselm von Havelberg und die Anfänge einer Geschichtstheologie des hohen Mittelalter," *Literaturwissenschaftliches Jahrbuch*, 29(1988), pp.225-232. W.Edyvean, *Anselm of Havelberg and the Theology of History*, Rome 1972.

く知られた歴史の図式であった[15]。アンセルムスはさらに，三位一体の象徴解釈によっても歴史の段階を示している。そこで父は旧約聖書の時代，子は新約聖書の時代とされるが，聖霊の時代がいつかは明確にされない。それが現在を指すのか，最後の審判後に来る至福の世界を指すのかはあいまいである[16]。しかし，アンセルムスが述べる歴史の区分論で最も詳細に論じられるのは，聖書の「ヨハネの黙示録」で言及される七つの封印を手掛かりにした歴史の解釈である。

3 教会史の七つの段階

(1) 第一から第三の段階——初期の教会

アンセルムスは一巻でまず，天地創造から終末までの歴史の段階を定式化した後，それに続き，キリスト来臨後から同時代にいたる歴史の段階を「ヨハネの黙示録」での七つの封印を解釈する形で詳細に論じた[17]。「ヨハネの黙示録」では，子羊が七つの封印を解く場面が描かれているが，アンセルムスはこの七つの封印を解く場面を，キリストの時代から最後の審判までに継起する教会史の七つの段階に対応するものと見なし，次にように解釈した。

「ヨハネの黙示録」では，子羊が第一の封印を解くと白い馬が現れるが，彼によれば，白い馬は原始教会を表し，白い馬の上で弓を持ち座る者はキリストを象徴する。つまり，キリストが教会を統治し，高慢な者を使徒の教えでヘリ下らせ，教会の勝利をもたらすことが示される。このように教会史の第一の段階では，教会は奇跡の輝きのなかで，すべての者に感銘を与え，神を信じる男女はますます増加する[18]。

しかしそれに続く時代には，教会は苦難を経験する。「ヨハネの黙示録」では，第二の封印が解かれると赤い馬が現れるが，この赤い馬はキ

---

15) *MPL*, vol.188, 1147B-D. Augustinus, *De Trinitate*, IV,4,7.（『アウグスティヌス著作集 28「三位一体」』泉治典訳，教文館，2004 年，135 頁）
16) *MPL*, vol.188, 1147D-1149B.
17) 「ヨハネの黙示録」6 章 1-17 節.
18) *MPL*, vol.188, 1149B-D.

リスト教徒の迫害者を表している。この時代には，使徒がエルサレムだけでなく全世界に行き宣教するが，迫害が激しく燃え上がり，ペテロやパウロらの使徒は殉教する。だが最後には教会への攻撃は止み，キリスト教徒を迫害する法が取り下げられ，それに代わり教会を守る法が布告される。その結果，教会はシュロの枝のように生気を取り戻し，レバノン杉のように繁茂する。第二の段階の終わりには，世界全体がキリスト教を謙虚に受け入れるようになる[19]。続いて，第三の封印が解かれると黒い馬が現れるが，それは異端者の象徴である。つまり，教会史の第三の段階で，異端者が神の教会を苦しめることが黒い馬により表される。しかし，教会会議で正しい信仰が規定されると，教会は異端に対処する知恵を発展させる[20]。

(2) 第四の段階――現在の教会

次に第四の封印が解かれると青白い馬が現れるが，この段階は現在の教会であり，青白い馬は「偽りのキリスト教徒（falsi christiani）」，「偽りの兄弟（falsi fratres）」を象徴する。アンセルムスによれば，これは現在の教会を害する「偽善者（hypocrita）」を指す[21]。そして，現在の教会では偽善者たちが敬虔なキリスト教徒を装っている。彼らはキリストへの信仰を告白し，教会に通い，高位聖職者を敬い，教会を建て祭壇を飾り，ミサに参加し，自ら貧者に施しをなす。そのうちある者は，エルサレムの聖墳墓や，他の使徒や聖人の墓に巡礼にさえ行く。彼らはすべてを神の名において行い，その振る舞いや話し方は礼儀正しく，教養ある人々である。だが，彼らの信仰はうわべだけのもので真に敬虔ではない。現在の教会は，このような見せかけの信仰心しか持たない偽善者により苦しめられている[22]。

19) *MPL*, vol.188, 1149D-1150D.
20) *MPL*, vol.188, 1150D-1152B.
21) *MPL*, vol.188, 1152B.
22) *MPL*, vol.188, 1152B-1154A. 12世紀中葉の時代，教会知識人による偽善者の批判は，アンセルムスだけではない。最も有名な例は，ソールズベリのジョンが『ポリクラティクス』で行った，宮廷や教会の世界に多く見出される偽善者への批判であろう。ジョンは，とくに修道士に救いようのない偽善者がいることを述べる。それは12世紀中葉の時代，国家や教会の制度が発展するなか，偽善の巧妙な手段で出世しようとする者が多く現れた事態を示している。ジョンの偽善者批判については，拙著『十二世紀ルネサンスの精神――ソールズベリ

このように彼は，同時代の偽善者について語るが，第四の段階でも，第二，第三の段階と同じように，最後には教会の苦境は克服される。なぜなら第四の段階では「敬虔な人々（viri religiosi）」が信仰を刷新し，教会を再び平和の状態へと戻すからである。彼らは「真理を愛する者（amatores veritatis）」，「信仰生活の復興者（instauratores religionis）」であり，アンセルムスによれば，現状で教会を救う敬虔な人々は，教会改革により出現した，使徒的生活を目指して厳しい修道生活を行う人々のことである。そのような人々の集団は何よりも律修参事会であった。彼はその代表としてサン・リュフ会とプレモントレ会を挙げる[23]。

さらに彼は，従来のベネディクト戒律に従う修道院でも，厳格な使徒的生活を復興しようとして改革を行った修道院があることを述べる。その例として挙げられるのは，カマルドリ修道院，ヴァロンブローサ修道院，シトー会の修道院である。とくに彼はシトー会について，忍耐の徳，謙虚な衣服，戒律の遵守，清貧，敬虔さの点で卓越した修道会であると賞賛する。また，俗人の集団が修道会を作った例として，エルサレムのテンプル騎士団を挙げる。テンプル騎士団は，俗人の騎士たちが所有物を放棄し，贅沢な衣服を拒否し，修道誓願を行い，イスラム教徒の攻撃から聖墳墓を守るべく創設された。騎士修道会の修道士は，一般の修道士や律修参事会員にも劣らない徳を示す者とされる[24]。

さらにアンセルムスは，東方教会でもギリシア人やアルメニア人の間で，さまざまな戒律のもとで修道生活を送る敬虔な人々がいることをいう。彼らはカトリック教会と同じ信仰を維持しているが，その戒律，衣服，生活形態でカトリック教会の修道生活とはことなる。アンセルムスは，1136年にロタール3世の使節としてコンスタンティノープルに滞在したとき，さまざまな修道院を見たことを次のようにいう。

「私はコンスタンティノープルの王都にいたとき，ことなる信仰生活の形態を熱心に探して，そこで多くのキリスト教の修道院を見

のジョンの思想構造』の「宮廷批判の系譜」，「教会観——『ポリクラティクス』を読む」の章を参照。
23) MPL, vol.188, 1154D-1155C.
24) MPL, vol.188, 1155D-1156C.

た。『パントクラトル』すなわち『全能者』という名の修道院では，アントニオスの戒律に従う約七百人の修道士がいた。『フィラントロポン』すなわち『人間への愛』という名の修道院では，パコミオスの戒律に従う約五百人の修道士がいた。さらに私は，真の学識者である大バシレイオスの戒律に従う多くの修道院も見た。」[25]

　アンセルムスはこのように，コンスタンティノープルの修道院にも言及することで，キリスト教世界全体で多様な修道制が開花したことを強調した。そして修道制の開花のなかに，現在の教会が偽善者の攻撃を終わらせ，教会の平和を実現する希望を見出す。つまり，東方教会も含めたキリスト教会全体の霊的な刷新が現在の教会を救い，発展させることをアンセルムスはここで暗示する。いずれにせよ教会は，第四の段階の終わりで偽善者による攻撃を凌ぎ，忍耐により成長する。それはちょうど，教会が第三の段階で異端者の攻撃を知恵でかわし，成長したのと同じであり，偽善者は第四の段階の終わりに真のキリスト教徒から区別され，地獄に落ちるとされる。

(3) 第五から第七の段階——終末への過程

　次に来るのは現在を超える第五の段階であるが，「ヨハネの黙示録」では，第五の封印が解かれると反キリストが現れると書かれている。そのように，第五の段階で教会は苦しみ，教会にとり絶望の時代が到来する。これに対して，殉教した聖人の霊が受苦する教会の悲惨を見て驚き，神への助けを求める[26]。

　しかし，第六の封印が解かれる段階でも悲惨な状態は続く。この段階では「ヨハネの黙示録」に記されたように大地震が起こり，激しい教会への迫害が生じる。この教会への攻撃はその種類でも過酷さでも，以前とはまったく異質なものである。第六の段階で教会は破壊される。最後に第七の封印が解かれる段階になると，人々の瞑想と沈黙の世界が訪れ

---

25) *MPL*, vol.188, cc.1156D-1157A. "Ego cum essem in urbe regia Constantinopoli ...,et essem avidus explorator et diligens inquisitor diversarum religionum, vidi ibi multos ordiens Christianae religionis...."

26) *MPL*,vol.188, cc.1157D-1158A.

る。そこで信徒に最終的な休息の場所が与えられる[27]。

4　教会の進歩と聖霊の役割

　アンセルムスが描く教会史の段階について見てきたが，彼の議論では，原始教会から現在までの教会が，迫害，異端，偽善の悪を乗り切り，以前よりも徐々に成長することが指摘された。彼は「教会は迫害で苦しんだが，忍耐により成長した。教会は異端の偽りの教えで苦しんだが，知恵により成長した。教会は偽りの兄弟と偽善者で苦しむが寛容により成長する」と語る[28]。このような言説から，アンセルムスの歴史意識には楽観主義的な進歩の感覚があると指摘されてきた。確かに，終末の切迫を感じさせる悲観主義的な意識は見出されないが，彼の描く歴史は，キリスト教信仰の拡大過程の記述であり，いわゆる世俗社会の発展を描くものではない。アンセルムスが提示した歴史の段階論に進歩の感覚があるとすれば，それは，教会が完成し人類が救済にいたる希望の意識といえる。そして教会の完成は，第四の段階で多様な修道生活が開花することで実現される。

　アンセルムスの歴史論では，キリスト来臨後の教会の発展を促す要因として聖霊の役割が指摘されることが重要である。彼は使徒パウロの言葉に従いつつ，教会の一つの体は一つの聖霊により生かされ，人々にさまざまな形で配分されることをいう。そして，そのように神の賜物として人間の世界に降りた聖霊が，教会の歴史を動かす要因になることを強調する[29]。「フィリオクエ」の問題を扱う二巻での冒頭では，ニケタスの言葉として，教会を導く聖霊がギリシア語で「パントスコプス（Pantoscopus）」つまり「すべての者の司教（omnium episcopus）」とも呼ばれることがいわれる[30]。それに続いてアンセルムスは，聖霊が教会

---
27)　*MPL*, vol.188, cc.1158B-1160C.
28)　*MPL*, vol.188, c.1158A."Laboravit Ecclesia in persecutione,et crevit in patientia: laboravit in haereticorum subtili fallacia,et crevit in sapientia:laboravit in falsis fratribus et hypocritis,et crevit in tolerantia."
29)　*MPL*, vol.188, c.1144A-B.
30)　*MPL*, vol.188, c.1200D.

の発展に際し大きな役割を果たしたことを肯定し，次のようにいう．

> 「じっさい聖霊が真理であるキリストの口から発することで福音が作られた．後に聖霊は真理を教示する者として，聖なる教父の会議に加わり，それを導き，信仰を聖なる教父の会議で解き明かした．」[31]

アンセルムスによれば，聖霊が普遍公会議で真理を提示し，聖霊の導きで教会の階層秩序——総大司教，大司教，司教，司祭，助祭，他の下級の役職といった教会の身分——も定められた[32]．また聖霊は公会議の場以外でも真理を伝えてきた．聖霊は，聖書では明確に言われていない事柄を，教父の著作を通じて伝え，信仰維持のために教会の法を定め異端と戦った，とされる[33]．

5　改革の担い手としての修道院

アンセルムスはこのように，教会が聖霊の導きにより発展することを述べたが，教会が顕著に発展するのは，第四の段階つまり現在の教会においてである．彼の同時代の教会では，大きな教会改革が起こり，教会知識人たちは使徒的生活への回帰を目標として掲げ，多くの改革修道院が生まれた．そのような状況のなかで彼は，修道制を刷新した改革修道院を，教会全体の改革の担い手と見なした．

アンセルムスがその歴史論で同時代の改革修道院を賞賛する背景には，自身が改革修道院の一つのプレモントレ会に所属していたことがあろう．11世紀後半から，厳格な修道生活を望む者たちが，既存のベネディクト系修道院のあり方を批判し，批判者たちは厳しい生活を求め隠

---

31)　*MPL*, vol.188, c.1201A-B.Siquidem Spiritus sanctus procedens ab ore veritatis,qui Christus est, Evangelium prius condidit,postea sanctorum Patrum conciliis auctor et doctor veritatis,---"

32)　*MPL*, vol.188, c.1201D.

33)　*MPL*, vol.188, c.1202A.

修士になったり，使徒の理想に従い，民衆への福音説教の活動を積極的に行うようになる。そのような民衆への説教者は多くの追随者を生み，やがて彼らを収容する新しい修道院が作られるようになる。こうして創設された改革修道院は，さまざまな新しい戒律と修道生活の形態を生むことになった。たとえば，プレモントレ会のように修道生活と司牧活動を行った律修参事会，あるいは，既存のベネディクト戒律よりも厳格な戒律のもとで修道生活を行ったシトー会やカルトゥジオ会などの修道院が，アンセルムスの時代に敬虔な生活を送ろうとする人々を魅了した[34]。

多くの改革修道院が誕生すると，その多様な修道生活のあり方が教会内で容認されるようになる。この時代の教会知識人は，このようにさまざまな修道院が生まれ，修道制が改革されていく状況を擁護し，それらが「多様であるが対立してはいない（Diversi sed non adversi）」ものとして，教会内で調和的に併存しうることを擁護した[35]。この時期の教会知識人は一般的に，それまでとは違う修道生活を行う改革修道院の存在が，教会を進歩させ発展させると確信していた。アンセルムスは，教会史の第四の段階で偽りの兄弟に対抗して「敬虔な人々」が現れ，本来の信仰を回復すると語ったが，この「敬虔な人々」とは，まさに律修参事会やシトー会などの改革修道院の構成員のことであった[36]。12世紀に多様な修道生活が賞賛される雰囲気のなかで，アンセルムスは改革修道院が教会の進歩を担い，教会を完成に導く役割を果たすことを強調したのである。そしてアンセルムスは，聖霊の働きが現在の修道制の刷新を促

　34）　12世紀に出現する改革修道院については，朝倉文市『修道院──禁欲と観想の中世』（講談社現代新書，1985年）などを参照。なお，中世教会史家フランツ・フェルテン教授の日本での講演集『中世ヨーロッパにおける教会と俗世』（甚野尚志編訳，山川出版社，2010年）の論文「12世紀の修道会と修道女──プレモントレ会，シトー会と敬虔な女性たち」でも，12世紀の改革修道院に対する，男女を問わない民衆の熱烈な支持が分析されている。

　35）　"Diversi sed non adversi" という言葉を用い，同時代の多様な改革修道院のあり方を肯定したのは，12世紀初頭の神学者ランのアンセルムスであった。その後この言葉は，12世紀の神学や教会法の著作でしばしば引用されることになる。G.Constable, "The Diversity of Religious Life and Acceptance of Social Pluralism," in:Id., *Culture and Spirituality in Medieval Europe*, Lodon 1996. 関口武彦「"Diversi sed non adversi"」『山形大学紀要（社会科学）』18号 1987年，157-192頁。

　36）　*MPL*, vol.188, c.1154D.

しているとする。つまり神の意図が，修道制の刷新とそれによる教会全体の改革の背後に働いていると見なした。

またアンセルムスは，聖書での鷲の比喩を用い，修道制の刷新により教会が鷲のように若さを再生すると述べる。つまり教会は，鷲のように高く上昇する力を得て，太陽のまぶしさにも幻惑されることなく，真の太陽の啓示を見ることができるようになる。彼が同時代の改革修道院の役割をいかに大きく評価していたかは，このような言葉にも明瞭に見て取ることができる[37]。

6 東西教会の合同と一つの教会の実現

ところで『対話』の構成は，一巻は歴史論であるが，二，三巻では，アンセルムスが1136年にコンスタンティノープルでニコメディア府主教ニケタスと行った教義と典礼の論争が記述されている[38]。アンセルムスが『対話』を書いた理由は，教皇エウゲニウス3世からこの論争の著述を勧められたからであった。したがって『対話』の本来の中心部分は二，三巻であり，一巻はその序にあたる部分ともいえる。一巻の歴史論と二，三巻の論争の内容との間に何らかの関連があることは当然であろう。ではなぜ『対話』は，一巻で歴史の段階の図式が論じられ，続いて二，三巻で，ビザンツ教会との教義と典礼の論争が叙述される構図になっているのだろうか。

その理由は，『対話』の冒頭にあるエウゲニウス3世宛ての全体の序文を見ればよくわかる。アンセルムスはそこで，ラテン人とギリシア人との間にある教義と典礼の相違を扱う論考の巻のほかに，この著作で，

---

[37] *MPL*, vol.188, c.1157C.

[38] アンセルムスのコンスタンティノープル滞在については，G.Schreiber,"Anselm von Havelberg und die Ostkirche. Begegnung mit der byzantinischen Welt. Morgenländisches und abendländisches Zönobium," *Zeitschrift für Kirchengeschichte,* 60(1941),pp.354-411. J.Dräseke,"Bischof Anselm von Havelberg und seine Gesandtschaftsreisen nach Byzanz," *Zeitschrift für Kirchengeschichte*, 21(1901), pp.160-85. G.R.Evans,"Anselm of Canterbury and Anselm of Havelberg:the Controversy with the Greeks, " *Analecta Praemonstratensia*, 53(1977), pp.158-170.

義人アベルの時代から終末までの多様な信仰生活を扱う巻を書いたと述べる。[39]つまり，二，三巻における東西教会の教義と典礼をめぐる議論が，一巻での歴史論と密接に関連することが示唆される。一巻では，教会が発展する過程で信仰生活の多様な形態が生まれることが述べられるが，そこでは，ビザンツ教会の教義や典礼の相違も，教会史における信仰生活の多様性の表現と見なされる。そのことは，一巻で修道制の多様性が語られる箇所で，彼自身がコンスタンティノープルでじっさいに見た，西欧とはことなる種類の修道院に言及することからもよくわかる。しかし彼が見たコンスタンティノープルの修道院は，西欧でのプレモントレ会やシトー会と同様に厳格な修道生活を希求するものであった。つまり彼にとっては，西欧教会と東方教会は完全に分離しているのではなく，一つの信仰のもとで多様な宗教生活を展開しているに過ぎない。現実に存在する東西教会間の相違は，彼から見れば，教会の歴史が進めば，いずれ解消されるべきものであった。そして『対話』の二，三巻では，教会史の第四段階の終わりに教会の合同がなされるとすれば，それがどのような形で実現されるのかが論じられることになる。したがって，二，三巻で扱われる東西教会の相違の議論は，一巻で述べられた教会史の第四段階の議論と有機的に結びつくものであった。

　じっさい二，三巻で扱われた議論をつぶさに考察すれば，一巻の歴史論と密接に関連していることがわかる。二巻では，東西教会を分かつ最大の問題である「フィリオクエ」の問題をめぐるアンセルムスとニケタスの討論内容が記される。アンセルムスは「フィリオクエ」の討論の結論として，聖書もニケーア・コンスタンティノープル信条も，父からの聖霊の発出において子が協力することを否定していない，と述べる。すなわち，「フィリオクエ」を信条に付加することは本来の教義の明確化にすぎず，それは正統的な三位一体論を否定するものではない，とする。これに対してニケタスは，聖霊が子からも発するという教義は，東方教会で公的に受け入れられておらず，それが公的に認められれば，人々の不安を引き起こすだろうと語り，この問題の解決のために，「東西の皇帝の認可のもと，教皇の権威により東西両教会の間での公会議が

---

39) *MPL*, vol.188, cc.1141B-1142A."Praemisi autem librum de una forma credenda et multiformitate vivendi a tempore Abel iusti usque ad novissimum electum,---"

開催されるべきこと」を提案する[40]。

　彼は，公会議で東方教会が「フィリオクエ」の付加に同意できれば，われわれは「聖霊が子からも発する」という語句を喜んで受け入れるだろう，という。そしてアンセルムスも，東西教会の一致を目指す公会議の開催に同意する。さらにこれを受けて，その場に集まった聴衆もそれに賛同する[41]。このように，二巻の「フィリオクエ」をめぐる論争は，公会議の場で一致を目指すという結論にいたる。一巻でアンセルムスが述べるように，聖霊が普遍公会議で真理を教える。ゆえに二巻の結論でいわれるように，聖霊が主催する公会議こそが「フィリオクエ」の問題を解決し，東西教会の宥和を目指す場となる。このように，一巻での歴史論と二巻の「フィリオクエ」の議論の結論とは一貫した理念のもとで描かれている。

　また三巻でも，東西教会間の対立点の議論がなされ，最終的に公会議による解決が提案される。三巻ではとくに，キリスト教世界における教皇首位権をめぐって討論がなされる。アンセルムスとニケタスも，キリスト教世界で，教皇が教会の頂点に立つべき存在だということでは一致していた。しかしアンセルムスは，頭が四肢を支配するように教皇が他の教会を支配できると主張したのに対し，ニケタスは，教皇のキリスト教世界における首位権は否定しないが，あくまでもその権威は，同輩中の第一人者に過ぎないと述べる[42]。さらに三巻では，東西教会の慣習の

---

　　40)　*MPL*, vol.188,1210B."Sed aliquod generale concilium occidentalis et orientalis Eccelsiae auctoritate sancti Romani pontificis,admittentibus piissimis imperatoribus celebrandum esset,... " シルヴァ・カンディダの枢機卿司教フンベルトゥスとコンスタンティノープル総主教ケルラリオスとの相互破門（1054年）以降，教皇権とビザンツ教会との間で，「フィリオクエ」や他の教義や典礼の対立点を解消すべくさまざまな議論がなされたが，結局，合同は達成できなかった。1274年の第二リヨン公会議では，ビザンツ帝国を再興したミカエル8世パライオゴスが自身の政治的思惑から，教皇との形式的な教会合同を取り決めるが，ビザンツの聖職者の反対により東西両教会の対立はますます深まる。ビザンツ教会の視点から，第二リヨン公会議にいたる東西教会の対立を論じたものとして，橋川裕之「魂を脅かす平和──ビザンツの正教信仰とリヨン教会合同」（『洛北史学』10号，2008年，1-28頁.）を参照。

　　41)　*MPL*, vol.188, c.1210B.

　　42)　*MPL*, vol.188, cc.1218A-C. 11世紀後半から第四回十字軍によるコンスタンティノープルの占領の時代までは，東西両教会の間で教義と典礼をめぐる論争が頻繁に行われた。その概要については，J.Spiters, *La Critica Bizantina del Primato Romano nel secolo XII*, Rome 1979. J.Darrouzès,"Les documents byzantins du XIIe siècle sur la primauté romaine," *Revue*

差異が問題とされた。その一つは，聖体拝領のパンをめぐる問題である。東方教会では伝統的に聖体拝領で酵母パンを使用していたが，カトリック教会では早くから聖体拝領では種無しパンを用いていた。聖体拝領のパンの問題は，それぞれの教会が他方の慣習を，キリスト教の本来のあり方に反するものとして批判してきた事柄であった。ここでの両者の議論でも，さまざまな理由を挙げて，それぞれが自身の慣習の正統性を主張する[43]。また三巻では，ミサにおける葡萄酒の聖別の方法についても議論された。東方教会ではミサの際，聖杯に葡萄酒だけを入れ聖別したが，カトリック教会では聖杯に葡萄酒と水を入れて混ぜたものを聖別していた。これについても，両者がさまざまな論拠で自身の慣習の正統性を擁護する議論を展開している[44]。

このような対立点の解決策として，三巻でも公会議の場での討論が提案される。ニケタスは，典礼に関して東西の教会間で大きな相違はなく，小さな点でのみで相違があり，また相違があるからといっても，一方の典礼で魂の救済にいたらないとはいえない，と述べ，典礼の相違を解消するために，「ふさわしい時期にふさわしい場所で東西教会の公会議を開催し，ギリシア人とラテン人が，一人の主イエス・キリストのもとで，同一の信仰，同一の洗礼，同一の秘蹟の儀礼のなかにある同一の信徒となるように」努力すべきだと語る[45]。アンセルムスもそれに対し将来の公会議に期待すると答える。このように三巻の最後で両者は，公会議での討議により東西教会間の問題を解決することで合意する。この記述からはアンセルムスが，聖霊の導きによる公会議で教会合同が実現するだろうと期待していたことが読み取れる。

---

des études Byzantines, 23(1965), pp.42-88.H.Chadwick, *East and West:The Making of a Rift in the Church.From Apostolic Times until the Council of Florence*, Oxford 2003.

43) MPL, vol.188, cc.1229A-1239C.『対話』の三巻で展開される，東西教会の教義と典礼の相違をめぐるアンセルムスとニケタスの論争については，甚野尚志「12世紀の教会知識人による東西教会の対話——ハーフェルベルクのアンセルムス『対話』の考察」『エクフラシス——ヨーロッパ文化研究』（早稲田大学ヨーロッパ中世・ルネサンス研究所）1号，82-95頁。

44) MPL, vol.188, c.1241C-1242C.

45) MPL, vol.188, c.1248A."Summo studio,...,elaborandum esset, ut generale concilium congruo loco et tempore fieret,... tam Graeci quam Latini unus populus sub uno Domino Iesu Christo,in una fide,in uno baptismate,in uno sacramentorum ritu efficeretur."

おわりに

　ハーフェルベルクのアンセルムスは『対話』の一巻で，天地創造以来の歴史の段階について論じ，とくに「ヨハネの黙示録」での七つの封印を象徴的に読み解くことで，彼独自の教会史の議論を展開した。とくに教会の現在を表す第四の段階では，敬虔な人々が修道生活の新しい形態を生み，教会が発展するとされた。彼がいう敬虔な人々とは，彼が所属したプレモントレ会などの改革修道院に属する人々のことであったが，同時代の教会改革を促した要因は，何よりも聖霊の働きであるとされた。ここから彼の歴史論には，天地創造から終末にいたる過程についての伝統的な摂理史観と，現実の教会組織が聖霊の働きで徐々に改善するという楽観主義的な歴史意識も見て取ることができる。

　また，このような『対話』の一巻での歴史論は，この著作の主題ともいうべき，二，三巻におけるニコメディア府主教ニケタスとの教義と典礼の論争とも密接にかかわるものであった。二，三巻では，1136年にコンスタンティノープルで行われた，アンセルムスとニケタスの討論が記されるが，そこでは結論として，東西教会が公会議を開催し，教義や典礼の相違を解消し合同を実現すべきことが述べられる。一巻の歴史論では，教会の現在を示す第四の段階の終わりに，教会は改革修道院の出現により刷新され，最終的に教会の統一と完成が実現されることが示唆される。したがって彼の議論を総合すれば，第四の段階の終わりに，教会の発展を促してきた聖霊の働きで東西教会の相違が解消され，キリスト教会は一つになるということになろう。

　アンセルムスの歴史論の根幹には，教会が歴史の過程で多様な形態を生みつつ発展し，最終的に一つの教会として完成し，人類の救済にいたるという発展の図式がある。彼にとり，ビザンツの東方教会を含めた一つの教会の実現が，教会がさらに発展するための重要な目標と考えられた。ゆえに『対話』は，同時代の改革修道院の立場を反映した新しい歴史意識の表明であるとともに，そこでは歴史の終末における，東方教会も含めたキリスト教世界全体の統一も明確に意識されている。

そして、アンセルムスが提示した終末論的歴史の見取り図は、12世紀末のフィオレのヨアキムの壮大な終末論に受け継がれ、西欧中世における終末論思想の展開の発端となった[46]。最初に指摘したように、「12世紀ルネサンス」の文化的な革新として歴史記述の形態の変化がしばしば指摘されてきた。この時期の歴史記述では、具体的な事実の自然主義的な描写が増加し、記述対象の地理的、時間的な枠組みが拡大することがいわれてきた。アンセルムスの『対話』では、一巻で天地創造から終末までの歴史の段階の図式が描かれ、二, 三巻では東西教会の教会合同の問題が議論されている。この構成により『対話』は、キリスト教世界全体に地理的な枠組みを拡大した壮大な終末論的な歴史記述となった。その意味でこの著作は「12世紀ルネサンス」を代表する歴史記述の一つと見なすことができるのである。

---

[46]　12世紀前半に出現するハーフェルベルクのアンセルムスらの終末論とフィオレのヨアキムの終末論との関連については、P. Classen, "Res Gestae, Universal History, Apocalypse: Visions of Past and Future," pp.411-414.

3
中世イベリア半島で使用された暦について

黒 田 祐 我

はじめに

　中世イベリア半島は，教皇と皇帝という二つの権威を中心点とする楕円的なラテン・キリスト教世界の最西端を構成していた。同世界は，神による天地創造を始原とし，イエス・キリストの誕生を初年とする年代記法，いわゆる現在の西暦を用いて，事績を現代に至るまで秩序だて続けてきている。アダムとエヴァの楽園追放から最後の審判までを直線的に繋ぐ『世界年代記』という歴史叙述形式において端的に現れている，かかる時間認識の点においても，イベリア半島は同じ文化に属していたことは間違いない[1]。

　たとえば，13世紀後半の「賢王」とあだ名されるカスティーリャ王アルフォンソ十世（在位1252-1284）の編纂させた初の中世カスティーリャ語による歴史書『第一総合年代記（*Primera Crónica General*)』においても，同様の叙述スタイルがとられている。同年代記は，天地創造にはじまる人類の歴史を，当時の西欧世界で一般的であった六つの時代へと区分している。天地創造とアダム・エヴァの時代である第一の時代，洪水とノアの生還から始まる第二の時代，アブラハムの誕生からの第三の時代，ダヴィデの治世の開始に伴う第四の時代，そしてバビロン

---

1) W. ケーギ(坂井直芳訳)『世界年代記――中世以来の歴史記述の基本形態』みすず書房，1990年．

捕囚からの第五の時代，そしてキリストの受肉により開始され，年代記の編纂時まで続く第六の時代である[2]。

　しかしながら，中世イベリア半島は西欧世界の最も西端に位置するという地理的な特殊性のゆえに，暦の使用の点で少々異なる展開をみせている。さきに引用した『第一総合年代記』においては，天地創造から数えた年数をはじめとして，ローマ建国年（Ab urbe condita），ローマ皇帝在位暦，キリスト受肉暦など，様々な年数換算法が並立して用いられている。この中で最も頻発するのが，本稿の主題となるヒスパニア暦であった。

　また周知の通り，中世において同半島は，ラテン・キリスト教世界に属するキリスト教諸国（カスティーリャ王国，ポルトガル王国，アラゴン連合王国，ナバーラ王国など）と，イスラーム世界に属するアンダルス（イスラーム・スペイン）とが並存し，いわゆる「レコンキスタ（再征服運動）」と総称されている融和と軋轢の舞台ともなった。かかる事実は，必然的に暦の使用とそこにたち現れる時間意識にも甚大な影響を及ぼしえたのである。

　本稿では，イベリア半島において15世紀に至るまで用いられた独自の暦たるヒスパニア暦の起源，そしてその利用状況を素描していく。さらに，西欧世界とイスラーム世界の狭間に位置したという地理的条件によってもたらされた複合的な時間意識を検討することにより，両世界の「辺境」ならではの特殊性の一端を示したい。逆にこの過程で，半島内自体の地域的多様性を照射することにもなろう。

　2）　*Primera Crónica General de España que mandó componer Alfonso el Sabio y se continuaba bajo Sancho IV en 1289,* R. Menéndez Pidal ed., Madrid, 1955, p.100.『第一総合年代記』が編纂されるにあたって最も参照されている，13世紀前半の歴史記述，すなわちトレード大司教ヒメネス・デ・ラーダの『ヒスパニア事跡録(Historia de Rebus Hispanie)』は，ノアとモーゼから彼の生きた時代である1243年までの事跡を書き記す。他方でトゥイ司教ルーカスによる『世界年代記(Chronicon Mundi)』は，六日間で為された天地創造から，1236年のコルドバ征服までを扱う。*Historia de rebus hispanie sive historia gothica, de Roderici Ximenii de Rada*, J. Fernández Valverde ed., Turnhout, 1987; *Chronicon Mundi*, E. Falque Rey ed., Turnhout, 2003.

1 ヒスパニア暦の起源と受容 ──カスティーリャ王国の事例を中心として

　イベリア半島における13世紀前半頃までの史料においては，後に述べるように地域的な差異を多大に示しながらも，いわゆる西暦（Anno Domini）とは異なる暦が現れる。とりわけ，半島中央部の南北にわたって形成された，アストゥリアス・レオン王国，そしてその後継たるカスティーリャ王国が発給した一連の叙述史料・文書史料は，14世紀末に至るまでこの別の暦を用い続けている。史料上において単に「年代（era）」あるいは「カエサルの年代（era de César）」と表現されるヒスパニア暦が，それである。

　その名が示す通り，この年代記法はローマの支配下に半島が組み込まれた時期に成立したとされている。実際の起源は不明ではあるが，少なくとも中世に生きた人々は，この暦はアウグストゥスによって実施された全支配領域規模の戸口調査（ケンスス）を端緒とすると考えていた。セビーリャのイシドルスは『語源誌（Etimologiae）』において以下のように説明する。

> 「Aeraとは，カエサル・アウグストゥスによって作成された独自の年号であり，戸口調査が初めて実施されローマの領域が区分された時を示す。全領域がローマ国家へ貨幣を納めることを約したことから，この名で呼ばれている。」[3]

　同様に，すでに引用した『第一総合年代記』は，より詳細にその成り立ちを説明している。

---

3) "Aera singulorum annorum est constituta a Caesare Augusto, quando primum censu exagitato Romanum orbem descripsit. Dicta autem aera ex eo, quod omnis orbis aes reddere professus est reipublicae." San Isidoro de Sevilla, *Etimologías: Edición bilingüe*, J. Oroz Reta et alii eds., 2vols., Madrid, 2000, Liber V, Cap.36-4.

「金や銀あるいは他の金属はラテン語で era と呼称され，貢租徴集人に支払うべき金銀を持たないものは，他の貨幣でかの 10 デナリウス貨と同等を支払った。この金属を示す名から，同貢租が初めて実施された年を era の年と名づけたのであった。ここから，為政者らや他のすべての民らは，オリンピアの暦あるいはローマ建国年をこれまで用いてきたが，これらを捨てて，この era の年号を採用し，これ以降は事跡を皇帝，王そしてすべての民がこの年号でもって数えたのであった。
（中略）また福音書が述べるところによれば，era が始まってから 38 年後に，ヨセフと聖マリアがベツレヘムへ出向いて登録を行い，この貢租を支払ったのである。」[4]

このように，ラテン語で「貨幣」を意味する「aera」が転じて年号を示すことになったと認識されていた。もちろんのこと，この初の戸口調査に関する主張は，現在において歴史的な事実であると証明されてはいない。しかし彼らは，紀元前 38 年 1 月 1 日からを初年と考え，「era の年」38 年においてヨセフとマリアが貢租を支払ったと考えた。よってヒスパニア暦は，当時の西欧世界で一般に使用されていたキリスト暦に 38 年を加算した形で史料にたち現れてくるのである。

しかしながら，遡ってローマ属州時代，ローマ建国年，在コンスル暦あるいは皇帝在位暦のみならず，独自の地域的な年代表記法が現れることもイベリア半島に限った話ではない。カリギュラ，クラウディウス両皇帝によって属州へと編入された旧マウリタニア王国（後のマウリタ

---

4) "E porque ell oro et la plata et los otros metales son llamados era en latin, et los que no tenien oro o plata que dar a los cogedores daquel pecho dauan de qualquier de los otros metales tanto que ualiesse aquel dinero de diez; e por ende daqueste nombre era que es por <<metales>>, pusieron nombre a aquel anno en que fue fallado primeramente este pecho <<ell anno de la era>>. E alli dexaron los sennores et todas las otras yentes la cuenta de los annos de las Olimpias et de la puebla de Roma por que contauan fasta allí, et tomaron la deste anno de la era, et contaron dalli adelante sus fechos por ella los emperadores et los reyes et todos los otros omnes. (...) E segund cuenta ell Euangelio, treynta et ocho annos depues que la era fue leuantada fueron Joseph et Sancta Maria a Belleem a escreuirse et a pagar este pecho." *Primera Crónica General*..., pp.99-100. 同じくトゥイ司教ルーカスの『世界年代記』も，カエサル・アウグストゥスの治世 4 年目に初の戸口調査が実施されてその時から毎年支払われた貨幣（es）を語源とする暦が作成されたと述べている。*Chronicon Mundi*..., p.84.

ニア・ティンギターナ，マウリタニア・カエサリエンセ両属州）地域においては，紀元後40年のカリギュラに対する反乱を初年とする「属州の年（Anno Provinciae）」が2世紀から7世紀に至るまで用いられている[5]。

他方でイスパニア三属州（バエティカ，タラコネンシス，ルシタニア）の一つ，ルシタニアの州都エメリタ・アウグスタ（現メリダ）において出土した墓碑銘（西暦381年）が，現在のところ最古のヒスパニア暦を用いた事例とされる。普遍的な文明世界と考えられがちな古代ローマ帝国領内における地域的多様性は明らかとなっており，とりわけ四世紀以降の帝国の政治・社会的混乱期において，それぞれが異なる歴史的成り立ちを保持している属州が，アイデンティティのひとつのあらわれとして地域固有の時代認識を抱き始めたとしても何ら不思議ではなかろう[6]。

ローマ帝国末期，碑文を除いて史料は沈黙する。半島に西ゴート王国が成立し，6世紀，とりわけアタナギルド（在位555-567）治世以降にヒスパニア暦の利用が増加したとされる[7]。711年，この西ゴート王国の瓦解と続くアンダルスの成立は，史料上の制約を考慮しなければならないにせよ，ヒスパニア暦の利用の普及をむしろ促進しさえした。イスラームによるイベリア半島の征服は，住民の圧倒的多数を占める旧西ゴートの貴族と民をそのまま吸収する形で進行された。アンダルスの統治下において，少なくとも9世紀に至るまでは，キリスト教信仰を保持

---

5) J. María de Francisco Olmos, *Manual de cronología: la datación documental histórica en España*, Madrid, 2009, p.66.

6) "BRACARIUS FELIX VIXIT ANNOS LII. RECESSIT NONAS APRILES ERA CCCCXVIIII." R. Castelo Ruano, "Placas decoradas paleocristianas y visigodas de la colección Alhonoz(Ecija, Sevilla)," *Espacio, Tiempo y Forma, Serie II, Historia Antigua*, 9 (1996), pp.467-536, p.471. イベリア半島の地域アイデンティティを扱った論考としてF. Beltrán Lloris, "<<ET SOLA OMNIVM PROVINCIARVM VIRES SVAS POSTQUAM VICTA EST INTELLEXIT>> Una aproximación a Hispania como referente identitario en el mundo romano," in *Roma, generadora de identidades. La experiencia hispana*, A. Caballos Rufino et alii eds., Madrid, 2011, pp.55-77を参照した。

7) María de Francisco Olmos, *Manual de cronología...*, p.135. セビーリャのイシドルスの生きた時代と一致しており（生没c.556-636），すでに引用した『語源誌』においても彼はヒスパニア暦(era)を扱っている。その他，『ゴート人の歴史(Historia Gothorum)』ではこの暦を多用している。C. Rodríguez Alonso, *Las historias de los godos, vándalos y suevos de Isidoro de Sevilla. Estudio, edición crítica y traducción*, León, 1975.

したままの臣民，すなわちモサラベが多数派を占めており，社会的，経済的勢力をいまだ保持していた。彼らは，ヒジュラ暦と同時にヒスパニア暦の存在も知悉していたと考えられる[8]。

イスラームによる支配を受けなかったイベリア半島北部においても，ヒスパニア暦が用いられた。いわゆる「レコンキスタ」運動はカンタブリア山麓からの社会経済的な「抵抗」を起源とすると今では考えられている[9]。北方キリスト教徒の自生的な南下拡大運動の過程で，アンダルス周縁部に居住していたか，あるい9世紀に生じるコルドバ殉教運動の過程で北部へ移住したモサラベらが，アンダルスですでに普及していたヒスパニア暦を伝達した可能性も大いにあろう。

とりわけ，滅亡した西ゴート王国の後継者を自認し，その覇権を公に掲げるアストゥリアス王権の公式の歴史記述たる『アルフォンソ三世年代記（*Chronica Adefonsi Tertii*）』が，ちょうど883年に記されていることは大いに示唆的である。同年代記においては，初めからヒスパニア暦を用いて諸王の事績を記述していく。アストゥリアス王国を継承したレオン王国，そして後の統合を果たしたカスティーリャ王国に至るまでの歴史叙述の一貫性は明白となっている。9世紀以降，書きつがれていった一連のラテン語年代記群においては，常にヒスパニア暦を用い続けているからである。ラテン語年代記を引き継いだ中世カスティーリャ語年代記においても，状況は同様であった。「レコンキスタ」理念を公に掲げ続け，ラテン・キリスト教世界はもとより，他の半島内キリスト教諸国の中でも一線を画する中世後期のカスティーリャ王国における独自性の表れのひとつが，ヒスパニア暦の利用の継続にあったのではなかろうか[10]。

---

8) セビーリャ司教ヨハンネスがアルヴァルスに宛てた書簡の末尾に挿入されている『注記』においては，以下のようにムハンマドに関して記されている。「アラブの王ムハンマドに関する注記。異端者，アラブの偽預言者たちの封緘，アンチ・キリストの先駆けであるムハンマド（マメット）は，皇帝ヘラクレイオスの治世の七年目，イスパニア暦の656年に登場した。」矢内義顕「九世紀の『ムハンマド伝』」『文化論集 (早稲田大学商学部)』33 (2009), 1–25, 19 頁.

9) 関哲行「第四章 カスティーリャ王国」『世界歴史体系スペイン史』山川出版社, 136–142 頁.

10) *Die Chronik Alfons' III. Untersuchung und kritische Edition der vier Redaktionen*, J. Prelog ed., Frankfurt am Main, 1980; *Historia Silense*, F. Santos Coco ed., Madrid, 1921. 「レコン

ヒスパニア暦の利用の継続は，年代記という叙述史料のみならず，証書という史料類型においても見られる。動産・不動産，あるいは諸権利や特権の授受証明を目的とする証書という文書を作成する理由とは，当該行為の事実を確認し，第三者に対して自身の主張の正当性を確保することにある。この目的のために証書に記されている作成年月日は，非常に重要な意味を持ちうる。カスティーリャ王権が発給する証書あるいは勅令のみならず，聖俗両貴族から，より下層の民に至るまでの者達が作成させた売買寄進文書に至るまでのほぼすべてが，常にヒスパニア暦にもとづいて作成された。名実ともに，同王国はヒスパニア暦を採用し，利用し続けていたことは明白であろう[11]。

　状況が一変するのは，時が流れて中世後期，同王国国王でトラスタマラ王朝第二代であったファン一世（在位 1379-1390）の治世期である。トラスタマラ王朝が擁立された 14 世紀後半とは，「封建制の危機」という政治，経済そして社会全体を巻き込む全西欧的な変動期に当たる。英仏百年戦争と王国内の動乱とが否応なく連動する状況において，当然ながらカスティーリャ王国の対外関係の重心も移動した。端的に述べるならば，それまで以上に半島キリスト教諸国との和戦の激化，そしてなによりもピレネー以北との関係の緊密化である[12]。かかる情勢が，ファン一世に対してそれまで用いられてきた独自の暦，つまりはキリスト教信仰とは無縁な暦の利用継続を再考させたと推測することもできよう。

　西暦 1383 年 9 月，セゴビアにて開催されたコルテス（身分制議会）において，同王はヒスパニア暦利用の正式な廃止と，キリスト生誕暦の採用を命じた。王国内の都市ムルシアで保管されている王の書状は，以下のように廃止理由と以降採るべき方策を伝達している。

キスタ」理念の継続からみるカスティーリャ王国の対外関係の一例に関しては，以下を参照。黒田祐我「中世後期カスティーリャ王国における『戦争と平和』——王国間休戦協定の分析から」『スペイン史研究』25（2011），1-16 頁。

11) 860 年 6 月 28 日　アストゥリアス王オルドーニョ 1 世（在位 850-866）による寄進文書ですでにヒスパニア暦が用いられる。864 年 7 月 11 日付の農奴（seruus）アウソニオの土地譲渡文書においても同様である。*Arte de leer escrituras antiguas. Paleografía de lectura. 3 edición ampliada*, M. Romero Tallafigo et alii eds., Huelva, 2003, Lámina 2, pp.94-95; *Ibid.*, Lámina 3, pp.96-97.

12) L. Suárez Fernández, "Política internacional de Enrique II," *Hispania*, 16/62 (1956), pp.16-129; 拙稿前掲論文を参照。

「よって価値あることとは，以下の通りであろう。余と他のすべての正統信仰たる宗教，一体性の真正で忠実なる君主らは，余の祖先の諸王らが（用いていたところの）真正なる書物において異教徒——この者らは……（判別不可能）……神への敬意を抱いていない——を記憶にとどめることとなる古の慣習に従うことなしに，かの聖なる生誕の記憶をより強く継続して記憶し想起すればするほど，より大きな恩寵と利益を受け取ることができるのである。この〔異教徒の〕知識と慣習を余の王権から捨て去ることは大いに理に適っており，天上を除けばこの地において神聖で母なる教会とイエス・キリストの代理以上に上位の存在を余は知らないのであるから，この賛美と恩寵において，余は確立し，また賛美し，余の法によって命ずる。すなわち，至近の生誕の日から，つまりは1384年12月25日以降は常に，余の王国において作成されうるところのすべての書状，覚書，遺言，判例，証言あるいは他のあらゆる状態，あらゆる方法によってなされた書き物は，余の臣民間においてであれ，他の者らにおいてであれ，そこに上記の我らが主イエス・キリスト生誕の年，1384年を年号として記すべし。書記官は以下のように日時を記すべし。「我らが救い主イエス・キリスト生誕の年，1384年に作成，あるいは授与」と。この年が終わるや，以後は，聖なる教会が用いているがごとく，常に上記の主の生誕日から一年が増加した形で上記の書状が作成されるべし。」[13]

---

13) "Por ende, digna cosa es que nos, e todos los otros verdaderos e fieles prençipes de la fe catolica, religion e unidat, tanto mas afincosamente fagamos recordaçion e continua memoria de aquella Santa Natividad, quanto mayor graçia e benefiçio avemos reçebido por ella, non siguiendo la antigua usança, por la qual en las escripturas abtentigas los reyes onde nos venimos fazen memoria de los omes gentiles, los quales non avian ... connosçençia de Dios. La qual connosçençia e usança mayormente conviene a la nuestra alteza tirar e mudan por quanto non connosçemos superior alguno en la tierra, salvo en esperytual, a la santa madre eglesia e al vicario de Jhesuchristo, en cuyo loor e graçia estableçemos e loamos e ordenamos por esta nuestra ley, que desde el dia de Navidat primera que viene, que començara a veynte e çinco dias del mes de dezienbre del nasçimiento del señor Jhesuchristo de mill e trezientos e ochenta e quatro años, e dende adelante para sienpre jamas, todas las cartas e recabdos, e testamentos, e joyzios, e testimonios, e qualquier otras escripturas de qualquier manera e de qualquier condiçion que sean, que en los nuestros regnos ovieren de ser fechos, asi entre los nuestros naturales commo en otras personas qualquier que las fagan, que sea puesto y el año e la data dellas deste dicho tienpo

このようにファン一世は，当時の西欧世界で幅広く用いられていたキリスト生誕暦を採用し，同年のクリスマスから「1384年」と王国内で作成・発布されたすべての書状に記入するよう厳命した。さらに，同年クリスマス以降に作成されてキリスト生誕暦で日時が記載されていない文書に関しては，その証書としての効力が消失すると述べる。事実，この命令が王国各地に伝達されて以後，編纂される歴史書，発行される公的・私的文書のほぼすべてにおいて，上記の新たな暦たるキリスト生誕暦が記入されている。

　こうして，紀元後4世紀以降に普及し始め，その後，カスティーリャ王国の公式な暦として採用されていたヒスパニア暦は，歴史の表舞台から突如として姿を消すのであった[14]。

2　ヒスパニア暦の利用にみる半島内の地域的多様性

　前章において，カスティーリャ王国におけるヒスパニア暦の採用から

---

del nasçimiento del nuestro señor Jhesuchristo de mill e trezientos e ochenta e quatro años, e los escrivanos que fagan la data en esta guisa: fecha o dada en el nasçimiento del nuestro salvador Jhesuchristo de mill e trezientos e ochenta e quatro años. E despues que este año sea conplido, que se fagan las dichas escripturas dende adelante de cada año para sienpre desde el dicho nasçimiento del señor, creaçido en cada año segund la santa eglesia lo trahe..." *Documentos de Juan I*, J. M. Díez Martínez et alii eds., Murcia, 2001, n.151., pp.302-303.

14)　「キリスト生誕暦（Anno a nativitate Domini, Anno nativitatis, Año del nasçimiento de Nuestro Señor Ihesu Christo）」とは，12月25日すなわちクリスマスを年始とする暦である。他に，「キリスト受肉暦(anno ab incarnatione Domini)」は3月25日を年始とするが，西暦紀元前1年3月25日を元年の開始とする（ピサ式換算法）か，西暦元年3月25日を開始とするか（フィレンツェ式換算法）で差異が生じてくる。現在我々が用いている1月1日を年始とする換算法は「キリスト割礼暦（Anno circumcisionis）」であり，西欧全域に普及するのは近世のことである。「ガリア式慣習（mos gallicanus）」と称される「キリスト復活暦（Anno gratiae）」は移動祝日（3月22日から4月25日の間）を年始とするため，現在の西暦に換算するのは困難を極める。さらに混乱を招くのは，上記の暦のすべてが多くの場合，「主の年（Anno Domini）」とだけ記載される可能性がある点である。詳しくはMaría de Francisco Olmos, *Manual de cronología...*, pp.163-185を参照のこと。もちろんのこと，王の命令が即座に王国全域で遵守されたとは限らない。ディエゴ・デ・コルメナレスは1633年に「クリスマス同日に新年が開始されるべしと法が命じ，また理に適っていたにせよ，ユリウス・カエサルが天体の動きを注視して命じた年であり，1月1日から新年が開始される慣習は非常に根深かった」と述べている。*Ibid.*, p.145.

不採択に至るまでの経緯を素描してきた。確かに,「ヒスパニア」という形容詞が付加されて表現されていることからも推察できる通り,ローマ時代に起源を有するこの年代換算法が,イベリア半島全域で利用されていたことは事実である。しかしながら,その利用状況あるいは期間は一様ではなかった。本章では,他の半島キリスト教諸国におけるヒスパニア暦の使用状況を検討していく。ここから逆に,各王国あるいは各諸伯領が持っていた地政学的条件の多様性を垣間見ることが可能である。

最も特徴的であったのは,バルセローナ伯を中心とするカタルーニャ諸伯領であった。同諸伯領は,カロリング朝の「ヒスパニア辺境領(Marca Hispanica)」を起源としているため,しばしば指摘されているように他の半島キリスト教諸国とは大きく異なる歴史的背景を保持し続けた。近年の研究によって明らかとなっているように,当該地域の保管文書の質的量的な特質においても,あるいは政治・社会的関係においても,むしろ南仏との類似が際立っていた。これを象徴するかのように,暦の使用も他のイベリア半島諸国とは一線を画している。

すでに述べたように,かつてはカロリング「帝国」の辺境を構成していた同地域では,カロリング諸王とその後継たるフランス王の在位年を暦として用いる慣習が存在した。それは実質的な独立を果たして以降も,形式上において継続している。しかしながら,他の暦,すなわちヒスパニア暦や,3月25日を年始とするキリスト受肉暦も知悉していた彼らは,これらの暦を併記する傾向が強い。たとえば,9世紀前半の墓碑銘において「この銘の下に,アルゲフレドゥスの肉体が安置されている。ヒスパニア暦955年,主の年917年,7月 … 日。ウード王の死後,シャルル王の治世20年目」と記されているのである。ここでの「シャルル」とは,ウード一世の後継たる西フランク王シャルル三世(西フランク王在位898-922)のことであり,見事にヒスパニア暦,キリスト受肉暦,西フランク王在位年との間で整合性がとれている[15]。

しかし西欧世界とりわけ南仏との関係が緊密であった諸伯領において

---

15) "Sub hoc monumento tegitur corpus Argefredi in pace sub era DCCCCLV, anno D(omi)ni DCCCCXVII. Die ??? ¿Kal? Iulii anno XX regnante Karulo rege post obitu(m) Oddoni regi decessit." S. Mariner i Biborra, "De la Marca Hispànica a Almeria: Una làpida sepulcral inèdita del M. Arq. Prov. de Granada," *Anuario de Estudios Medievales*, 2 (1965), pp.459-465, p.463.

は，ヒスパニア暦の使用がはじめから一般化することはなかった。碑文を除けば，多くの場合キリスト受肉暦の後に，カロリングあるいはカペー朝フランス王の在位年を記すにとどまる。ピレネー以北との関係が緊密化する 11 世紀以降は，この傾向がますます顕著となっており，ヒスパニア暦が現れることはごく稀であった。たとえば 1130 年 5 月 25 日付で作成されたカタルーニャ諸伯のひとつ，アンプリアス伯フーゴーによる受封文書では「ルイ王の治世 23 年目，主の受肉の年 1130 年の 5 月 25 日に作成」とのみ記載される。ここでの「ルイ」とは，フランス王ルイ 6 世（在位 1108-1137）を指している。すでに実質上用いられていなかったヒスパニア暦は，1180 年のタラゴーナ教会会議において公式に利用の廃止が決議され，これをバルセローナ伯が追認することによって完全に姿を消すに至った[16]。

　他方で，1137 年以降にカタルーニャとの合同を果たすアラゴン王国においては，少なくとも管見の限りでは，王国として確立する 11 世紀の時点においてヒスパニア暦の利用が優勢であると思われる。12 世紀に諸伯領との合同を果たして以後も，アラゴン王国域で同暦は用いられ続けた。アラゴン王兼バルセローナ伯という最上層部において合同を果たしたにせよ，貴族から下の社会層においては，各々が地域性を保ったままであった。13 世紀，ハイメ一世（在位 1213-1276）の果たしたバレアレス諸島とバレンシアの征服過程にみる差異が，このことを端的に象徴している。前者はカタルーニャが中心となって実施されたため，征服段階から当該諸島発給文書は，キリスト受肉暦のみが用いられている。他方で後者は，アラゴン貴族層の主導権の下で遂行されたため，征服段階の初期においてはいまだヒスパニア暦との混交状態を保持した。とはいえ，1239 年の春を境として，キリスト受肉暦へと統一される。勅令が発布されてはいないものの，アラゴンにおいても，同じく 1239 年 9 月の発給証書を境としてヒスパニア暦の利用がほぼ消滅する。これを

---

16) "Actum est hoc VIII kalendas iunii anno XXIII regnante Ledouico rege, anno Ie C XXX Incarnacionis Domini." *Arte de leer escrituras antiguas...*, Lámina 8, pp.106-107. タラゴーナ教会会議とヒスパニア暦の正式な削除に関しては A. M. Mundo, "El Concili de Tarragona de 1180: Dels anys dels francs als de l'Encarnació," *Analecta Sacra Tarraconensia*, 67-1 (1994), pp.23-28 を参照。他に，稀ではあるが，15 年周期のインディクティオー暦も登場する。

もって，実質上でアラゴン連合王国の全支配領域から，ヒスパニア暦の利用は姿を消し，キリスト受肉暦へと統一されたとみなすことができよう。そしてカスティーリャ王国に先んじて，14世紀半ばには，受肉暦から生誕暦への変更がなされた[17]。

　ピレネー山脈を背にする形で成立したナバーラ王国もまた，独自の変遷を辿る。同地域は，ピレネー山麓の諸勢力と関係を密にしつつも，ヒスパニア暦の使用を維持した。劇的な転機は，アラゴンと同様に13世紀前半にもたらされる。シャンパーニュ伯チボーのナバーラ王としての登位（在位1234-1253）は，否応なく彼の故地で利用されていた暦を導入する契機となったからである。事実として，すでに1234年9月の即位直後の段階で，カスティーリャ王国との婚姻関係の策定交渉の際に「ガリア式慣習」たるキリスト復活暦が用いられている。しかし同年10月31日の交渉においては，キリスト受肉暦とヒスパニア暦の併用となっている[18]。

　とはいえ，王家の「フランス化」は，ナバーラ社会のそれを即座にもたらすわけではない。同社会においては13世紀に至るまでヒスパニア暦の利用が優勢であったわけであり，突如の上からの暦の変さらに抵抗する。興味深いことに，1310年7月8日においてすら，王権のナバーラ統治官エングラン・ド・ヴィリエと王国有力都市のひとつエステーリャ当局との間の証書において，前者は「主の年1310年（Anno Domini MCCC decimo）」と記し，後者は「（ヒスパニア）暦1348年（era MCCCXLVIII ayynnos）」と，別々に年代を併記する形で双方が署名を行っている。このような並存状況は15世紀はじめまで続いた[19]。

　最後に，12世紀に王国として独立を果たすポルトガルにおいては，カスティーリャ王国に遅れること30年あまり，ジョアン一世（在位1385-1433）による1422年8月22日の王令発布において，正式にキリスト生誕暦（Anno do nacimento de Nosso Senhor Jesu Christo）へと変更

　17）　María de Francisco Olmos, *Manual de cronología...*, pp.135-143.
　18）　J. González González, *Reinado y diplomas de Fernándo III*, 3vols., Córdoba, 1980-1986, vol.3., n.533, pp.46-58, n.540, pp.54-57. 前者においては「恩寵の年1234年 (anno gratie MCCXXX quarto)」と記され，後者は「主の受肉1234年，［ヒスパニア］暦において1272年 (anno ab incarnatione Domini MCCXXXIIII, sub era MCCLXXII)」となっている。
　19）　María de Francisco Olmos, *Manual de cronología...*, pp.148-152

された。逆に南仏においても，イベリア半島諸勢力と深いつながりのあった地域では，ヒスパニア暦の存在が知られており，10 世紀から 12 世紀頃まで用いられている例がある。現在の国境線とは異なるかたちでその影響力を垣間見ることが可能となっているといえる[20]。

　まとめるならば，カスティーリャあるいはポルトガルにおいては，14 世紀末から 15 世紀前半までといった比較的長期間にわたってヒスパニア暦が用いられた。しかしながら，成立期からピレネー以北の西欧世界の「中心」に最も開かれていたカタルーニャにおいては，正式な使用停止令を待つことなく，事実上ヒスパニア暦の使用は稀となっていた。アラゴンはカタルーニャとの同君連合を形成するにあたって独自の慣習を維持していたものの，13 世紀において同連合王国が「地中海帝国」への道を歩みだす時期に，実質上ヒスパニア暦を用いなくなった。ナバーラはフランスからの直接的な影響を 13 世紀にこうむったものの，ヒスパニア暦自体は比較的長きにわたって用いられ続けた。つまりは，地理的にラテン・キリスト教世界の「中心」との関係が密であった地域と，そうではない地域との差異が，固有の暦の使用継続に大きく関わっていたと考えられるのである。

3　複合的な時間意識

　これまで見てきたように，中世イベリア半島においては，地域的な差異を多分に含みつつも，いわゆる西暦とは全く起源の異なる暦が存在していた。しかしこのことは，キリスト受肉暦あるいは生誕暦をはじめとする別の暦の存在を，彼らが知らなかったことを意味するわけでは決してない。長らくヒスパニア暦を用い続け，「レコンキスタ」理念やムスリムを取り込んだ形での独自の皇帝概念を保持したカスティーリャ王国においても，このことは当てはまる。同王国においては，すでに述べたようにヒスパニア暦を軸として西ゴート以来の歴史を叙述する形式が連綿と受け継がれたことはまぎれもない事実である。しかしながら「カス

---

20)　*Ibid.*, pp.152-153.

ティーリャ主義」を最も全面に押し出した初の中世カスティーリャ語歴史書『第一総合年代記』の記述においてすら，ヒスパニア暦で完全に統一されているわけではない。事実，同年代記はすでに引用したヒスパニア暦の説明の箇所において，以下のように補足している。

> 「ここまでこの歴史はローマ建国年によって順序付けられてきたが，以後は三つの方法でもって行う。第一〔の暦〕は，すでに述べた "era" でもって。第二に，ローマの民の暦でもって，そして第三に我等が主たるイエス・キリスト生誕の年によって，である。」[21]

また，確かに，カスティーリャ王国内の臣民へ向けた書状あるいは証書は，ヒスパニア暦のみを記載することで事足りる。しかしながら，別の暦を採用している他の王あるいは王国内諸勢力との折衝，または契約においては，事態は複雑となりうる。当該契約内容をより強固に保証するためにも，双方が理解できる暦を用いねばならないからである。一例としてアルフォンソ八世（在位 1158-1214）期の他勢力との交渉模様をとりあげてみたい。ナバーラ王あるいはレオン王との間で成立した証書においては，常にヒスパニア暦のみが記されている。しかし 1194 年 4 月 20 日付，教皇特使の仲介で成立したレオン王との和議においては，「主の受肉年（anno ab Incarnatione Domini）」が記される。アラゴン王との間で取り交わされた契約証文においては，多くの場合において，ヒスパニア暦とキリスト受肉暦の併記が一般的となる。興味深いのは，アルフォンソ八世と神聖ローマ皇帝フリードリッヒ・バルバロッサ（在位 1155-1190）との間に為された婚姻関係の成約文書である。ここにおいては「主の受肉の年 1188 年，インディクティオー暦 6 年，ヒスパニア暦 1226 年（anno Dominice incarnationis MCLXXXVIII, in dictione VI

---

21) "E cuemo quier que fasta aqui fue ordenada esta estoria por el cuento dell anno que fue fecha la puebla de Roma, daqui adelante ordenasse en tres maneras: la una por esta era sobredicha, la otra por los annos de la puebla de Roma, la tercera por ell anno en que nascio nuestro sennor Jhesu Cristo, et esto del tiempo de la su nascencia adelante." *Primera Crónica General...*, p.100. たとえば，カスティーリャ王フェルナンド 3 世 (在位 1217-1252) の死去の際，「5 月 30 日，カエサル・アウグストゥスの年 1290 年，主の受肉の年 1252 年」と記している。*Ibid.*, p.773.

... era MCCXXVI)」となっている[22]。イベリア半島のキリスト教諸国は，明らかに他のキリスト暦あるいはインディクティオー暦を知っており，状況に応じて使い分けていた。

　同様の傾向は，「南」に位置するイスラーム世界における暦，すなわちヒジュラ暦にも当てはまる。周知の通り，北のピレネーにおいてラテン・キリスト教世界と，アンダルスを介してイスラーム世界とも接触していた同半島は，宗教的，政治的，あるいは地理的な意味においてのみならず，一例のみをあげるならば現在のスペイン語におけるアラビア語起源の語彙の豊富さに端的に現れているように，広義の文化的な意味においても，双方向的な影響が及ぼされうる場であった。暦の点においてもそれは例外ではない。半島固有のヒスパニア暦を主軸に据えつつも，すでに述べたように「北」の西欧における暦を併記し，時に「南」のイスラーム世界におけるヒジュラ暦を用いた。つまり彼らは，境の両側における暦の存在を知悉していたと考えられるのである[23]。

　イベリア半島においてキリスト教諸国とアンダルスがより直接に境を接し，融和と軋轢の双方を含む「交渉」が本格化し始めるのは11世紀を待たねばならない。1069年4月，ナバーラ王とサラゴーサ・ターイファ（群小諸王国）の王ムクタディルとの間で成立した休戦協定文書には「ジュマーダ・アルアヒール月初旬，〔ヒジュラ暦〕461年に作成された。これはキリスト教徒の換算で〔ヒスパニア暦〕1107年の4月初旬となる」と記されている[24]。

　1085年に征服されたトレードにおいては，多数のモサラベが居住していたこともあって，ヒジュラ暦の存在が知悉されていた。13世紀半

---

22)　アラゴン王との証書は J. González González, *El reino de Castilla en la época de Alfonso VIII*, 3vols., Madrid, 1960, vol.2., n.147, pp.250-253, n.319, pp.528-530, n.460, pp.786-790 を参照。神聖ローマ皇帝との婚姻成約文書は *Ibid.*, vol.2., n.499, pp.857-863 を，教皇特使の仲介によるレオン王との和議は *Ibid.*, vol.3., pp.105-108 を参照。

23)　J. P. Molénat, "La frontière linguistique, principalement à partir du cas de Tolède," in *Identidad y representación de la frontera en la España medieval (siglos XI-XIV)*, Madrid, 2001, pp.113-122.

24)　"Facta carta firmitatis primo mense gumedi alahir anno CCCCLXI, qui est in computum christianorum primo mense aprile era TCUIIa." J. M. Lacarra, "Dos tratados de paz y alianza entre Sancho el de Peñalén y Moctádir de Zaragoza (1069 y 1073)," in *Colonización, parias, repoblación y otros estudios,* Zaragoza, 1981, pp.79-94, pp.92-93.

ばまでに複数の著者によって書き継がれた『トレード編年史（Anales Toledanos）』に収められている一部の事績は、「モーロ人の暦（la Era de los Moros）」を用いて日時が示されている[25]。同様に、このトレードに長く居住した大司教ヒメネス・デ・ラーダもまた『アラブ人の歴史（Historia Arabum）』を著し、ムハンマド以後のイスラーム世界の歴史をヒジュラ暦を用いて記述する。

> 「ダマスクスにて王冠を受容してから10年の後、彼〔＝ムハンマド〕は死去し、地獄に埋葬された。これはヒスパニア暦666年、皇帝ヘラクリウスの治世17年目、ゴート人の王キンティラの治世7年目のことであった。（中略）ムハンマドが死ぬや、彼の娘婿で同部族であったアブー・バクルが王座に選出された。この頃、ローマ人はペルシアを放棄しており、これをアブー・バクルは絶え間ない戦争によって占領した。これはヒスパニア暦669年、ヘラクリウスの治世20年目、そしてアラブ人の年13年のことであった。」[26]

状況は中世後期になっても変わらない。アンダルス最後の砦たるナスル朝グラナダ王国、マグリブのマリーン朝、ザイヤーン朝、イフリーキヤのハフス朝といったイスラーム諸王朝が割拠する西地中海世界においては、頻繁な外交交渉が展開されたため、むしろヒジュラ暦を書き記すことで様々な協定を締結、確認しあっている。とりわけ休戦協定の場合、その開始日と満了日を相互に遵守する必要性が生じてくるからである[27]。

---

25) *Anales Toledanos I, II, III*, in H. Flórez ed., *España Sagrada XXIII* (1757), pp.381-423. 詳しくは F. Maíllo Salgado, "Del mudejarismo de los Anales Toledanos Segundos," *Studia Histórica. Historia Medieval*, 7 (1989), pp.209-215 を参照。

26) "Annis autem X expletis ex quo apud Damascum regni susceperat principatum moritur et sepultus est in inferno, era DCLX sexta, anno Eraclii XVII et Suyntille regis Gothorum VII. (...) Mortuo Mahomat Abubacar eius gener et contribulis in regni solio subrogatur. Huius tempore Romani Persidem reliquerunt, quam Abubacar bellis indesinentibus occupauit era DCLXVIIII, anno Eraclii XX, anno Arabum XIII." *Historia Arabum, de Roderici Ximenii de Rada*, J. Fernández Valverde ed., Turnhout, 1999, pp.96-97.

27) 1418年7月、アラゴン王とナスル朝グラナダ王との休戦協定の交渉においては、以下のように記される。「また、私、騎士であり、我が主グラナダ王の使節で代表たる上記の Hayrotla の息子 Hayren は … モーロ人風の年821年のラビーウ・アル・アウワルと呼ば

逆にアンダルスに居住するモサラベも，ヒスパニア暦の存在を知っていた。旧ムデハルあるいはモサラベが記したとされる『トレード編年史』のある箇所では，ヒスパニア暦のことを「銅の暦（la Era del Arambre）」と呼んでいる。ヒスパニア暦を知っていたアンダルスにおける流通を想定して，1217年，カスティーリャ王はマラベディ金貨を鋳造しており，アラビア語で「金色の年1251年」と刻印させている[28]。

両世界の「辺境」であった中世イベリア半島においては，異なる文明を行き来せざるをえず，その結果として，日常的に複数の暦を使い分ける必要性に駆られていたことは間違いない。

おわりに

簡潔ながらも，暦の利用にみる中世イベリア半島における時間意識を検討してきた。同半島においては，カエサル・アウグストゥスによる戸口調査に起源をおくヒスパニア暦が用いられ続けた。地域的な差異を大いに含みつつも，この固有の暦が14世紀末から15世紀初頭に至るまで用いられ続けている。とりわけ，カスティーリャ王国や，西欧世界の最西端に位置するポルトガル王国では，長きにわたりヒスパニア暦でもって歴史叙述，証書作成が為され続けている。

中世のイベリア半島は，西欧とイスラーム世界との双方に足を置く「辺境」に存在していた。よって，固有の暦を専ら用いつつも，双方の世界で一般的であった別の暦にも目を向けざるをえなかった。キリスト受肉暦や生誕暦，カロリング諸王の在位年，インディクティオー暦，そしてヒジュラ暦を交渉相手に応じて使い分ける柔軟さをそこから見るこ

れるモーロ人風の月の25日に記し，これはキリスト教徒の換算で6月1日にあたるのである。(Otrosí, yo, dito Hayren, fillo de Hayrotla, cavallero, mandadero e procurador del dito mi senyor el rey de Granada ... scripta a XXV días del mes morisco clamado arabi halau, en el compto christianesco el primero día del mes de junio, en la era morisca de ochocientos vinthún anyos ...)」R. Salicrú i Lluch ed., *Documents per a la història de Granada del regnat d'Alfons el Magnànim (1416-1458)*, Barcelona, 1999, n.42, p.69.

28) *Anales Toledanos II*, p.401; J. María de Francisco Olmos, "El maravedí de oro de Alfonso VIII: un mensaje cristiano escrito en árabe," *Revista General de Información y Documentación*, 8 (1998), pp.283-301.

とが可能である。よって，中世イベリア半島における暦から見る時間意識とは，ラテン・キリスト教世界とイスラーム世界との間の「辺境」ならではの重層性に根ざしたものであったと考えられるのである。しかしながら，両世界の「辺境」ではあっても，彼ら自身は自らを「辺境の民」と考えていたとは思えない。独自の皇帝概念を抱き，固有の暦を維持した彼らは，むしろ自分たちこそが世界の「中心」と考えていた可能性すらある。

　しかしこのことは，さして我々にとって驚くべきことではない。ユーラシア大陸のちょうど正反対側，最東端に位置する現在の日本においても，和暦と西暦を時と状況に応じて使い分けているからである。日本もまた，西欧や中国をはじめとする諸文化が最終的に行き着く場となった。重層的な時間意識は，我々もまた強く，そして無意識に抱いているのである。

4
「時」の人フィチーノとコペルニクス
——暦・太陽・黄金時代——

根 占 献 一

1 宗教暦と星辰世界

　フィレンツェ共和国の哲学者にして司祭であったマルシリオ・フィチーノ (1433-1499) の時間意識を問おうとする時，彼我の相違は先ず思い起こされるべきであろう。フィチーノの生の空間では一日の時間開始は日没から始まり，年始は3月25日，受胎告知日からであった。宗教典礼は暦と密接に関わり，所定の時間の精確性は忽せにはできなかった。年ごとに日付の変わる復活祭 (Pasqua) の計算 (computus. computo[伊]) はその最たるものであった。聖職の身にある者として，犠牲の子羊たるキリスト，そして甦りの意味を語る説教者であれば，この宗教暦への関心は一段と高かったろう。フィチーノの『太陽について』(De sole) では，毎年，死を招く冬の後に甦る命の春をもたらす牡羊座（白羊宮）の主，太陽を待望することが，キリストが最後に支配し，輝ける肉体の復活をもたらすイメージとともに語られている[1]。

---

　1) Marsilio Ficino, *De sole* (*Il sole*), in *Prosatori latini del Quattrocento*, a cura di Eugenio Garin, Torino, 1977, VII, 994-995. フィチーノ全集では以下の頁に所収。Marsilius Ficinus, *Opera omnia*, Torino 1962 (1959[1576, Basileae]), 965-975. この全集は以下 Ficini *Op.* として引用。Ficino, *Concerning the Sun*, in *Renaissace Philosophy, I. The Italian Philosophers. Selected Readings from Petrarch to Bruni*, edited, translated, and introduced by Arturo B. Fallico and Herman Shapiro, New York, 1967, 131. ガレンの版は羅伊対訳版だが，ロレンツォ・イル・マニフィコの長子ピエトロ・デ・メディチあての序は略されている。英語版は訳文のみで，全

キリスト教世界ではいかなる時代でも来る世の終わりと裁きが語られる。ルネサンス時代もこの例に洩れない。それは黙示録的世界であり，預言と啓示が信じられている。ここでもまた厳密な数字が求められよう。これまでにどれだけの年月か確実に経過したのか。暦数は月の運行（所謂太陰暦）か，太陽の回帰年かで決定される。『太陽について』では月は夜の太陽であり，両「惑星」は実に密接な関係がある[2]。古代のギリシア人たちは日周回転を「ニュクテーメロン，すなわち，昼夜の時の隔たりと呼ん」[3]だ，とニコラウス・コペルニクス（1483-1542）は書く。太陽，月に加えて地球の三者が陰に陽に関連し合う。日々の太陽の出没は，実際は地球が公転しているのだが，一日を規定し，積み重なって一年となる。その一年365日と思いこんでいる者には，必ずしも円周率ほど小数点以下0.2422日は気にならないだろう。

暦が現代の壁を飾る「カレンダー」よりは強く宇宙空間と呼応したのは，相違する世界観のもとにあったからであった。マクロコスモスたる大宇宙と暦とともに生きるミクロコスモスたる人，小宇宙との間には照応関係が存在した。両宇宙は区別されながらも，緊密に関連し合って階序的世界をなし，占星術への高い関心を呼び覚ます。占星術は予言，予兆の領域に留まらず，個人と対象的自然との関係を考えさせる。星占いは現代でも見られるが，その星辰の捉え方が根本的に異なる。人が生きているように，宇宙もまた生きている[4]。生きていればアニマ，魂を持つ。天体はアニマを持って生きており，アニマであるならば，人のそれがそうであるごとく理性的部分があることになる。先の三者とともに，他に水星，金星，火星，木星，土星とある[5]。そしてこれらはすべて天

訳ではない。イタリア語訳の新訳に Ficino, *Scritti sull'astrologia*, a cura di Ornella Pompeo Faracovi, Milano 1999, 185-215. Pompeo Faracovi, *Gli oroscopi di Cristo*, Venezia 1999 は本論に関わる史料を含む。

2) Ficino, *De sole* (*Il sole*), 982-983.

3) 『コペルニクス・天球回転論』高橋憲一訳・解説，みすず書房，2004年（1993年），21, 40-41頁。

4) Marsilio Ficino, *Sulla vita*. Introduzione, note e apparati di Alessandra Tarabochia Canavero. Presentazione di Giovanni Santinello, Milano 1993, 188. このフィチーノの主著『生命論』は，彼の『プラトン神学』（*Theologia Platonica*）と並んで重要である。羅伊対訳版にId., *De vita*, a cura di Albano Biondi e Giuliano Pisani, Pordenone 1991.

5) 地球，太陽，月以外のこれらの「星々」はヨーロッパでは訳語と違い，「神々」の名を有し，極めて人格的である。占星術と天文学間の曖昧な線引きはこのようなことにも由来

球上にある。占星術と天文学を区別する哲学者や「科学者」がいなかったわけではなく，フィチーノやコペルニクスもそのような人たちであったが，違いを意識した人たちの間でも全般的にアニマを持った世界，宇宙は信じられ続けた。

　天上世界はアリストテレスに従って月下世界と截然と区別されたうえで，月下世界にあるこの地上の人間に，ホロスコープ（オロースコポ，星占い）に示されるように影響を及ぼした。コペルニクスのホロスコープも存在し，それはこの時代にあっては不思議なことではなかった。ベルナルディーノ・バルディ（1553-1617）が物した大作『数学者列伝』（*Vite dei Matematici*）に含まれるコペルニクス伝（1588年）は，その生誕天宮図（thema nativitatis）に瑞兆を予告する[6]。グアスタッラの聖職者で，詩人，言語学者，博識な知識人（poliglotta）であったバルディは，この列伝に示されるように数学と「科学」に関心を抱き，レオナルド・ダ・ヴィンチ（1452-1519）の手稿を研究したことでも知られる[7]。

　フィチーノはコペルニクスよりも遥かにホロスコープに関心を持ち，またこれを作成しているし，ストロッツィ宮殿創建の際は星占いで貢献した一人であった。彼の『太陽について』で四季が太陽と牡羊座，蟹座，天秤座，山羊座の各座に関わることが言われた後で，「現今における天上の星位が確認されたところで，正当にも時間が運行に由来するから，太陽は可動する四星座を介して四時季を区別する。同様に，各人の生誕の度と分へ太陽回帰により一年の各自の運命が変転する。加えて，惑星中の第一人者にして大御所のごとき太陽の運行は，アリストテレスが言うように単純極まるもので，他の惑星のように，黄道十二宮の中央から離れたり，それから退いたりはしないこととなる」[8]とある。

するのではないか。

　6)　Manoscritto originale Celli nr.48. Bronisław Biliński, La vita di Copernico dell'anno 1588 nei ritrovati manoscritti delle *Vite dei Matematici* di Bernardino Baldi, in Convegno internazionale sul tema Copernico e la cosmologia moderna, Roma 1975, 45-60，特に 50。未見であるが，Biliński, *La vita di Copernico dell'anno 1588 alla luce del ritrovati manoscritti delle <<Vite dei matematici>>* , Ossolineum, Warszawa 1973.

　7)　Biliński, La vita di Copernico dell'anno 1588 nei ritrovati manoscritti, 46-47。数学に関わるピュタゴラス主義に関しては，Christiane L. Joost-Gaugier, *Pytagoras and the Renaissance Europe. Finding Heaven*, Cambridge 2009。バルディに関しては，*Ibid*., 55-58。また註 55 参照。

　8)　Ficino, *De sole* (*Il sole*), 974-975.

2 教会暦改革の時代

　ところで,ルネサンス時代に可及的速やかに解決を迫られていた事柄に教会暦の改善,改良をめぐる問題（questione del Calendario）があった。これに関しては,優れた研究者であったデメートリオ・マルツィに『第5ラテラーノ公会議（1512-1517）における改暦問題』[9]の古典的研究がある。マルツィは古代からの暦の誤りを示しながら,フィチーノの時代にあっては枢機卿ニコラウス・クザーヌス（1401-1464）が暦の改良に一定の貢献（*Reparatio Kalendarii*）を行ない,パウル・デ・ミッデルブルク（1445-1533［1446-1534］）からクリストフォルス・クラヴィウス（1537-1612）等の時代に至る年代学者（cronologo）たち,クロノス（時間）の学者たちに影響を与えた,と指摘する[10]。

　イエズス会士のローマ学院（コッレージョ・ロマーノ）教授クラヴィウスは,ユリウス暦に代わるグレゴリウス暦採用に中心的役割を果たした数学者であった。それは1582年のことで,時の教皇グレゴリウス13世（1502-1585. 在位1572-1585）に因んでグレゴリウス（グレゴリオ）暦と呼ばれ,今日に至っている。これは,復活の祭日と解釈を異にするユダヤ教会や東方キリスト教会と教皇庁間の対立に終止符を打とうするだけでなく,時の管理者たるローマ教皇の政治意識の高揚化でもあった[11]。改暦に成功した背景には,ルイジ・リリオ（ジリオ c1510-1576）の没後であったとはいえ,彼の画期的な『改暦新理概説』（*Compendium novae rationis restituendi kalendarium*）がこの時教皇に献呈され,クラ

　　9） Demetrio Marzi, *La questione della riforma del calendario nel quinto Concilio Lateranense(1512-1517)* con una fotozincotipia e con la *vita di Paolo di Middelburg* scritta da Bernardino Bardi, Firenze 1896. この *vita* は233-250に含まれている。マルツィ自身による自作を補う小冊に, Id., *Nuovi studii e ricerche intorno alla questione del calendario durante i secoli XV e XVI. Comunicazione*, Roma 1906, 637(3)-650 (16) (Estratto degli *Atti del Congresso internazionale di scienze storiche*, Roma 1903). ここでは Cyprianus Benedicti の反改暦論等が詳しく紹介されている。*Ibid.,* 11 (645)-15 (649). Cfr. Marzi, *La questione della riforma*, 219-220.
　　10） Id., *La questione della riforma*, 5.
　　11） Cfr.Vittorio Peri, *Due date, un'unica Pasqua: le origini della moderna disparita liturgica in una trattativa ecumenicale tra Roma e Constantinopoli(1582-84)*, Milano 1967.

ヴィウスがこれを理解したことが大きかった[12]。かつてトレント公会議（1545-1563）に出席したことのあったボンコンパーニこと，のちの同教皇は，この公会議でも継続されていた第5ラテラーノ公会議の改暦精神を実務的な算出法により活かすことになった。

　キリスト教初代皇帝コンスタンティヌスの下で第一ニカイア公会議（325年）において決められた計算法に基づく，復活祭日の10日のずれはこうして解決された。この基準となる春分は3月21日に固定された。ユリウス・カエサルによってそれは3月25日と定められていたが，グレゴリウス13世の登位までに14日の「狂い」が生じていた。教皇の改暦行為には批判がなかったわけではなかったし，教皇を上位者として認めないプロテスタント諸国は従わなかった。王や皇帝こそがその事を行うことができるという批判には，カエサルは最高祭司長（pontifex maximus）としてこれを実行したのであり，ルネサンスの教皇は自分たちをこの称号で呼び，またヌマ王の継承者としての意識も高かった。ヌマ・ポンピリウスもまた暦を定めたと理解されたのである[13]。

　日本にキリスト教が伝わったのはこのような16世紀のことである。改暦時代に来日したキリスト教の各修道会士は，むろんこの新たな暦を意識して活動した。グレゴリウス13世時代と日本との親密な交わりは，マルカントニオ・チャンピの木版画によく示されていて，この教皇の肖像の周りに日本と関わる場面数が5という多数に上っている。総計40場面には「年次改革」（Reformatio Anni）と題された改暦を表わす場面もある[14]。

　クラヴィウスに学んだことがあり，長崎に1602年上陸したイエズス会士で日本管区の会計担当者，ジェノヴァの名門出身のカルロ・スピノラ（1564-1622年）は建築家であり，当時のヨーロッパの天文学や暦学，測量・測地学にも通暁した「理系」修道会士の典型であった。地理上の発見と大航海時代にあって，これらの学問は天文航法と関連性が高かっ

---

12) Marzi, *op.cit.*, 218-219, 221.

13) Nicola Courtright, *The Papacy and the Art of Reform in Sixteenth-Century Rome. Gregory XIII's Tower of the Winds in the Vatican*, Cambrigde, 2003, 33-40. カトリック世界の拡大と地図製作の展開の中で改暦問題を捉えるのは，Francesca Fiorani, *The Marvel of Maps*, New Haven and London, 2005. 特に *Ibid.*, 244-249.

14) Courtright, *op.cit.*, 11 に図版がある。

たろう。1612年（慶長17年）長崎で月蝕を観測したスピノラは，マカオで同一のことを行なったヴェネツィア共和国ブレッシャ生まれのジュリオ・アレーニ（アレーニオ 1582-1649）の記録と照らし合わせて，自分の居る場所，長崎の位置を東経127度31分，北緯32度42分と確定した。スピノラはこれ以前，短期間とはいえ，在京時代には一種の自然科学的なアカデミーを指導したと考えられている[15]。

マルツィの研究に戻って時間を少なからず遡ろう。クザーヌスよりもう少しあとの同じく北方人，ゲオルク・ポイエルバッハ（1423-1461），その弟子レギオモンタヌス（ヨハン・ミュラー 1436-1476）の名も忘れ難いが，両人とも改暦の仕事半ばにして世を去った。ともに天文学に秀でたこの師弟は，プトレマイオスに関する洞察でベッサリオン枢機卿（後述）に高く評価された[16]。レギオモンタヌスはまたベッサリオンの秘書でもあった。マルツィは，フィレンツェを含むトスカーナの中世人たちの果たした役割を述べたあとで，クザーヌスの学友であり研究仲間でもあったパオロ・ダル・ポッツォ・トスカネッリ（1397-1482），アメリゴ・ヴェスプッチ（1454-1512），ルーカ・パチョーリ（1445頃-1517），レオナルド・ダ・ヴィンチ及び他の人々が現われて数学的・天文学的思惟に重みが加わった，という。そして「彼らは長年メディチ家に頼るとともに，ガリレオとチメント・アカデミーへの価値ある準備となるプラトン・アカデミーに属している。」[17]

誰がフィチーノのプラトン・アカデミーに属していたのか，またこれと後発の別のアカデミーとの関係が如何なるものであったか，否そもそもこのアカデミーの起源はどこにあり，実態はどうであったのかなど検討すべき問題はあるが，ここではただ「アカデミー」の成立と展開は，ルネサンスから近代にかけての広範な文化史問題として日本を含めて

15）『カルロ・スピノラ伝』宮崎賢太郎訳，キリシタン文化研究会，東京，1985年。この伝記は迫害と殉教を主眼とするためか，世俗性の強い文化活動に関わる彼の叙述は多くない。ディエゴ・パチェコ『鈴田の囚人』佐久間正訳，長崎，1967年，の序（片岡弥吉の文）で「アカデミー」という表現が用いられている。

16）Ludwig Mohler, *Kardinal Bessarion als Theologe, Humanist und Staatsmann. Funde und Forschungen*. In 3 Bänden. *Kardinal Bessarion als Theologe, Humanist und Staatsmann*, Paderborn, 1967（1927）, I, 300.

17）Marzi, *La questione della riforma*, 7.

扱わなくてはならないことを言い添えておこう。フィチーノは、アカデミーが数多く出現する1500年代（チンクエチェント）まで生きることはできず、また改暦問題の行く末を見極めることはできなかった[18]。

1512年に教皇ユリウス2世（1443-1513 在位 1503-1513）のもとで始まり、レオ10世（1475-1521 在位 1513-1521）に受け継がれた第5ラテラーノ公会議は、フィチーノが主唱した「魂不死論」が教会のドグマとなる一方で、マルツィの研究書が教えるように教会暦改革（riforma del Calendario）でも注目される公会議となった。フィチーノ理論と信仰箇条化を直結するには慎重でなければならないが、本稿の論旨と同様に時代の潮流として解釈することは可能であろう。レオ10世による改暦委員会のほうには、ドメニコ会士ザノビ・アッチャイウォーリ（1461-1519）や既出のパチョーリが含まれていたであろう[19]。特に問題は、本論冒頭で述べたように移動祝日たる復活祭、キリストの犠牲を記念する日付の計算（computo pasquale）であった。

3　教皇庁とコペルニクス理論

この課題に中心的に従事した天文学者は、フィチーノの親密な交信者フォッソンブローネ司教パウル・デ・ミッデルブルクである。先述のベルナルディーノ・バルディは、パウルの伝記でフィチーノは彼の親友であり、コペルニクスは同様に彼の友人であると書いている[20]。コペル

18）　Cfr. Eugenio Garin, Fra Cinquecento e Seicento: Scienze nuove, metodi nuovi, nuove accademie, in *Umanisti artisti scienziati. Studi sul Rinascimento italiano*, Roma 1989, 229-248, 特に 245-246. フィチーノのアカデミーと後の科学的アカデミーの関係は別にして、「音楽団体」、カメラータとのほうに繋がりがあるとの指摘は、根占献一「ラウデージのコンパニーア――音楽史上の位置と意義を巡るノート」、『ルネサンス精神への旅』創文社、2009年、26 - 36, 特に35頁。Cfr. Raffaello Monterosso, Dalla Accademia platonica alla Camerata fiorentina: presupposti teorici e realtà musicali, in *Il neoplatonismo nel Rinascimento*, a cura di Pietro Prini, Firenze 1993, 263-283, 特に 281.

19）　Marzi, *op.cit.*, 38n.2. アッチャイウォーリとフィチーノの関係については、根占献一「フィチーノ」『哲学の歴史4　ルネサンス』伊藤博明編、中央公論新社、2008年再版、179-212, 特に 195-206. 数学者として高名なパチョーリとフィチーノの関係については幾分かの調査を要するが、パチョーリとレオナルドの緊密な関係は科学史上名高い。

20）　*Vita di Paolo di Middelburg*, in Marzi, *La questione della riforma*, 233-250, 特に 248.

ニクスは自らの『天球回転論』(De revolutionibus orbium coelestium libri VI, Norimbergae apud Joh. Petreium, Anno M. D. XLIII) での教皇パウルス3世 (1468-1549. 在位 1534-1549) あての序で, パウルからこの問題のために意見具申を求められたことを証言し, 述懐している[21]。それは 1514 年のことであった。

イタリアにおけるコペルニクスの師として最も重要な一人, ボローニャ大学天文学教授ドメニコ・マリア・ノヴァーラ・ダ・フェッラーラ (1454-1504) はこの時はすでに亡くなっていたが, 彼もこの時代の天文学者らしく改暦に一家言を有していた。改暦に貢献できることはこの当時の一流「科学者」の証でもあったろう[22]。1483 年から死去の年までの教授歴以外に, ノヴァーラは 84 年から 1504 年まで年ごとの予測を行なう務めを果たし続けた。予知, 予測 (prognostica) の仕事は当代の天文学者 (占星術師) であれば, 珍しいことではなかった。彼とコペルニクスの師弟関係はティコ・ブラーエ (1546-1604), ヨハンネス・ケプラー (1571-1630) 等, 天文学の歴史を作り変えた科学者によって語り継がれた[23]。

改暦関与はアリストテレスやプトレマイオスの理論と取り組むことであり, 間違いなく自らの天文学的関心を高めたろうが, 科学史家を除けば, コペルニクスのこの取り組みはそれほど知られていないのではなかろうか[24]。確かに, 彼は今日では教会暦改革に尽力したことよりも, 徐々に長大な影響を及ぼし続けることになる, 地動説に基づくその革命的な

ウルビーノ出身のバルディは, ネーデルラント出身ながらウルビーノ公に仕えていたパウルに当然な関心を持っていただろう。Cfr. Biliński, *op.cit.*, 54. バルディは公たちの伝記も書いている。

21) 『コペルニクス・天球回転論』17, 168 頁。121 頁から 224 頁は訳者 (高橋憲一) による解説 (コペルニクスと革命) に相当する頁である。

22) 当時の「先端科学」と改暦問題に関しては明のことではあるが, Pasquale M. D'Elia, S.J., *Galileo in China. Relations through the Roman College between Galileo and the Jesuit Scientist-Missionaries (1610-1640)*, translated by Rufus Suter and Matthew Sciascia. Forword by Donald H. Menzel, Cambridge, Massachusetts 1960, 61-63.

23) Edward Rosen, Copernicus and his Relation to Italian Science, in *Copernico e la cosmologia moderna*, 27-38. この最終頁は質疑応答となっている。エドワード・ローゼンは, 大学の講座名が占星術となったり, 併記されたりする中で, ノヴァーラは「天文学」の教授であったことを指摘している。*Ibid.*, 30-31

24) 高橋憲一解説, 178 頁を比較参照のこと。

太陽中心説を提示したことで通っているであろう。そしてその際、ローマ教会の科学観に反していたためにその著作が禁書目録、インデックスに引っかかることになったと、ガリレオ・ガリレイ（1564-1642）同様のその悲劇性が語られるであろう。

だが、コペルニクス説は最初から危険視されていたわけではない[25]。瞬時にして早くもコペルニクスの説がカトリック世界のただ中で反映された、と覚しき興味深い挿話がある。それは、ミケランジェロ（1475-1564）の《最後の審判》（ヴァティカン、システィーナ礼拝堂。1541年10月末日、万聖節前夜完成祝典）中の神キリストの表出像に関わる。ここではキリストは画中に太陽神アポッロ（アポロン）のように描かれただけでなく、中央を占め、彼を軸に周りが明らかに動き、回転している[26]。このフレスコ画が完成した時に『天球回転論』はまだ公刊されてはいなかったとはいえ、この絵をシスティーナ礼拝堂に描くように注文した当時の教皇クレメンス7世（1478-1534．在位1523-1534）はメディチ家出身で、フィレンツェでもミケランジェロの制作と縁が深かったのだが、1533年ローマで、折しもコペルニクス理論の核心を聞き知り、関心を抱いていたことが分かっている。

同年夏ヴァティカンの庭で、教皇クレメンス及び他の高位聖職者——この中にはアゴスティーノ隠修士会会長エジディオ・ダ・ヴィテルボ（c1469-1532）の職を受け継いだばかりのヴィテルボ司教ジョヴァンニ・ピエトロも居合わせた——を前にコペルニクスの地動説に関する講演を行い、この時の記録を残したのは、ヨハン・アルブレヒト・フォン・ヴィトマンシュテッター（あるいはヴィトマンシュタット 1506-1557）であった[27]。ヴィトマンシュテッターはエジディオや同時代のギ

---

25) もちろん批判が存在しなかったことを意味しない。Garin, La rivoluzione copernicana e il mito solare. Appendice: Alle origini della polemica anticopernicana, in *Rinascite e rivoluzioni. Movimenti culturali dal XIV al XVII secolo*, Bari 1976, 255-295. この Appendice には、教皇パウルス3世の信任厚いバルトロメオ・スピナの遺志を受け継いで、コペルニクス批判（1546-47年間執筆）を展開したジョヴァンニ・マリア・トロサーニ（1470/71-1549）の文が収められている。*Ibid.*, 283.

26) Valerie Shrimplin-Evangelidis, Sun-Symbolism and Cosmology in Michelangelo's Last Judgment, in *the Sixteenth Century Journal*, vol. 21, no. 4 (Winter, 1990), 607-644.

27) *Ibid.*, 638. これは最近知られたわけでなく、18世紀のジロラモ・ティラボスキの著名な『イタリア文学史』（*Storia della letteratura italiana*）ですでに指摘されている。これに

ヨーム・ポステル (1510-1581) 同様，シリア語などに関心を持つ東方学者として知られる[28]。教皇は翌 1534 年 9 月 25 日に逝去するが，ヴィトマンシュテッターは枢機卿ニコラウス・シェーンベルクの秘書官となり，あとを襲ったパウルス 3 世の教皇庁とも縁が切れなかった。シェーンベルクがローマ発 1536 年 11 月 1 日付けでコペルニクスにあてた書簡は彼らの人間関係を示していよう[29]。シェーンベルクは翌年 9 月 7 日に亡くなり，市中のサンタ・マリア・ソプラ・ミネルヴァ聖堂に埋葬された。

　また，トレント公会議を境にコペルニクスの地動説理論の扱いに変化があったわけでなく，カトリック世界では問題なしに受け入れられていく。インデックスに登載されるのも随分と遅く，17 世紀に入った，先の『天球回転論』出版後の 73 年目，1616 年のことであった。コペルニクスの自序は同公会議を始めたパウルス 3 世あてである。前教皇のミケランジェロへの画題《最後の審判》依頼を受け継ぎ，これを完成させたのは，この教皇である。同教皇はヒューマニスト的教会人であり，レオ 10 世やこの従兄弟クレメンス 7 世に劣らず，フィチーノら，フィレンツェ・ルネサンス文化人との因縁も深かった。パウルスことアレッサンドロ・ファルネーゼは教皇になる遥か以前，まだ枢機卿だった 1500 年に，ローマに滞在していたコペルニクスとは知己の間柄になった可能性が高い[30]。

ついては Cesare Vasoli, Copernico e la cultura filosofica italiana del suo tempo, in *I miti e gli astri*, Napoli 1977, 313-350, 特に 335.

28) Robert J. Wilkinson, *Orientalism, Aramic and Kabbalah in the Catholic Reformation. The First Printing of the Syriac New Testament*, Brill, 2007, 137-169.

29) 『コペルニクス・天球回転論』11 頁。パウル・デ・ミッデルブルク，シェーンベルクそしてコペルニクス三者の関連はベルナルディーノ・バルディには強く意識されていた。Biliński, *op.cit.*, 60.

30) Biliński, *ibid.*, 58. 同年にコペルニクスがパウル・デ・ミッデルブルクとも出会った可能性を示唆するのは，Joost-Gaugier, *op.cit.*, 135. 後者は同時期の枢機卿で，やがて教皇となるユリウス 2 世の後援下にあった。

4 ルネサンス文化とコペルニクス

　1496年から1503年まで7年に亘って[31]イタリアに滞在したコペルニクスとイタリア・ルネサンスとの関係，特にプラトン・アカデミーの頭首フィチーノとの思想的関係については，彼らを結び付ける，先述のドメニコ・マリア・ノヴァーラの名が挙がる。その場合，ノヴァーラはフィチーノらがもたらした幾何学重視のピュタゴラス的傾向の一員とする古典学説があるが，フィレンツェ・プラトン主義とこのボローニャ大学教授との関係は不明である[32]。

　フィレンツェ郊外カレッジの別荘壁面に「現今に喜びを」と記されたアカデミーでのフィチーノの活動，及び彼自身の著作及び翻訳活動，そして数多くの書簡執筆により，イタリアを越えて彼の影響は広く及んでいたことはよく知られている。コペルニクスのポーランドも例外ではない[33]。その中で，フィチーノが訳出したヘルメス文書がコペルニクスの太陽中心論に影響を及ぼしたのではないかと言われ，次の一節が引用される。「そしてあらゆるものの真中に太陽が座している。というのは，一体誰が，この最も美しい神殿の中で，全体を一度に照らすことができる場所とは別の，あるいはもっと良い場所に，この炬火を置けようか。たしかに，宇宙の燈火，宇宙の精神，宇宙の支配者と人さまざまに呼んでいるのは不適切ではない。トリ〔ス〕メギストスは見える神（visibilis

---

　31）　Cesare Vasoli, *op.cit*, 313-350, 特に317では1496年と1505年を滞在始終としている。*Ibid*. 335では，「フラウエンブルクへの帰郷とともに，1506年初め頃に，イタリアの知的世界とコペルニクスの個人的な関係史は終焉する」と記している。しかし別の章が開始されるとして，興味深い事柄に移っている。その事例の幾つかはこの本文や註で言及している。

　32）　Edwin Arthur Burtt, *The Metaphysical Foundations of Modern Physical Science*, London 1967 (1924), 42-44. バートは手元のものでも幾度か版を重ねている。Dilwyn Knox, Ficino and Copernicus, in *Marsilio Ficino: His Theology, his Philosophy, his Legacy*, edited by Michael J.B. Allen and Valery Rees with Martin Davies, Leiden 2002, 399-418, 特に400n.4 で，ノックスはこの説の由来を文献上明らかにしている。なお邦訳にバート『近代科学の形而上学的基礎』市場泰男訳，平凡社，1988年，特に49-51頁。

　33）　Juliusz Domański, La fortuna di Marsilio Ficino in Polonia nel secoli XV e XVI, in *Marsilo Ficino e il ritorno di Platone. Studi e documenti*, a cura di Gian Carlo Garfagnini, Firenze, 1986, II, 566-586.

deus），ソフォクレスの『エレクトラ』は万物を見るもの〔と呼んだ〕。かくして，いわば玉座に座すごとく，本当に太陽は周りをめぐる星々の一族を統べ治めているのである。[34]」この一文をめぐっては，最近ではイエイツによるヘルメス・トリスメギストスからの解釈がよく知られていよう。この実在人物と目された著者がコペルニクスに太陽に主たる関心を向けさせることになる力を有していたこと，コペルニクスはその文書が受け容れられたルネサンス時代の人であることが力説される[35]。

『天球回転論』の訳と詳細な解説を物した高橋憲一はしかし，ノヴァーラが新プラトン主義者ではなかったこと，コペルニクスのヘルメス文書の引用がそもそも，その作者と信じられた名前からして誤っていることからも見てとれるように心もとないこと，そして「見える神」という成句がヘルメス文書中にないこと，またフィチーノの『太陽について』は太陽中心説を主張しているわけではないことを明言している[36]。これは惜しむらくは，科学史家の言であってもルネサンス文化史家の思惟ではないであろう。

面白いことに，氏の伝えるコペルニクス像は私から見れば極めてルネサンス的，人文主義的人物である[37]。書簡術に関して並々ならぬ努力をしているのは単なる筆のすさびではなく，コペルニクスも時代の子であったことを如実に示している。それはテオフュラクトゥス『道徳風，田舎風，恋愛風書簡集』（*Epistolae morales, rurales et amatoriae*）のギリシア語からのラテン語訳であり，クラクフで印刷され，ワーミヤ司教で伯父のルカス・ワッツルローデに捧げられた。プラトン書簡と目

---

34) 『コペルニクス・天球回転論』38-39 頁。Garin, *op.cit.*, 276-277. Domański, *op.cit.*, 582-583. Knox, *op.cit.*, 409-411. ドマンスキもノックスも次註のイエイツのように，この一文中の表現を重視しているとは言い難い。

35) Frances A. Yates, *Giordano Bruno and the Hermetic Tradition*, New York, 1969（1964），153-154. イエイツ『ジョルダーノ・ブルーノとヘルメス教の伝統』前野佳彦訳，工作舎，2010 年，240-241 頁。

36) 高橋憲一解説，177 頁。「トリストラム・シャンディ」に比して，「トリメギストス」は明らかに「トリスメギストス」を指すと私には思われるが（根占献一『フィレンツェ共和国のヒューマニスト――イタリア・ルネサンス研究（正）』創文社，2005 年，101 頁を比較参照），このような綴り字以上に実はコペルニクスは文献の引用の間違いを犯していることは，研究者たちが指摘している。

37) 高橋憲一解説，166，168 頁。

されたものなどを含む[38]，この書簡集は，ヴェネツィアの人文主義的印刷人アルド・マヌツィオ（1449-1515）がアントニオ・ウルチェオ・コドロ（1446-1500）に捧げた『ギリシア書簡雑多集』（*Epistolae graecae variorum collectae ab Aldo Manutio*, Venetiis 1499）に収められていた[39]。ウルチェオはギリシア学に秀でた，個性的なボローニャ大学人であった。コペルニクスのギリシア語修得がこの地で進んだのは，この大学が人文主義教育も盛んであった証となろう。

新プラトン主義の概念規定も一義的に捉えるのではなく，時代の中で考えるべきであろうし，ヘルメス文書の読みも時代が示しているように多様であったと見なすべきであろう。またフィチーノ思想は，ヘルメス・トリスメギストスの名にのみ集約，還元はできない。「古代神学」（prisca theologia）の始まりをヘルメスでなく，プセロスに従って『カルデアの神託』（*Oracula chaldaica*）の作者と目されたゾロアスターに交代させる。フィチーノにとり，ゾロアスターの弟子たちこそが初めて星に導かれて，イスラエル生まれの新王と認めたのであり，この意義は小さくなかった。彼らは星を読む天文学博士であり，モーセのユダヤの弟子たちにはそれは出来ず，キリストと認識できなかった[40]。

科学的に厳密な太陽中心説ではないとしても，太陽象徴主義はフィチーノには明確にあり，文学的には主たる神を太陽に見立て，世界の中心に置く[41]。フィチーノ自身が『太陽について』や書簡で太陽を「見える神」（deus visibilis）と呼んでいる。したがってこの表現がヘルメス文

---

38) František Novotný, *The Posthumous Life of Plato*, The Hague 1977, 393.

39) Cesare Vasoli, *op.cit.*, 334.

40) Brigitte Tambrun- Krasker, Ficin, Pléthon et les mages disciples de Zoroastre, in *Marsile Ficin. Les platonismes à la Renaissance*, Pierre Magnard（Dir.）, Paris 2001, 169-180，特に178-179. Ead., Ficin, Pléthon et la doctrine de Zoroastre, in *Marsilio Ficino. Fonti, testi, fortuna*, a cura di Sebastiano Gentile e Stéphane Toussaint, Roma 2006, 121-143，特に136-137. マギに関しては書を著わす用意があるが，この文脈と本論の関連で重要な研究書は Allen, *Synoptic Art. Marsilio Ficino on the History of Platonic Interpretation*, Firenze1998. Johannes Pannonius に関わる情報を始め，研究者としてのアレンのディテールへの拘りが生きている一冊。

41) フィチーノの『太陽について』がコペルニクスの太陽中心説に影響を与えたとも，プラトン的形而上学における太陽の象徴的役割に出会うきっかけとなったとも記している論文に，James Hankins, The Study of the Timaeus in Early Renaissance Italy, in *Humanism and Platonism in the Italian Renaissance*, Roma 2004, II（Platonism), 93-142，特に106-107. Id, Renaissance Platonism, in *ibid.*, 399-415，特に414.

書にのみ典拠があるのではない[42]。他方で、ヘルメス文書中の『ピマンデル』（*Pimander*）には「見える神」と解釈できる箇所があり、コペルニクスはこれを言い換えているとも解釈できる[43]。さらにはフィチーノには『太陽について』とともに出版された『光について』（*De lumine*, 1493）があり[44]、これらの小品は時代の兆候を端的に表している。またこれより早い時期の小品に『光とは何であるか』（*Quid sit lumen*, 1476）があり[45]、光に関する新プラトン主義の伝統を想起させずにはおかない。『光とは何であるか』は、ヴェネツィア大使である「われらのポエブス・カペッラ」に捧げられている。ポエブスとは太陽神アポッロを指し、大使の友であるフィレンツェの哲学者には、日の光が太陽とともに比喩的に重要だったことはまちがいない。

　イタリアの二人の哲学思想史研究者、エウジェニオ・ガレンとチェーザレ・ヴァゾーリはフィチーノを含む当時の哲学者たちの思想世界を描くことで[46]、『天球回転論』の理解に迫ろうとした。『天球回転論』に名の挙がった人物たちや作品名、その思想的傾向などが細部にわたって明らかにされる。彼らの研究をもってしてもフィチーノ自身の著作からの直接の引用は見出し難いが、幾つかのプラトンのラテン訳、特に『法律』と『ティマイオス』は良く読みこんでいることが見てとれる[47]。フィレンツェの哲学者に、同時代の東ローマ（ビザンティン）帝国の哲

---

42) Ficino, *De sole* (*Il sole*), 990-991. さらに詳細は Knox, *op.cit.*, 411n.50.

43) Knox, *op.cit.*, 409-10. ノックスは、コペルニクスにとって重要なことは地球の自転であって宇宙における太陽の位置ではない、と主張する。Knox, *op.cit.*, 410-16. またノックスはこの典拠をコペルニクスの生前中では1499年ミラノ、及び1514年ヴェネツィアで出版された *Suda* に求めている。Knox, *op.cit.*, 416.

44) 光をめぐるフィチーノ哲学の初期から最晩年に至る明晰で体系的分析に Andrea Rabassini, <Amicus lucis>. Considerazioni sul tema della luce in Marsilio Ficino, in *Marsilio Ficino. Fonti, testi, fortuna*, 255-294.『太陽について』は前註1参照。『光について』は Ficini *Op.*, 976-986. 邦訳版は平井浩訳による『光について』、平井浩編『ミクロコスモス――初期近代精神史研究』第一集（2010）、290-319頁所収。なお本稿との関係では、平岡隆二「画家コペルニクスと宇宙のシンメトリアの概念」、同書、70-93頁を参照。

45) Marsile Ficino, *Quid sit lumen*, Paris 1998. Ficino, *Che cos'é la luce*. Introduzione e postfazione de B. Schefer, traduzione di P. Frasson, Padova 2000. 後者は目下未見。

46) Garin, La rivoluzione copernicana e il mito solare. Cesare Vasoli, Copernico e la cultura filosofica italiana del suo tempo. ともにすでに引用。

47) Knox, *op.cit.*, 402-405.

学者や神学者がかなりの影響を及ぼしている中[48]，ゲミストス・プレトンにも太陽賛歌に関わる作品があること[49]，プラトンがピュタゴラス主義者ピロラオスに会いにイタリアを訪ねたという話を含めて，『天球回転論』にはプレトンの弟子ベッサリオンの『プラトンの誹謗中傷者に』(*In calumniatorem Platonis*, 1469) からの引用が幾つか見られること[50]などは特に注目に値しよう。

フィチーノはサビナ枢機卿ベッサリオンからその書を直に恵与されていたが[51]，この書を介して，コペルニクスはプラトンとアリストテレスのいずれが優位であるかに関わる，ギリシア人たちがイタリアにもたらした論争を知ったことであろう。そしてラテン的中世で権威と化していたアリストテレスへの反駁を知ったことであろう。ベッサリオンの『プラトンの誹謗中傷者に』は，同じく東ローマ帝国からの亡命者ゲオルギオス・トラペツンティオスの『哲学者アリストテレスとプラトンの比較』(*Comparatio philosophorum Aristotelis et Platonis*, 1458.

---

48) Sebastiano Gentile, Pletone e la sua influenza sull'umanesimo fiorentino, in *Firenze e il concilio del 1439*, a cura di Paolo Viti, Firenze 1994, II, 813-832. 特にフィレンツェ公会議は重要で，これに取り組む本書には注目される論考が含まれている。二巻からなるが，頁は通し番号である。この公会議を含んでビザンティンの影響を丹念に描いているのは，Kenneth M. Setton, The Byzantine Background to the Italian Renaissance, reprinted from *Proceedings of the American Philosophical Society*, Philadelphia, v.100, n.1, February, 1956, 1-76, 特に 78-79 で，フィチーノのアカデミーの起源がビザンティンにあるという。

49) Garin, *op.cit.*, 274. 皇帝ユリアヌス（背教者）の太陽賛歌を含む，同じくガレンの類似論文に Id., Platonici bizantini e platonici italiani, in *Studi sul platonismo medievale*, Firenze 1958, 153-219. Ludwik Antoni Birkenmajer の研究に基づきながら，『太陽について』と『天球回転論』の比較は *Ibid.*, 190-194. 前註 34 参照。

50) Ludwik Mohler, *Kardinal Bessarion als Theologe, Humanist und Staatsmann. Funde und Forschungen*. II. Band. *Bessarionis in calumniatorem Platonis libri. IV*, 56.10（ギリシア語）57.11（ラテン語）．コペルニクスは 1503 年アルドゥス版のラテン訳本を用いた。Knox, *op.cit.*, 401-402．『コペルニクス・天球回転論』25 頁。エドワード・ローゼンの研究がこれらを明らかにした。

51) Ficini *Op.*, 616. Marsilio Ficino, *Lettere I. Epistolarum familiarium liber I*, a cura di Sebastiano Gentile, 1990, 34. Mohler, *Kardinal Bessarion*, I, 384-385. ベッサリオンのローマでの生活，そして教皇エウゲニウス 4 世によりサビナ，トゥスクルムの司教に任命される間に真のルネサンスの開始に如何に彼が関わったかは，次の古典的研究を参照。Henri Vast, *Le cardinal Bessarion(1403-1472). Études sur la Chréetienté et La Renaissance vers le milieu de XVe siècle*, Paris, 1878, 154-173. また彼とフィチーノの関係についての最近の研究に Hankins, Bessarione, Ficino e le scuole di platonismo del secolo XV, in *Humanism and Platonism in the Italian Renaissance*, 417-429, 特に 425.

Comparationes philosophorum Aristotelis et Platonis, 1523[印刷])でのプラトンや太陽崇拝者プレトン攻撃に対する応戦であった。ローマでのギリシア人同士の論争という色合いが濃く,フィレンツェやその他の都市のイタリアのプラトン主義者やアリストテレス主義者がこれに参戦することはなかった。

だが,後日談がある。ゲオルギオスの息アンドレアが父のプトレマイオス『アルマゲスト』ラテン訳——この訳をコペルニクスやティコ・ブラーエらも利用する——を教皇シクストゥス4世に捧げた献呈文には,父の批判者ベッサリオンを支持するプラトン主義者フィチーノへの当て擦りが窺われる,と研究者モンファサーニは指摘している[52]。

『天球回転論』に戻ると,この自筆本と違い,印刷初版からは削除された「ヒッパルコスあてリュシス書簡」の意義はさらに一層検討に値するであろう。これもベッサリオンの『プラトンの誹謗中傷者に』に収録されたラテン訳[53]を参照しながら,自らの訳を作った。真理のためには沈黙を守るピュタゴラス主義者たちの主張も[54],コペルニクスが「地動説」を純粋に数学的仮説または原理としたことにより,この書簡を掲載する意義は薄れたのであろう[55]。だが,ベッサリオンの伝えるこの書簡が彼にはいかに印象深いものであったかは,パウルス3世にあてた序でもこれに触れていることから明らかである[56]。

---

52) *Collectana Trapezuntiana. Texts, Documents, and Bibliographies of George of Trebizond,* edited by John Monfasani, New York 1984, 788,798. Monfasani, Marsilio Ficino and the Plato-Aristotle Controversy, in *Marsilio Ficino: His Theology, his Philosophy, his Legacy* 179-202, 特に 188-189.

53) *Bessarionis in calumniatorem Platonis libri. IV,* 13.23-15-34.『コペルニクス・天球回転論』65-67 頁の訳註に収録。

54) Paolo Casini, Newton, la prisca philosophia e il pitagorismo copernicano, in *Forme del neoplatonismo. Dall'eredità ficiniana ai platonici di Cambridge,* a cura di Luisa Simonutti, Firenze 2007, 441-459, 特に 450-451.

55) Cfr. Garin, La rivoluzione copernicana e il mito solare , 266n9. 古代の新プラトン主義者イアンブリコスの *Protrepticus* によれば,ピュタゴラス哲学とは,数学諸科学とテオーリア(瞑想)を介した証明によって強化された堅固で不変の真理を提示することであった。この意味するところとルネサンス・ピュタゴラス主義に関しては,Christopher S. Celenza, *Piety and Pythagoras in Renaissance Florence.* The *Symbolum Nesianum,* Leiden 2001, 1-83(introduction),特に 18-19.

56) Garin, *op.cit.,* 266.『コペルニクス・天球回転論』12 頁。

5 文化の黄金時代

『天球回転論』の作者はなかなかの読書家であったことを語っている。これまで見てきた文献以外に、研究上不可欠な古代や中世の諸文献、たとえばアリストテレスやプトレマイオス（『アルマゲスト』[*Almagest*] や『地理学（世界形状誌）』[*Cosmographia*]），キケロやプルタルコス，擬プルタルコス（『哲学者たちの見解』*Placita philosophorum*）などが直ちに思い浮かんでくる。活版印刷術の時代に入ったイタリアでの古典探訪は実りあるものであったろう。

他方，「時」の人らしく，フランスのサン・ディエで1507年印刷出版されたマルティン・ヴァルトゼーミュラー（1470-1521）による地図付きの『世界誌序説』（*Cosmographiae introductio*）にも通じていた[57]。『世界誌序説』は人気のあった書物で，「アメリカ」という地理的概念の成立に大きく貢献した。「アメリカ」の名を与えたアメリゴ・ヴェスプッチらの地理上の発見の影響が，コペルニクスにも及んでいることを示している。同様にクリストーフォロ・コロンボ（1451-1506）らの探検家は，コペルニクスを魅了したレギオモンタヌスなどの天文学書を利用していた。前述のカルロ・スピノラもそうであったろう。

コペルニクスの読書上の不十分な理解や誤りを片々たる事実として軽視するのではなく，多種多様な情報が行き交う地に来ていたことは片時も忘れるべきではないであろう。活版印刷本が登場して書籍の入手が容易になった時代に彼は生きていた。しかも印刷業が盛んだったヴェネツィア共和国内のパドヴァ大学で学んでいた。北イタリアのボローニャ，パドヴァ，フェッラーラ[58]の諸大学に学んだ彼が，この地で数多の必要な書籍を出来る限り購入して，故国に帰る姿が想像できる。先に述べた

---

57) 『コペルニクス・天球回転論』52頁訳註。
58) フェッラーラでは彼の学位取得がもっぱら話題になるが，当地のギリシア語教育には伝統があった。ここにはまた，地動説ではコペルニクスの先駆者とも称されるチェリオ・カルカニーニ（1479-1541）がいたことは重要であろう。宗教的にはニコデモ主義者であろうし，ヤーコブ・ツィーグラー（c1470-1549）との交流が注目される。Vasoli, *op.cit.*, 336-337. 1518年ポーランドで再会したコペルニクスとの関係はJoost-Gaugier, *op.cit.*, 135.

ように，1500年，つまり聖年のローマに居たことも分かっている。こ こもまた出版業が盛んであり，読書と探索熱はルネサンス都市に変貌し つつある，ここローマでさらに高まったことだろう[59]。

この都市，特にヴァティカン地区の発展に寄与した高位聖職者のひと りがエジディオ・ダ・ヴィテルボであった。コペルニクスは，同時代人 のこのエジディオのように新大陸の発見とその意義を黄金時代の兆しの 一つとしているわけではないが，この発見以前にあって，フィチーノは 先述のパウル・デ・ミッデルブルクにあてた書簡（1492年9月13日[60]） で，自分たちの世紀にその時代が再来したのではないか，と心情を吐露 している。種々の分野に文化の革新と隆盛を列挙したあとで彼は言う。 パウルに関わりの深いウルビーノでは君主フェデリゴとその子孫など[61] により軍事技術と人文学の徳が結び合わさっている。そのパウルにおい て天文学（astronomia）が完成されたようであり，フィレンツェではプ ラトンの教説が暗闇から光明へともたらされた。ドイツでは活版印刷術 が登場したし，百年間に亘る天の相貌全体をたちどころに一時間で示す 表も現われた。またこちらには天空の日々の運行を表示するフィレン ツェの機具（machina florentina）もある，と[62]。

ここでは，表とはヴェネツィアで刊行されたレギオモンタヌスの『エ ペメリデス（天体位置推算暦）』（*Ephemerides*, 1474）を，機具とは所謂 アルキメデスの時計のことで，デッラ・ヴォルパイア（Della Volpaia） の制作品を指すのであろう[63]。この書簡との関連で注目されるのは，こ

---

59) イタリアではローマ近郊スビアコ修道院で活版印刷術が始まったことについては, Vast, *op.cit*., 162

60) Ms. Monacensis lat. 10781, c.94r では14日である。これについては, *Supplementum ficinianum*, a cura di P.O.Kristeller, 1973(1937), I, 36. Rabassini, *op.cit*., 256 n.3.

61) Ficino, *Opusculum de stella Magorum*（Ficini *Op*. 849ss）はフェデリゴ・ディ・モン テフェルトロ（1422-1482）に献呈された。Maria Grazia Pernis, *Le Platonisme de Marsile Ficin et la cour d'Urbin*, Paris 1997, 46-54. フェデリゴの後継者にグイドバルド（1472-1508），甥 にオッタヴィアーノ・ウバルディーニ（c.1423-1498）がいる。ウルビーノ出身ラファエッ ロの《アテネの学堂》にパウル・デ・ミッデルブルクが描きこまれている可能性は, Grazia Pernis, *op.cit*., 41-43．フェデリゴとフィチーノの関係ではプトレマイオス『地理学』を俗語訳 （*Geographia*）したフランチェスコ・ベルリンギエーリ（1440-1500）の名も逸し難い。Ficini *Op*., 855.

62) Ficini *Op*., 944.

63) Stephane Toussaint, Ficino , Archimedes and the Celestial Arts, in *Marsilio Ficino: His*

れの直前に置かれたドイツの君主ヴュルテンベルク公エベルハルトあての書簡である[64]。公に『太陽について』を献呈するのだが、彼は君主の中の太陽であるから、プラトン的、ディオニュシオス的太陽を受け取るのは相応しい、とされる。太陽を神に擬えるのは、フィチーノによれば、プラトンとともにディオニュシオス・アレオパギテスも行っていることであった。フィレンツェの哲学者はプラトンを始め、ディオニュシオスの新訳をも成し遂げていた。

このようにプラトン的、新プラトン的哲学の復興をもたらしたフィチーノに、エジディオは私たちの時代が黄金時代であるとして、次のように書簡を寄越した。「プラトンの神秘神学がわれわれの聖なる原理に特に一致しかつそれに先立つと宣告するために、マルシリオ・フィチーノが神の摂理で送られてまいりました。」「今が私にはマルシリオのいうサトゥルヌス神の支配です。今がこんなにしばしばシビュラと預言者によって繰り返された黄金時代です。これがプラトンのいうあの時代です。」[65] この書簡作成の日時は先のパウルあてフィチーノ書簡とほぼ同じ頃のことであろう。

エジディオの場合に見られるように、黄金時代との時代認識は変わることはなく、16世紀に持続する。むしろ新大陸発見やローマ教会の刷新によりこの感慨は一段と高まった感がある。これに対してフィレンツェではフィチーノの世紀末から16世紀最初の30年間の間に、政治体制の崩壊と再建が繰り返されて、黄金時代はフィチーノ書簡に見られるように現今の科学技術の進歩でなく、一個人や一族の力による安定した時期にあったという懐郷の念が強くなって行く。すなわち学芸復興を15世紀のメディチ家統治に帰し、「祖国の父」コジモ（1389-1464）から「イル・マニフィコ」ロレンツォ（1449-1492）の時代こそが黄金時代であったという時代把握の成立である。これは今日に至るまでフィレンツェ・ルネサンスの全盛期をクワットロチェント（1400年代）とする解釈と連関している。

Theology, his Philosophy, his Legacy, 307-326, 特に 315-316, 319, 321-322.
 64) Ficini *Op*., 944. Allen, Marsilio Ficino and the Language of the Past, in *Forme del neoplatonismo*, 35-50, 特に 40-41.
 65) *Supplementum ficinianum*, Ⅱ, 314-316, 特に 316.

回顧という点で，ポッジョ・ア・カイアーノ別荘，正面破風フリーズ装飾中の5系列の諸場面ほど適切な作品はないであろう。この別荘建築にはロレンツォ・デ・メディチがその嗜好を発揮したことで知られている。建築設計はジュリアーノ・ディ・サンガッロの手になるが，玄人はだしの建築愛好家だったロレンツォの意向も十分に反映されていると見られている。起工は1485年。パトロンの生前には完成されなかったものの，その後，室内の大壁画などを含めてその子ジョヴァンニ，教皇レオ10世にその遺志が受け継がれた。さらに歴代のメディチ公，トスカーナ大公もこの別荘完成に力を傾注したため，メディチ一族の数ある別荘の中でも重要な建造物となった。ここで歓待された人物は多く，その中には天正遣欧使節も含まれる。

　さて，そのロッビア風のテッラコッタ製フリーズ装飾であるが，これはロレンツォが亡くなる前には仕上がっていたか，あるいはこれまたその意匠は彼が納得済みであったかと見られる。意匠注文を受けたのは，やはり彼が好んだベルトルド・ディ・ジョヴァンニ (c1420-1491) であった。ロレンツォがサン・マルコの庭に古代作品を蒐集し，それが一種のアカデミー，美術学校となり，彼に見出されたミケランジェロがここにいた時，ベルトルドが当学校の校長だったという話がある。ベルトルドが完了させることなくポッジョ・ア・カイアーノ別荘で死去（12月末）したため[66]，アンドレア・デル・サンソヴィーノがフリーズ装飾仕上げを継続した。謎めいた数々の意味が企図されているため，これらの装飾の解読には多くの研究者が挑んできた[67]。プラトン『国家』第10巻中のエルの神話などを典拠とする解釈などは，その好例であろう[68]。エルの神話にはアナンケ（必然）女神の三人の娘たちに示されるように，過去・現在・未来の時間論も含まれている。

　5系列の諸場面の中央に位置する像は，双面を有するヤヌス（Janus.

---

66) Wilhelm von Bode, *Bertoldo und Lorenzo de' Medici*., 1925, 9-10.

67) 諸説と典拠を示して明確なのは，Fabrizia Landi, *Le temps revient. Il fregio di Poggio a Caiano*, San Giovanni Valdarno 1986. レオ10世のサローネのフレスコ画も合わせて考察するのは，Litta Maria Medri, *Il mito di Lorenzo il Magnifico nelle decorazioni della villa di Poggio a Caiano*, Firenze 1992.

68) Cristina Acidini Luchinat, Neoplatonism and the Visual Arts at the Time of Marsilio Ficino, in *Marsilio Ficino: His Theology, his Philosophy, his Legacy*, 327-338, 特に332-338.

イタリア語では Giano) 神である。「時」の人フィチーノとコペルニクスを扱うこの小品，即ち時代と時間を論ずるこの拙文には相応しい神であろう。一月 (Januarius) の呼称がこのヤヌス神に由来していることは改めて言うまでもないが，この神は一方の相貌で過去の時を眺め，他方の相貌で未来の時を見る，まさに区切りの，境界の神である。その月の最初の日はロレンツォの誕生日でもあった[69]。

私は，このヤヌス神にエトルリアの「神話」を重ねたい。エトルスキ文明の地である中北部イタリアの各都市，特にフィレンツェでは，この文明にローマ文明より古い由緒が与えられ，しかもこのヤヌス神を大洪水神話のノアと系譜的に結び付ける歴史物語が展開された。やがて，それがメディチ家の祖先となるというイデオロギーが代ごとに形成されてゆく。研究者ジョヴァンニ・チプリアーニの好著[70]は主として文学作品中にそのあとを丹念に追究する。チプリアーニはフリーズ装飾中のヤヌス神をその系譜に位置づけてはいないが，この制作品もまた文字作品同様，フィレンツェのメディチ家神話を支える有力な表出像と見ることができるのではなかろうか。ヤヌス＝ノアの定住はやがてこの地に栄光をもたらす黄金時代の到来となる。ロレンツォがこのフリーズの中心にいるとすれば，ロレンツォやフィチーノ亡き後のチンクエチェント（1500年代），16 世紀は，彼らの時代を時代の極致，黄金時代と見なすことになったのだろう。その象徴としてこの別荘はあることになる[71]。

フィチーノはロレンツォをポイボス，つまり太陽神アポッロと呼んだが[72]，フリーズ装飾中には太陽の子ヘラクレスと覚しき，静かな像があることも注目されよう[73]。ピュタゴラス派の言うヘラクレスの善悪の

---

69) 根占献一『ロレンツォ・デ・メディチ』南窓社, 1999 (1997) 年, 28 頁。Ficini *Op.*, 375 (『プラトン神学』XVI, Cap. V.)．フィチーノにとって人は永遠と時間に与かる双面のヤヌス (Giano bifronte) であった。Vasoli, Marsilio Ficino e la sua renovatio, in *Marsilio Ficino. Fonti, testi, fortuna*, 1-23, 特に 19n.58. Liana Rizzo, *Durata, esistenza, eternità in Marsilio Ficino*, Lecce 2005, 95. 根占『共和国のプラトン的世界』創文社, 2005 年, 184 頁。

70) Giovanni Cipriani, *Il mito etrusco nel Rinascimento fiorentino*, Firenze 1980.

71) フリーズ装飾に限らず，この別荘全体の歴史的問題には別稿を期したい。なお当該時代を黄金時代と見ず，鉄の時代と見なす歴史把握の研究に，Amos Edelheit, *Ficino, Pico and Savonarola. The Evolution of Humanist Theology 1461/62 - 1498*, Leiden 2008. フィチーノの場合は，*Ibid.*, 254-255.

72) Medri, *op.cit.*, 17.

73) Acidini Luchinat, La Scelta dell'Anima: la vita dell'iniquo e del giusto del fregio di

正しい選択，そして 12 の難事克服は，文学や美術の分野を問わず好んで用いられた。後者の行動は数の上では 12 宮に比定される[74]。ヘラクレスのイメージはフィレンツェでは政治制度の変遷を越えて，共和国時代，公国及び大公国時代と引き続き使用され，その折々に人の力量の如何を彼に託している。神話的英雄が「科学的ないし哲学的な人物」（vir scientificus sive philosophus），または自然との調和に秀でた存在と把握されるのは，時代の人文主義と新プラトン主義の特徴の現われであろう[75]。先に見たように，フィチーノは晩年，次の時代を創造する新たな発明と発見に遭遇し，この出現に黄金時代の徴を見，黄金の才を讃えた[76]。それは，ウェルギリウスの『牧歌』（*Eclogae*, IV, 4-7）の詩句解釈に示されるように神の摂理による黄金時代の再来ではなく，人間知性によって歴史が華となる時代，との認識法であった。

6　フィチーノ思想と時代

　本稿は，時間に関するフィチーノの哲学的考察，及び時間の重層たる時代に関する，彼と同時代人の認識を幾らかでも明らかにすることが目的であったが，前者の哲学上の課題は達成されないままにここに至った。時代相を考慮に入れず，彼の時間論を紹介することは私の任ではなかったことになる[77]。哲学や科学の特定分野の専門研究者としてではなく文化史研究者として，ルネサンスの時代を眺めやる中で，改暦問題や黄金時代観などに言及した。フィチーノとともにコペルニクスに注視

Poggio a Caiano, in *Artista*, 3（1991), 16-25. Ead., In the Sign of Janus, in *Renaissance Florence. The Age of Lorenzo de' Medici, 1449-1492*, ed. by ead., London 1993, 139-141.

　74)　Michael J. B. Allen, Homo ad Zodiacum: Marsilio Ficino and the Boethian Hercules, in *Plato's Third Eye. Studies in Marsilio Ficino's Metaphysics and its Sources*, Aldershot, 1995, 205-221, 特に 210.

　75)　Cfr. Pierre Caye, Alberti e Ficin: De la question métaphysique de l'art, in *Marsile Ficin. Les platonismes à la Renaissance*, 125-138, 特に 137-138.

　76)　Ficini *Op.*, 944. フィチーノが黄金を太陽の金属としていたことと，『生命論』の箇所からの指摘は Rabassini, *op.cit.*, 276.

　77)　次の専門書はこの欠を補う。Liana Rizzo, *Durata, esistenza, eternità in Marsilio Ficino*. ここでは Giuseppe Saitta の immanentismo に基づくフィチーノ解釈などが注目される。*Ibid.*, 62-63.

し，彼らの文化的接点をも求めたのも，時代の理解のために意義があると判断したからである。その結果，興味を惹く史実もいくらか明らかになった。

とはいえ，最初の課題に対する欠を補うべく，フィチーノの個人的な時間意識に一考を加えてみよう。彼の生涯の仕事はそのギリシア語学の研鑽に在り，その様子を窺う資料がある。1456年に若きフィチーノはギリシア語とラテン語の対照表を残している。やがて，プラトン，プロティノス，ポルフュリオス，プロクロス，イアンブリコスらプラトン主義，新プラトン主義の文献をことごとくラテン語に翻訳することになるフィチーノの，ギリシア語学習時期を窺うことができる貴重な文献である[78]。「時間論」に限って該当語を探せば，ホ・クロノスは tempus（時間），ホ・アイオーンは aevum（永遠）と訳している。

テンプスとアエウムの関係は如何にあるのか。永遠があって，そこから時間は来ているのか。あるいは永遠とは時間の存続なのだろうか。フィチーノの中ではこれらの観念は異教とキリスト教の伝統がそれぞれ交り合い，織り成している。彼にあっては死後もなお生がある。生があれば時間があり，その中で霊魂不死が問題となる。人の霊魂は永遠でなければならないからである。時間論はこうして彼自身のこの根本的関心と触れあうが，キリスト教はしかし，霊魂だけを問題にせず，身体の復活を伴う。

ところで，個人的な時間意識とは内的時間と言い換えることができよう。内的時間と外的時間の区別には困難が付き纏うものの，時代の出来事に左右されない私的な時間意識を人は持つであろうし，移り行く時間意識に対し，不変の「現在」，「現今」感覚があるだろう。過去は今にあり，明日も今のままにある[79]。これは永遠とは異なるかも知れないが，人のほうにこの自覚があるからこそ，永遠の意識は生まれるのではないか。そのような過去があるからこそ，その記憶が，思い出が永遠を教え

---

78) Marsilio Ficino, *Lessico greco-latino Laur. Ashb.1439*, a cura di Rosario Pintaudi, Roma, 1977, 36-37. Rizzo, *op.cit.*, 20-25.

79) フィチーノは，特に『プラトン神学』第13巻が語るように，人間の霊魂は肉体及びその感覚から完全に分離（vacatio animae）できれば，未来の知識を得ることができ，預言の正しさもありうると考えていた。Vasoli, Marsilio Ficino e la sua renovatio, 17.

るのではないか。神の時間は永遠性そのものと認識され，一千年も，過ぎた昨日のごとくと言われる。ただルネサンスにあってはその時間が内在化，主観化されて，此岸の問題となったのではなかろうか。

　他方で，人は自己が会い，見た体験から紡ぎ出される常時の今とは別の，客観的永遠の世界が存在することに気づく。この気づく行為は知的な体験の領域であり，そこに自分がいず，直接的に見知ることがなかったという意味で，永遠の，彼方の世界である。それは人の時間たる歴史よりも，宇宙の，自然の歴史に如実に表われていないだろうか。ルネサンスにあっては明らかに後者の歴史が広がり，宇宙の時代的在り様も大きく変わる。無限宇宙の到来である。このような無窮の時間と限定された時間の関係，無限の宇宙と有限の個人との関係性がルネサンスの問題となり，大きな時代転換が訪れているのではないだろうか。マクロコスモスとミクロコスモスとの対比関係は崩れ，マクロの世界は文字通り大きくなり過ぎた[80]。

　キリスト教世界では，時間つまりクロノスの経過・時の刻みたるカイロスは，創造する神が宇宙を開闢してから始まり，それ以前は存在しなかったが，神はいたという。プラトンの『ティマイオス』もまた宇宙生成と時間の関係を述べているので，その相違は如何にあるのかが問われよう。あるいはまた時間はキネシス，運動とともに生じるのかも知れない。この運動は神か，不動の動者が与えたのかも知れない。星辰世界ではその運動は円運動を周期的に繰り返し，終わることがない。一年もまた周期的であることに変わりはない。他方で，その中にいる人は確実に時とともに，あるいは時の中で変わって行く。神による最後の審判を説く，キリスト教国の歴史的運動も，一直線に終末に向かって突き進む。

　だが，ルネサンスの時代にヨーロッパは非キリスト教的他者と出会い，異なる別の時間が多様に存在したことに気づく。地域の歴史とヨーロッパのキリスト教的歴史の始まりと過程は異なっていたことが明瞭となる。一方，自然学的には普遍的に地上のどこにおいてもヨーロッパの「科学的」真理が妥当し，異教古典の語句に真理も再認識されるだろう。「黄金の連鎖」(aurea catena) という言葉，比喩がある。それは

---

80) Cfr. Allen, Life as a Dead Platonist, in *Marsilio Ficino: His Theology, his Philosophy, his Legacy*, 159-178, 特に 176-177.

ホメロスに端を発し，プラトン，プロティノス，マクロビウス，そしてフィチーノやパウル・デ・ミッデルブルクなどに用いられた。その謂いは太陽の光であり，すべては，神々にあるいは人に属するのであれ，これにより維持されている。社会も同様である。パウルは『パウリナ，復活祭の正しきお祝い』（*Paulina, de recta Paschae celebratione*）の中で，ホメロスが言う天上から地上に降りている黄金の連鎖は宇宙の調和であり，ピュタゴラスが完全協和音（diapason）と呼んだものである，という[81]。室町日本でも明でもインカでも太陽は照っていた。太陽（ポイボス）や夜の太陽，同胞の月（ポイベー）[82]は変わらず，その下で，文明の多様性が発見されていくことになる。この太陽を，人は古代から象徴として重視してきたが，今やフィチーノが様々な比喩で豊かに表わし，コペルニクスが宇宙の中心に据えた。それがルネサンスの太陽であり，「時」はその下にあった。

---

81) Paul de Middelburg, *Paulina, de recta Paschae celebratione*, Fossombrone, 1513, f.364r. Grazia Pernis, *op.cit.*, 60-61. 黄金の連鎖を神の光としてフィチーノにおける光の問題に迫る専門書とその関連頁は，Wolfgang Scheuermann-Peilicke, *Licht und Liebe. Lichtmetapher und Metaphysik bei Marsilio Ficino*, Hildesheim 2000, 191-192.

82) Cfr. Ficini *Op.*, 949-950.

5
良心の問題か現実の必要か
―― 改暦紛争の神聖ローマ帝国 ――

皆 川　　卓

1　改暦紛争とは

　人間は天体の運行という自然現象を観測し，その観測結果をもとに暦を作ってきた。つまり暦は経験によって得られた「経験知」の代表的な成果である。しかし古くから人々の生活を支配してきた故に，あらゆる宗教の儀礼やテキストに取り込まれ，その一部を成した「形式知」でもある。従ってそれぞれの時代の暦に対する政治のかかわり方を観察することは，当時の政治と知（Wissen）の関係を知る近道と言える。

　16世紀の神聖ローマ帝国が宗教改革とそれに続く宗派対立の下で，皇帝を頂点とするカトリック等族と，それに対抗するプロテスタント等族による二項対立的な情況を呈したことは，周知の事実である。この状況は1555年のアウクスブルク宗教和議で制度化され，カトリック側では「トリエント公会議」（1545-47, 51-52, 63-64），ルター派側では「和協信条」（1578/80）による宗派内対立の一応の決着を経，カルヴァン派等族が後者と連携するに及んで，両陣営の「冷戦構造」的な「共存」が現出した。いわゆる「アウクスブルク宗派体制」である。この中で1582年末突如発生したのが，グレゴリウス暦の導入を巡る「改暦紛争」（Kalenderstreit）である。従来のユリウス暦に代えて教皇グレゴリウス13世の制定したグレゴリウス暦を導入する試みの中で起こったこの紛争は，帝国等族以外の知識人や一般臣民の一部をも巻き込んで，改暦に

従うカトリック等族とこれを拒否するプロテスタント等族の新たな対立を作り出し、1世紀にわたる新旧両暦の並存状態をもたらすことになった。帝国自由都市アウクスブルクにおける改暦紛争を検証し、改暦紛争を「三十年戦争」(1618-48) の一因と見たレックに同調するかどうかは別としても、これが神聖ローマ帝国の宗派対立を象徴する事件の一つであったことは疑いない。そのためこの過程を、等族が帝国単位での暦の統一を目指す皇帝に抗して領内における改暦権を確立し、領邦単位での宗派統一を図る動きと見なして、領邦の国家的自立化の一契機とする見解もある[1]。

しかしその過程を一瞥すると、改暦紛争を領邦自立化の動きとして把握しても、問題の一部しか捉えていないことが分かる。こうした動きも時代が下ってくると明らかになるが、その一方で、領邦を越えた宗派の枠組みで暦を共有する動きもあれば、宗派から切り離し、世俗的な政治の一環として捉える動きもあり、その切り結びの中にこの時代の政治と知の関係の複雑さが現れている。この状況を帝国政治の展開とつき合わせれば、帝国の構造変化を読みとることも可能かもしれない。しかしその前には先行研究の乏しさという困難が横たわっている。特に1613年を最後に帝国レベルでの改暦紛争は終結し、17世紀末に再度改暦の動きが活発化するまで長期の新旧両暦併存が続くため、この空白期間をどう位置づけるかが難しい。一地方に焦点を当てた研究では、帝国都市アウクスブルクでの改暦による市民の混乱と紛争を描いたレックの研究[2]がこの問題を扱っているが、帝国全体を見渡したものでは、長い間19世紀の研究[3]のみで、ようやく最近新たな個別研究が登場し、日本でも永田諒一氏が詳しく紹介している。しかし帝国政治との関係を長期にわ

---

    1) Felix Stieve, Der Kalenderstreit des 16. Jahrhunderts in Deutschland, in : Abhandlung der Koeniglich Bayerischen Akademie der Wissenschaften, Historische Klasse 15. Bd.3, Muenchen(1880), 37, Edith Koller, Die Suche nach der richtige Zeti. Die Auseinandersetzung um die Autorisierung der Gregorianischen Kalenderreform im Alten Reich, in : Arndt Brendecke u.a.(Hg.), Authoritaet der Zeit in der Fruehen Neizeit, Berlin 2007, 247

    2) Bernd Roeck, Eine Stadt in Krieg und Frieden. Studien zur Geschichte der Reichsstadt Augsburg zwischen Kalenderstreit und Paritaet, Goettingen 1989, Teil 1, 125-189

    3) Ferdinand Kaltenbrunner, Die Polemik ueber die Gregorianische Kalenderreform, in : Sitzungsberichte der kaiserlichen Akademie der Wissenschaften. Philosophisch-Historische Klasse 87(1877), Wien, 485-586, Stieve(1880), 1-98

たって展望したものはない[4]。本論ではこの状況に鑑み，特に改暦に反対したプロテスタントの動きを中心に，帝国全体の統一暦の試みが挫折して両暦並存が膠着状態に陥り，それが一転してプロテスタントが「事実上の」改暦に踏み切る 1582 年から 1700 年までの状況を概観して，この課題に先鞭をつける試みを行いたい。

2　突然の改暦宣言

　移動祝日である「復活祭」の日時を定めなければならないカトリック教会では，改暦の必要は中世から痛感されていた。復活祭は春分のあとの最初の満月の次の日曜日に定められており，当時のユリウス暦では春分が 3 月 11 日に固定されていたが，ユリウス暦と天体運行の誤差のため，暦上の春分日が実際の自然現象とずれていたからである。すでに 14 世紀の北ドイツでは天体観測で割り出された春分が地方ごとに設定され，復活祭の開始日にも地方的な多様性が生まれていた[5]。宗教改革の開始後も，改暦の必要性は宗派を超えて認められた。ルターは 1539 年の論文「公会議と教会について」(Von den Konziliis und Kirchen) の中で「何につけてもいまや暦を修正し，復活祭を正しく移すことが必要である。しかしそれをなせるのは，ただ全世界に対し一致して等しく命令を下すべき至高の権力を持つ皇帝あるいは国王だけであるべきである。その時までは復活祭の日はこのままで続けざるを得ない…（中略）…教皇は国王や皇帝と肩を並べたいと思っているだろうが，彼は国王でも皇帝でもないから，そんな権限はない」(Jtzt duerffts wol wiederumb einer Reformation das der Calender Corrigirt und die Ostern zu recht gerueckt wuerden. Aber das sol niemandt thun, denn die hohen Maiestern, Keyser und Koenige, die muessen eintrechtliglich zu gleich ein Gebot in alle

---

[4]　Koller(2007), Peter Aufgebauer, Zwischen Astronomie und Politik. Gottfried Wilhelm Leibniz und der Verbesserte Kalender der deutschen Protestanten, in : Niedersaechsisches Jahrbuch fuer Landesgeschichte 81(2009), 385-494, 永田諒一『ドイツ近世の教会と社会』ミネルヴァ書房，2000, 同『宗教改革の真実』講談社，2004, デイヴィッド・E・ダンカン（松浦俊輔訳）『暦をつくった人々』河出書房新社，1998 年。

[5]　Stieve(1880),8-9

Welt lassen ausgehen. Auff welche zeit man solte den Ostertag hinfort halten
…Der Bapst ist kein Koenig, kein Keyser, ob er es gleich gern sein wolte.
Derwegen gebuertet es im nicht.）と述べ，教皇の改暦権は否定しつつも，
改暦の必要性自体は認めている[6]。

　この状況の下で数学者を中心に改暦の私案がいくつか作成されていた。その中で 1560 年代からカラブリア出身の医者リリウス（Aloisius Lillius, ca.1510-76）が長年の研究の末に作成したものが，グレゴリウス暦の原案となる。この案は弟を通じて 1575 年に教皇グレゴリウス 13 世に上程され，教皇の命により枢機卿を委員長として組織された改暦委員会の審査に付された。他にも複数の案があったがリリウスの案が採用され，1582 年 2 月 24 日に教皇教書「インテル・グラヴィッシマス」（Inter gravissimas）を通じて新暦が公表された。この教書では 1583 年から復活祭を自然現象の春分に合わせて 10 日ずらし，3 月 21 日に行うことを命じ，そのために 1582 年 10 月 5 日を同 15 日として数えることが定められている[7]。

　この改暦はトリエント公会議によって教皇に委託されたと言われているが，同公会議にはそうした決議はない。トリエント公会議では第 3 会期の最終会議（1563 年 12 月 3 日）において改暦の必要が表明されただけであり，教皇の改暦権の根拠は「第一次ニカイア公会議」（325 年）で定められた復活祭日の決定権（アレクサンドリア司教が計算結果を教皇に伝え，教皇が復活祭の日取りを教会全体に公示する）であった。しかし教皇は教書の前文で「司牧者たる余の諸々の重大な務めの中でも，聖なるトリエント公会議によって教皇に留保された神聖な義務であるが故に，神の恩寵により優先的に望ましい解決に導かねばならないこと（改暦）がある」と宣言し，改暦をトリエント公会議に基づく教皇の留保権と位置づけた。そしてこの改暦によって祝祭日を正確に祝うことができるとし，聖職者がこれに従って聖務を行うことは勿論，諸国の君主や都市にもこれを施行することを求め，これに従わなければ神と使徒ペテロ・パウロの不興を買うことになろうと述べる。グレゴリウス自身教会法学者として参加したトリエント公会議で，改暦の必要を公会議決議に盛り込

---

6) Koller(2007), 240
7) Stieve(1880), 4-7, ダンカン (1998), 265-293 頁。

むのに奔走したと考えられるから，復活祭日の決定権を改暦権と解釈するには，この公会議への言及が不可欠と考えられたのだろう。教書の通知の内容は極めて簡単で，改暦施行月と定めた 1582 年 10 月から同年 12 月までの暦が教書に添えられただけであり，改暦の天文学的根拠等についても何ら情報は含まれていない[8]。

この教書が発布される直前の 1582 年 1 月，神聖ローマ皇帝ルドルフ 2 世の委任を受けたマインツ大司教は，来る 7 月にアウクスブルクで帝国議会を開催すべく召集状を発している。しかし教皇は当初帝国議会に改暦を通知せず，ようやく改暦月直前の 9 月半ばになって皇帝の元に教皇特使を派遣して帝国における改暦の施行を要請した。この改暦の件は皇帝から直ちに帝国等族に伝えられ，特に選帝侯には同年 12 月 20 日（ユリウス暦）までに意見を取りまとめるよう求められた。しかし肝心の暦の内容については，帝国等族の間はもちろん皇帝から帝国等族にも伝わっていなかった。等族の中でもっとも密に教皇と連絡を取るパッサウ司教ですら，印刷された教書を手に入れたのは 9 月末であり，直ちにウィーンへ連絡したものの，10 月の施行には間に合わないと通告されている。特にプロテスタント等族の情報不足は深刻で，彼らは 12 月になってもバイエルン公から領邦向けに発布された 12 月までの暦を入手したにすぎなかった[9]。

改暦を伝えるにあたり，皇帝ルドルフはこの改暦がトリエント公会議決議に基づくものとした教書の内容を伏せ，単に天体の運行と一致しない不正確さを是正する点のみを帝国等族に強調していた。そのためかプロテスタント等族の改暦に対する当初の態度は，のちよりもはるかに柔軟である。この時点で明確に反対を表明したのはヘッセン＝カッセル方伯ヴィルヘルム 4 世だけで，彼の反対理由は，教皇が決めたことは改暦も含め教会では一切無効であるという立場からであった[10]。プファルツ選帝侯ルートヴィヒ 6 世は教皇の暦が「学問的に正確」であれば，カトリックとの摩擦を避けるために改暦を拒絶しないと述べ，プロテスタ

---

8) Stieve(1880),7,「インテル・グラヴィッシマス」のテキストはインターネット上に数多く公開されている。例として http://astro.if.ufrgs.br/tempo/inter-grav-text.html 参照。
9) Kaltenbrunner(1877), 504, Stieve(1880), 13-15
10) Stieve(1880), 15-17

ント等族の領袖であるザクセン選帝侯アウグストやブランデンブルク選帝侯ヨハン・ゲオルクは，いずれも教皇の名ではなく皇帝の名による公布を条件として，改暦に同意すると表明した。教皇教書を切り離して導入するという案は，翌年フランスやネーデルラントのホラント・ゼーラント両州が採用した方法でもある。ブラウンシュヴァイク＝ヴォルフェンビュッテル公ユリウスも賛成を表明し，その宮廷付牧師であるメランヒトン門下のケムニッツ（Martin Chemnitz 1522-86）は，ヘッセン方伯の反対を「統一を壊すもの」と批判した。プファルツ＝ノイブルク公フィリップ＝ルートヴィヒに至っては，従兄弟のバイエルン公に1583年2月から導入する意図を伝えていた。帝国自由都市アウクスブルクとレーゲンスブルクは，都市内部での合意を条件として改暦への賛意を表明した[11]。

　柔軟な態度はカトリック側にも見られた。帝国大尚書として伝統的に帝国国制を支える役割を担ってきたマインツ選帝侯ヴォルフガング・フォン・ダルベルクは，プロテスタント等族も含め，帝国等族全体で合意が取れるまでは改暦を猶予することを提言している。書簡でプロテスタント等族の意向を聴取したザクセン選帝侯は，マインツ選帝侯と連絡を取りつつ皇帝の要請を受け，改暦の実施を帝国代表者会議で検討することとした。この帝国代表者会議の開催は1583年2月の「ケルン戦争（トゥルフゼス戦争）」（1583-88）の勃発によりひとまず一旦延期されたが，ザクセン選帝侯はこの紛争に対処するため予定したミュールハウゼンでのプロテスタント等族会議で，改暦問題を議題とし，プロテスタント等族の合意を得ることを目指した。同年6月，帝国の主要司法機関である帝国最高法院はこの状況を受け，さしあたり皇帝と帝国等族の間で合意が成立するまで，ユリウス暦のみを用いることを決定する。コラーはザクセンの枢密顧問会議文書から，この時点のプロテスタント等族の間では，改暦問題はまだ全くオープンな状態であったとしている[12]。

---

11) Ibid., 19-20
12) Kaltenbrunner(1877),507, Stieve(1880), 17-18, Koller(2007), 240-242

3　改暦紛争の発生

しかし 1583 年前半にプロテスタント等族の状況は大きく変化した。それはこの間にプロテスタントの間で教書「インテル・グラヴィッシマス」の全容が明らかになり，この改暦がトリエント公会議決議によって保証された教皇の改暦権に基づく，とされていたことが判明したためである。これによって改暦の受け入れが，教皇の至上権容認を意味すると解釈され，プロテスタントの間では改暦に対する批判が一斉に始まった。さらにアウクスブルクやレーゲンスブルクでは，改暦を巡って市民の対立が発生した。

同年 5 月ザクセン選帝侯アウグストは，この情勢を受けて皇帝に対し，プロテスタント等族の合意がない限り改暦は認められないと解答する。6 月以降，プロテスタント陣営では改暦反対の論説が急速に広まり，同年 9 月 13 日（グレゴリウス暦。以下同暦），ハイデルベルク大学の数学者メストリン（Michael Maestlin 1550-1631）の参考意見を受理したプファルツ選帝侯ルートヴィヒが，その参考意見を皇帝ルドルフに送付して明確に拒否の意志を示した。一方カトリック等族の側では，この間に教皇から直接改暦の要請を受け取る者が次々と現れ，皇帝に対して逆に改暦の確実な実施を促す。焦った皇帝は全帝国等族に対し，教皇の教書については一切言及せず，専ら帝国における交易と交通に混乱をきたすという現実の恐れを強調して，帝国等族が 10 月を以て一斉に改暦を実施するよう求めた。しかしこの呼びかけはプロテスタント等族に無視されたのみか，カトリック等族でも準備不足を理由に延期を求める意見が出された。10 月に新暦導入を決定したのは，オーストリアやバイエルンなどカトリック領邦の一部にすぎない。オーストリアには未だルター派が多数派であったにもかかわらず，改暦は即座に実施されたが，同じハプスブルク世襲領でもボヘミアでは等族の苦情に配慮して，導入は翌 1584 年 1 月から行われた。マインツやヴュルツブルクなど，苦情を申し立てた他のカトリック領邦でも一月遅れの 1583 年 11 月から新暦導入に踏み切り，翌年末までにはほぼすべてのカトリック領邦が新暦を採

用した。しかしプロテスタント陣営ではネーデルラントを除き，改暦に従った領邦は皆無であった。両宗派の上に立つ帝国最高法院は両暦併記を採った[13]。

プロテスタント等族の態度の急変は，彼ら自身が直接教皇教書の内容に刺激されたというよりも，教皇教書に刺激されたプロテスタントの知的エリート，すなわち神学者や数学者たちの言説に動かされたものであった。神学者ではアンドレアス・オジアンダーの息子でヴュルテンベルクの宮廷付牧師ルーカス・オジアンダー（Lukas Osiander 1534-1604）やテュービンゲン大学神学教授のヘーアブラント（1521-1600），数学者では先のメストリンやプリーニンガー（Lambert Froridus Plieninger）の変名を名乗るプファルツ＝フェルデンツ伯の侍医兼数学者ロエスリン（Heilsaeus Reuslin 1544-1616）が改暦反対の中心的論客であった。彼らは改暦が教皇への屈服を意味すると主張し，反対意見をプロテスタント等族に申し立てる[14]。内容は相互に重複する論拠を含んでおり，神学と天文学が交錯していた当時の状況を良く示しているが，立場によってその力点は微妙に異なっている。

オジアンダーはルター派聖職者の立場から改暦に「隠された」教皇の意図を推定し，これを徹底的に攻撃する。彼によれば，天文の運行ではなくニカイア公会議の決議に従って復活祭の日取りを決めるカトリックの方法自体が根拠のないものであり，教皇の真の意図は，もともと聖書に存在せず，教皇が勝手に決めた「偽聖人」の祭日を設定したことによる誤謬を隠蔽するため，改暦によって復活祭に始まるさまざまな祝祭日の施行日を混乱させることであろうとしている。さらに彼は，本来なすべき教会改革よりも改暦を優先しようとするのは，教皇の「狐の悪知恵」であり，その真意はアウクスブルク宗教和議の破壊であろうと考える。すなわちすでに外国で行ったように，神聖ローマ帝国の等族にも改暦を迫り，それを受け入れるか否かで敵味方を判別し，フランスのようにプロテスタントがいる国では互いに分裂させ（当時フランスはユグノー戦争の混乱の中にあった），拒絶する者をトリエント公会議に基づいて弾圧させようとしている，というのである。その証拠として，彼は新暦の

---

13) Stieve(1880), 20-23
14) Kaltenbrunner(1877), 522

表題に鼠をくわえた猫のエンブレムがあるとする（実際は教皇の紋章の竜）。また暦は毎年必要とされるものだから，改暦は教皇がこれを独占的に売り，贖宥状以上に儲けるための手段であろうとも述べている[15]。

　推測や創作を基に展開されるオジアンダーの論調とはやや異なるのが，数学者メストリンの反対論である。とはいえ彼の議論でも経験知は神学を証明する一手段でしかない。彼は先ず教皇が帝国に図らず改暦を決定し，理由も通知せず，一部だけを送って短期間にその実施を迫る態度を批判する。教皇はドイツ人が無知で，改暦の理由が理解できず，教皇教書ならば何でも有難がって受け入れると考えているに違いないと述べ，カトリック等族がこれに習って改暦の理由を示さず，専ら改暦権を教皇に帰すことでこれを強行していることについても非難する。その上で彼は，新暦が実際の天体運行と祝祭日を一致させようとする意図がそもそも問題であるとし，その理由として①キリストも使徒も祝祭日について何の指示もしていない，②祝祭日とされるキリストや使徒の記念日が正確に伝わっている確証がない，③祝祭日は良心の問題にすぎない，④天体の運行に正確に従わなければ破門されるのであれば，ニカイア公会議以降ズレが生じた暦に従った教父も信者も破門されているはず，⑤祝祭日の基準である復活祭を決定する春分後の満月の日は，ニカイア公会議の開催された小アジアと帝国のあるドイツでは異なる，⑦ニカイア公会議の決定は天体運行に正確に従うことではなく信仰の統一を求めたもの，⑧新暦はユリウス暦に比べれば天体運行に合致するが，完全には誤差を無くすことはできず，その違いは相対的なものでしかない，⑨従って新暦を定める以上，天体運行に完全に合致したものでなければならない，などの理由を挙げる。そして確かに何らかの改暦は必要だが，それは教会が最善の状態で行わなければならず，カトリックのミサの都合で天体運行だけを基準に暦を変更し，祝祭日を動かそうとするのは，世間を混乱させる結果をもたらすとして，グレゴリウス暦の採用を拒絶するのである[16]。改暦を通じて（神の支配する）自然現象＝天体運行と信仰儀礼＝祝祭日を一致させようとする教皇庁に対し，暦を自然現象（天体運行）に合致させる「愚」を説いたメストリンの姿勢には，自然現象

---

15) Kartenbrunner(1877), 518-521, Stieve(1880), 40-43, 52-54
16) Kaltenbrunner(1877), 514-517, Stieve(1880), 38-40, 43-47

と信仰が必ずしも合致しなくてもよいという立場が見て取れる。しかしながら同時に彼は，暦は自然現象ではなく信仰に従うべきであり，世間の安寧もそれによって守られると考えているとも言っている。

　メストリンとは別の角度からこの問題を捉えたのが，ロエスリンの反対意見である。メストリンと同じく，彼もまた天文に基づく年月の計算と教父の証言によるキリスト受難の日が食い違うことを指摘し，天体運行よりも教父の証言に従うべきことを主張する。またルターの『公会議について』に基づきながら，教皇の改暦権を否定し，ユリウス暦に基づいて復活祭を固定祝日にすべしとする点もメストリンと同じである。しかし彼の主張の核心は聖書における預言の解釈である。すなわち彼は旧約聖書にある『ダニエル書』の「四本の角」のエピソードから，最後の審判の前に天体運行を変え，時を変え，神を欺いて自ら最後の審判を免れ，世界に君臨しようとする悪魔「四番目の角」こそが教皇グレゴリウスであるとする。時を変える改暦は反キリストの世界を現出しようとする教皇の策略であり，その反対闘争は『黙示録』にある悪魔との戦いであり，プロテスタントは決してそれに屈してはならない，というのである。メストリンもプリーニンゲンの主張を引き継ぎ，ダニエルの予言を元に，「一番目の角」とされるコンスタンティヌスから教皇への授権から数えて1290年後の1606年こそ世界の終末であるとし，今回の改暦は終末に向けて時を変えようとする反キリストの企てであると申し立てた[17]。これらオジアンダー，メストリン，ロエスリンの反対意見は，1583年中にそれぞれ仕えるプロテスタント等族に具申されたほか，他の反対表明者とともに8枚つづりのパンフレットとして，翌年出版業者ヨハン・シュピース（1540頃-1623）によりハイデルベルクで出版され，反改暦の牧師を通じてプロテスタント信者に広まっていった。一方，当初容認側であった聖職者のケムニッツらは等族に対する具申を控えてしまう。こうしてプファルツ選帝侯を通じて反対意見のみを伝えられたザクセン選帝侯は，意見の不統一を理由として皇帝に拒絶の回答を与えたのである[18]。

　これと並行して，改暦反対論をより通俗的な形に変えて発信する試

---

17) Ibid., 47-50, 56-60
18) Kaltenbrunner(1877), 522, Stieve(1880), 92

みも行われた。この立場を農民の不満に仮託したのが、同じ1584年に公刊された『農民の会話』(Bauerngespraech) である。ザクセンの牧師フューガー (Kaspar Fueger, 1521-92) が執筆したと推定されるこの8枚綴りのパンフレットは、改暦に伴うさまざまな混乱（祝祭日の設定、農事の時期、年貢の納期、市の開催、法令施行日、生活のサイクル、等々）をボヘミアの2人の農民が対話形式で語る筋立てである。そしてその混乱は、教皇が最後の審判を免れるために、神を欺こうとして時を変え、改暦に及んだためであるという話に及び、教皇が「反キリスト」であると結論する。これに対しプロテスタント等族は、北欧諸国やイングランド、スイス人と共に改暦阻止に立ち上がり、一度受け入れてしまったカトリック等族も、混乱が起きて廃止するだろうと述べている。「お上」の正当化に話が及んでいるように、内容は農民自身の主張ではなく、知的エリートが想像する農民の立場を反映させたものであるため、誇張も見られ、農民ではなくむしろ都市民にかかわる問題も盛り込まれているが、霊魂の救済にかかわる複雑な論理には無関心なプロテスタント信者にも受け止めやすい内容になっている点に特徴がある。先述のオジアンダーもまたこれに類する内容の『農民の嘆き』(Bauernklage) を執筆し、さらに改暦反対を訴える『暦の歌』(Kalenderlied) なる歌を創作したと推定されている。『暦の歌』は改暦によって帝国を他の国から引き離し、交通や商売に損害を与え、異なる宗派の共存を破壊し、内乱を引き起こさせる教皇の計略であるとうたい、こうした計略に屈せず、ルターの教えに従って旧暦を守ろうと呼びかける歌である。これらの歌は1583年には説教やビラの形で一部の都市に流出していたらしく、後述の改暦紛争下のアウクスブルクではすでに歌われていたという[19]。

キリスト者にとって祝祭日のプログラムでもあり、それ自体宗教的権威を持つ暦の変更は、プロパガンダの世界だけではなく、実際の生活面においても社会のあらゆる階層、特に日単位で生活している都市民に衝撃と不便さを感じさせたと思われる。その現実をプロテスタント側のプロパガンダを通じて把握するのは不可能であるが、比較的円滑に改暦が

---

19) Stieve(1880), 29-30, 54-55, 60-63, 70. 活字メディアを補完する歌の重要性については、蝶野立彦「16〜17世紀ドイツのメディアと公論」(若尾祐司・井上茂子編『ドイツ文化史入門——16世紀から現代まで』) 153 参照。

実現したオーストリアのカトリック神父で，改暦問題の擁護者でもあったヨハン・ラッシュ（1540-1612）も，1583年10月の改暦に当たっては，臣民の間でかなりの動揺があり，人々は人生を10日失うことになると恐れたと伝えている[20]。

この状況の中で発生したのが，アウクスブルクやレーゲンスブルクの騒擾である。有名な1584年6月4日のアウクスブルク市民の騒擾については永田諒一氏の研究に詳しいので，ここでは略述に留めるが，1583年1月から改暦導入を決定したカトリック優勢の市参事会に対し，ルター派の牧師と市民が帝国最高法院に改暦差し止めを提訴したことに起因する。彼らはオジアンダーと行動を共にするテュービンゲン大学のヘーアブラントから，新暦は教皇からそれを導入した先々で対立を引き起こさせるために与えられた「トロイの木馬」であり，決して受け入れてはならない，と書簡で激励され，市民に改暦拒否を呼びかけていた。彼らの請求が帝国最高法院により却下されると，ルター派教会監督のゲオルク・ミュラー（1548-1607）はじめ改暦反対を唱える説教師たちは市参事会に退去を命じられる。その直後，社会経済的危機に晒された手工業者数千人が改暦反対を唱えて暴動を起こし，武器庫やイエズス会学院を襲い，市庁舎の前で参事会の傭兵と小競り合いになり，説教師たちの説得で辛うじてその場は収まる。しかしなおも改暦反対派は一部のプロテスタント諸侯の後押しを得て，解決のために派遣された皇帝代理の調停を拒絶し，その多くが追放されてウルムに亡命することになった[21]。

しかしそれは，神学者や数学者のプロパガンダがプロテスタント領邦の臣民に広く拡大して彼らの宗派アイデンティティを形成し，それが等族を動かして改暦反対に走らせたということでは必ずしもない。なぜなら臣民による抗議はアウクスブルクのような帝国自由都市を中心とする局部的な動きに留まり，等族もそうした動きが目立ち始めた1583年後半には改暦反対の立場を固めていたからである。この段階ではメストリ

---

20) Koller(2007), 234-238

21) Kaltenbrunner, Augsburger Kalenderstreit, in : Mitteilungen des Instituts fuer Oesterreichische Geschichtsforschung 1(1880), 517-528, Stieve(1880),66-67, Roeck(1989), 125-140, 永田 (2004), 178-192。

ンら改暦反対派の知的エリートによる助言が直接等族に行われるのと並行して，ルター派神学者のネットワークを通じて発せられた説教やパンフレットによるプロパガンダが，その影響を受け易いアウクスブルクなどの都市で局部的に臣民の不服従を促していた。従ってこの両方の動きが，同時並行的にプロテスタント等族を帝国レベルでの改暦拒否へと導いたと考えるほうが合理的である。改暦で動揺する臣民のうち，プロパガンダの影響を受けやすい一部の都市民が帝国最高法院への訴訟などの行動を起こし，その影響が拡大することを懸念した等族側が先手を打ったのだろう[22]。さしあたり等族の態度は意見の不統一を理由にした拒絶だったが，アウクスブルクの事件はこの懸念を証明することになってしまった。

　プロテスタント等族の間でも，改暦拒否に関する彼ら固有の動機は皆無ではなかった。初めからグレゴリウス暦を拒絶したヘッセン＝カッセル方伯が挙げた，教皇の改暦権に対する拒否反応がそれである。方伯自身天文学のファンであり，新暦が旧暦に比べ自然現象により適合することを知っていたから，彼の反対理由は最初からルターが『公会議について』で主張する教皇の改暦権否定であった。しかし当初ヘッセン＝カッセル方伯はプロテスタント等族内でも少数派で，領袖のザクセン選帝侯ら大勢は旧暦の不正確さや新旧両暦の並存で生じる問題を予想し，改暦に柔軟姿勢を取っていた。その状況を見る限り，変更それ自体に対して等族は臣民に比べ柔軟であったように思われる。むしろルター派知識人による等族の宗派的アイデンティティへの働きかけと，臣民の不安や不便さに乗じたプロパガンダによって促され，生み出された局部的な紛争の両方が，帝国における彼らの態度を決定したといえるだろう。暦を宗派的アイデンティティと見る合意が，領邦単位の枠組みではなく，個々の領邦を超えたプロテスタント同士のコミュニケーションの中で形作られ，それがプロテスタント等族の一致した改暦拒否を生み出したのであ

---

[22] 16世紀後半のプロテスタント都市では，神学者がさまざまなメディアを通じてそのテオクラティックな言説を下方拡大させ，住民を抗議行動に駆り立てて，帝国政治にも影響を与える事態が発生した。蝶野「近世ドイツにおける神学者の権力と『言説・メディアの力』」（井内敏夫編著『ヨーロッパ史のなかのエリート――生成・機能・限界』太陽出版，2007年），238-260。

る。

　プロテスタント等族の改暦拒否は，そのまま新暦を導入したカトリック等族との両暦並存状態をもたらした。これに対しカトリック側でプロテスタントの新暦批判に反論したものはさほど多くない。改暦直後にはプロテスタント側が最も忌避する「トリエント公会議に基づく教皇の改暦権」を掲げ，ハシバミの木が新暦導入に合わせて花を咲かせたなどという奇跡譚を持ち出して反論する者もいたが，カトリック側では改暦を宗派や教皇権と切り離し，専ら世俗的権力が世俗的必要に基づいて改暦を正当化すればよいという見解が大勢であった。新暦が旧暦よりもはるかに天体運行に合致し，ズレが少ないという有利さがこうした自信をもたらしたのだろう。教皇が掲げたトリエント公会議の権威を切り離し，世俗権力による決定として新暦を導入したフランスやネーデルラントの例を知っている彼らは，いずれプロテスタント等族も新暦を導入するだろうと楽観視していた[23]。

　しかし改暦拒否が宗派的アイデンティティとなってプロテスタント全体を縛るようになってしまうと，その見方は覆らざるを得ない。このため1580年代後半になってカトリック側の反論が本格的に展開された。マインツのイエズス会士ヨハン・ブゼウス（1547–1611）の1585年の反論や，ユーバーリンゲンの司祭ヤーコプ・ホルンシュタインによる1596年の反論は，プロテスタントの改暦非難が教皇の意図の勝手な憶測に基づいた中傷であり，彼らは反教皇主義から，天体運行に合致し世俗の営みにおいても便利な新暦を採用することができないだけであると断じた[24]。中でも教皇の改暦委員会の中心人物であり，一貫して新暦の原案であるリリウス案の支持者であったバンベルク出身のイエズス会士クリストフ・クラヴィウス（Christoph Clavius 1538–1612）が1588年に著した大著『テュービンゲン大学の数学者であるゲッピンゲンのミヒャエル・メストリンに対するわれわれの新ローマ暦に関する弁明』（Novi calendarii Romani apologia adversus Michaelem Maestlinum Geppingensem in Tuebigensi Academia ematicum）は，論点を神学論争から引き離す役割を果たした。400頁にわたるこの著作の詳細をここで紹

---

23) Stieve (1880), 63-64
24) Ibid., 83-85

介することは出来ないが，クラヴィウスはここで天体運行と暦を一致させるにはいかにすべきかという問題に絞る。彼はプトレマイオスやコペルニクスの著作に基づいた天体運行（特に太陽と月の運行）の複雑なサイクルを徹底的に説明し，いずれを採っても聖書にある祝祭日をそれに合わせることの困難さを提示した上で，メストリンの批判の一つであった，新暦に依然として残る天体運行とのズレの問題について，不均等な天体運行のサイクルの中では，平均値を取ることがズレを最小限に抑える最善の方法であると述べた。彼の議論はプロテスタント側の神学論争的な批判には一切とりあわず，聖書を実証のベースに置くという点を除けば，自然現象との整合性だけを扱う存在論的な立場を貫いている[25]。彼はさらに 1603 年，『グレゴリウス 13 世によって定められたるローマ暦の解説』(Romani calendarii a Gregorio XIII restituti explicatio) を著し，新暦制定の経緯を詳細に公開し，新暦がその当時の天文学の水準では最善の選択であったことを再度強調した。彼によって新暦制定の経緯が公開され，「教皇の陰謀」説が成り立たなくなったためか，これ以後改暦を巡る論争熱は徐々に冷め，プロテスタント側ではライプツィヒの聖トーマス教会カントルのゼート・カルヴィッツ (1556-1615) が 1612 年に著した改暦批判，カトリック側では 1616 年にイエズス会士パウル・ギュルダン (1577-1643) が行ったそれへの反論を最後に，改暦を巡る論争は自然消滅する[26]。以後神聖ローマ帝国では，この論争の産物である両暦並存状態だけが残され，長期にわたって固定化することになる。

　両派の議論から明らかなのは，カトリック側とプロテスタント側で議論のベースが異なり，特にプロテスタント側はそれが一貫していないという点である。双方共に暦を信仰問題として捉えることでは共通しているが，カトリック側はできるだけ祝祭日が自然現象である天体運行に合致した暦を目指し，その論証を以て自らの正当化の根拠とした。この存在論的な立場は「神が自然現象を司る」というスコラ的観念によるものだろう。これに対してプロテスタント側には，祝祭日を人間の良心や現世での営みの問題として捉え，自然現象との合致をあえて求めない認識

---

25) Christophus Clavius, Novi Calendarii Romani Apologia, Kessinger Publishing, Kila(U. S.), 2010

26) Stieve (1880), 85-86

論的な立場と，逆にグレゴリウス暦が天体運行に完全に合致していない点を批判し，それを克服した固有の新暦を作るべきだという存在論的な立場の両方がある。しかもこの矛盾する立場は，それが一人の人格に同居しているメストリンのように，個人単位でも解決されていない。教皇の改暦権に対する批判についても，霊魂の救済に対する影響や教会法上の適法性を論じるような内容ではなく，預言や憶測による断罪が中心で，アウクスブルク宗派体制の危機という政治的主張が前面に立ち，神学論争としての体裁すら整っているとは言いがたい。

　要するにプロテスタント神学者や数学者の改暦反対論は，アウクスブルク宗派体制の防衛という目的に向けられたプロパガンダの色彩が強い。それにもかかわらずその言説は，数年のうちに臣民や等族を巻き込んで改暦拒否に向けるだけの力を持っていた。そこには単純化・象徴化されたアイデンティティに基づく宗派的枠組みのバランスによって辛うじて統一が保たれ，その一角が崩れると全体が動揺してしまう16世紀神聖ローマ帝国の脆弱さが露呈している。こうした状況下では，皇帝ルドルフが意図したような宗派と政治の分離による暦の統一は不可能だった。ただし暦が領邦ごとに選択可能なものではなく，プロテスタント等族全体を拘束したところに，領邦単位では完結しない神聖ローマ帝国の宗派的特徴を見ることができるだろう。

4　プロテスタント知識人の改暦運動

　神聖ローマ帝国に出現した新旧両暦の並存は，暦の持つ意味の中で信仰を優先するプロテスタントの意向を反映したものであった。しかしそれは帝国，特に中小領邦の分布する西部・中部ドイツの商人たちには不便極まりない状況を生み出した。16世紀末の時点ではユリウス暦とグレゴリウス暦の日付のズレは10日にすぎないが，市の開催日や年貢の納期など当時の社会生活における期日は，日付ではなく祝祭日を基準にしていたため，祝祭日を移動させる月の満ち欠けの周期によって期日のズレは絶えず変動し，1606年のように最大5週間ものズレが生じるこ

5 良心の問題か現実の必要か

ともあったからである[27]。従ってこれに対する苦情は，少数意見ながら抗議書の形で領邦や帝国議会に提出され続けた。暦についても「宗派体制化」の動きとそれに反発する動きの両方が存在したのである。

こうした中でプロテスタントの中には新暦に対する態度を変える知識人も徐々に現れ始める。オーストリアのルター派牧師フォルマー (Markus Volmar) は，1583年当初，皇帝の名で出されようと，一度改暦を受け入れればそれは反キリストの教皇の下に降り，神に対して過ちを犯すことになるとオーストリアの領邦等族に警告していた。しかしやがてその主張を変え，1587年にはプロテスタントの三つの共同体にグレゴリウス暦の導入を勧めるにいたる。これを批判する改暦反対派に対し，彼は1592年に執筆した『最近の改暦紛争に関するより明確な説明の提示』(Vorbot Einer lauterner klerung dess newen Calenderstreits) なるパンフレットで，自身の立場を表明した。すなわち当初彼は，最初導入された形での暦には，霊魂の毒となる付加物が教皇によって付加されていたために反対したが，皇帝ルドルフが教会か世俗かに関係なく，宗派の異なるハプスブルク世襲領全体に改暦を施行し，臣民に広く受け入れられてからは，これがルターの教えの通り，世俗の権力（オーブリヒカイト）によって定められ，守られるべき政治的・世俗的な処置であることを確信するようになった，というのである[28]。ここには宗派的な正当性（ルターの言説）との妥協を図りつつも，聖俗を越えて臣民に広く受け入れられた事実に基づく経験知への信頼を見ることができる。

さらに1597年，自身ルター派でありながら，プロテスタント等族の中心的な助言者であったメストリンに対し論争を挑む数学者が出現した。この時代を代表するケプラー (Johannes Kepler 1571-1630) がそれである。かつてテュービンゲン大学でメストリンに師事したこともあるケプラーは，当時グラーツ大学で数学の教鞭を取っていた。彼はデンマーク王に仕えるルター派の数学者ティコ・ブラーエ（1546-1601）との意見交換の中で，天体運行の非循環性のために天体と完全に一致した復活祭の設定を不可能と認めると共に，ユリウス暦よりもグレゴリウス

---

27) Hermann Grotefend, Taschenbuch der Zeitrechnung des deutschen Mittelalters und der Neuzeit, (hg.v.Juergen Asch), Hannover 1982 (13.Aufl.), 152-153, 202-203
28) Koller (2007), 245-246

暦の方が，はるかに実際の天体の運行に即していることを受け入れ，メストリンと論争するに至ったのである。

　ケプラーによれば，改暦は累代の数学者たちが求め，他ならぬルターも望んだことであるにもかかわらず，現状の神聖ローマ帝国は両暦並存状態であり，そのためキリスト教徒の間で時間体系が分裂し，帝国は孤立している。プロテスタント等族はすでに教皇による改暦命令を20年近く拒んできたのであるから，改めて改暦を実施したからといって，教皇の改暦権を認めたことにはならない。すなわち等族たちがお抱えの数学者たちの助言を得て，プロテスタント等族会議でしかるべき決議を得，それを皇帝に具申し，皇帝の名で純粋に政治的な問題として公布すれば，それは教皇教書ではなく，その数学者の助言に賛同したに過ぎない（Si moneretur Imperator, et promulgaret edictum mere politicum, habito prius Evangelicorum consilio : principles autem singulj colligerent suffragia suorum Mathematicorum : sic approbatretur non Gregorij Bulla, sed illius ematic consilium），という[29]。

　ケプラーが暦の選定に際して，両暦並存の不便さという現世の問題を重視し，それを天体運行観測と周期計算によって解決しようとしているのは明らかで，ここには経験知の枠内で問題を処理しようとする態度が読み取れる。仮に彼の場合にも自然の動きを神の営為とするスコラ的思想がその認識の底流に存在するとしても，クラヴィウスの場合と同じくそれは表面には現れていない。

　また皇帝を暦に関する宗派を超えた政治的権威とし，その下に宗派団体であるプロテスタント等族会議を実質的な決定権者と位置づけ，経験知のエキスパートである数学者をその助言者とする彼の提案は，政治的角度から捉えると，やはり経験知のエキスパートである顧問団の助言を得た帝国等族が，さまざまなレベルの等族会議で決定し，皇帝の名で公布されるアウクスブルク宗派体制の下での一般的な帝国立法と軌を一にする。1583年に皇帝ルドルフがプロテスタント等族会議や帝国代表者会議を通じて試み，挫折した帝国全体への統一的な新暦導入計画も，これと同様の方向を目指すものであった。この点はのちに行われたプロテ

29）　Koller (2007), 244-245, Aufgebauer(2009), 385-386

スタント等族の自主的な改暦とは違う点である。

　メストリンは結局ケプラーの説を受け入れず，プロテスタント等族もほとんど無反応であったが，皇帝はケプラーの構想を支持した。彼は1599年，皇帝ルドルフ2世の専属数学者となったブラーエの助手としてプラハに移住し，1601年にはブラーエの後を継いで皇帝の専属数学者となる。さらにルドルフ2世の後継者であり引き続きケプラーを召抱えた皇帝マティアスは，1613年レーゲンスブルクで開催された帝国議会において改暦問題を議題の一つに定める。ケプラーは『ローマ皇帝陛下が暦制に関し，アウクスブルク信仰告白の三選帝侯に対して有益に通達させるべきこと』と題する専門意見を作成し，社会生活の便宜のために暦の統一が必要なこと，ヨーロッパの多数の国がすでに新暦を導入していることを挙げ，プロテスタント等族がお抱えの数学者の助言を受け，その結果を受けて皇帝が政治的な勅令として改暦を発令すればよいと提案する。ここでも以前の意見が繰り返されると共に，数学者たちが経験知に基づいた判断を下すだろうという確信が示されている。彼は自らもレーゲンスブルクに赴き，この意見を補うプレゼンテーションを行おうとした。

　しかしユーリヒ継承問題（1610-14）を巡って皇帝とプロテスタント等族が激しく対立するこの帝国議会で，皇帝使節がこの議題を諸部会で持ち出す機会はほとんどなく，ケプラーがプレゼンテーションを行ったという記録もない。旧暦が宗派の政治的シンボルと化し，プロテスタント諸邦の安定と連帯に不可欠という合意が支配する中で，経験知のエキスパートに活躍の場はなかった[30]。皇帝がプロテスタント等族の合意の下で新暦を公布するという構想はこれが最後になるが，彼の提案が多くの者の記憶に留められたことはのちの展開が示している。

5　プロテスタント領邦における改暦の実現

　ケプラーの挫折を以て，両暦並存は長い停滞と膠着の時代に入る。こ

30）　Koller(2007), 243-244, Aufgebauer(2009), 387-388

の5年後に「三十年戦争」が勃発し,プロテスタント等族を広く統合して改暦問題の意思決定機関となり得たプロテスタント等族会議が,皇帝やカトリック諸侯との直接交渉を持たなくなった結果,ケプラーの構想は不可能になったからである。この間にも両暦並存の不便に関する抗議書が,当時皇帝とプロテスタント等族を仲介しうる数少ない場である選帝侯会議や諸侯会議に提出され,カトリック等族がそれに言及することがあったが,プロテスタント等族の反対で審議されることはなかった。しかし改暦を巡る神学論争の消滅を背景として,改暦反対の核心は宗派から政治にますます移っていく。1641年のレーゲンスブルク帝国議会の選帝侯部会では,ケルン選帝侯がこの件に言及して,産業や商業にも,また多くのことについても役立つとし,統一暦の審議を促した。これに対してプロテスタントの選帝侯は,教皇の首位権を認めることはできないという従来の主張を繰り返した上で,改暦は宗派問題であるが故に,信仰告白の中で単純な臣民を惑乱させることになってしまうと述べ,仮に「識見優れ熟達した数学者たちにこの作業がゆだねられ,集まって必要に応じてこの作業を熟考し,1年の時間を正しく切りそろえ,計算し,一つの結論に調整し,それを皇帝陛下と帝国等族の査閲に供し,賛同し,公布させる」(verstaendigen vnd erfahrnen Astronomis das wreck aufgetragen wuerde, die sich zusammen theten, daselbe der nothdurfft nach pondierten, die tempora annorem recht supputirten calculirten, sich eines Schlusses verglichen, vnd denselben Ihrer Key. Mt. vnd den Reichs Staenden zur censur, adprobation vnd publication vbergeben) のであれば合意する用意がある,と述べる。しかし同時にそれを近い将来に実施するのは不可能である,として拒否したのである[31]。

　ここには依然として暦が宗派問題であるとされ,教皇の改暦権を認めないという建前は維持されている。しかし旧暦を宗派的良心の証明と見なし,あるいは改暦に教皇の政治的策略を見る議論はもはやない。「産業や商業にも,また多くのことについても役に立つ」点を認めながら,プロテスタント等族が懸念しているのは,相変わらず改暦による臣民の動揺であり,そうした問題がなければケプラーの提案と同様の手続きに

---

31) Koller(2007), 248-249

よって暦の統一を図ることが可能だが，それは現状では不可能という判断に立っている。つまり等族の間では，宗派的アイデンティティを守る手続きはすでにケプラー案の線に定まっており，政治的な事なかれ主義がその障害になっているのである。帝国議会では1654年と1666年にも改暦問題が議事に上ったが，いずれも見送られている[32]。

このような状況下で登場したのが，中部ドイツ出身のフォイクト（Johann Heinrich Voigt 1613-91）やヴァイゲル（Erhard Weigel 1625-99）など新世代の数学者である。彼らはいずれも三十年戦争の中に青年期を過ごし，戦火に追われて移住しながら前者はエアフルト，後者はハレとライプツィヒで数学・天文学を学んだ。エルベ川河口付近のグリュックシュタットのギムナジウム教師となったフォイクトは，1672年に『暦に関する調整を提案し，旧形式と新形式を統一したレオポルト帝国暦』なる改暦案を発表する。そこで彼は「我々ヨーロッパ人，ドイツ人，なかんずく我々キリスト教徒は，聖なる言葉を得た神の民であり，多くの偉大な技を熟知し，考案し，自らマイスターと名乗るにもかかわらず，以下の事に対して恥じるだろうし，また恥じなければならない。すなわち自分の時間と祝祭日の換算の正しさを誇る外国人たち，ドイツ人以外の諸国民，ユダヤ人や異教徒，トルコ人や蛮族が，（中略）我々を馬鹿にして嘲るのである（So selbst muegen, ja muessen, wir Europaeer, wir Germanen, ja wir Christen, die wir Gottes Volk sein, dessen heiliges Wort haben, und die wir uns viel und grosser Kuenste wolerfahren, duencken und Meistere nennen lassen, Uns ja schaemen, dass auslaendische Nationen, Unteutsche Voelkker, Juden und Heyden, Tuercken und barbaren, sich einer sicheren Richtigkeit iher Zeit- und FestRechnung ruehmen, und Uns (…) beschimpfen und bespotten solten)」と訴え，暦の統一の必要性を主張した。ここではすでに宗派的アイデンティティ自体が問題にならず，暦の統一は「技」（Kuenste）に長けたドイツ人あるいはキリスト教徒の名誉の問題となっている。もっともギムナジウム教師にすぎず，等族に助言する立場になかったフォイクトの提言は，彼らの取り上げるところとはならなかった[33]。

---

32) Aufgebauer(2009), 388
33) Koller(2007), 249

市井の数学者であったフォイクトと異なってアカデミズムの中で暦の統一を目指し，それによって転換をもたらしたのが，プーフェンドルフやライプニッツも師事したヴァイゲルである。彼は1652年にライプツィヒ大学で博士論文『創生における時間について』(De tempore in genere) を執筆し，翌年ザクセン＝ヴァイマル公領のイェーナ大学の数学教授となったが，1664年に著作『時間の鏡──神聖ローマ帝国において切望される時間の統一性に対するささやかな提案と共に』(Zeit-Spiegel, sampt einem zu der im Heiligen Roemischen Reich hoechstgewuenschten Zeit-Einigkeit unmassgeblichen Vorschlag) を著し，1663年以来常設化したレーゲンスブルクの帝国議会，すなわち永久帝国議会 (Immererwaehrender Reichstag) に働きかけ，同年のうちに帝国全体の統一暦作成問題を議題とさせることに成功する。しかし何人かのプロテスタント等族が，これは少なくとも間接的には (indirekt) 宗教問題であるため，カトリックに有利な多数決で議決すべきではないという，ヴェストファーレン条約に拠った反対理由を述べたので，可決には至らなかった[34]。

　ヴァイゲルはその後暫くこの問題から遠ざかっていたが，1680年代初頭に至って統一暦を実現する新たな構想を立てる。すなわち彼自ら帝国全域から宗派や領邦を超えて20人の数学者を集め，その学術的成果の問題を討論する「学術助言者協会」(Collegium Artis Consultorum) をニュルンベルクに設置し，その専門意見を直接帝国議会に提供して改暦の実現を働きかけていくことである。これは一見ケプラーの構想に近く，ヴァイゲルもこの構想を参考にしたと思われるが，相違点もある。すなわちケプラーの構想ではプロテスタント等族が経験知のエキスパートから意見を聴取し，それに基づいて改暦を決議し，皇帝の名で公布するとなっていたのに対して，ヴァイゲルの構想は経験知のエキスパート自身が独立のアソシエーションを結成し，帝国議会内のプロテスタント等族使節会議 (Consulum der Evangelischen gesandten bey dem Reichs=Convent) に直接ロビー活動を行うのである。こうすればプロテスタント領邦で強い発言権を持つ聖職者の影響を相対化し，改暦を経験

---

34) Aufgebauer(2009), 388-389

知のみに基づいた問題意識の下で扱うことができる。これは外国，とりわけ 1675 年にグリニッジ天文台を設置したイギリスの「王立協会」に倣った提案であろう。

　ヴァイゲルはこの「学術助言者協会」の構想を帝国各地の数学者に呼びかけ，10 年ほどかけて多くの賛同者を得ることができた。改暦問題に直接関わるプロテスタント領邦からは，アルトドルフ大学のヨハン・クリストフ・シュトゥルム（1635-1703）やレーゲンスブルクの都市数学官ヨハネス・メイアー（1651-1719），そして彼と同じイェーナ大学からは若手のゲオルク・アルブレヒト・ハンブルガー（1662-1716）が帝国議会へのプレゼンテーションを申し出た。ヴァイゲルはハノーファー選帝侯の数学者であったかつての弟子ライプニッツにも協力を求めたが，これは拒否される。彼は「学術助言者協会」のような在野のアソシエーションには懐疑的であり，学術には領邦権力の庇護が不可欠と考え，自らはブランデンブルク選帝侯に公的な学術協会（のちのプロイセン王立アカデミー）の設立を働きかけていた。彼はブランデンブルク単独で新暦を導入し，この学術協会が暦の専売権を獲得して協会の運営費を捻出する計画を立てていたのである。またザクセンでは，1697 年に選帝侯フリードリヒ＝アウグスト 2 世がカトリックに改宗し，グレゴリウス暦に倣った独自の新暦を導入していた。プロテスタントの二大領邦であるブランデンブルクとザクセンはすでに国家単独の改暦に向かって動きつつあり，プロテスタント等族共同の改暦には関心を払わなくなっていた[35]。

　それにもかかわらずヴァイゲルの「学術助言者協会」は，1700 年からの改暦を目指して精力的にプログラムを設計し，1697 年 6 月皇帝レオポルト 1 世から設立の裁可を得て，帝国議会への働きかけを開始した。「学術助言者協会」の案は，グレゴリウス暦に倣った新暦を作成し，最初の改暦から 1 世紀の間に生じた分も含め，1699 年 11 月 16 日を以て同 11 月 27 日とし，翌 1700 年の閏年は実施しないことで，グレゴリウス暦に合わせるというものである。ヴァイゲル自身 70 歳を超える老軀を押して 1697 年，1698 年と続けてレーゲンスブルクに赴き，個々の

---

35) Ibid., 389-390

プロテスタント等族使節を訪れてこの案を説明した。その結果1698年10月14日，プロテスタント等族使節会議の席に招かれた彼は，正式に改暦を提案することになる。

しかし各領邦のプロテスタント聖職者の反対のために，合意の取り付けは難航した。ヴァイゲルは1699年2月再び帝国議会を訪れてロビー活動を展開するが，翌月その地で客死する。しかしハンブルガーら「学術助言者協会」のメンバーはヴァイゲルの遺志を継いで折衝を続け，改暦予定の期日が差し迫った1699年9月23日，プロテスタント等族使節会議は遂に7条項からなる改暦決議を可決した。その内容は以下の通りである。

① 1700年2月18日を以て3月1日とする。
② 復活祭日確定はグレゴリウス暦ではなく正確な天文学的計算（calcurus astronomicus）に従って行う。
③ 新暦はグレゴリウス暦ではなく「改定暦」（Verbesserter Calender）と呼ぶ。
④ プロテスタントの数学者は（今回改暦を導入しない）スウェーデンの数学者と連絡を保ち，同国の改暦を促す。
⑤ 今回数学者の計算に基づいて採用される暦は，これまで天文学で提示されている予測事項を含まない。
⑥ 諸領邦の改定暦の受け入れにあたっては，この等族使節会議の決議が根拠とされる。
⑦ この決議は，1699年のクリスマス前の日曜日にすべてのプロテスタント領邦において公布される。

②と③は言うまでもなく聖職者の批判に対する妥協であり，②の「正確な天文学的計算」として採用されたのは，ルター派のケプラーが1627年に発表した「ルドルフ星表」（Tabulae Rudolphinae Astronomicae）であった。暦の名称と宗教面での運用方法に変更を加え，あくまでもグレゴリウス暦とは別の暦としての建前を貫くことによって，ようやく帝国レベルでの暦の機能的「統一」が果たされたのである。また今回の改暦はプロテスタント等族使節会議の決議に依拠するもので，皇帝に上覧して発布させる手続きはない。つまり完全にプロテスタント等族の責任においてなされた立法であった。改暦の動きはこれ

に留まらず，18世紀後半になると改定暦を採用する領邦も次々とこれを廃止し，完全なグレゴリウス暦に移行する。もはや宗派的連帯を喪失した諸領邦は，これを「領邦高権」に属する問題として処理し，互いに歩調をそろえることはなかった[36]。

おわりに

　以上プロテスタント側に重点を置いて，発生から事実上終結するまでの改暦紛争を略述してきたが，この雑駁な一瞥によっても，アウクスブルク宗派体制下の神聖ローマ帝国と知の関係の変化を見ることができる。1582年のグレゴリウス暦公布によって，帝国のプロテスタントは，自然を神意の現れと見，それに基づいて最高の技術的成果を誇示するカトリックの挑戦を受けた。等族の合意に基づいて皇帝が立法権威を行使する帝国国制の下で，大勢のプロテスタント等族が改暦への流れに取り込まれる。これに対し教皇教書に刺激された改暦反対派は，「カトリック教会のアウクスブルク宗派体制に対する攻撃」という構図を作り，専門意見，出版物，説教などのコミュニケーション手段を通じて等族や臣民の宗派的アイデンティティを刺激し，宗派的枠組みのバランスに立脚した脆弱な当時の帝国国制を揺さぶり，帝国全体での改暦を阻止した。改暦論争では，預言や憶測に基づく改暦反対派の言説は経験知に依拠するクラヴィウスら改暦派に軽く扱われ，ケプラーのように自宗派もまとめきれない状況であったが，改暦紛争では宗派的アイデンティティの形成途上にあった等族や臣民の支持を得ることによって，ひとまず政治的目的を達したのである。

　しかし17世紀に入り両暦併存が膠着化すると，暦が持つ宗派の政治的シンボルとしての意味は風化し，政治的マナリズムが露呈するようになる。この「化石化」した状態の暦の両宗派体制を打開したのは，ケプラーの時代にはなかったもの，すなわち経験知のエキスパートたる数学者のアソシエーションであった。これと照応するように政治制度面で

---

36) Ibid., 391-392

も，等族の諮問段階で聖職者との「泥仕合」が起きやすい従来の帝国議会に代わって，常設化された等族の使節会議「永久帝国議会」が成立し，経験知のエキスパートが直接帝国の機関にアプローチできる状況が生まれていた。神聖ローマ帝国ではこの両者が揃って，はじめて経験知が形式知を押さえ政治を規定する力になり得たのである。

　少なくとも暦に関しては，神聖ローマ帝国における経験知の学術的勝利は，すでに17世紀初めに確定的だった。それにもかかわらず改暦の実現が17世紀末にずれ込んだのは，知の変化を受け止める政治のシステムに原因がある。改暦反対の動機が民衆の「惑乱」に対する恐怖であったように，諸身分・諸団体の連合体の性格が濃厚であった神聖ローマ帝国では，それら全体における知の勢力比と政治の距離が近く，形式知と経験知の力関係はその政治的実現と寄り添っていた。それが経験知の政治的勝利を遅らせる結果となったのである。しかしそれでも帝国は知の一般的変化に決して逆行したわけではない。一般に帝国の政治的合意形成は，領邦による分裂の進行のために時代を下るほど困難になったと理解されているが，暦を通して見る限りむしろ合理化され，容易になったとすら言えるのである。

第Ⅱ部

テクストの時間意識

1

音楽と時間意識

―― カロリング時代の音楽書にみられるリズムとテンポ ――

西 間 木　真

　セビリャのイシドルスは『語源』(627頃-636) 第3巻「音楽 (De musica)」において，音楽の語源をムーサたちの名に求めた上で，時間とともに消失してしまう音の性質にふれている[1]。

> 「彼女たちの音 (sonus) は感覚的なものであるため「時間 (tempus)」の経過とともに失せてしまい，記憶に刻まれる。……人間の記憶にとどめられなければ，音は消え失せてしまう。なぜならば書きとめられないからである。」

　中世ヨーロッパではおそらく9世紀から，音あるいは旋律を書きとめるさまざまな方法が試みられるようになった。しかし12世紀以前の史料で楽譜として現在まで残されているものは，ほぼすべて修道院あるいは教会内で唱えられた単旋律ラテン語典礼唱であり，日常の歌謡や器楽作品は伝えられていない。典礼唱にしても，楽譜は見る人がすでにその旋律をほぼ完全に記憶に留めていることを前提として書かれており（カラオケのように），通常は口頭で伝達され，暗譜で唱えられた。未知のレ

---

1) Isid. etym., III (Lindsay, xv 2 ; Gasparro / Guillaumin, p. 55, xiv 2). ムーサの逸話はアウグスティヌス『秩序』第2巻14章41による。なお本稿で紹介する音楽書のラテン語原文はすべてウェブ上のデータベース *Thesaurus musicarum latinarum* (http://www.chmtl.indiana.edu/tml/start.html) で閲覧できるため省略する。音楽書の略号とエディションのレファレンスは，*Lexicon musicum latinum medii aevi* を参照 (http://www.lml.badw.de)。

パートリーを伝える場合は，ノトケルの『カール大帝伝』にあるように，旋律に通じた歌手が招聘されたり，習得の任を受けたものが派遣された[2]。そのため1年間に唱えられる典礼唱の習得には，少なからぬ時間を要した。

リヨンのアゴバルドゥス（769頃-840）は『アンティフォナリウムについて（De antiphonario)』の中で，多くの者が「幼少の頃から白髪の老年にいたるまでの人生におけるすべての歳月を」典礼唱の習得に費やし「より有益で霊的な学習」のための時間を浪費していると嘆いている[3]。『音楽についての対話（Dialogus de musica)』（1000頃）に後に序文として添えられるようになった『熱心に頼むので（Petistis obnixe)』（1000頃）の著者は，従来の歌手たちが，歌唱法とそのレパートリーの学習に50年もの年月を費やしていることを揶揄している[4]。アモルバッハのティエリーがフルリー修道院規則（1010-1018?）の中で，第一歌手（precentor）には幼少の頃からその修道院で育ち，典礼唱のレパートリーと音楽についての知識を備えた者がふさわしい，と記している背景にはそうした事情があった[5]。

西欧音楽史の上で音の高さ（音高）を書き表す方法は，譜線記譜法の普及によって12世紀までにほぼ定着する。一方，音の「時間的な長さ（音価)」と「時間的な組織づけ（リズム)」を表記する体系は，13世紀に北フランスの都市部で誕生したモード記譜法とそれに続く計量記譜法によって確立された[6]。しかしそれ以前から，旋律における音の微妙な

---

2) Noтк., I 10（國原吉之助訳『カロルス大帝伝』筑摩書房，1988年，p. 71-73）. Cf. S. Rankin, "Ways of Telling Stories", in *Essays on Medieval Music in Honour of David G. Hughes*, ed. G. M. Boone, Cambridge, Mass., 1995, p. 371-394.

3) Cf. L. van Acker (ed.), *Agobardi Lugdunensis Opera omnia*, Turnhout, 1981, p. 350.

4) Cf. M. Huglo, "Der Prolog des Odo zugeschriebenen *Dialogus de Musica*", *Archiv für Musikwissenschaft*, 28 (1971), p. 134-146, part. p. 138 [repr. in: M. Huglo, *La théorie de la musique antique et médiévale*, Aldershot, 2005].

5) A. Davril (ed., trans.), *L'Abbaye de Fleury en l'an mil*, Paris, 2004, p. 180-181, n. 42. Cf. A. Davril, E. Palazzo, *La vie des moines au temps des grandes abbayes Xe-XIIIe siècles*, Paris, 2000, p. 51-53.

6) 14世紀前半にパリの数学者，天文学者ミュールのヨハンネスは『音楽学の知識（*Notitia artis musicae*)』（1321）の中で時間と音の関係について「... 楽音（vox）は，運動（motus）から生みだされる。継続（successio）に属する種であるためである。そのため為されると存在するが，為されてしまうと存在しない。継続は，運動がなければ存在しない。「時

長短や緩急のニュアンス(節回し,こぶし)はさまざまな方法で楽譜の中に書き込まれた[7]。本稿では,音の長さやリズム,その結果として生じるテンポに音楽上の「時間意識」が表出していると仮定して,西欧音楽理論の生成期であるカロリング時代にそれらがどのように論じられたのかたどってみたい[8]。

1 音楽分類におけるリズム論

古代ギリシア以来「リズム」は,韻律と並び詩句分析の基本要素とされていた[9]。しかし文法上の長短の規則ではなく,耳の感覚的な判断と言葉に表出された数比関係に則っていたため,理数系4科目の「音楽学(musica)」に分類されることもあった[10]。カッシオドルスは『綱要』(556-562?)の中で「音楽学(musica)」を「和声学(harmonica)」「リズム学(rithmica)」「韻律学(metrica)」に分類し,セビリャのイシド

間(tempus)」は,不可分的に運動に由来する。従って楽音は,時間によって計量されなければならない。つまり時間は,運動の尺度(mensura)である。しかしここでは「拍(tempus)」は,継続した運動から生みだされる楽音の尺度である」と述べている。IOH.MUR.not.(CSM 17, p. 65-66).

7) Cf. D. Hiley, *Western Plainchant. A Handbook*, Oxford, 1993, p. 373-385 ; N. Phillips, "Notationen und Notationslehren von Boethius bis zum 12. Jahrhundert", in *Die Lehre von einstimmigen Liturgischen Gesang*, Darmstadt, 2000, p. 353-368 (*Geschichte der Musiktheorie*, 4).

8) Cf. W. G. Waite, *The Rhythm of Twelfth-Century Polyphony. Its Theory and Practice*, New Haven, 1954, p. 35-36 ; J. W. A. Vollaerts, *Rhythmic Proportions in Early Medieval Ecclesiastical Chant*, Leiden, 1960, p. 195-204.

9) Cf. L. Pearson (ed., trans.), *Aristoxenus. Elementa rhythmica. The Fragment of Book II and the Additional Evidence for Aristoxenean Rhythmic Theory*, Oxford, 1990 ; M. L. West, *Ancient Greek Music*, Oxford, 1992, p. 129-159.

10) Cf. R. Crocker, "*Musica rhythmica* and *Musica metrica* in Antique and Medieval Theory", *Journal of Music Theory*, 2 (1958), p. 2-23 [repr. in: R. Crocker, *Studies in Medieval Music Theory and the Early Sequence*, Aldershot, 1997] ; W. Seidel, "Rhythmus / numerus", *Handwörterbuch der musikalischen Terminologie*, Wiesbaden, 1980 ; J. Stevens, *Words and Music in the Middle Ages. Song, Narrative, Dance and Drama, 1050-1350*, Cambridge, 1986, p. 413-423 ; E. Sanders, "Rithmus", in *Essays on Medieval Music in Honour of David G. Hughes*, ed. G. M. Boone, Cambridge, Mass., 1995, p. 415-440 [repr. in: E. Sanders, *French and English Polyphony of the 13th and 14th Centuries*, Aldershot, 1998] ; P. Bourgain, "Les théories du passage du mètre au rythme d'après les textes", in *Poesia dell'alto medioevo europeo. Manoscritti, lingua e musica dei ritmi latini*, dir. Fr. Stella, Firenze, 2000, p. 25-42.

ルスもそれにならった[11]。カロリング時代にこの分類は，レオム修道院（Saint-Jean de Réôme）の修道士アウレリアヌス（Aurelianus）の『音楽学（*Musica disciplina*）』（876-877 頃）に受け継がれた。

アウレリアヌスは，ボエティウスに従って「音楽」を 3 種類，つまり「天体の音楽」「人間の音楽」「楽器の音楽」に分類した上で，「人間の音楽」を構成する要素としてカッシオドルスの 3 分類を挙げている[12]。

「ここまで音楽の分類について論じ，音楽には 3 種類，つまり天体のもの，人間のもの，そして数々の楽器によるものがあると述べた。さて「人間の音楽」の構成要素について創造主の助けを得て，能う限り解説しよう。それには三つ，つまり和声学（armonica），リズム学（rithmica），韻律学（metrica）がある。」

「人間の音楽」は，ボエティウスによると理性を肉体に結びつけ，理性的なものと非理性的なものからなる魂を秩序づけるミクロコスモスの音楽であり，耳で知覚される人間の発声や歌唱は通常含まれない[13]。「人間の音楽」の中に人間の声，詩歌に関わる科目を数えるのは，バーバラ・ハーグによるとアウレリアヌス独自の考えである[14]。

アウレリアヌスは和声学を定義した上で，リズム学と韻律学を説明している[15]。

---

11) CASSIOD., inst., II, v, 5（Mynors, p. 144；田子多律子訳『中世思想原典集成 5 後期ラテン教父』平凡社，1993 年，p. 390）. ISID. etym. III（Lindsay xviii；Gasparro / Guillaumin, p. 60, xvii）.

12) AURELIAN. IV（CSM 21, p. 67, 1-2）. Cf. J. Ponte (trans.), *Aurélian of Réôme (ca. 843). The Discipline of Music (Musica disciplina)*, Colorado Springs, 1968, p. 11-12；Stevens, *Words and Music*, p. 378；M. Walter, *Grundlagen der Musik des Mittelalters. Schrift, Zeit, Raum*, Stuttgart, 1994, p. 106-107.

13) BOETH. mus., I ii（Friedlein, p. 188-189）= AURELIAN., III（CSM 21, p. 65-66）. Cf. Bower (trans.), *Boethius, Foundamentals of Music*, New Haven, 1989, p. 10, n. 39-42.

14) B. Haggh, "Aurelian's Library", in *Papers Read at the 9th Meeting Cantus planus. Esztergom-Visegrad, 1998*, Budapest, 2001, p. 271-300, part. p. 278.

15) AURELIAN. IV（CSM 21, p. 67, 3-7）. 詩のリズム分析における「アンブロシウスの詩歌」については，F. J. E. Raby, *A History of Christian Latin Poetry*, Oxford, 1953, p. 28-43, part. p. 33；D. Norberg, *Au seuil du moyen âge: Études linguistiques, metriques et litteraires*, Padua, 1974, p. 135- 49；M.E. Fassler, "The Role of the Parisian Sequence in the Evolution on Notre-Dame Polyphony", *Speculum*, 62（1987）, p. 345-374, part. p. 345 n. 5 等を参照。

「リズム学（rithmica）は，言葉の対峙，つまり音が良くあるいは悪く結合しているかどうかを探求するものである。リズム（rithmus）は，韻律学と同類であるようにみられるが，言葉を調子に従って構成したもの（modulata verborum compositio）であり，熟考された韻律の規則性（ratio）によってではなく，アンブロシウスの詩歌（carmen）の大部分のように，音節の数と耳による判断によって識別される。例えば

  Rex aeterne domine [‾ ‾‾˅ ˅˅˅]，
  Rerum creator omnium [‾‾ ˅‾˅ ‾˅˅]

は，イアンボスの韻律にならって作られている。しかしいかなる脚韻も考慮されておらず，単にリズムの調子（modulatio）にあてはめられているだけである。韻律の知識をさわりあるいは多少でも持ち合わせている人であれば，この件に関する私の説明を認めることができるだろう。実際，韻律は調子のある規則性（ratio）であるのに対し，リズムは規則性の無い調子であり，音節の数によって識別される。」

この一節はベーダ（673-735）『韻律学（*De arte metrica*）』第 24 章の流用だが，同様の定義がヴィクトリヌスやアウダクスなど古代末の文法書にみられる[16]。ここで「規則性」と訳した ratio は，ジョン・スティーヴンスによると，詩脚の規則的な組合わせ，あるいは構造を意味する[17]。一方，modulatio は，リズムが問題になる場合はアウグスティヌスにみられるように「時間と間隔の広がりを保ち，数比に則って動かされるもの（quidquid numerose servatis temporum atque intervallorum

---

 16) Keil, VII, p. 258-259 ; CCSL 123A, p. 138, l. 10-13 ; Kendall（ed., trans.）, p. 160. Cf. Victorinus（Keil, VI, p. 206-207）; Audax（VII, p. 331-332）, etc. Cf. Sanders, "Rithmus", p. 416-419. パピアス（Papias）のラテン語辞典（11 世紀）では「リズム学（rithmica）」は「音楽学の一部で，音が良くあるいは悪く関係づけられているかどうか，言葉の拮抗（incursio）を探求するもの（Rithmica pars musicae est quae requirit incursionem verborum utrum bene sonus an male cohereat）」（cf. BnF, lat. 7609, f. 208ra）と定義されている。
 17) Stevens, *Words and Music*, p. 418.

dimensionibus movetur)」をおそらく意味する（時間の広がりは音長，間隔の広がりは音程を指す）[18]。

アウレリウスは6種類の協和音程（consonantia）を説明する前に再度，和声学とともにリズム学，韻律学を定義している[19]。

> 「リズム学（rithmica）では，旋律（modulatio）が言葉と適切に対峙するように，つまり言葉の規則性（ratio）に反して歌の声が（cantilenae vox）不適切に形成されないように注意が払われる。韻律学（metrica）では，詩歌を形成する韻律のそれぞれの種が示される。またいずれの韻律も，寸法（音量 mensura）を測定する適切な比によって区別される。」

アウレリアヌスの『音楽学』は，ルイ敬虔王とつながりの深いレオム修道院長（位843?-856頃?），後にオータン司教（位856-861）（その後リヨン大司教?）となるベルナルドゥス（Bernardus [= Bernus?]）に献呈されている[20]。バーバラ・ハーグによるとアウレリアヌスの時代，レオム修道院はラングル教区ではなくカロリング王室に直属しており，院長の中にはシャルル禿頭王の二人の息子，ロタール（位861?-865）とカルロマン（位868-870）の名がみられる[21]。また後には第4代クリュニー

---

18) AUGUST. mus. I iii 4（原正幸訳『アウグスティヌス著作集3』教文館, 1989, p. 245）. Cf. Stevens, *Words and Music*, p. 418. パピアスは「声の甘美さ，快さ（Modulatio dulcedo suavitas vocis）」と定義している（BnF lat. 7609, f. 136ra）。

19) AURELIAN., VI (CSM 21, p. 70-71, 5-6).

20) そのためガシーは『音楽論』は843-849年頃に書かれたとした. Cf. L. Gushee, *The* Musica disciplina *of Aurelian of Réôme. A Critical Text and Commentary*, Ph. D. diss. Yale University, 1963, p. 11. しかしベルンハルトは，オーセールのヘイリクスの『オーセールの聖ゲルマヌスの秘跡（*Miracula s. Germani Autissiodorensis*）』（876-877頃）が引用されていることから，877以降に書かれた可能性が高いと指摘した. Cf. M. Bernhard, "Textkritisches zu Aurelianus Reomensis", *Musica disciplina*, 40 (1986), p. 49-61, part. p. 60. ハーグは843-856に第1稿が書かれ，859-861にアウレリアヌスの手で改編されたと論じている. Cf. B. Haggh, "Traktat Musica disciplina Aureliana Reomensis. Proweniencja i datowanie", *Muzyka*, 45 (2000), p. 25-79, part. p. 78 ; B. Haggh, M. Huglo, "Réôme, Cluny, Dijon", in *Music in Medieval Europe. Studies in Honour of Bryan Gillingham*, ed. T. Bailey, A. Santosuosso, Aldershot, 2007, p. 49-64, part. p. 50.

21) Haggh / Huglo, "Réôme, Cluny, Dijon", p. 50-52. Cf. Gushee, *Musica disciplina*, p. 9-22.

1　音楽と時間意識

修道院院長マイオルス（位983頃-992年）やディジョンおよびノルマンディーの修道院改革を行ったヴォルピアノのグイレルムス（位992頃-1002年）らが院長位に就いた。こうした背景からアウレリアヌスの『音楽学』は，カロリング時代の音楽教育を反映しているばかりではなく，クリュニーをはじめその後の修道院における教育に受け継がれたと推測される[22]。

　カロリング時代の音楽教育で「リズム」の学習が重視されたことは，シャルルマーニュの宮廷の音楽教師イディトゥン（Idithun）に言及したアルクイヌスの詩からもうかがえる[23]。

　　「イディトゥンは，聖なる旋律で子供たちを指導する。
　　甘美な音を響く声で歌うために。
　　いくつの脚，数（numerus），リズム（rithmus）で音楽が成立しているのかを学ぶように。」

　この詩の中で「数（numerus）」が何を意味するのか明確ではない。アウグスティヌスは『秩序』（386）において，ギリシア語のrythmusはラテン語ではnumerusとよばれると述べている[24]。そのためナンシー・フィリップスはnumerusとrythmusがどちらも「数比（proportions；Proportionen）」を意味すると解釈している[25]。しかしアルクイヌスは『正書法（De orthographia）』において「ギリシア語のrythmusは，ラテン語ではmodulatio」であると定義している[26]。アウグスティヌスは『秩

---

22) Haggh / Huglo, "Réôme, Cluny, Dijon", p. 52-53.
23) Carmen 26 (MGH Poet. lat. I, p. 246, v. 38-40). Cf. M. Huglo, "Le développement du vocabulaire de l'*Ars Musica* à l'époque carolingienne", *Latomus*, 34 (1974), p. 131-151, part., p. 132-133.
24) AUGUST. ord., II xiv 40（清水正照訳『アウグスティヌス著作集1』教文館，1979年, p. 305). Cf. Crocker, "Musica rhythmica", p. 5 n. 10.
25) Cf. N. Phillips, "Classical and Late Latin Sources for Ninth-Century Treatises on Music", in: *Music Theory and Its Sources: Antiquity and the Middle Ages*, ed. A. Barbera, Notre Dame, Ind., 1987, p. 100-135, part. p 124-125 ; *id*., "Notationen und Notationslehren", p. 356.
26) S. Bruni (ed.), *Alcuino. De orthographia*, Firenze, 1997, p. 28, 340: "Rythmus grece, latine modulatio". なおパピアスでは，二つの定義がどちらも採録されている。「ギリシア語でnumerusとよばれる。なぜならばそれでは音節が数えられるからである。あるいはその歌が符号の数でなされる歌それ自体。歌を存在させるその音。言葉が保っているか考察すること

序』の中で，rithmus と modulatio はどちらも numerus（数）によって支配されているとも述べ，3語を区別もしている[27]。文脈から，ここでのnumerus は，詩歌の分析における脚とリズムの間の要素，つまり全体でリズムを形成する個々の脚の数比関係（= numerositas ?）を意味するのではないかと推察される。

2　韻律記号とネウマ記譜法

　アウレリアヌスは上述の「人間の音楽」に関する章の中で「リズム学」に先んじて「和声学」を定義している[28]。

> 「和声学（armonica）は，音において鋭アクセント（アクサン・テギュ）と折アクセント（アクサン・グラーヴ）を識別するもので，次のようなものである。
> 　　A. Ex-　　　　　-clama-　　　-verunt ad te domone
> 　　　Ex- 鋭アクセント　-clama- 和声 -verunt 折アクセント」

　中世において「和声学」は主に二つの楽音間の音程（intervallum）の数比に関する学問であり，カッシオドルスは「音において高いものと低いものを識別する音楽の知識（scientia musica quae decernit in sonis acutum et gravem）」と定義している[29]。アウレリアヌスは，カッシオドルスの定義の最後に「アクセント（accentum）」の一語を加え，音節の強弱の問題に文意を変えている。実際，この定義のすぐ後に挙げられているイントロイトゥスの旋律は Ex-cla-ma-ve-runt（F-C-D-Dab-a）であり，Ex- と -runt はどちらも最高音でも最低音でもなく，また音程比と

……（Rithmus grece, numerus dicitur, quia in eo silabae numerantur, vel ipsa cantilena quae cum numero fit notarum, sonus cantilenae de quo est illud. Memini si verba tenerent. Rithmus grece, latine modulatio）」（cf. BnF, lat. 7609, f. 208ra）．
　27）　AUGUST. ord., II xiv 41（清水訳, p. 305）．
　28）　AURELIAN. IV（CSM 21, p. 67, 2）．
　29）　CASSIOD., inst., II, v, 5（Mynors, p. 144 ; 田子訳, p. 390）．

1　音楽と時間意識　　　　　　　　　129

も関係がない（図1）[30]。そのためジョゼフ・ポンテの指摘通り，ネウマ記譜法の音符（*virga* と *tractulus*）の形をアクセント記号との類似から説明している可能性も考えられる[31]。

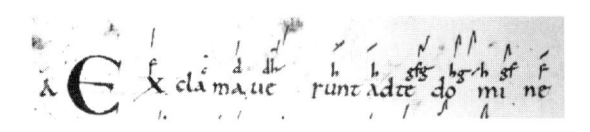

図1. モンプリエ大学医学部図書館H.159, f. 16r（部分）

ラテン語の学習で読まれた文法書や古典文学の写本では，韻律の長短記号やアクセント記号が各音節の上に音符のように書き込まれていることがある[32]。そうした文法上の記号にネウマ記譜法が由来する可能性は，現在否定されている[33]。けれどもヴァチカン教皇庁図書館 Pal. lat. 235 の第3写本（f.36-47）にみられる小論『歌とは何か（*Quid est cantus?*）』（f. 38v）では，音符（nota）が文法上の記号（nota）から説明されている[34]。

---

30)　旋律は，レオム修道院院長でもあったヴォルピアノのグイレルムスが編纂した「ディジョンのトナリウス」（モンプリエ大学医学部図書館 H.159, f. 16r）(*Pal. mus.*, 7-8) を参照（A-P システムから A-G システムに書きかえた）。

31)　J. Ponte（ed., trans.）, *Aureliani Reomensis* Musica disciplina. *A Revised Text, Translation, and Commentary*, Ph. D. diss., Brandeis University, 1961, vol. 3, p. 21.

32)　Cf. Ch. M. Atkinson, "*De accentibus toni oritur nota quae dicitur neuma*: Prosodic Accents, the Accent Theory, and the Paleofrankish Script", in *Essays on Medieval Music in Honor of David G. Hughes*, ed. G. M. Boone, Cambridge, Mass., 1995, p. 17-42 ; *id.*, "Glosses on Music and Grammar and the Advent of Music Writing in the West", in *Western Plainchant in the First Millennium. Studies in the Medieval Liturgy and its Music*, ed. S. Gallagher, *et. al.*, Aldershot, 2003, p. 199-215.

33)　Cf. L. Treitler, "Reading and Singing: On the Genesis of Occidental Music-Writng", *Early Music History*, 4 (1984), p. 135-208, part. p. 184, 186 [repr. in: L. Treitler, *With Voice and Pen. Coming to know Medieval Song and How it was made*, Oxford, 2003, p. 365-428] ; K. Levy, "On the Origin of Neumes", *Early Music History*, 7 (1987), p. 59-90 [repr. in: K. Levy, *Gregorian Chant and the Carolingians*, Princeton, 1998, p. 109-140].

34)　P. Wagner, "Un piccolo trattato sul canto ecclesiastico in un manoscritto del secolo X-XI", *Rassegna Gregoriana*, 3 (1904), p. 481-484 ; *id.*, *Einführung in die Gregorianischen Melodien*, II, *Neumenkunde. Paläographie des liturgiscehn Gesanges*, Leipzig, 1912, p. 355-356; E. M. Bannister, *Monumenti Vaticani di Paleografia musicale latina*, Leipzig, 1913, p. 1-2, n° 1, Tav. 1a [= f. 38v], p. 199, n. 1036.

「歌（cantus）とは何か。
音楽（ars musica）の能力，声の抑揚と節づけ（modulatio）である。
なぜ歌というのか。
歌うこと（canendo），つまり音楽（ars musica）の能力，あるいは声の節づけからである。またその発生と構造は，音調（tonus）のアクセントから，さらに音節の脚から示される。音調のアクセントからは，鋭いもの（acutus）´と重いもの（gravus）`と曲折のもの（circumflex）^に示される。一方，音節の脚からは，短いもの（brevis）と長いもの（longa）に示される。音調（tonus）のアクセントからは「ネウマ（neuma）」とよばれる記号（nota）[行間注：figura] が生み出される。」

この節の最後の一文は，中世のネウマ式記譜法の音符（nota）を neuma と呼んだ最初の文献として知られている[35]。次に単音を示す音符と上昇および下降旋律の音域が説明されている[36]。

「それがもし単一で，かつ短ければ一つの点で表し，長ければのばされる。この点は，3通りのやり方，つまり短いもの˘，重いもの`，下に置かれたもの _ に示される。同様に長いものは3通りのやり方で，のばされたものと鋭いもの，屈折のものに示される。次に，上昇であれ下降であれ，ある場合は二つの音符（nota）で，ある場合は三つで，ある場合は四つあるいは五つあるいは六つで，7番目あるいは8番目の段階（gradus）まで組み合わされる。つま

35）12世紀以前の音楽書において neuma は，通常，広義では「旋律」「メロディー」，狭義では旋律を構成する「楽句」（もしくは「楽節」）を指し，文を構成する「句（pars）」と比較される。Cf. A.-M. Bautier, "A propos des sens de *neuma* et de *nota* en latin médiéval", *Revue belge de Musicologie*, 18 (1964), p. 1-9 ; C. M. Bower, "The Grammatical Model of Musical Understanding in the Middle Ages", in *Hermeneutics and Medieval Culture*, ed. P. J. Gallacher, H. Domico, New York, 1988, p. 133-145 ; K. Desmond, "*Sicut in grammatica*: Analogical Discourse in Chapter 15 of Guido's *Micrologus*", *The Journal of Musicology*, 16 (1998), p. 466-493.

36）Tractus Commovisti: -movisti ; Alleluia Beatus vir sanctus Martinus: Beatus ; Prosa. Alme mundi Rex christi ... valeat falanx nostra: valeat - nostra (cf. *AH* 37, p. 187-188, n° 213). この節の後半にみられる「段階」は，半音と全音で構成される音階上の位置のことであり，上昇旋律では1オクターブ上の音まで上昇でき，下降旋律では6度下の音まで下がれることを意味している。

り *Commovisti* あるいはアレルヤ *Beatus vir sanctus Martinus* のようなものである。下降で引き返す場合は，同じ旋律の歌を通して，5 番目，あるいは補足的に 6 番目の段階（gradus）にいたる。つまり *valeat falanx nostra* のようなものである。」

最後に 2 音あるいは 3 音から構成される音符が，曲例と共に列挙されている[37]。

「結合のものでは，*in his ergo diebus* のように短いものと長いもの，あるいは *Circumdederunt me* のように短いものと流化したもの（liquida）でしばしば生じる。またある場合は，*Tertia dies est* のように重いものと長いものからなり，*Euge serve bone* のように重いものと，のばされたものあるいは曲折のものからなることもある。「振動の（tremula）」とよばれる音符（nota）は，*Ex ore infantium* のように三つの段階から，つまり短いもの二つと鋭いものから構成される。「連結の（coagulata）」とよばれる別の音符（nota）は，*Beati estis sancti dei* のように三つのアクセント，つまり鋭いもの二つと下に置かれたもの（subpositus）で示される。三角形状に置かれている（triangulata）ものは，短いもの三つからなるが，またある場合はそれが三つの段階（gradus）に生じ，*Loquetur dominus* のように，下に置かれたもの（subposita），重いもの，長いものからとられる。」

第 38v 葉欄外に書き込まれた音符の書体から第 3 写本は 11 世紀にドイツで書写されたと考えられるが，この小論そのものは 10 世紀末に成立したと考えられている[38]。ここで問題とされているのは音符の形であ

---

37) A. Ecce nunc tempus ... in his ergo diebus (CAO 2532): in (*virga*) ; In. Circumdederunt me: Cir- (*epiphonus*); Tertia dies est: Ter-, di- (*virga* ?) ; A. Euge serve bone (CAO 2732): Eu- (*torculus*?) ; In. Ex ore infantium: Ex (*quilisma*) ; R. ? Beati estis sancti dei (CAO 1581): es- ? (*climacus* ?) ; In. Loquetur dominus: -que- ? (*scandicus* ?).

38) Cf. RISM B III 2, p. 106-107 ; T. J. Brown, T. W. Mackay (ed.), *Codex Palatinus Latinus 235*, Turnhout, 1988, p. 24-25 [= f. 1-29v] ; K.-J. Sachs, "Anonymi", in *Die Musik in Geschichte und Gegenwrt*, vol. 1, Kassel, 1994, col. 613, n° 67a ; RISM B III 6, p. 577. なおこの

り，長短記号が音の長短に反映されるのかどうかまでは分からない。けれども 11 世紀以降広まったネウマ記譜法の音符一覧の中に，音の長短を区別する音符に言及したものがある[39]。

モンテカッシーノ修道院 Cod. 318, p. 117（11 世紀，ベネヴェント）とフィレンツェ国立図書館 F. III. 565, f. 32v, 100v（12 世紀，フィレンツェ）に書写された音符一覧では，単音符として「鋭アクセント（accentus acutus）」「折アクセント（accentus gravis）」に続いて「短い反響音（反復音?）（percussionalis brevis）」「長い反響音（percussionalis longa）」が挙げられている[40]。他の地域の写本に書かれた音符一覧に percussionalis の語はみられず意味は不明だが，oriscus のような響きを伴う軽い反復音ではないかと思われる。

鋭い音（acutus），重い音（gravis）といった音調のアクセントも，音の長短の問題と無関係ではない。中世を通じて音楽の学習で最も読まれたボエティウス『音楽教程』では，高い音（acutus）は間隔のつまった速い運動（motus）から生じ，低い音（gravis）は緩慢で少ない運動から生じると述べられている[41]。モノコルドゥムを使って音の波動を視覚的に確認することもあった 12 世紀以前の音楽学者は，acutus / gravis という語から音の長短や動きの緩急を想起することもあったろう。

小論は，ヨハンネス・チコニアの『新しい音楽（*Nova musica*）』（1403-1410）第 2 巻 30 章にヒエロニムスからの引用として紹介されている（Ellsworth, p. 298, l. 14- p. 300, l. 11）。Cf. B. Haggh, "Ciconia's Citations in *Nova musica*: New Sources as Biography", in *Citation and Authority in Medieval and Renaissance Musical Culture*, ed. S. Clark, E. E. Leach, Woodbridge, 2005, p. 45-56, part. p. 54.

39) Cf. M. Huglo, "Les noms des neumes et leur origine", *Etudes grégoriennes*, 1 (1954), p. 53-67 [repr. in: M. Huglo, *Théorie de la musique*].

40) M. Bernhard, "Die Überlieferung der Neumennamen in lateinischen Mittelalter", in *Quellen und Studien zur Musiktheorie des Mittelalters*, 2, ed. M. Bernhard, München, 1997, p. 13-91, part. p. 81-84. なおモンテカッシーノ 318 番写本の巻末にみられる音楽語彙集には，記譜法や音の長短，リズムに関する語はみられない。Cf. A. Santosuosso, "The first dictionary of music : the *Vocabularium musicum* of ms Monte Cassino 318", in *Music in Medieval Europe. Studies in Honour of Bryan Gillingham*, ed. T. Bailey, A. Santosuosso, Aldershot, 2007, p. 65-78.

41) BOETH. mus. I iii (Friedlein, p. 190, 21-25).

3 歌唱における音の長短

　12世紀以前のラテン語作家で音の長短とリズムの問題を論じた唯一の人物は，いうまでもなくアウグスティヌスである。アウグスティヌスは『秩序』の中で，音は「時間の確かな幅（certa dimensione temporum）」（音長）と「高音と低音の節度ある多様性（acuminis gravitatisque moderata varietate）」（音程）によって構成されなければ価値がないと指摘した[42]。そして音節の長さの数的な関係と時間的な広がりについて『音楽論（De musica）』（387-388, 391?）の最初の5巻の中で詳しく論じた[43]。

　現存する写本と中世の蔵書目録から，アウグスティヌスの『音楽論』が9世紀には各地の主要な文化拠点で読まれていたことが分かる。しかし12世紀以前の音楽教師の関心はもっぱら音程と旋法の識別にあり，アウグスティヌスの影響はほとんどみとめられない[44]。デー

---

42) AUGUST. ord., II xiv 40（清水訳，p. 305）．

43) カッシオドルスは，アウグスティヌスが『音楽論』によって「人間の声がリズムのある音（rithmici soni）と，長音節と短音節において計ることのできる調和（armonia）をおのずから持ちうることを明らかにした」と評価している（田子訳，p. 394）。最後の第6巻では美的感覚の認識の概念と倫理上の魂の秩序が考察されている。間々田とし子「アウグスティヌスの『音楽論』――知識 scientia としてのムーシカ musica をめぐって」『桐朋学園大学研究紀要』5（1969），p. 56-70；海老沢敏『音楽の思想』音楽之友社，1972年，p. 42-58；原正幸「〈リズム〉と〈時間〉――アウグスティヌス『音楽論』解釈への補遺」『エイコーン：東方キリスト教研究』4（1990年），p. 69-80；河合祥子「アウグスティヌスの『音楽論』――numerus を中心に」『音楽学』39（1993年），p. 193-204；田中香澄「内なる音楽――アウグスティヌスの『音楽論』について」『精神と音楽の交響――西洋音楽美学の流れ』今道友信編，音楽之友社，1997年，p. 77-94；中村雄二郎「魂のリズム論／アウグスティヌス」『精神のフーガ-音楽の相のもとに』小学館，2000年，p. 52-71 など．

44) 中世におけるアウグスティヌス『音楽論』の受容については，N. Phillips, *"Musica" and "Scolica Enchiriadis": The Literary, Theoretical, and Musical Sources*, Ph. D. diss., New York University, 1984, p. 332-345；P. Le Boeuf, "Tradition manuscrite du *De musica* de saint Augustin et son influence sur la pensée et l'esthétique médiévales", *Positions des thèses de l'Ecole nationale des chartes*, Paris, 1986, p. 107-115；M. Bernhard, "Überlieferung und Fortleben der antiken lateinischen Musiktheorie im Mittelalter", in *Rezeption des antiken Fachs im Mittelalter*, Darmstadt, 1990, p. 7-35, part. p. 14-18（*Geschichte der Musiktheorie*, 3）；W. Frobenius, "Methoden und Hilfsmittel mittelalterlicher Musiktheorie und ihr Vokabular", in *Méthodes et instruments du travail intellectuel au moyen âge. Etudes sur le vocabulaire*, ed. O. Weijers, Turnhout, 1990, p. 121-136,

タベース Thesaurus musicarum latinarum によると 12 世紀以前の音楽書でアウグスティヌスの名前に言及しているのは，『入門の手引き (Scolica enchiriadis)』第 2 部 (900 以前) および『音楽における諸問題 (Quaestiones in musica)』 (1100 頃) におけるその引用，サンスのオドランヌス (Odorannus, 975 頃-1046 頃) のトナリウス，『祝福されたアウグスティヌスは (Beatus Augustinus)』 (11 世紀?) の 4 書にすぎない[45]。このほかボエティウス『音楽教程 (De institione musica)』の注釈に，アウグスティヌスに言及したものが少なくても一点ある[46]。しかしいずれも音楽理論とは直接関係の無い道徳論に関するレファレンスにすぎない。

けれどもカロリング時代の少なくとも 2 冊の音楽書で，アウグスティヌスにならって典礼唱における音の長短の問題に取り組んでいる。『入門の手引き (Scolica enchiriadis)』第 1 部 (900 以前) は音階と旋法識別の初歩を教師と生徒の対話形式で平明に説明したものだが，巻末で「数比に則って歌うこと (numerose canere)」について説明している[47]。

「生徒：「数比に則って歌う (numerose canere)」とは何ですか？
教師：どこで延ばされた音長 (morulae) が，どこで短くされたものが用いられなければならないのかが注意されることである。短い音節はどの程度短く発し，長いものはどの程度かが注意される

---

part. p. 126-127 ; Phillips, "Classical and Late Latin Sources", p.120-126 ; M. Jacobsson, *Aurelius Augustinus, De musica liber VI*, Stockholm, 2002, p. xxx-lx 等を参照。

45) SCOL. ENCH. II (Schmid, p. 114) = QUAEST. MUS. (Steglich, p. 75) [*ord.* II xiv 41-xv 42]; ODOR. SEN. (Huglo / Duchez, p. 200) [*trin.* I iii 5] ; ANON. GERBERT (*GS* 1, p. 151a ; Bernhard, p. 33) [*en. Ps.* XVIII ii 1].

46) M. Bernhard, C. Bower (ed.), *Glossa maior*, I, München, 1993, p. 338, 226, 6.

47) SCOL. ENCH. I (Schmit, p. 86-87, 384-395). Cf. Vollaerts, *Rhythmic Proportions*, p. 205-208 ; R. L. Holladay, *The Musica and Scholia enchiriadis. A Translation and Commentary*, Ph.D. diss., The Ohio State University, 1977 ; R. Erickson (trans.), *Musica Enchiriadis and Scolica Enchiriadis*, New Haven, 1995. numerose については，Phillips, *"Musica" and "Scolica Enchiriadis"*, p. 333 et n. 16 ; N. Phillips, M. Huglo, "Le *De musica* de saint Augustin et l'organisation de la durée musicale du IXe au XIIe siècle", *Recherches augustiniennes*, 20 (1985), p. 117-131, part. p. 119-120 [repr. in: M. Huglo, *Théorie de la musique*] を参照。この一節は『音楽における諸問題 (*Quaestiones in Musica*)』 (c. 1100) でそのまま引用されている (Steglich, p. 60, l. 6 - p. 62, l. 4)。

が，それと同じようにどの音が延ばされ，どれが縮められなければならないのかが注意されなければならない。そうすれば長いものと長くないものが適切に対峙され，ちょうど韻律の脚のように歌（cantilena）は刻まれるようになる（plaudere）。

……

E-go sum vi-a　　ve-ri-tas et vi-ta　　al-le-lu-ia al-le-lu-ia
この3つの節（membris）では最後だけが長く，残りは短い。このように「数比に則って歌う（numerose canere）」とは，一定の音長（morulae）を長い音と短い音で計る（metiri）ことであり，場所によって必要以上に引き延ばしたり，縮めたりせずに，韻律分析（scansio）の規則の下に声をとどめ，はじまりと同じ「音長（mora）」で旋律が終えられるようにすることである。」

曲例として挙げられているアンティフォナ *Ego sum via*（*CAO* 2602: CL）は，ハンス・シュミットのエディションではダシア記譜法に加えて，via, vita および2番目の alleluia 各語の最後の母音 -a の上に長音記号 ‾ が，それ以外の音節には短音記号 ˘ が添えられている[48]。しかしシュミットが基にしている34写本のうち長短記号がついているのは，デュッセルドルフ大学州立図書館 K3: H3, f. 4r（ヴェルデン修道院，9世紀）とミュンヒェン，バイエルン州立図書館 Clm 18914, f. 14r（テゲルンゼー修道院，11世紀）の2写本のみであり，どちらも長音記号は各節 paenultima の2音目から引かれている（図2）[49]。

そのため延ばされる「最後」の音が1音なのかあるいは2音なのか，著者の意図は分からない[50]。

---

48) Schmid, p. 87. Erickson, *Musica Enchiriadis*, p. 51 では各節最後の音符のみ2分音符，他は4分音符で表されている。

49) Cf. E. Jammers, *Tafeln zur Neumenschrift*, Tutzing, 1965, p. 63 [= München, f. 14r]；D. Torkewitz, *Das älteste Dokment zur Entstehung der abendländischen Mehrstimmigkeit*, Stuttgart, 1999, p. 56-57 [= Düsseldolf, f. 4r].

50) membrum の意味は，P. Bourgain, "Le vocabulaire technique de la poésie rythmique", *Archivium latinitatis medii aevi*, 51 （1992-93），p. 139-193, part.p. 158, 160, 166 を参照。なおこの詩行の各音節の長短は Ego (˘ ˘) sum (‾) via (˘ ˘) veritas (˘ ‾ ˘) et (‾) vita (˘ ‾) alleluia (‾ ‾ ˘ ˘) alleluia (‾ ‾ ‾ ‾) であり，韻律と旋律各音の長短は一致しない。Cf. Phillips / Huglo, "*De musica* de saint Augustin", p. 123.

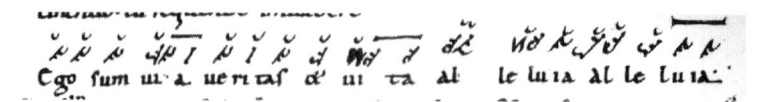

図2. ミュンヒェン，バイエルン州立図書館 Clm 18914, f. 14r（部分）

ダシア記譜法を用いて実践的な旋法論を展開した『旋法と詩編唱についての短い覚え書き（*Commemoratio brevis de tonis et psalmis modulandis*）』(900頃) では，音の「均等性／等しさ（aequitas）」についてやはり最後に説明している[51]。

> 「最後に何よりも歌（cantilena）は，細心の均等性（aequalitas）をもって発せられるようにより注意を払わなければならない。
> …………
> 短いものはいずれも長いものにふさわしい程にたっぷりであってはならないし，長いものは短いものにふさわしい程，不確かな不均等性によってせかせか揺すられてはならない。実際，区切り（distinctio）──聖歌では，そこにも同様の注意が払われなければならないが──をのぞいて，長いものはすべて均等に長くなければならず，短いものは短さにおいてそうでなければならない。長いものはすべて，長くないものに対して数比に則って（numerose）適切な音長（morula）で対峙しなければならないし，ある聖歌は全体が，速度の同じ歩み（eodem celeritatis tenore）で最後から最後まで達成されなければならない。」

aequitas もアウグスティヌス『音楽論』のキーワードだが，12世紀以前の音楽書でこの語を用いているのは『覚え書き』のみであり，しかも

---

51) COMM. BR.（Schmit, p. 175, 288-289 ; p. 176, 299-305). Cf. T. Bailey (ed., trans.), *Commemoratio brevis de tonis et psalmis modulandis*, Ottawa, 1979 ; K. Schlager, "Ars cantandi-ars componendi. Texte und Kommentare zum Vortrag und zur Fügung des mittelalterlichen Chorals", in : *Die Lehre von einstimmigen Liturgischen Gesang*, Darmstadt, 2000, p. 217-292, part. p. 221-225（*Geschichte der Musiktheorie*, 4). なおボエティウスは，協和音程を生み出す要素として「不等性（inaequalis）」について論じている。Cf. BOETH. mus. I iv (Friedlein, p. 191-192).

ギリシア語の rithmus, ラテン語の numerus の同義語として用いられている[52]。

> 「歌唱における均等性（aequalitas）は，ギリシア語では rithmus, ラテン語では numerus とよばれる。なぜならばすべての旋律は，韻律のやり方で注意深く計量されなければならないからである。」

　一定の長さを基準とした長い音と短い音を「均等に」歌うために，『覚え書き』では子供に「歌いながら足か手，あるいは何か別のものを鳴らして数（numerus）を教える」こと，つまり「拍（tempus）」をとらせることを薦めている[53]。上述の『手引き』からの引用において，曲例の前にみられる動詞 plaudere は手を上下させて韻律上の長短を視覚的に示す動作のことであり，アウグスティヌスも音の長さを計る方法として『音楽論』の中で説明している[54]。
　しかし同時に『手引き』では，音の長さを一定に保つだけではなく曲の途中で音の長さあるいはテンポに変化をつける方法も説明されている[55]。

> 「変化をつけるために音長（mora）を変えたい，つまりはじまりあるいは終わりのあたりで流れをゆるめたり，あおったりしてみたいと思うことがあれば，それを 2 の倍数，つまり延ばされた音長を 2 分の 1 の短さで，あるいは短縮されたものを 2 倍の長さで行いなさい。」

　そして再びアンティフォナ Ego sum via が，最初は短い音で，次に長い音で，最後にもう一度短い音で，（ナンシー・フィリップスによればア

---

52) COMM. BR. (Schmit, p. 177, 351-352). Cf. M. Bernhard (dir.), *Lexicon musicum latinum medii aevi*, fasc. 1, München, 1992, col. 53-54 ; Phillips "Notationen", p. 359 n. 137.
53) COMM. BR. (Schmit, p. 177, 352-357).
54) AUGUST. mus. II xiii 24 （原訳 , p. 317, 326-327）. Cf. Waite, *Rhythm of Twelfth-Century*, p. 31-32 ; Vollaerts, *Rhythmic Proportions*, p. 209 ; Phillips, *Musica et scolica enchiriadis*, p. 541 ; Phillips / Huglo, "*De musica* de saint Augustin", p. 124 ; Desmond, p. 492-493.
55) SCOL. ENCH. I (Schmit, p. 87, 395-398).

ウグスティヌスを模倣して）3回歌われる[56]。音の長さを変える場合，韻律の長短と同じように2の倍数にするように指示されているため，2回目は，各音1回目の倍の長さ，全体で2分の1のテンポで歌うことが意図されていると考えられる。しかしこの例では，フレーズの出だしあるいは終わりでどのように音長を変えるのかは分からない。

『覚え書き』ではより具体的に，アップテンポの歌ではフレーズの最初と最後で音を延ばし，逆にスローな曲ではテンポを上げ気味にするように指示されている[57]。

> 「しかしこうした原則をふまえた上で，速く歌われる聖歌では，終止のあたり，場合によっては冒頭のあたりにおいても，幾分長い音長（mora）で旋律が延ばされなければならないし，また重々しく歌われる聖歌は，幾分快活なやり方で終えられなければならない。…………
> その際，一方が他方に対して常に2の倍数で上回り，それ以上でもそれ以下でも無いようにしなければならない。」

ここでもまた音長の変更が2倍あるいは2分の1の長さに限定されているが，実際の典礼唱でそのように極端にテンポが変えられることはなかったのではないかと思う[58]。いずれにせよ音長の変更が問題とされるのは，楽句（neuma）あるいは楽節（distinctio）の最後の音あるいは部分と，それに続く次の楽句あるいは楽節のはじまりの音あるいは部分だけであり，各楽句あるいは楽節内における各音の微妙な長短のニュアンスはここでは言及されていない[59]。

このように音の長さを一定に保つのは言うまでもなく，交唱であれ応唱であれ複数人が同時に歌う際に，たての線をそろえて声を一つにまと

---

56) Phillips, *"Musica" and "Scolica Enchiriadis"*, p. 337 ; Phillips / Huglo, *"De musica* de saint Augustin", p. 121-123.
57) COMM. BR.（Schmit, p. 176, 305-311）.
58) 四分音符と二分音符だけで歌われる童謡（『チューリップ』や『ちょうちょう』など）を考えると分かりやすいかもしれない。
59) Phillips / Huglo, *"De musica* de saint Augustin", p. 124

めるため，そして旋律の受け渡しをスムーズに繰り返すためである[60]。

> 「数比に則って（numerose）歌っている間は，一方は別の人よりも大なり小なり延びたり，短くなったりしないようにし，多数の声が一つの口からであるかのように聞こえるようにしなさい。また同様に，数比に則って（numerositas）交互に歌ったり応えて歌う場合，音長（mora）の協和（concordia）が，音の協和におとらず守られなければならない。
> …………
> 音長（mora）の調和は，後に続けられるべきものが同じ音長によって応じる場合，もしくは適切な理由から2倍の長さあるいは2分の1の短さの音長によって応じる場合に生じる。」

『覚え書き』でも同様に，一緒に歌う人と調子を合わせるように教えられている[61]。

> 「いかなる旋律（neuma）あるいは音（sonus）も，一瞬たりとも不格好に延ばされたり縮められてはならず，また例えばレスポンソリウムやその他などでは，一つの聖歌の中で無頓着に先の者よりもだらだらと歌い始められてはならない。
> …………
> 何らかの歌を歌い，一方が他方によって応じられる際に，双方が「遅さ（morositas）」について同一のやり方を守り，一方が他方よりも引きずりがちであったり，速く歌うことがないようにしなければならない。」

こうした最初歩の注意事項がわざわざ一番最後に記されているのは，両書とも年少者の歌唱教育を念頭に著されたものだからであろう。結

---

60) SCOL. ENCH. I（Schmit, p. 88-89, 407-411, 413-415）.
61) COMM. BR.（Schmit, p. 176, 296-299, 311-313）.『音楽入門（*Musica enchiriadis*）』では「遅さ（morositas）」をポリフォニーで歌う場合の特徴としている。MUS. ENCH.（Schmid, p. 38, l. 15）

局,「数比に則った」「均等」な歌唱についての理論は子供の「リズム教育」の一環であり, 従って当時の典礼唱にそのまま当てはめることはおそらくできない。『音楽入門 (*Musica enchiriadis*)』の理論を展開させたいわゆる『パリのオルガヌム論』(10-11 世紀) では, 少なくてもオルガヌムについては, リズム学の原則が当てはまらないと注意している[62]。

> 「短い音と長い音を区別するために「点 (punctus)」< ˙ > と「<横向きの> コンマ (<iacentis> virgula)」< ˉ > を置く。とはいえこの種の旋律は上述の通り低くかつ重々しい遅くなければならず, リズム学 (rithmica) の比 (ratio) はそこにみとめられ得ない。」

4 終わりに:音楽家と時間

『入門についての手引き』の著者は一番最後に, ふさわしい音の長さあるいはテンポは, 旋律の構造からすぐに分かる (!) だけではなく, 時間や状況から判断されると述べている[63]。

> 「どのような音長 (mora) がこの旋律やあの旋律にふさわしいのか, この旋律はより速く歌われるのがふさわしく, あの旋律はよりゆっくり発せられると美しくなるといったことにも注意しなければならない。旋律の構造から, 軽快なフレーズで構成されているのか, あるいは重々しいものなのかは (levibus gravibusve neumis) すぐに見極められる。従って少なくても時 (tempus) や場所 (locus), あるいは何らかの外的な要因によって生じた事情に従った場合にのみ, 音長をそれぞれの旋律に適した, ふさわしいものとして示すことができ, またその高さ (altitudo) を音長に合致した, 明るく (apertis) 快いフレーズをもつものとして示すことができる。」

---

62) ORG. Paris (Waeltner, p. 74, l. 21-24).
63) SCOL. ENCH. I (Schmit, p. 89, 419-426). Holladay, *Musica and Scholia enchiriadis*, p. 137 は, "levibus gravibusve neumis" を上昇, 下降, つまり音高を意味すると解釈している。

アウグスティヌスは，いかに優れた演奏であってもその場や状況に適さなければ「正しく（bene）」演奏されたとはいえないと述べている[64]。典礼唱を題材としたカロリング時代の音楽書では，それが典礼行事の季節や時刻／時間（hora），礼拝堂内外で歌われる場所や状況というより限定された意味をもつことが『覚え書き』からうかがわれる[65]。

> 「さらにまた，詩編あるいは別の何らかの旋律は，状況（causa）や時間（tempus）に応じて，歌い手の少ない多いに従って，高くあるいは低く歌われなければならず，どの時間の聖歌がどのような高さで歌われる（modulare）のが適当なのかといったことにも無関心であってはならない。つまり朝課では夜の礼拝よりも喜びに満ちたより高い調べによって，一方，夜課はいわば思慮深く，節度を保って執り行われなければならない。」

中世の修道院において歌手（cantor）は，その日に唱えられる典礼唱レパートリーの決定だけではなく，子供の歌唱訓練，独唱者の選出，司書（armarius）として典礼書をはじめとする蔵書の管理など典礼行事の執行に関わるすべての任務を負っていた[66]。アルノ・ボルストは暦算法の確立に貢献した天文学者として多数の音楽教師を挙げているが，典礼を執行するために季節や時間の枠組みとなる教会暦についての知識も当然要求されたと推察される[67]。

以上，カロリング時代の音楽書にも，音の長短の区別やそれに伴うリズムやテンポに関する記述がみられることが分かった。しかしアウグスティヌスのように音の長さを「時間（tempus）」の概念から説明したり，13世紀以降のように「拍（tempus）」を基準として音価を計量しているものはみあたらない。また音の長さについては韻律やアクセントに関する用語が流用され，その持続（mora / morula）の量は longus - brevis,

---

64) AUGUST. mus. I iii 4（原訳, p. 245-246）.
65) COMM. BR.（Schmit, p. 176, 320-325）. Cf. Phillips / Huglo, "*De musica* de saint Augustin", p. 125.
66) M. E. Fassler, "The Office of the Cantor in Early Western Monastic Rules and Customaries: A Preliminary Investigation", *Early Music History*, 5 (1985), p. 29-51.
67) A. ボルスト『中世の時と暦』津山拓也訳，八坂書房，2010年。

productus - correptus, diu - non diu といった形容詞およびその比較級で表されている（13世紀の音楽書のように longa - brevis と名詞化はされていない）。さらに音長とその結果として生じるテンポが区別されずに，同一現象としてとらえられていることが分かった[68]。

一方，リズム教育の原則はともかく，典礼唱の音の長短とリズムはどのようなものなのか，各曲の各フレーズの長短をどのように知るのか，その具体的な手がかりはみあたらない。結局，そうしたことはクインティリアヌスが『弁論家の教育』で述べているように，口頭で教えられ，書き残されなかったのであろう[69]。

「読むさいにどこで息をつぐべきか，詩の一行をどこで切るべきか，意味上の終わりはどこで，また始まりどこからか，いつ声を高めたり低めたりすべきか，どんな語句にそれぞれの抑揚がふさわしいか，何をゆっくりと，何を速く，何を力強く，何を穏やかに読むべきか，こうしたことは実際に読んでみせないかぎり，子供には理解することができません。」

---

68) Cf. W. Frobenius, "Longa-brevis", *Handwörterbuch der musikalischen Terminologie*, Wiesbaden, 1973, p. 2a.

69) QUINTILIANUS, I viii 1（森谷宇一他訳『弁論家の教育1』京都大学学術出版会, 2005年, p. 102). Cf. GUIDO. micr. XV 21(CSM 4, p. 167)

2

人生の四時期
——オジル・デ・カダルスとフィリップ・ド・ノヴァールの場合——

瀬 戸 直 彦

　時間は人間のために作られているのであり，人間が時間のために作られているのではない。フランソワ・ラブレーの『ガルガンチュアとパンタグリュエル物語Ⅰ』（41 章）にみられる重要な一節である。安息日についての『マルコ伝』（2–27）におけるイエスの発言をもじったものらしい。じっさいに人が生きる時間と計測される時間，言いかえると主観的な時間と客観的な時間は別であるとする考えは，当然ながら昔から存在した。

　そして，そのような主観的時間を，再帰する季節に結びつけようとする試み，人生を 1 年における 4 つの時期，すなわち春夏秋冬にわけて，人間の一生を自然の季節の変化になぞらえるという考えは古来からあった。ミクロコスモス（小宇宙）としての人と，マクロコスモス（大宇宙）としての自然，ちいさな人間と流れゆく大自然を対応させるのは，現代のわれわれにも納得がいかないわけではない。人生を 20 年ずつ四つの時期に分けて幼年期・青年期・壮年期・老年期に対応させ，それぞれの時代における人間の身の処しかたを説いた著作としては，フランスの中世においてフィリップ・ド・ノヴァールの『人生の四時期』（1265 年ころ）が有名であろう。中世の俗語で書かれたモラリストの作品は，ラテン語の原典があって，それを換骨奪胎しただけのものが多いが，これには原典というべきものはなく作者の体験にもとづいた独自の考えが表明されている。

　いっぽうオジル・デ・カダルスというトルバドゥール（中世南フラン

スの抒情詩人）の作品（13世紀あるいは12世紀後半か）では，その第Ⅲ詩節において，男が女性に言い寄るのに一日のうちのいつが適当なのか，女性の年齢別に論じている。時間と年齢の対応がここでも観察できる。モラリストとはまったく異なる立場である。滑稽な要素をふくむにしても，当時の考え方の一端をのぞかせている小品である。

　自然は，冬が去ればまた春がくる，秋が終れば冬になるという回帰的時間をもつ。これに対してキリスト教の世界観においては，再帰的な時間を人間の死後の救済のシステムには組みこんでいないようにみえる。自然のサイクル的な経過と，生まれついてから死を運命づけられている，いわば直線的に進む人間の肉体と魂のプロセスは，いかに関連づけられていたのか。これは身体的なミクロコスモスと，霊的な魂のミクロコスモスの関係性を問うことにもつながる。再帰性を認めず直線的ととらえてそれを魂の終わりとするならば，いわゆる終末論者，千年主義者，ヨアキム主義者たちの理論にも触れなくてはならない。このような問題については，当時のモラリスト的な人生観だけでなく，ヒポクラテスの流れをくむ，四体液説と春夏秋冬の関連を論じるシエナのアルデブランダンらによる医学資料，そしてもちろん神学にかんする厖大な文献を検討しなくてはならないだろう[1]。あたえられた紙数も私の用意も不足している。

　本稿では，このような背景があることを意識したうえで，女性について破天荒な理論を述べるオジル・デ・カダルスの作品を解釈しながら，またフィリップ・ド・ノヴァールのテクストにおける人生の四つの時期，とくに，青年期の記述を参照しながら，とくに若さという概念のはらむ問題を考察してみたい。12—13世紀のこの二つのテクストは，ともに人間の生が時間といかにかかわるかを，異なる角度から証言するものだからである[2]。

---

    1)　広い視野からこの問題をとらえた研究につぎのものがある：Elizabeth Sears, *The Ages of Man, Medieval Intepretations of the Life Cycle*, Princeton, Princeton University Press, 1986 [c.-r. par Barbara Obrist, in *CCM*, t.33,1990, pp.300-302]. 第5章「民間の宇宙論」のなかで，「人生の四時期についての一人の医者と一人のモラリスト」として，シエナのアルデブランダンとフィリップ・ド・ノヴァールを対比している（pp.99-103）。
    2)　中世・ルネサンスの俗語文学における時間意識をテーマにした研究集会や研究誌の特集につぎのものがある：*Le temps et la durée dans la littérature au Moyen Age et à la*

1 オック語による教訓詩

　オジル・デ・カダルスの作品は以下にしめす1篇だけが伝わっている。1913年にフィンランドの文献学者アルトゥール・ロンクフォルスによって校訂を施されて以来，注目を浴びることのなかった作品である[3]。内容が内容だけに7つの写本（CDIKMRd）を校合してもなお決定的なテクスト設定はかなわず，解釈に必ずしも明瞭でない部分が残っている。メロディーは残されていない。

　作者にかんして，シャバノーやジャンロワによる従来の推定では，13世紀の人で，アヴェロン県ロデスにあるノーセルのカン Quins にあるカダルス Cadars の出身とされていた。最近公刊された修道院資料集 cartulaires を調査したメッシナ大学のサヴェリオ・グイダによれば，カダルスとは，ルーエルグ地方のカダルセス Cadarsès（ロデスの南35キロほどにあるレキスタ Réquista 近郊，カダルキウム Cadarcium 副伯の居城のあった場所）であるらしい。詩人はここの領主ベルトラン・ド・カダルス Bertran de Cadars 一族の弟にあたる12世紀の後半の *Odil de Cadars* という人物ということになる。しかしたとえこれが正しいにしても，この作品の解釈を大きく助けてくれるわけではない[4]。いったいこの種の

Renaissance, actes du colloque organisé par le Centre de Recherche sur la littérature du Moyen Age et de la Renaissance de l'Université de Reims, publiés sous la direction d'Yvonne Bellengier, Paris, Nizet, 1986; *Le temps, sa mesure et sa perception au Moyen Age, sous la direction de Bernard Ribémont, Actes du colloque, Orléans 12-13 avril 1991,* Caen, Paradigme, 1992; *Fin des temps et temps de la fin dans l'univers médiéval,* in *Sénéfiance,* t.33, Aix-en-Provence, C.U.E.R.M.A., 1993.

　3）　Arthur Långfors, *Le troubadour Ozil de Cadars*, Annales Academiae Scientiarum Fennicae, Ser.B, VII, no.5, Helsinki, 1913 [c.-r. par Carl Appel, «Zu Guilhem de Cabetanh, 213, 2 und Ozil de Cadars 314,1», in *Neuphilologische Mitteilungen,* t.15, 1913, p.184; Leo Spitzer, «Zu Långfors'Ausgabe eines Dedichtes von Ozil de Cadars», in *ibid.,* t.15, 1913, p.256; H. Andresen, «Zu Ozil de Cadars (Bartsch. Grundr., 314, 1)», in *ibid.,* t.16, 1914, p.7].

　4）　Saverio Guida, *Trovatori minori,* Modena, Mucchi, 2002, pp.23-79. なお，このグイダ教授の主催した第7回オック語オック文学国際学会において，私もC写本をもとにしたこの作品の校訂と解釈を試みた（Naohiko Seto, «Ozil de Cadartz: une parodie des "arts d'aimer"?», in *Scène, évolution, sort de la langue et de la littérature d'oc, Actes du Septième Congrès International de l'Association Internationale d'Études Occitanes, Reggio Calabria – Messina, 7-13*

研究は，その人物が俗語で詩を書いたという記録でもないかぎり，確実な証言をもたらさない。同名の人物の存在した可能性もある。私としては，詩の基調から察するに，13世紀に入ってからの作品ではないかと思う。この作品を収録する写本のひとつであるC写本（13世紀末から14世紀初頭に成立したとされる）においては，その目次と索引において，この作者に敬称をつけている（*N'Ozils de Cadartz*）。この写本では写本編纂時に近い，比較的新しい作者にのみ敬称 (*N' = Ne* < DOMINE) をつけているから，13世紀の後半の人物なのではないだろうか。[5]

Ⅰ　私が語るのは当然のことでしょう	1
愛する人から喜びのくることがありえず，またそれが	2
あの人の気に染まない以上，想像の中だけで恋をしているみなさん全員に	3
いかに振るまうべきかを語るのは。	4
謙虚にして巧妙に，そして身を低くしていなさい。	5
こう述べるのも，私にはこれが役にたっていないからです。	6
でも私の嘆きで怯える必要は，みなさんありません。	7
最後まで信じてくれれば，いいことがあるはず。	8
じっさい節度をもって対処しない人が多いのです。	9
Ⅱ　褐色の髪の男は，自分の望みをよりうまく果たすつもりなら	10
褐色の髪の女性を愛するという希望を追わなければ，	11
いかなる愉悦にもたどりつけません。	12
また赤毛の男は自然の理にしたがい，赤毛の女を愛するように。	13
各人の喜びは，このように選択されるのが適当だからです。	14
わざわざこう述べるのも，人に自らを正してほしいからです。	15

---

juillet 2002, Roma, Viella, 2003, pp.661-674.）。本稿の一部はこれをもとにしていることをおことわりしておく。以下の日本語訳は，このテキストによった『トルバドゥール詞華集』（大学書林，2003年, pp.233-235）に対訳として掲げたものを，句読点を加えたうえで読みやすく直してある。原テキストについては，これを参照して頂きたい。グイダによるテキストと詳細な注も参考になる (pp.49-79)。

　5)　この写本の目次と索引については以下を参照：瀬戸「フランス国立図書館856写本における目次と索引―とくにその作者措定について―」『早稲田大学図書館紀要』第49号，2002, pp.1-21 とくに, p.15.

	ぐずぐず屋は情熱家とは交わらないし，	16
	焦り屋は分別家とは交わりません。	17
	もし一緒になっても，その愛情は純粋になりませんから。	18
Ⅲ	それではよく聞いてください。守ることができれば	19
	みなさんの役にたつ，うまい方法について述べましょう。	20
	若い人妻には，夕方に迫ってはいけません。	21
	分別が増して，貞節心が戻ってしまいますから。	22
	年を経た女性には，朝に言い寄っては駄目です。	23
	むしろ夕方近く，太陽が照りつけないときにしてください。	24
	そして三十女には，正午をすぎてから。	25
	そして夫のいない生娘には，夜寝ているときに。	26
	冷気が熱気とがよく調和するからです。	27
Ⅳ	さて喜んでお聞きなさい。私は話したくてうずうずしています。	28
	みなさんの愛する女性に会いに行くときには，	29
	立派な返事がその正当性を失わないために，	30
	その右側に座るように。	31
	承諾してくれるなら，その人をより信頼していいでしょうから。	32
	そしてもし断られたら，あきらめずに続けることです。	33
	女性の心は，ひじょうに軽薄で移ろいやすいので，	34
	その確実な愛を得られる男などいないのです。	35
	私は嘘は申しません，保障します。	36
Ⅴ	とても別れられない，と苦しんでいる者は，	37
	この知恵を失わないように，誰とでも交わりなさい。	38
	かたっぱしから言い寄れば，うまく立ち直れて，	39
	そんなに無防備な状態にいないですみます。	40
	長く待たせる「愛」が，きわめて忠実な家臣を見つけると，	41
	「待ちぼうけ」がその男を下に抑えつけて，	42
	結果として男から，若さの力と最良の部分を奪い去ります。	43
	立派な忠誠心はそれでも，そんな報いなどものともしません。	44

むしろ長い間に，その苦悶はいやされます。　　　　　　　　　　　45

Ⅵ　愛において私のおかした失敗は，すべてみなさんに　　　　　　46
　　明らかにしましょう，そして真実を述べましょう。　　　　　　47
　　別れることができず，あいかわらずあの人の家臣のまま，　　　48
　　それなのにあの人から幸福は得られないままでした。　　　　　49
　　受けた報酬といえば，殺されるような思いをしただけ。　　　　50
　　それでもいいのです　羊を捕まえている狼に　　　　　　　　　51
　　占い師の答えた「お前には，食い物としては　　　　　　　　　52
　　全部の羊のほうがいいのだろう」というあの返事があるのですから。53
　　このことばで私は，将来に期待を託しているわけです。　　　　54

　オウィディウス流の恋愛指南術のパロディーであろうか。ふざけているのか，本気なのか一読して作者の意図を斟酌するのがむずかしい。了解できるのは，ふられ男による仲間への忠告らしいことである。一種の教訓詩 ensegnamens ではあるが，オック語の教訓詩は各行6音綴の数百行にのぼるのがふつうであるから，10音綴による54行6詩節という短い抒情詩型によるものは例外にぞくする[6]。内容を検討してみよう。
　第Ⅰ詩節は，前書きともいうべき部分で，なぜ自分が恋をしている人たちに忠告をするのか，その理由を語る。それは自分の恋愛がうまくいかないからであり，その私が教訓を述べるのは「十分に当然」assatz es dreitz という。成功したのならともかく，これは倒錯した論理であり，この後の奇妙な展開を予想させる。そのあとの教訓は，トルバドゥールの抒情詩にしばしば見られるモチーフである。いわく，恋するダーム（人妻）の前では謙虚であれ，身を低くせよ，節度 mezura が重要という。これは意外な内容ではとくにない。
　しかし第Ⅱ詩節から，オジル独特の世界に入る。相手の髪と自分の髪の色が違っていては駄目とか，のんびり屋であるとかせっかちだとかの，お互いの気性が似かよっていなければならない，違った人

---

6) 教訓詩については，Don Alfred Monson, *Les "ensenhamens" occitans, essai de définition et de délimitation du genre*, Paris, Klincksieck, 1981; *Dict. des Lettres fr., le Moyen Age*, 1992, pp.410-412.

2 人生の四時期

と交わる *si o fan* と，その愛は純粋にならないからだという。後述する『秘中の秘』などには，古代より流行していた人相学 (physionomie, physiognomie) への言及があり，赤毛の人は怒りっぽくて狡猾だとか，茶褐色の髪は正義を貫こうとする人のあかしである，といった記述がみられる。

　そして第Ⅲ詩節である。異様な内容ではないだろうか。言い寄る相手の年齢によって，一日のうちの何時ごろが適当かをアドヴァイスしているのである。ここはテクスト設定の問題もあって，解釈のむずかしいところでもある。テクストの順ではなく，女性の年齢順にまとめると，つぎのようになるだろうか。

　1）結婚前の若い娘を相手にするときには，冷気と熱気が調和するから，寝るころに *en jazen*（26 行目）誘惑すること。太陽の沈んだあとの夜の冷気と，若さのもつ熱気が調和する（*s'acordar*）からだ，という理由がつぎの第 27 行に記されている。ここは，7 写本のうち 6 写本がこの読み（*en iazen*）で，R 写本のみ *eisamen*「同じように」とある。R をとると 25 行目の三十女と同じように，という意味となって面白くない。ロンクフォルスはここを「寝ながら」«en couchant (?)» と解した。はじめは「太陽の沈むころに」かと考えたものの，*jazer* にその意味をもつ用例のないことから，とりあえず疑問符を付して直訳しておくと注している。だが「寝ながら，横になりながら」というのも理解しがたい。むしろ他の 3 人の女性の場合が一日のなかの時間を指定しているから，ここも時間をしめす副詞ととり，「寝るときに」ととるべきかと私は思う。また，*jazen* の書かれていない主語を娘（あるいは一般的な人）ととるほうが，太陽が「沈む」ときと解するよりは，文法的にとりやすい。

　2）若い既婚夫人 *dona jove* には，夕方になると分別（*'l sen*）が増して，その貞節（*la fes*）を破るのが困難になるから，そのころに言い寄ってはいけない。ということは，すなわち午前中にということであろうか。ここについては後で論じる。

　3）30 歳くらいの女性 *[dona] de trent'ans* については，1 行しか言及がない。真昼（*al mieg dia*）のあとにというのである。人生の真昼，すなわち中年をすぎた相手であるから，これから終わりゆく（*fallen*）時

間にというのであろうか。ここをロンクフォルスは「真昼の鐘が鳴るときに，ちょうど12時に」«à midi sonnant» と訳している。R写本のみはfallenの代わりにparenとしている。シュピッツァーの書評では，sallen（← salhir «sauter, jaillir»）と読み替える提案がなされている。「12時を越えたときに」ととるのであろう。私としては，レヌアールの解釈（LR3, 42b: «au midi défaillant»）をとりたい。al falhit deu dia（DAG, 33-5-1），lo jorn falhent（DAO, 33-5-2）だけでなく，中期フランス語にも au jour faillissant（FEW3, 387b）といった例が拾えるからである。

　4）そして最後に，年齢のいった婦人 ela de jorns には朝に言い寄るべきではなく，夕方，「太陽が笑うように輝かないとき」[7]がよいとある。ここのテクストにも問題があるが，2写本のヴァリアントには viella de jorns（M）; vielha de jorns（R）とあるから，かなりの年増夫人ととらえてよいだろう（cf. 本稿p.159）[8]。

　年齢順に分ければ，以上の1）−4）の場合，言い寄るのは，それぞれ，夜寝るとき，朝（午前中），正午過ぎ（午後），夕刻となる。特徴的なのは，作者が女性の年齢のサイクルと，一日の時間のサイクルを結びつけていることである。

　第Ⅳ詩節には，求愛の返事を聞くときには，相手の右側に座らなくてはならない，なぜならその返事の正当性が失われないからだ，という興味深い一節がある。民俗学でしばしば問題にされる右側の優越というモチーフで, dreyt（30行）と dreitura（31行）の語源的な関連が，たぶん冗談半分に強調されている。後半では当時の知識人にありがちな女性倦厭思想がみられる。とくに34-36行において，女性の本性は軽薄であるから，男性はだれも安心などできない，というのは典型的であろう。宮廷風恋愛の対極をいく，マルカブリュ（12世紀後半から13世紀前半に多くの風刺詩をものしたトルバドゥール）などに特有の女性蔑視の姿勢がここで鮮明にされる。後述のフィリップ・ド・ノヴァールにもつなが

　7）主語を光にとる rire の奇異な用法は，TL8, 1314, 7-9 [Roman de la Rose, éd. Langlois, v. 20 015（= éd. Lecoy, v.19 985)] に見られる。太陽がさんさんと照ることを示す比喩的な用法であろう。
　8）このあたりのテクストの細かい詮索は，Seto（2002), pp.669-670; Guida,op.cit., , pp.64-67 を参照されたい。

る。

　第V詩節は，やはり抒情詩人たちの唱導した宮廷風恋愛への批判であろう。前半では，ひとりの貴婦人に愛を捧げて報われないよりは，誰にでも言い寄るほうがいいと述べ，後半では，そのマゾヒズム的な状態がかえって快感に変わってくるという。43 行の「その若さの最良の部分」 *mielhs de son joven* というのは，若さにまかせて，一人の女性をいちずに愛してしまう，その一種狂気じみた状況のことを示唆している。41-42 行は封建制の語彙を恋愛に適用したもので，そのような恋愛を外から皮肉な目で見ている作者の姿勢がわかるのではないだろうか。

　最後の第VI詩節は，すでに 6 行目で示唆している自分の失敗をあからさまにここで告白した上で，後半は開きなおっている。敷衍していえば，一人の奥方に言い寄るよりは，誰でもいいし，その全員でも構わない，多くの詩人のたたえる至純の愛 fin'amor など歯牙にもかけない。48 行目の「あいかわらず自分はあの人のもの（sieus）だ」というのは，41 行の *home* と同じくあの人の家臣であることから逃れられない自分を嘲笑しているのではないか。

　全体としては，聞き手にたいして教訓を示すという形式をとりながらの，宮廷風恋愛の批判であり，それは自分の個人的な体験をからめているだけに，笑いをさそう作品となっている。自分の失敗を他山の石にしてほしいというのであろう。しかし繰り返すが第III詩節は，われわれには異様である。

2　フィリップ・ド・ノヴァール

　ジャンルは異なるが，近い時代にオイル語で同じように人間のいとなみとしての時間をとらえた作品として，『人生の四時期』を検討してみたい。ここでは季節の移りかわりが人の一生になぞらえられている。

　フィリップ・ド・ノヴァール（1195 頃-1265 以降）という人は，北イタリアはロンバルディア地方のノヴァーラの貴族の家系に生まれた。長じて東方に赴いたが，自伝の大部分が失われたいまとなっては，どのような事情で行ったのかは不明である。フランス人の女性と結婚し，

1218年のダミエット攻囲戦にキプロスの貴族ピエール・シャプの随員として参加した。そこで「物語 romans を声高に読みあげるその才能」を評価される。また封建法の当代随一の権威とされるラウール・ド・タバリの知遇を得た。その後東方ラテン帝国の名門家系であるイブラン家に出仕し、生涯その家に友人としてつかえた。「愛と人が呼ぶところの現世でのもっとも大きな狂気について」の詩歌を作ったと回想している。しかしその名声を揺るぎないものとしたのは法律学者としてであった。1263-1264年ころには「海のかなた〔東方〕での最大の弁論家 pledeour」といわれるまでになった。1229年以降イブラン家とフリードリヒ2世の抗争、とくにキプロス攻囲戦で戦士として、また外交官として活躍した。そしてキプロスやシリアにおけるイブラン家の宮廷において重用された。

　書き溜めていたさまざまの作品を1252年ころに一巻にまとめたらしいが、これは失われてしまった。自伝、宮廷風の詩歌、宗教詩、フリートリヒ2世とイブラン家の戦闘を散文で綴った歴史書、自分の老境の作品が含まれていたらしい。自伝のごく短い一部のみが『キプロス人戦記』Gestes des Chiprois という名で知られる編纂資料の第1部に入り込んでいるらしい。歴史書のほうはこの編纂資料の第2部にフィリップのいくつかの詩作品とともに挿入されている。これら残った自伝と歴史は『回想録』Mémoires という題でまとめられて、1913年に校訂本が出版されている[9]。キプロスの戦いの最中に彼のものした詩には、両陣営の人物を有名な『狐物語』に登場する動物たちの名になぞらえていて、文学的な教養をうかがわせる。

　1252年から57年ころには、のちの『イエルサレム法集成』を構成する最良の部分のひとつといわれる封建法解説の書『裁判の形式によるその友人に宛てた書』Livre à sien ami en forme de plait を執筆した。没後直前に彼はその改訂を企てていたらしい。そして晩年において、1265年ころ執筆したとされるのが、教訓の書『人生の四時期』である[10]。オ

---

9) Philippe de Novare, *Mémoires* (*1218-1243*), éd. par Charles Kohler, Paris, Champion, 1913 (coll. CFMA, no.10).

10) 以上は主としてつぎの文献によった：Charles-Victor Langlois, *La vie en France au Moyen Age – de la fin du XIIe au milieu du XIVe siècle, d'après des moralistes du temps*, 1908,

ジル・デ・カダルスの作品よりは、グイダの想定が正しければ 50-100 年近くあとになるが、旧来の説ではほぼ同時代になる。この作品は、1888 年にド・フレヴィルの校訂が出て以来、歴史家のシャルル・ヴィクトール・ラングロワの詳しい紹介があるくらいで、ほとんど研究の対象にはなっていない。

70 歳を越えた作者が人生の四つの時期、すなわち幼年期（§2-32）・青年期（§33-94）・壮年期（§95-165）・老年期（§166-187）についての所感を述べている。最初の一節（§1）は、いわば前書きであり、終わりにはまとめ（§188-232）と後書き（§233-236）がくる。四時期それぞれで、挿話やことわざや引用をはさみ、完璧な騎士とは、立派な女性とはいかなるものかを述べる。峻厳なモラリストの語り口ではなく、愛すべき老人の忠告という雰囲気をかもしだしている。総じてキリスト教の教訓を引き合いに出して、自分の体験上知りえた事象をもとに道徳を説く。伝統的な立場を出ていない場合が多い。繰り返しが多く、また理解のしがたいたとえも目につくが、当時の知識人の常識的な人生観を知るには格好の資料であろう。

ただし、その女性観は現代の目からみると、かなり古くさくうつる。20 世紀のはじめにおいてさえ、ラングロワが、フィリップ・ド・ノヴァールは女性の徳と"分別"にかんしては、陳腐きわまりない意見（une médiocre opinion）の持ち主だったと解説していた[11]。じっさい読んでみると苦笑せざるをえないような記述に出会う。たとえば、女性には、尼僧にでもなるのでなければ、教育をほどこす必要はない、読み書きのできたせいでどれだけ不幸が起こったことか、人に見せられないような恋文を詩歌にして届けられて、狡猾な悪魔によって女性がそれを読

---

nouvelle édition, revue, Paris, Hachette, 1926, pp.205-240; Cesare Segre, «Le forme e le tradizioni didattiche», in Grundris der Romanischen Literaturen des Mittelalters, Heidelberg, Carl Winter, 6:1 (1968), pp.58-145 (p.94) et 6:2 (1970), p.142 (no.2764); Dictionnaire des Lettres Françaises, Le Moyen Age^2 (1994), pp.1148-1149. この作者については最近の研究がほとんどないが、『回想録』について、これを『狐物語』の後代作品として検討するきわめて手堅い研究が福本直之氏によって発表されている：「『狐物語』後代作品の研究——フィリップ・ド・ノヴァール『回想録』の場合」『創価大学一般教育部論集』第 34 号、2010, pp.19-73;「或る中世写本の歴程——Le ms. varia 433 della Biblioteca reale di Torino - manuscrit unique de "Gestes des Chiprois"」同 35 号、2011, pp.1-28.

11) Langlois, op.cit., pp.208-209.

むと返信したくなる，そして悪魔の誘惑と女性の気質 la complexion de la fame の弱さのせいで手紙のやりとりが続く。「よく言われるではないか，蛇に毒を与えてはならない，もう蛇にはそれがありすぎるのだから」（§25）。あるいは，「女性は一つの点で絶対に得である。立派な女とみなされたければ，ただひとつ名誉さえ守れればいい。しかし男性の場合は，守らなくてはならないことがたくさんある。立派な男とみなされたいなら，礼節をもち，気前がよく，勇気があって思慮にもたけていなくてはならない。いっぽう女性は，身持ちさえよければ，他のすべての欠点は隠れてしまうのだ。どこでも胸を張って歩ける。だから女の子には，男の子のようにたくさんの教育は必要ない」（§31）などとある。

このような因習的な女性像はあるにしても，著者が一年を四つに分け，人間の生の四時期に振りあてている点が興味深い。第2番目の青年期を語る途中ではつぎのように述べている。

「若さは夏に比せられ，当てはめられる。なぜなら人間の正しい生に四時期があるのと同様に，一年にも四つの時期，季節があるからである。最初が復活祭の春 printens de Pascor で[12]，二番目が夏 estez であり，三番目が秋 rewains で，四番目が冬 yvers である。復活祭の春は幼年期 enfance に，夏は青年期 jouvent に，秋は中年期（壮年期）moyen aage に，冬は老年期 viellesce に似ている。」（§73）

3 若さの危険

この作品の二番目の章では，とくに青年期のもたらす危険について作者の熱がこもっているように思われる。作者は人生におけるその時期の

---

12) この表現については，TL7, 1873, 40-44 を参照。中世の俗語文学には一般に，春と秋という季節はなく，夏と冬という二分法しかなかったといわれる。たしかに 12 – 13 世紀の宮廷風物語や抒情詩では，「冬が過ぎて花咲く夏になると」，といった表現がよくみられる。ここでは 1 年の最初の季節（prin[premier]+temps cf. FEW9, 338, 6）としての春と，収穫（re+gagner）の時期としての秋が明確に示されている。cf. Fleur Vigneron, *Les saisons dans la poésie française des XIVe et XVe siècles*, Paris, Champion, 2002 ; 田村俶「フランス中世の季節構造——図像と語史と意識」『思想』（岩波書店），t.768, 1988 年 6 月 , pp.4-28.

危険性について，章の冒頭から力を入れて説いている。

「私のこの話 cist contes では，青年期が男性にしろ女性にしろ，四時期すべてのなかでもっとも危険ということになる。まだ青い薪が火の中にあって煙をたいして出さなかったのが，すっかり火がついて燃えてくる。これは幼年期から青年期に移ったときと同じである。幼年期では《自然》は煙を出している。そして青年期には自然の火が点火されてその炎はあまりに高く上るので，若者たちが危険をもかえりみずに犯す官能の火や他の多くの罪の火の悪臭は，われらの主イエス・キリストの前，そのいと高き玉座にまでしばしば達する。若者たちは危険の中で生きており，この時期を若いまま渡れば，より剣呑な場合，死にいたる。」（§33）

「若者は何も聞かず，見ず，理解せず，疑わないことがよくある。むしろ，すぐに火がつく若さという自然の風にふくらみ増長しているから，自分のしていることがわからないし，人がそれについて何を言っているかも聞かないし，当然の理から，のちにどうなるかも理解せず疑いもしない。だから理性 raison という馬を自分から乗りこなし，理性が疲れて働かなくなるずっと前に拍車をかけるがよい。そうすれば滅びにいたる道を越えて，自分で進むことができる。」（§34）

ここの理性 raison は分別と考えてもよく，オジル・デ・カダルスの第Ⅲ詩節において，若い既婚夫人の分別 sen と貞潔心 la fes が夕方になると戻ってしまう，と述べることに関連づけてとらえることができよう。これについてはあとに検討したい。

著者は，論理的な順序を追って語るわけではない。四時期について思いつくまま綴るので，章もだいぶ進んでから，若さのこわさについてこう述べる。

「若さ jovanz とはよくも名づけたもので，喜び joie と風 vent がそこにはたくさんあるのだ。貧乏な若者ひとりでも，健康であれば，ほ

かの三つの時期すべての権勢ある人々よりもはるかに快活であり，傲慢の風に満ち溢れている。そして楽しいことがありすぎて，いつも喜びを実践しそれを愛する。そして考えることは少ない。しかしながら，自分の前に横たわる大きな危険に思いをいたすべきだし，それらを恐れるべきでもある。なぜなら十分な知識も先見もないまま獣のように自然に生きるのは，神と正義に逆らうたいへん醜いことだから。自然がどんなに熱くしても *por nus eschaufemenz de nature*，男も女も，神が自分を作ったのであって，好きなときに神は自分たちを滅ぼすであろうことを忘れるべきではない。」（§56）

火のように熱く，ちょっとしたことで身の破滅を招くことになる火事になりそうなのが青年期の人々だと，再三にわたり著者は強調している。この青年期の危険を説くなかに，とりわけ興味深い一節がある[13]。若いが地位の高い領主がいて，その家臣たちとの関係が悪くなったとする。若いその領主は自分と同じ年頃の仲間をとりまきとするのを好み，若さとその仲間の示唆と所有する権力のせいで魂を失う危険さえあるような，名誉にそむく悪行に走ることがある。多くの領主はこうして廃嫡されかかり，またじっさいに破滅してしまう。いっぽう中位の身分の騎士や市民などは，そのような領主に反抗せざるをえなくなる。ところで自分の主君に逆らうことは恥ずべきことである。正当性があろうがなかろうが，反逆者とされてしまう。これはよくないことになる。こう述べた後につぎのようにある。解釈が微妙なところなので原文も引用しておこう。

§43. .I. autre proverbe i a qui dit: *Mal seignor ne doit on mie foïr, car il ne durra mie toz jors; mais on doit foïr mauveis païs qui est toz jors mauveis.* En aucun androit est bons cist proverbes, et en aucun, non; car ou monde n'a si bon païs, que l'an ne deüst mout bien foïr en aucune

---

13) 以下の原文の引用は，Éd. Marcel de Fréville, *Les quatre âges de l'homme, traité moral de Philippe de Navarre*（sic）, Paris, Firmin Didot, 1888（coll. Société des Anciens Textes Français）, pp.26-27. による。この校訂をラングロワは評価していない（cf. *op.cit.*, p.209）が，その後これ以外に校訂版は出ていない。

saison, por .i. jone seignor mal et fort, se il fust atant correciez qu'il vossist honir ou destruire son home; car tele chose li porroit faire que jameis ne seroit amandée. Mais as bons païs puet on bien recovrer, se li seingneur s'atempre, ou s'amande, ou muert.[14]

「べつの諺にこういう。«悪い領主から家臣は決して逃げてはならない。その領主がずっと長らえることは決してないだろうから。しかし悪い国からは逃げるべきである。それはずっと悪いままだから»。この諺があたっている場所もあたっていない場所もある。というのも，ひとりの悪くて強大で若い領主がいて，家臣を辱めたり滅ぼしたりするほど怒るようなことがあれば，どんなによい国でもそこから逃亡せずにはいられないときがあるものだから。家臣としては，自分にとってはとりかえしのつかないようなことをされるかもしれないからである。しかしよい国には，もしその主君が穏和になったり反省したり死んだりすれば，戻ることは十分にできる。」

　ここの文意はややわかりにくい。ラングロワは，フィリップ・ド・ノヴァールが若き日に故郷を去らなくてはならなかったことを想起しているのは明らかだとして，主君に対して反抗することは決して正当化できないが，あとで戻ることもできるから，領主を捨ててもときには構わないという結論だろうという[15]。ここでは国と主君を別々に考えているのではなかろうか。主君がたまたま若くて横暴であれば国を捨ててもよい，なぜならその国はよい国ではないからである，しかしその主君がいなくなってその国がよい国になれば，戻ることもできるだろう，という主旨なのではないかと思う。

　私が以前にとりあげたことのある，ガウセルム・ファイディットの「もしかつて誰か男が　至純の心をもつことにより」*Si anc nuhs hom, per aver fin coratge* で始まる作品（PC 167, 52）の41-43行目も，このフィリップ・ド・ノヴァールの一節と関連させると，その意図がより明確になる[16]。そこでは，「狂気などもたない賢人から　私はさきほど聞い

---

14)　Éd. de Fréville, pp.26-27.（5行目の *saison* は *raison* に直すべきかもしれない）
15)　Langlois, *op.cit*., p.219.
16)　瀬戸「封建制語彙の俗語抒情詩への転用――「若い領主」（ガウセルム・ファ

た 興味をまったくもてない男に 不幸あれかしと願うとき 神がその人に若い領主を付与されますように と言うものだと」とあった。ここの「若い領主〔領主権〕」 jove senhoratge とは，どのような含意があるのだろうか。ガウセルムの校訂者ジャン・ムーザはここを «une piètre seigneurie»「たいへん貧弱な領地」と解釈している。私は，領主と若さはもともと両立しえないものという考えが裏にあるとみたい。語源が「ヨリ歳をとった」SENIŌREM からくる senhor と「若い」という形容との撞着語法 oxymoron の妙もさることながら，若い領主は，ありがたくない，こまった存在として，家臣にとっては負のイメージなのである。

　さっそうとした若い領主が誕生すれば，われわれの目から見ると慶賀すべきことのように思える。しかし年齢という要素だけからすれば，フィリップ・ド・ノヴァールも強調するように，決して慎重な統治は期待できなかった。

　オジル・デ・カダルスの作品に戻ってみよう。フィリップ・ド・ノヴァールでいえば jouvent という時期にあたる女性が dona jove である。人妻ではあるが 30 歳前のこの女性に夕方に言い寄ることはご法度である。その理由は彼女の分別 sens が増加し creys，信仰心（あるいは夫への忠誠心） la fes がもりかえす melhura からだという。理由の説明はない。これは人生の四時期を一日の時間のうつろいにあてはめれば理解できる。午後が過ぎると，つまり青年期から壮年期に入るとしだいに夏の熱気が冷めて冷えてくる。いいかえれば分別がつくようになる。一年のサイクルを一日に適用すればこう解釈できるのではないか。

　フィリップは次のページの表の 2 にあたる女性について，つぎのように語る。

　「これまで皆さんは，青年期にある男性についてお聞きになったの

イディット）をめぐって」『早稲田大学大学院文学研究科紀要』t.53-2, 2008 年, pp.85-99. これを改稿したものは：Naohiko Seto, «Le vocabulaire féodal dans Gaucelm Faidit: sur *jove senhoratge* (PC 167, 52, v.43), in *L'Occitanie invitée de l'Euregio. Liège 1981 -Aix-la-Chapelle 2008: Bilan et perspectives, Actes du Neuvième Congrès International de l'Association Internationale d'Etudes Occitanes, Aix-la-Chapelle, 24-31 août 2008*, Aachen, Shaker Verlag, 2011, pp.519-531.

	女性の年齢	言い寄るべき時間帯	その理由	対応する季節
1.	夫のいない若い娘 donzela ses marit	寝るころ	冷気が暑気と調和するから	春
2.	若い既婚夫人 dona jove	午前中（？）	夕方は分別と信仰心が増すので不可	夏
3.	30歳くらいの夫人 [dona] de trent'ans	真昼かそのあと		秋
4.	老夫人 ela de jorns / vielha de jorns	夕刻	朝は不可。夕方の陽の照らないとき	冬

で，若い女性についてこのあとはお聞きねがいたい。若さ〔青年期〕にある女性はたいへん大きな危険にさらされている。男性のように確固とした分別 estable sens もよい意志 bon porposement も全然もちあわせていないからである。われらの主の恩寵により，よい意志をもっている場合にしても，父親とか親族とかあるいは夫とかの監督下にある女性は，かれらの助力が必要である。なぜなら，狂気にとりつかれず，あやしい場所に通わず，悪行を働きやすくならないようによく見張っていれば，身持ちのよい女性とみなされるのは簡単なことだから。襲撃されたり裏切られたり兵糧攻めにされない城は，決して理屈（ことば）によって par raison 陥落されることはないだろうから。」(86)

「そして女性を権力下においている人たち，とりわけ夫は，いまひとつ別の助けをしてやれるだろう。女たちにその糧となるもの，必要なものを，各人できるだけ，たっぷりと適度に与えることである。そうすれば足りないからといって悪行に走る機会はなくなることだろう。そして夫は妻が悪行に走る機会を見つけないように，正当に愛し敬うべきだ。」(87)

「さらに若い女性には，傲慢さが居すわったり大胆さが悪さをさせたりしないように，その夫なり監督者は大きすぎる愛情や力を与えてはなるまい。居心地がよすぎても悪すぎてもいつでも悪さをする

もので，監督している人の行動がどうであれ，女性は自分の身体の過ちに大いに気をつけるべきだ。いったん傷がついてとがめられたら，何をしようとも，その女性が永久に辱められるのを抑えることはできないだろうから。」（§88）

「そして女性たちの件にかんしては，ひとつ大きな慰めがある。全能で慈悲深く敬虔なる神は，大部分の男性と同じようには女性たちに，強く確固とした意志 si fort estable porposement と分別 sens を与えなかったので，若い時分あるいは別のときにでも，女性は身を守るすべも統御するすべもないことを見て知っておられるということである。そして聖霊の恩寵を気前よく女性たちに与えたので，多くの女性はおのれの処女を守り救い，また身持ち正しく貞節を守り，さらにたくさんの女性が誠実な結婚をとげたのです。そのため多数の女性は現実に立派になり，さらに——それが神の願いにかないますように——，もっと多くの女性もそうなることであろう。そして現にかなりの数の女性が救われているし，永遠の休息を得たり，今後得るであろう女性も多く出ることであろう。」（§93）

青年期においてただでさえ不足しがちな分別が，女性においては男性よりもさらに少ない。女性を相手にするときの，男性の側からの慎重な態度が必要なゆえんである。そして壮年期については以下のように語られる。

「壮年期には，人はわれらの主イエス・キリストを真に信ずるために，知識をもち節度を保ち理性をたもち resnables，そして賢明で確固として揺るがないようでなくてはならない。イエスとその同胞と，彼が導き信仰の中で奉仕させよう a servir en foi とするすべての人々の身体と魂の名誉と利益のために，賢く，先を見通すようでなくてはならない（…）」（§95）

「まず第一に人は自分自身を知らなくてはならない。そして自己を抑えて青年期に犯した狂気から脱却し，そして神と世俗の人々にた

いしてなした悪事を理性的かつすすんで矯正し，再び悪行に陥ることなくその改悟の道を歩み，たもたなくてはならない。」(§96)

「青年期の女性」などというと青年は男性のみを指すといわれそうだが，日本語には適当なことばがないので，とにかく幼年期と壮年期の間にある時期の女性（若い女性）と呼んでおく。この年齢の女性を相手にするときには，分別と信仰（貞節）の戻るはずの壮年期の時間を選んではいけないというのがオジルの教訓なのである。

4　背景としての医療術

それにしても，オジル・デ・カダルスの教訓詩のとらえかたはむずかしい。作者はまじめに聞き手に教訓を垂れているのであろうか。とてもそうは思えない。かといって笑いをとるだけの，ふざけた作品であろうか。そうでもあるまい。オジルの，とくに第Ⅲ詩節の不思議さは，男性と比較して蔑視されがちであった女性という生の年齢別の特徴を勘案して，男性の側から世俗の時間の観念を適用したこと，そして，それを一日の時間帯に割りふったことにある。

シエナのアルデブランダン（？-1299年頃）は，ヒポクラテスやガレノス以来の古代医学の伝統とアラビアの医術を俗語（フランス語）でまとめたといわれるその医学書『食養生』（1256年頃）のなかで，幼年期で熱く湿っていた肉体がじょじょに老いるにつれて冷たく乾いてくることを説いている[17]。これは四体液説を敷衍したものである。オジルの作品の27行などはこれらの伝統を踏まえると理解しやすくなるだろう。アルデブランダンはまた，いつ女性と交わればよい子供がうまれるかも説いている。酒を飲んだ後とか食後，また空腹時にはよくないといった指示もある。また酒飲みや放蕩者，子供や老人，病気から治ったばかりの者はだめで，強い気質をもち，太りすぎず痩せすぎず，血管の広い

---

17) Louis Landouzy et Roger Pépin, *Le Régime du corps de maître Aldebrandin de Sienne, texte français du XIIIe siècle,* Paris, Champion, 1911, pp.79-82: *Comment on doit le cors garder en cascun aage.*

者がよい子を産むことができるとある[18]。オジルの作品は，このような指示——もちろんアルデブランダンの書物に接したというのではなく，当時の医学の大勢がこの種のものであったということである——を，女性に言い寄るのに適切な時間に変えたうえで，一日のサイクルを女性の年齢に適用してみたものなのかもしれない。一種のパロディーということになる。

　アリストテレスが弟子のアレクサンダー大王にあてた書簡という体裁をとる『秘中の秘』 Secretum secretorum は，もともとイスラム圏の speculum principis「君主の鑑」であった。西欧に広まるにつれて，これが一種の百科全書に成長した。大きな部分を占める養生術は，イスラム医学とギリシア医術の内容をまとめたものである。アラビア語，ヘブル語，ギリシア語などきわめて多数のヴァージョンが存在し，12世紀中葉にラテン語訳があらわれた。オック語を含めて俗語訳もつぎつぎとなされる。13世紀初めに成立したとされるフィリップ・ド・トリポリによるラテン語訳によると，そのなかの一節にはやはり，四季が年齢に比較され，自然の移り行きが女性の生涯に類比されている。春はきらびやかな色彩で飾られた美しい花嫁に，夏は完全な肉体をもち，炎で焼ける熱をもった妙齢の人妻に，秋は若さが彼女から遠ざかり，老年がせかすかのような，服にもこと欠く熟年の夫人に *femine plene etatis, indigenti vestibus, quia recessit ab ea iuventus et festinat senectus*，そして冬は着るものも剥ぎとられ，死に瀕した老婦人にたとえられる[19]。

　古フランス語訳のうちで，ジョフロワ・ド・ヴァターフォードとセルヴェ・コパルによる版では，春がたいへん美しい娘に，夏は成熟した「自然の熱の力に溢れる」 *en plainne vertu de naturel chalour* 婦人に，秋は厚着の必要な年増女性に，冬は寄る年波でふけこみ，かつての美貌はどこへやら体力をなくした素裸の老女にたとえられる[20]。季節を女性の

---

　18) *id.*, pp.28-31 (*D'abiter avoec femme*).

　19)　Ed. Reihold Möller, *Hiltgart von Hürnheim. Mittelaltdeutsche Prosaübersetzung des "Secretum secretorum"*, Berlin, Akademie-Verlag, 1963, pp.74-79 [Cap. 37-40]. cf.Sears, *op. cit.*, pp.99-100; p.190, n.8.

　20)　Charles-Victor Langlois, *La vie en France au Moyen Age - du XIIe au milieu du XIVe siècle, la connaissance de la nature et du monde, d'après des écrits français à l'usage des laïcs*, 1911, 19272, pp.71-121（とくに pp.95-97）. cf. Ed. W. F. Ryan and Charles B. Schmitt, *Pseudo-*

年齢にたとえるのは，トポスの一種だったと考えられる。フィリップのラテン語訳は，ヒルトガルト・フォン・ヒュルンハイムによる中世高地ドイツ語の校訂の各ページ見開き左側で対応して参照することができるが，その後のこの作品の西欧での受容の鍵になるものである。『秘中の秘』に接したアルベルトゥス・マグヌス（1193-1280頃）や，これに注解をほどこしたロジャー・ベーコン（1220-1292頃）もこの版を典拠にしている。訳者は，いまのシリア北部，トリポリのキリスト教会の聖職者であった。この地域は十字軍以降フランス系の人々が占拠し，その後もフランス語の伝統が存続している。同時期にここにフィリップ・ド・ノヴァールがいたことは示唆的ではなかろうか[21]。

                     *   *   *

オジル・デ・カダルスは第Ⅰ詩節で，自分の恋愛の不首尾にかんがみて，みなさんに教訓を与えましょうと述べている。私は倒錯した論理だと指摘した。しかしフィリップ・ド・ノヴァールにしても，自分の嘗めてきた苦い経験からその書をものしたと冒頭に記している。

> 「この書をものした作者は齢七十を越してこれを書こうとおもいたった。そして神の与えたもうたこの長い時間に，作者は人生の四つの時期，すなわち幼年，青年，中年，老年のもつ力とあり方をためし，利用してきた。これらの時期において，作者は道を誤り，不幸なめにあったことも何度となくあった。そして耐えること，仕えることにより，よいことも十分えたので，それについて他人に教えさとすのも多少はましにできるに違いない。というわけで上記の四つの時期について作者は語りたいのである。」（§1）

双方ともに，教訓を語るときの冒頭におく一種の謙遜のトポスととらえることもできよう。クルチウスの説く「装われた謙遜」でもあろう。しかし自分の失敗を，後世の人間に繰りかえさせたくないという真実の願いもあったに違いない。オジルの場合には教訓という型を，コミック

Aristotle, The "Secret of Secrets", sources and influences, London, The Warburg Institute / University of London, 1982（とくに pp.73-118 の Jacques Monfrin による論考）.

  21) Ed. Ryan and Schmitt, *op. cit.*, pp.136-137: conclusion par M.- Th. d'Alverny.

なねらいで抒情詩にしたてたものである。

　再帰的な時間は，いわば世俗的な時間として把握することができる。再帰する時間，フィリップ・ド・ノヴァールでいえば春夏秋冬，オジル・デ・カダルスでいえば朝から夜までの一日は，時間の経過につれて同じ儀式を繰りかえす。人々の従っていた教会暦では，一年のサイクルの中に，七旬節・四旬節・受難節・聖週間・復活祭・昇天祭・聖霊降臨祭・三位一体祭・聖体祭など移動祭日である聖節のサイクルと，日にちの決まった聖人祝日のサイクルがあった。地域や国によってこの教会暦の細目は異なっていたにせよ，大枠は共通で，1年ごとに同じ典礼のパターンが反復される。有限な人間の生に救いを求める場合，そのような反復が，宗教的な修行をしてゆく身にはたんなる繰りかえしではなく，異なったものとして見えてくる。日常世俗のこの反復も，宗教的側面からみれば，別の視点から，このように理解することができるのかもしれない。

　キリスト教では一般的に，初めに「創造」があったというなら終わりもあるはず，という論理は誤りであるととらえているようである。トマス・アクイナスは，世俗的で再帰性をもつ「時間」が永久に持続するとしても，時間のうちにそれのある部分をとることにより，始めと終わりを画することが可能なのであると考えた。われわれは，たとえば日や年の始めとか終わりとかを語るが，こうしたことは神の時間である「永遠」というものの場合には不可能であるとする。そしてこのような区別のしかたはやはり，第一義的な両者の相違，すなわち永遠はその全体が同時的であり，時間は決してそうではない[22]ことによると主張している。

　俗語の文学を対象にして，ボームガルトネルはクレチヤン・ド・トロワの作品群に，再帰性と直線性を見てとっている[23]。時間性と永遠性と言いかえてもよいかもしれない。『エレックとエニッド』，『クリジェス』から『イヴァン』，『ランスロ』にいたる4作品は，いわば再帰的なアー

22）トマス・アクイナス『神学大全』第一部Ⅰ：第十問題「神の永続性について」第四項「永遠は時と異なるか」（高田三郎訳，創文社，1960年）pp.180-181.

23）Emmanuèle Baumgartner, «Temps linéaire, temps circulaire et écriture romanesque (XIIe-XIIIe siècles)», in *Le temps et la durée...* (*op.cit.*), 1986, pp.7-21（p.20, n.10）.

サー王の宮廷での物語である。主人公は数々の冒険を経た後に，宮廷に戻りいつものメンバーと顔を合わせる。これに対して，最後の『ペルスヴァル』となると線的な時間を刻する「グラール」(聖杯)の探求という主題に代わる。自己の実現への修行としてとらえることができる，のちの散文によるペルスヴァルやランスロ―グラール系列の物語群も，時間という側面から，その方向をさらに進めたものであろう。

なおオック語による *jovens*「若さ」という概念は，トルバドゥールの至純の愛をうたう詩歌においては，ここで検討してきたような，節度を外しやすく危険な年齢というよりは，むしろ精神的な価値として肯定的にとらえられる傾向があった[24]。これは，中世においておそらく一般的ととらえられるフィリップ・ド・ノヴァールによる青年期の理解のしかたとはかなり異なっていたことを指摘しておきたい。前述したガウセルム・ファイディットの例は，オック語特有のこの「若さ」とは異なった文脈において理解されるべきであった。

---

24) cf. Glynnis M. Cropp, *Le vocabulaire courtois des trouadours de l'époque classique*, Genève, Droz, 1975, pp.413-421.; Guida, *op.cit.*, 2002, p.74..

3
ドイツ神秘思想における時間把握
―――マイスター・エックハルトの瞬間論―――

田 島 照 久

はじめに

　神学的に構成される中世のどんな言説においても，とくに神論では，「永遠」（aeternitas）に関する把握が，主題化されているかいないかに関わらず，論理構成の地平を支配し秩序づけていることに変わりはないであろう。「永遠」は「恒存する存在」（esse permanentis）の身分である。すなわち，恒存する存在の「在り方」を規定する「尺度」（mensura）[1]が「永遠」と呼ばれる。
　しかしこうした神学的言説の身分である「永遠」とは何かと問うとき，トマス・アクィナスが，われわれは単純なものの認識に入るのには複合的なものによらざるを得ないが，それと同じく，永遠の認識に入るには時間（tempus）によるほかはない[2]，と語っているように，時間の本質認識に基づいた上で，永遠の考察に着手するという手続きを踏まざるを得ない。それゆえか，永遠についての多くの言表は，時間把捉の精緻な分析に基づき，それを手がかりにした上で否定性を媒介とした高度に抽象的な推論にならざるをえないと同時に，反面具体的な時間概念による相互矛盾的な，一種弁証法的な表出様態を帯びていることもまた

---

1) Cf.Thomas Aquinas, *Summa Theologiae* I,quaestio10,articulus 5 （略 S.T.I,q.10,a.5）: aeternitas sit mensura esse permanentis.　なお mensura に関しては Cf.De verit. q.1,a.2,c.
2) Cf. S. T. I,q.10,a. 1

事実である。

　とくにマイスター・エックハルトの永遠の把握はこうした後者の特徴を驚くべきほどはっきりとあらわしている。

　それは，時間とは流転するわれわれの生の尺度であれば，時間を考察し，その知見を踏まえて時間の根源である永遠を推論し，そこから照らし出された時間の意味を生きることがエックハルトの中心的関心事であったからであろう。

　以下，エックハルトの永遠理解の基礎とした「今」(nunc, nû) という時間把握を，トマスおよびトマスが依拠しているアリストテレスの「今」(τὸ νῦν) の把握を手がかりとした上で探り，そこから「その内で〈神が天と地を創造した〉始原（principium）とは，永遠の第一の単一なる今（primum nunc simplex aeternitatis）である」というエックハルトの永遠についての言説の論理構造を明らかにすることを試みたい。

1　二つの「今」(nû)

　「ドイツ語説教 69」の中でエックハルトは「今」に関してつぎのように述べている。

> 今（nû）とは時間の最小のもの（daz allerminste）である。それは時間の一かけら（ein stücke）でも，ある一部（ein teil）でもない。それはおよそ時間の味わい（ein smak），時間の尖端（ein spitze），時間の末端（ein ende）ほどのものである[3]。（引用 A）

　ここでは「今」は「時間の今」として時間の最小のものでありながら，時間の部分を構成する「一かけら」でも「一部」でもなく，時間の「味わい」，時間の「尖端」あるいは「末端」ほどのものとされている。

---

3)　*Meister Eckhart: Die deutschen und lateinischen Werke*. Herausgegeben im Auftrag der deutschen Forschungsgemeinschaft. Stuttgart, Kohlhammer, 1936 ff. Pr.69；DW III, 170, 2-3：Nû, daz ist daz allerminste von der zît; ez enist noch ein stücke der zît noch der zît: ez ist wol ein smak der zît und ein spitze der zît und ein ende der zît.

こうした「今」の理解に対して,「ドイツ語説教 9」では全く異なる「今」がつぎのように語られている。

> わたしが時間のひとかけら (ein stücke) をつかむとしても,そのひとかけらは今日でも昨日でもない。しかしわたしがこの今 (nû) をつかむならば,そのとき,この今はその内に一切の時間 (alle zît) を包括しているのである。その内で神が世界を創造した今 (nû) は,それはわたしがその内で現在話をしている今 (nû) のように,この時間に近いものであり,最後の審判の日も昨日あった日のように,この今 (nû) には近いものなのである[4]。(引用 B)

ここで語られている「今」は,その内で天地創造がなされた「今」であり,一切の時間を包括する「今」であるとされる。しかもこの「創造の今」は「現在の今」のようにわれわれに近く,「最後の審判の日」すなわち終焉も,われわれの昨日のように「創造の今」に近いとされている。

まずは,時間の最小のものでありながら,時間を構成するものではなく,時間の尖端,末端を意味する「時間の今」がどんな概念的枠付けによっているかを探ることにしたい。その後,そこにおいて創造 (generatio) がなされた一切の時間を内包する「創造の今」がエックハルトの「本質的始原論」という論理構造の内でどう位置づけられるのか,また「時間の今」と「創造の今」が近いとされたことはどのような意味をもつのかを考えてみたい。

2 中世の時間の定義

トマスの時間把握はつぎのようなものである。

---

4) Pr.9;DWI,143,7-144,3: Nime ich ein stücke von der zît, sô enist ez weder der tac hiute noch der tac gester. Nim ich aber nû, Daz begrîfet in im alle zît. Daz nû, dâ got die werlt inne machete, daz ist als nâhe dirre zît als daz nû, dâ ich iezuo inne spriche, und der jüngeste tac ist als nâh diesem nû als der tac, der gester was.

いかなる運動にあっても，かならず継次（successio）があり，一つの部分が他の部分に続くことになる。それゆえ，運動における先と後を数量化することによって，われわれは時間をとらえることができることになるとし，アリストテレスに従って，時間（tempus）とは「先後による運動の数」（numerus motus secundum prius et posterius）に他ならない[5]とするのである。

アリストテレスは『自然学』第四巻第十一章で先の時間定義をつぎのように語っている。

> より先とより後の別を覚知したとき，そのとき，われわれは時間が経過した，と語るのである。というのは時間（χρόνος）とはまさしくそうしたもの，すなわち〈より先・より後という観点から見られたところの，運動の数〉（ἀριθμὸς κιήσεως κατὰ τὸ πρότερον καὶ ὕστερον.）なのであるから[6]。

もとより時間は運動ではないが，運動が数を受け入れるもの，すなわち数えられるものとして見られた場合，時間は運動に即してとらえることができるとされる。われわれは大小を判定するのに「数」を用いる。一方，運動の大小を測るのには「時間」が用いられる。それゆえ「時間」とは一種の数になるとされるのである[7]。この場合「数」とは，それを以って数える単位としての数ではなく，「数えられた数」（τὸ ἀριθμούμενον）という意味である[8]。

また運動は絶えず移り変わっていくが，時間も同様に移り変わっていく。しかし時間は「今」（τὸ νῦν）として，その具体的な在り方，内容においては異なっているが，それが常に「今」であるという「今」本来

---

5) Cf.S.T.I,q.10,a.1. こうした時間把握に基づき，運動を欠き，つねに同じ仕方であるところのものにあっては，先後をつけることができない。それゆえ，時間の概念が運動における先後の数量化において，成立すると同様に，いかなる意味においても運動の外にあるものの一様性（uniformitas）の把握において，永遠の概念は成立することになるとされている。

6) アリストテレスの『自然学』第四巻第十一章 219a33- b2,（略 Phys. IV. 11,219a33-b2）森進一訳『アリストテレス』筑摩書房，参照。

7) Cf.Phys.IV. 11,219b5

8) Cf. Ibid. 11, 219b7-8

3 ドイツ神秘思想における時間把握

の姿においては同一である[9]，とされる。

　言い換えれば，「より先・より後」という先後関係が数えられうるとしたときに，初めて「今」という概念が成立するのである。したがって時間は，「今」において連続していると同時に，分割されてもいるが，それは，この連続性と分割作用の関係において，「時間」と「今」とは，それぞれ，「場所移動」と「場所移動を行う物体」とに対応しているからである[10]，と説明されている。すなわち，アリストテレスにおいては，時間とは，運動に即して「より先・より後」という先後関係において「数えられた数」としての「今」ということになる。この「今」は，それが常に「今」であるという「今」本来の姿においては同一であるが，「今」の具体的な在り方は，「ちょうど詭弁家たちがリュケイオンにいるコリスコスと，市場にいるコリスコスとは別人だ，と想定するのと同じ意味」[11]においては異なっているとされる。「運動する物体」もまた，つぎつぎと別の場所に移るという観点から見れば，異なっているといえるのである。さらに時間が運動に対応するように，「今」は，運動を構成するこの運動物体に対応するのである[12]。

　ここでは，場所の移動を例に引いて運動を説明しているが，生成，消滅，増大，減少，性質の変化など，時間の中において，運動とみられうるものすべてにこの論が当てはまることになる[13]。

　またアリストテレスは「精神が存在しなくとも，時間は存在しうるのかどうか」という問を立て，「数える働きを行おうとするもの」が存在しないならば，「数えられたもの」も存在しえないことになると語り，時間は運動の数，それも数えられた数であれば，「精神」つまり「精神のなかの知性」以外のほかの何ものも，本来，数えるという本性を持っていない以上，もし「精神」が存在しないならば，数えられた数である「時間」も存在することはできないのである[14]，としている。

　以上のようなアリストテレスの『自然学』第四巻で語られている「今」

---

9) Cf. Ibid.. 11,219b10-11
10) Cf. Ibid. . 11,220a4-6
11) Ibid. . 11,219b20-21,
12) Cf. Ibid. . 11, 219b21-23
13) Cf. Ibid. 14, 223a29-32
14) Cf. Ibid. 14, 223a21-26

の概念および，もし「精神」が存在しないならば，「時間」も存在することはできない，という時間理解は古代末期のアウグスティヌスの時間理解と共通したものであると言える[15]。

エックハルトもアリストテレス『自然学』第四巻（223a21-29）とその箇所のアヴェロエスの注釈，さらにアウグスティヌスの『告白』一一巻を挙げ，時間（tempus）が，自然的事物のうちに（in rerum

---

15) アウグスティヌス（Aurelius Augustinus 354-430）は『告白』（Confessiones）の中で，永遠と時間について広く知られているつぎのような言葉を語っている。「ですからあなたは何かを創るのに，時間において創ったのではありません。なぜなら時間そのもの（ipsum tempus）も，あなたが創ったのですから。またいかなる時間も，あなたと等しく永遠なものではありません。なぜならあなたは恒存しますが，もし時間が恒存するとすれば，もはや時間ではなくなるでしょうから。……ではいったい時間とは何でしょうか。誰もわたしにたずねないとき，わたしは知っています。たずねられて説明しようと思うと，知らないのです。しかしわたしは知っていると確信を持って言えることがあります。それは，〈もし何ものも過ぎ去らないならば，過去の時間はないであろう。何ものもやって来ないならば，未来の時間はないであろう。何ものもないならば，現在の時間（praesens tempus）はないであろう〉ということです」山田晶訳『告白』，中央公論社，1968年参照。(Confessiones XI,c.14,n.17 Nullo ergo tempore non feceras aliquid, quia ipsum tempus tu feceras.Et nulla tempora tibi coaeterna sunt, quia tu permanes; at illa si ermanerent, non essent tempora.… Quid est ergo tempus? Si nemo ex me quaerat, scio; si quaerenti explicare uelim, nescio: Fidentur tamen dico scire me, quod, si nihil praeteriret, non esset praeteritum tempus, et si nihil adueniret, non esset futurum tempus, et si nihil esset, non esset praesens tempus.) アウグスティヌスは，過去，現在，未来というわれわれの通常の時間意識を成立させているのはわれわれの精神の内にある働きであるとつぎのように結論づける。「ところでわたしにとって，明々白々となったことは，つぎのことです。すなわち未来もなく，過去もない。厳密な意味では，過去，現在，未来という三つの時があるともいえない。おそらく厳密にはこういうべきでしょう。〈三つの時間がある。過去についての現在，現在についての現在，未来についての現在〉，実際，この三つは何か魂の内にあるようなものです。魂以外のどこにも見出すことができません。過去についての現在とは〈記憶〉であり，現在についての現在とは〈注視〉であり，未来についての現在とは〈期待〉です。もしこういうことが許されれば，たしかにわたしは三つの時間を見，それどころか，〈三つの時がある〉ということをも承認します」(Ibid.XI,c.20,n.26:Quod autem nunc liquet et claret, nec future sunt nec praeterita, nec proprie dicitur:tempora sunt tria, praeteritum, praesens et futurum, sed fortasse proptie diceretur: tempora sunt tria, praesens de praeteritis, praesens de praesentibus, praesens de futuris. Sunt enim haec in anima tria quaedam et alibi ea non uideo, praesens de praeteritis memoria, praesens de praesentibus contuitus, praesens de futuris expectatio.Si haec permittimur dicere, tria tempora uideo fateorque, tria sunt.)。アウグスティヌスはさらに神の業についても神の現在へとすべて帰していくつぎのような理解を示している。「けれどもあなたは，いつも同一であり，すべての明日とそれより先のもの，すべての昨日とそれより以前のものを，今日創るであろうし，今日創ったのです」(Ibid I,c.6,n.10：Tu autem idem ipse es et omnia crastina atque ultra omnia que hesterna et retro hodie facies, hodie fecisti.)。ここには過去・現在・未来にわたる時間は神における今日であることが語られている。

natura）存在しない理由を次のように説明している。時間は本質的には，数（numerus）であり，数は，しかしそれ自体としては，またはその本性からは，存在しないものである。というのも，時間は，存在者（ens）と置換することができる一（unius）の欠如（privatio）にして反対（oppositio）だからである，と語っている[16]。その上で，時間と数は，本来的にして本質的には，魂の内にのみ存在するとし[17]，数である時間が魂の内にのみ存在する理由を，多数のものを同時に一なるものとして把握し，また多数のものを一なるものとして，かつ一なるものにおいて結合することは，魂のみに固有で本質的なことだからであり，そのことは，魂が肯定的ないし比較的命題を構成することから明らかである，としている[18]。

　すなわち，多である数は魂の内にあっては同時に一なるものとして把握され，一と存在者とは置換され同一であり，存在はつねに一の内にその座を持つゆえに時間は数であることから，時間は本性的に魂の内に存在し，魂に由来するのであると説明される[19]。

　ここでエックハルトが語っていることは，「一なるもの」（unum），「存在者」（ens），「真なるもの」（verum），「善なるもの」（bonum）という超範疇的なもの（transcendentia）の理解に基づいたロジックである。スコラ学においては，存在者（ens）は存在者（ens）であるかぎり，「一なるもの」（unum）であり，「真なるもの」（verum）であり，かつ「善なるもの」（bonum）であるとされ，これらはアリストテレスの語る十のカテゴリーを超えて適用される相互に置換可能な超範疇的概念群である[20]。「一なるもの」（unum）とは，他から区別される存在者（ens）の単一性であり，「真なるもの」（verum）とは認識可能なもの，「善なるもの」（bonum）とは意志の対象になるものという意味で語られる。およそ存在者（ens）であるかぎりの存在者（ens）は，現実態においてあるのであり，現実態にあるものは，認識可能なものであり，またある種

16）Cf.*Expositio libri Sapientiae* n.296; LWII,631,6-10
17）Cf.ibid.n.297：LWII,631,11-12
18）Cf.ibid.n.297：LWII,631,12-14
19）Cf.ibid.n.297：LWII,631,14-632,2
20）Cf. Prol.op.prop.n.11;LWI,171,11-12, In Ioh.n.512;LWIII,443,6-7

の完成であるので望ましいもの，善なるものである[21]。
　さらに事物（res）としてこの世界に実在する（existere）「存在者」（ens）と並んで，知性の内だけに存在するものも「存在者」（ens）と呼ばれる。すなわち，それに関し肯定命題が作られるかぎりは，たとえそれが実在的には何ものも措定しないとしても，「存在者」（ens）と言われうることになる。そうした例として「盲目」と「否定」をトマスは挙げている[22]。
　つまり，知性の内だけに存在するものも，ある「概念」（ratio）を有するかぎり，認識可能なもの，可知的なものとして「真なるもの」（verum）であり，その「概念」（ratio）は知性（intellectus）ないし「魂」（anima）の「存在」（esse）を受けて存在者（ens）として知性の内に実在するのである。こうした存在者（ens）は概念的存在者（ens rationis）と呼ばれる。すなわち，実在的存在者（ens reale）は，すべてそれに対応する概念的存在者（ens rationis）を有するが，しかし概念的存在者（ens rationis）のすべてがそれに対応する実在的存在者（ens reale）を有するわけではないということになる[23]。エックハルトはこうしたトマスの理解を踏まえた上でつぎのように述べている。

　　さらにまた，魂は，その固有性からして，非存在者について，例えば，過去のものや未来のものについて，あるいは，キマイラについて，さまざまな命題を形成するが，これらの命題は真なるものであって，したがって存在者に関係するものである[24]。

　すなわちキマイラのように現実には実在しないものも，概念として命題を形成すれば，たとえば，「キマイラとは頭部はライオン，胴は山羊，尻尾はドラゴンである空想上の動物である」とすれば，認識可能であり，そのかぎりにおいて真なるもの（verum）であり，知性が認識する

---

[21] Cf.S.T.I,q.5,a.3
[22] Cf.*De ente et essential*,c.1
[23] 山田晶『トマス・アクィナスの〈エッセ〉研究』創文社，1978年，397頁参照。
[24] In Sap.n.297;LWII,632,2-4:Rursus etiam anima ex sui proprietate format propositiones de non ente, puta de praeterito et futuro, de chimera, et has veras et per consequens entes.

かぎり，知性の存在（esse）を受けて実在する（existere）ことになるというものである。多なるものである数としての時間もキマイラ同様，概念的存在者（ens rationis）として魂の内にのみ存在する。

時間という概念的存在者を在らしめているのが，「これこれの存在者」（ens hoc et hoc）としての個々の魂であるが，個々の魂の存在は「これこれの存在」（esse huius et huius）として，しかしながら，神の絶対的にして端的な存在（esse absolute et simpliciter）に無媒介に在らしめられている[25]とされる。神的存在は第一の現実態（actus primus）として個々の存在者を無媒介に存在せしめている根拠そのもの[26]だからである。

> それゆえに，多なるものは，それ自体としては，魂の内では，一なるものであるように，非存在者といえども，魂によって，魂の内では，存在者であり，存在の内にあり，存在もそれらのものの内にあり，そのようなものは神の内にあり，神はそれらの内にある[27]。

存在者は存在するかぎり存在の内にある。存在の外は無だからである。存在は神に他ならない[28]。

3　瞬間として今の無時間性

さて，アリストテレスは『自然学』第八巻第八節で，白い事物が白くないものに成るという性質変化の運動（付帯性の消滅）に関してつぎのような考察を行っている。

> 時間が ACB であらわされ，事物が D であらわされるとしよう。こ

---

25)　Cf.Prol.op.prop.n.3; LWI,166,12-167,1
26)　Cf. In Ioh.n.325; LWIII,273,8-10
27)　Ibid.632,5-6：Sicut ergo multa in se in anima sunt unum, sic non entia ab anima et in anima sunt entia, sunt in esse, et esse est in ipsis, ipsa in deo et deus in ipsis.
28)　Cf.Prol.op.prop.n.1; LWI,166, 1

のものが時間Aにおいては白く，時間Bにおいては白くないとすると，Dにおいては，白いとともに白くないことになる。というのは，もしAという全時間の間に白かったとすれば，Aに含まれるどんなもの（Aの部分および今）においても白いのであり，そしてBにおいては白くない，と言うことが真であるが，Cはこれらの A と B との両者の内にあるからである。それゆえ（矛盾律に反しまいとすれば），全時間白いということを認めてはならず，最後の今すなわちCを除く全時間において白いと言わなければならない。C はすでにより後の時間に属しているのである[29]。

すなわち変質の極点をCとすると，このCは，事物Dが白いものである時間の終端（τελευτή）であり，同時に事物Dが白くないものである時間の始端（ἀρχή）でもあることになる。つまり事物Dは，Cにおいて白いものであり，同時に白いものではないという矛盾律を犯す事態となるとされる。

矛盾律に反することを回避するためには，時間のより先とより後とを分割する点（今）が，運動する当の事物に関する限りでは，常により後の時間に属するとしなければならないとされる[30]。すなわち生成（fieri）によって，質料に或る形相が導入された場合，基体（subiectum）という観点からいえば，この分割点である「今」は常により後の時間に属することになると理解されなければならないことになる。

アリストテレスは，時間を不可分なアトム的時間単位から構成されているとは考えず，時間は無限に分割可能であり[31]，その時間を限定する分割点を「今」（νῦν）と呼び，「今」と「今」の中間が時間であると考

---

29) Phys. VIII.8,263b15-21. 出・岩崎訳『アリストテレス全集 3　自然学』岩波書店，350頁。ただしここで注意すべきことは，時間AおよびBはこの後で批判される不可分な時間単位として想定されていることである。時間ACBのCとはしかしながら不可分な時間単位ではなく，時間Aと時間Bの接する区分点を表している。しかしここでの主張の主眼は，Cのより後の時間への帰属という，アリストテレスの時間把握の基礎的要件をなす理解である。

30) Cf.ibid.263b9-15

31) Cf.ibid.237b20-21:「というのは，大きさも時間もすべて常に可分割的だからである」(πᾶν γὰρ μέγεθος καὶ πᾶς χρόνος ἀεὶ διαιρετά.) ; Phys. VI .6,237a26

3　ドイツ神秘思想における時間把握

える[32]が，これを否定し，不可分な時間（いわば最小の時間単位としての原子的なもの）を主張する立場に対して，先の例とは反対に，白くない事物Dが白くなるという性質変化の運動（付帯性の生成）を例にとって以下のように批判を加えている。

> しかし，もし以前にはなかったのに在るものは何であれ，あるものに成るのでなければならず，それがあるものに成りつつあるときには（まだ）あらぬのであるならば，時間は（不可分な）時間へと分割されえないはずである。なぜなら，もし（時間が不可分な時間へと分割されるとし）A（その最後の不可分な時間）に接続する異なる不可分（原子的）な時間Bにおいて，Dは白くなったと同時に白くあれば——すなわち，もしAにおいては白くなりつつあったのであって（まだ）白くはなかったのであるが，Bにおいては白くあるとすれば——，AとBとの間で，ある生成がおこなわれたはずであり，したがって，その生成のおこなわれた時間もあるはずである（しかるに，BはAに接続する不可分な時間と仮定されたのであった）からである[33]。

存在しないものが存在するには生成によらねばならない。以前存在しなかったが，今存在するものは何であれ，存在するものに成るのでなければならない。しかしAにおいてDは白くなりつつあるがまだ白くなく（non esse），Bにおいてはすでに白くなったので白くある（esse）ことになる。もし，時間が不可分な時間へと分割されるとしたら，BはAに接続する不可分な時間と仮定されたのであるから非存在（non esse）から存在（esse）へと移行したことになり，生成を入れる余地はないことになる，というものである。

　トマスは『自然学注解』で，創造（generatio）による以外，非存在（non esse）から存在（esse）へとは何ものも移行しないと注釈を加えている[34]。

32）Cf.Ibid.237a9-11
33）Ibid.263b26-264a1. 出・岩崎訳351頁。
34）Cf. *Expositio in libros physicorum Aristotelis*,lib.8,lect.17,n.11,23.BREPOLLS（Brepols

アリストテレスは，時間の不可分な単位を否定する立場では生成に対する理解は全く異なるとして，同様に白くないものが白いものに成るという生成変化の例に即してつぎのように述べている。

　　彼ら（アリストテレスも含め不可分な時間を否定する人々）によれば，Dが白くなりつつあった当の時間の末端の点において白くなったのであり，白くある。そして，この点に接続ないし継続するどんな点もない。不可分な時間は（それを主張する人々にとっては）継続的と考えられているけれども。さらに，もしDが全時間Aにおいて白くなりつつあったとすれば，それが白くなりつつあった上にさらに白く成ったのに要した全部の時間が，単に白くなりつつあった際に要した全時間より多いことはない（すなわち，時間においてではなく，時間点，今において白くなったのである）ということは明らかである[35]。

　トマスはこの箇所に対し，すなわち白く成ったのに要したすべての時間の末端の点Cという「今」に関してつぎのように注釈している。

　　ひとつの同じ時間があり，そのうちで事物は成ろうとしつつあった（fiebat）し，またすでに成った（factum est）のである。しかしそれは先行するすべての時間においては，成ろうとしつつあり，非存在者（non ens）であった。またその反対に，この時間の最後の今には（in ultimo nunc temporis），成った（factum est）のであり，存在者（ens）である。そしてこれは先行する時間に対し，習態（habitus）とか，結果的に（consequenter）ではなく，その端（terminus）として関係しているのである[36]。

Publishers Online）
　35)　Phys. VIII.8, 264b2-6. 出・岩崎訳 351 頁。
　36)　Cf. Exp. in libr. Physi.lib.8,lect.17,n.11,40：Sed fiebat et erat non ens in toto tempore praecedenti: est autem factum et ens in ultimo nunc temporis; quod quidem non se habet ad tempus praecedens, sicut habitum aut, sed sicut terminus eius.

すなわち継次するひとつの同じ時間の内で生成が起こるが，生成の「今」に先行するすべての時間においては，生成が完了していない限り生成したもの「白いもの」はまだ存在しない，非存在者（non ens）である。つまり事物Dは白いものではない。しかしこの時間の最後の「今」においては生成が完了したので，つまり事物Dはすでに「白いもの」としての存在者（ens）であることになる。しかしこの「今」は結果的に獲得した事態としてではなく，先行する時間の終端であるとされる。トマスはさらにつぎのように注釈を加える。

　　つまり全的時間において（in toto tempore）事物は生成し，時間の終端において（in ultimo termino temporis），それは成し遂げられ存在する。しかし時間と時間の端は，点が線に大いさ（magnitudo）を付加しない以上に，時間のみよりも大きいものではない[37]。

　すなわちこのトマスによって注解された「時間の終端である今」（ultimum nunc tempolis）は点が線にいかなる長さも付加しないように，時間に何も付加しないという意味において無時間な「時間の今」であることになる。すなわち先のエックハルトの「引用A」の時間の最小のものでありながら，時間の部分を構成するものではなく，時間の尖端あるいは末端ほどにすぎないとされた「今」（nû）の理解は，以上のような論理枠組みを前提としていることが確認できるのである。
　ただし注意を要することは先に見たように，「今」は「場所移動を行う物体」に対応するならば，後の時間に属すると考えるべきであるとアリストテレスが語ったように，またCはより後の時間に属すとされていたように，生成によって，質料に或る形相が導入された場合も，基体（subiectum）に対応するならば，この分割点である「今」は常により後

---

[37] Cf.ibid., lib.8,lect.17,n.11,51：Quia in toto tempore fit, in ultimo autem termino temporis est factum: tempus autem et terminus temporis non sunt aliquid maius quam tempus tantum, sicut etiam punctum nihil magnitudinis adiicit lineae. 不可分な単位から構成されていない時間は，連続的な継次であり，それ故に事物は「全的時間において」生成すると語られているのである。「点が線にいかなる大きさも加えない以上に」とは，「点」によって「線」が構成されているのではないように，「今」によって「時間」が構成されているのではないというアリストテレスの理解に基づいた注釈である。

の時間に属することになると理解されなければならないことである。

「成るものはない」，すなわち生成するものは存在しない（quod fit,non est）ということを担保しない限り，同じひとつの事物が白くないと同時に白いという，矛盾律に反する事態となるからである。しかしながらこの「時間の終端である今」は生成過程の最後の時間の端であると共に，生成が成し遂げられている端でもあることは明らかである。

論理上，Cである「今」は「生成」と「存在」が同時に成ずる場であることは否定できないであろう。アリストテレスは，こうしたアポリアをつぎのように切り抜けようとする。時間のより先とより後とを分割する点（今）は確かにより先のものとより後のものとの両者に共通であり，数的に一つで同じものであるが，規定の上では同じものではない[38]，すなわちより先のものには終わりを規定する「終端」として，より後のものには始めを規定する「始端」となるという理解である。「終端」という規定に対しては「生成」が，「始端」という規定に対しては「存在」が振り当てられることになるのである。

つまり，時間の端（terminus temporis）であり，先行する時間にいかなる大きさも付加しないとすれば，この「今」（nunc, nû）とはそれゆえに「瞬間」（instans, ougenblik[39]）であることになる。エックハルトも，点が大きさではないように，「瞬間」（instans）は時間（tempus）ではないと明確に語っている[40]。

ところで，トマスによれば変化（mutatio）が瞬間的（in instanti）であるのは，形相の側からと，基体の側から，さらに能動原因の側から，の三様の理由によるとされる。まず，実体的形相は健康と異なり，大小という程度を受け入れないので，質料への導入は継次的ではなく瞬間的である。つぎに，基体自体が形相への最終的な準備態勢にある場合も

---

38) Cf. Phys.VIII,8,263ab10

39) ougenblik はドイツ語説教では副詞的用法で「ほんの一瞬でも」という意味で用いられている例がほとんどである。例えば，「ここにある人がいて，知性によってほんの一瞬でも（einen ougenblik）真にこの力の内にある歓喜と喜びとをかいま見るとするならば，彼が負える苦しみのすべて，神が彼に課そうとする苦しみのすべてさえも彼には取るにたらないささいなことのように無きにひとしきものに見えるであろう」Pr.2;DWI,36,3-6。「もし神が一瞬でも（einen ougenblik），一切の被造物に背を向けるならば，一切の被造物は無に帰すであろう」」Pr.4;DWI,70,3-4。

40) In Ioh.n.475;LWIII,408,11: sicut nec punctus est quantitas nec instans est tempus.

導入は瞬間的である。最後に，能動原因が無限の力を有する場合も瞬間的であるとされる[41]。最後のものは奇跡に対する神学的担保である。すなわち二番目の場合の例として，水が継次的に熱せられるように，基体は時として継次的に形相の受容へと準備づけられるが，基体自体が形相への最終的な準備態勢にある場合には，たとえば透明な物体（空気）はただちに照明されるように，ただちに形相を受容すると語る[42]。生成は，基体において形相の受容に対する準備付けが完了していれば，その準備付けが継次的であろうがなかろうが，生成は瞬間的であることになる。

ということは，これまで見てきたように生成の場が「時間の終端である今」（ultimum nunc tempolis）であるならば，この「今」（nunc）は「瞬間」（instans）に他ならない。

以上まとめるならば，アリストテレスは時間を不可分な時間単位から構成されているとは考えず，時間は無限に分割可能であり[43]，その時間を限定する分割点を「今」（νῦν）と呼び，「今」と「今」の中間が時間であると考える[44]。しかし分割点であるかぎり，先行する時間の終端であり同時に後続する時間の始端でもあるが，この今は運動する事物に関するならば常により後の時間に属すると考えるべきであるというものである。

さらにトマスによれば，より後の時間に属するこの「時間の終端である今」は生成が完了した存在者（ens）の場であるが，時間に何も付け加えないという意味で無時間の場，「瞬間」（instans）であることになる。エックハルトも「今」（nunc, nû）は「時間」ではなく，「瞬間」も「時間」ではないと理解していることはすでに見たように明らかであるが，エックハルトは「今」を「瞬間」であると考えていたのであろうか。考えていたのであれば，「瞬間である今」とはどのような「今」として理解したのであろうか。

---

41) Cf.S.T.III,q.75.a.7
42) Cf.ibid.
43) Cf.Phys.Ⅵ.6,237a26
44) Cf.Ibid.237a9-11

4　永遠の第一の単一なる今
（primum nunc simplex aeternitatis）

　先の引用文Bにあった，一切の時間を包括する「今」については，つぎのように述べられている。

　　時間は，永遠の内では満たされている。というのも，永遠の今（nunc aeternitatis）は，最も満たされた仕方ですべての時間を包括しているからである[45]

　その上でさらにつぎのように語る。

　　すべての時間とその差異は（omne tempus et eius differentia）永遠の今の内に（in nunc aeternitatis）同等の仕方で含まれている[46]

　時間の差異である過去・現在・未来という時制は，時間の継次においては，一切の未来は現在となり，一切の現在は過去となるのであれば，永遠の今の内にそれぞれ多くもなく，少なくもなく同等に含まれていることになる。
　また，その内で創造がなされた「永遠の今」に関してもエックハルトはつぎのように述べている。

　　その内で〈神が天と地を創造した〉始原（principium）とは，永遠の第一の単一なる今（primum nunc simplex aeternitatis）である。すなわちそれは，その内において神が永遠に存在し，さらにまた，そ

---

　　45)　In Ioh.n.293;LWIII,245,10-11:Adhuc autem tempus plenum est in aeternitate; nunc enim aeternitatis plenissime complectitur omne tempus.
　　46)　In Exod.n.167;LWII,146,10-11：Sic enim omne tempus et eius differentia includitur aequaliter in nunc
　　　aeternitatis.

の内において神的ペルソナの流出が永遠にあり，あったし，またあるであろう全く同一の今（nunc）である。それゆえ神は，天と地を神自身である，絶対的な第一の始原において（in principio absolute primo），いかなる媒介も間隙もなく創造した，とモーセは語るのである[47]。

ここでは「始原」は「永遠の今」とされている。その内で創造がなされた「永遠なる始原」は，「第一の単一なる今」として一切の時間の差異を同等に包括した，それゆえに，神的ペルソナの流出が「あり，あったし，またあるだろう」全く同一の「今」と理解されているのである。「永遠の今」に対し，「第一の」（primum）ならびに「単一なる」（simplex）という語が付加されていることが確認される。

エックハルトはラビ・モイゼス（マイモニデス）の『迷える者の手引き』第二巻三一章の解釈を引用し，「始原」と「第一のもの」の間には，相違があるとする。「始原」とは時間的に先行していないところのもののことであり，「第一のもの」とは，時間的に先立つものではあるが，その際にそれの後なるものの原因ではないようなもののことであるとしている[48]。つまり，「第一」という概念が付加されることによって「始原」は「第一原因」を補完的に意味することになる。

「単一」という概念によっては，「天地創造」，「神の存在」，「神的ペルソナの発出」がそれぞれ異なる三つの「始原」ではなく，唯一の同一の始原であることが表明されている。すなわちそこで，神が存在し，神的なペルソナの発出があり，世界が創造される，神自身であるこの「始原」（principium）とは「永遠にあり，あったし，またあるであろう全

---

47) In Gen.I,n.7.LWI,2,65,8-12: Rursus tertio principium, in quo *deus creavit caelum et terram*, est primum nunc simplex aeternitatis, ipsum, inquam, idem nunc penitus, in quo deus est ab aeterno, in quo etiam est, fuit et erit aeternaliter personarum emanatio. Ait ergo Moyses deum caelum et terram creasse in principio absolute primo, in quo deus ipse est, sine quolibet medio et intervallo.
48) Cf. In Gen.I,n.17 エックハルトはラビ・モイゼス（マイモニデス）の『迷える者の手引き』第二巻三一章の解釈を引用し，始原と第一のものの間には，相違があるとする。始原とは時間的に先行していないところのもののことであり，第一のものとは，時間的に先立つものではあるが，その際にそれの後なるものの原因ではないようなもののことであるとする。

く同一の今（nunc）」として語られるのである。

　神がその内で，天地を創造した始原において，神は永遠に存在し，神的ペルソナの流出が永遠にあり，あったし，またあるであろうと語られていたように，「始原」（principium）はエックハルトにとっての中心的関心事である神の「存在」（esse）・「出生」（generatio）・「創造」（creatio）の三重の観点が畳み込まれたいわばトリアーデ構造を持つものであるといえる[49]。

　トマスは，ボエティウス『哲学の慰め』第五巻にある永遠の定義，「永遠とは，果てしなき生命の，同時に全体的な，完全な所有である」（aeternitas est interminabilis vitae tota simul et perfecta possessio）とは適切であるかという問題を立て，適切であるとした上で，二つの点より永遠は知られるとする。第一には，永遠においてあるところのものが，「果てしなきもの」（interminabile）であること，すなわち初めとしての「果て」（terminus）と終わりとしての「果て」とを欠くものであるという点からであり，第二には，永遠そのものが，「その全体が同時に存在するもの」（tota simul existens）として，継次（successio）を欠くものであるという点からである[50]。

　トマスはさらに，ボエティウスの永遠の定義で語られた「全体的」とは継次的なものである「時間」を排除するためであり，「完全な」とは不完全である「時間の今」（nunc temporis）を排除するためであると説明している[51]。このトマスの永遠に関する解釈は，すでに見たように，連続的継次を分割する今と今の中間が時間であるというアリストテレスの時間把握に対応してこれの否定を介して導き出した永遠の理解である。

　これに対し，エックハルトは同じボエティウスの『哲学の慰め』の第三巻にある「すべてのものは自分に固有な帰還を求めており，あるものに与えられた秩序は，それが終焉に始まりを結合するときにのみ保たれ

---

49) 始原の有する「トリアーデ構造」に関しては以下の拙著を参照されたい。『マイスター・エックハルト研究——思惟のトリアーデ構造 esse・creation・generatio 論』1996 年，創文社，特に 63-68 頁。
50) Cf.S.T.I,q.10,art.1
51) Cf. Ibid.

る」に依拠し[52]，「一般には，終焉は始原に対応している」[53]として，「神は存在として第一のものにして究極のものであり，〈始原にして終焉〉である」[54]と，「始原」(principium) と「終焉」(finis) とを，すなわち初めとしての「果て」(terminus) と終わりとしての「果て」(terminus) とを重ね合わせる[55]。

開始する始原が同時に完了した終焉であるならば，創造された一切のものは，現在創造しているものであり，現在創造されているものは，過去ですでに創造が完了している。

「それゆえに神が過去のものとして創造したすべてのものを，神は〈始原のうちにおいて〉現在のものとして創造しているのである。神が今，ちょうど〈始原のうちにおいて〉のように創造し，働きを及ぼすものは，神は同時に完了した過去のうちで創造したのである」[56]。開始する始原の現在性は同時に終了した終焉の完了性と一つに重ねあわされるのである。

「創造していること」と「創造したこと」は，時間における「今」が「生成」と「存在」の一致の場であったようにまさに重ね合わされるのである。

トマスは時間の「今」における瞬間的変化 (mutatio in instanti) について，つぎのような説明をしている。

瞬間的な変化においては，「照明される」と「照明された」が同時的であるように，「成る」と「成った」は同時的である。というのも，このような変化においては，すでに在るということに即して「成った」と言われ，それ以前には存在しなかったということに即して，「成る」と言われるからである[57]。

---

52) Cf.In Ioh.n.429 ; LWIII,366,5-6
53) Cf.Ibid.365,11: Notandum quod universaliter finis respondet principio.
54) Prol.gener.n.20;LWI,164,11-12: Adhuc autem deus, utpote esse, est primum et ultimum, 'principium et finis'.
55) エックハルトは，「シラ書24・24」に依拠して，終焉と始原が同一のところにおいては，つねに業はそれ自身のために存在するのであり，働きは働きのために存在するのであるとしている (In Ioh.n.177)。
56) Ibid.164,12-13: Igitur omne quod creavit praeteritum, creat ut praesens in principio;quod creat sive agit nunc ut in principio, simul creavit in praeterito perfecto.
57) Cf. S.T.III,q.74.a.7

エックハルトはこの同時性を永遠の内に持ち込む。「終焉と始めとが同一のところでは、生じるのも、生じたのも、さらには始まるのも、完了したのも必然的に同時だからである」[58]。そして時間における「今」が、先行する時間の「終端」として、先行する時間に何ほどの大きさも付加しないという意味で無時間的であり、「瞬間の今」であるとされた同じ論理的枠組が永遠理解に導入されるかのように、「永遠である始原」[59]は「第一の単一なる今」であると語られる。この「始原」(principium)はそれゆえ「瞬間である永遠」と理解されていることになるであろう。

　時間において継起する行為の開始と終了とは、永遠なる始原においては、同時であることになる。さらに神は「初め、始原」において業をなすので、すべての神の業は常に初めであり新しいことになる。それゆえに神は創造を完了したのであるが、それにもかかわらず絶えず創造しつつあるという仕方で新たな不断の着手という着想が持ち込まれてくるのである。

　　それゆえに神は〈創造した〉のであるが、それにもかかわらずたえず創造しつつあるという仕方で〈創造した〉のである。というのは、始原のうちにあるもの、そしてその終焉が始原であるものは、たえず生じ、たえず生まれ、たえず生まれたからである[60]。

　「第一の今」すなわち「永遠の今」の始原性は「終焉」の有する完了性と結びつけられ、さらに「始原」が「生成と存在の同一」の場であることから、創造は「不断の反復性」を獲得する。エックハルトの神学の独自な特徴を構成する「継続的創造」(creatio continua)および「継続的出生」(generatio continua)はこうした「瞬間的永遠論」の構造から導き出されているのである。

---

　58)　Ibid.n19;LWI,163,9-10:Ubi enim finis et initium idem, necessario simul fit et factum est, simul incipit et perfectum est.
　59)　Cf.In Ioh.n.216; LWIII,181,8-9: Creavit enim mundum in primo nunc aeternitatis, quo ipse deus et est et deus est.
　60)　Ibid.n18;LWI,162,14-16:Sic ergo creavit, ut nihilominus semper creet. Quod enim est in principio et cuius finis principium, semper oritur, semper nascitur, semper natum est.

さらにまた再び言うならば,ここでは終焉が始原であるから,完了したものは常に始まるのであり,生まれたものは常に生まれるのである。それゆえに神は万物を創造したのであるが,それは創造するということが中止されたのではなく常に創造し,創造することが始まるからである[61]。

エックハルトは「わたしの花は実である」という「シラ書24・23」を引き,終焉と始原が同一のところにおいては,つねに業はそれ自身のために存在するのであり,働きは働きのために存在するのである[62]と語る。しかしこれは神にのみ属することであり,したがって神的であるかぎりでの神的なものに属するのであるとした上で,こうしたものはなぜ(quare)ということを持つことはなく,すべてのものの,またすべてのものにとってのなぜなのである[63]と説明する。さらにドイツ語説教では次のような例を引いて語っている。

だれかが命に向かって千年もの間,〈あなたはなぜ生きるのか〉と問いつづけるとしても,もし命が答えることができるならば,〈わたしは生きるがゆえに生きる〉という以外答はないであろう。それは,命が命自身の根底から生き,自分自身から豊かに湧き出ているからである。それゆえに,命はそれ自身を生きるまさにそのところにおいて,なぜという問なしに生きるのである。もし,だれかが,自分自身の根底から働く,真理を得た人に,〈なぜあなたは,あなたの業をなすのか〉と問うならば,これに正しく答えようとすればこの人はこういう他はないであろう。〈わたしは,働くがゆえに働く〉と[64]。

---

61) Ibid.n21;LWI,165,1-3: Rursus etiam quia finis ibi est principium, semper perfectum incipit et natum nascitur. Sic ergo deus creavit omnia, quia creare non desiit, sed semper creat et creare incipit.
62) In Ioh.n.177;LWIII,145,12-13: Ubi enim finis et principium idem,semper est opus propter se ipsum,opus propter opus, operari propter operari.
63) Ibid.n.50;LWIII,41,11-12: Finis enim universaliter est id ipsum quod principium. Non habet quare, sed ipsum est quare omnium et omnibus.
64) Pr.5b;DWI,91,10-92,6: Swer daz leben vrâgete tûsent jâr: war umbe lebest dû? solte ez antwürten, ez spræche niht anders wan: ich lebe dar umbe daz ich lebe. Daz ist dâ von, wan leben

始原と終焉が同一な場における行為はいかなる「何故」(quare) も撥無する「働くがゆえに働く」という再帰的トートロジーの構造を露わにするのである。「わたしは在るというものでわたしは在る」(Ego sun qui sum.) も神的知性の自己認識としてのこうした根拠づける根拠の再帰的トートロジーの構造に基づく言表である。それゆえ「神にのみ属すること」と語られるが、同時に自分自身の根底から働く、「したがって神的であるかぎりでの神的なものに属する」「真理を得た」人間の行為として要請されてくるのである。

5　時間の中の永遠

　永遠である「創造の今」の内には一切の時間が包括されているとされたが、「時間」の内においてこの永遠なる「創造の今」はどのようにとらえられているのであろうか。最後に先の「引用B」で述べられていた「創造の今」と「時間の今」の近さ (nâhe) について、エックハルトの理解をみておきたい。時間は永遠から流れ出てきたものとして、つぎのようにエックハルトは語っている。

　　永遠そのものであり、ないしは永遠の今である永劫 (aevum) そのものから直接に降り下ることを、神は時間に命じるのであり、その結果、時間と永遠とはあたかもある種の連続的なもの、かつ相互に隣接するもののように存在しているのである。すなわち今日の日が昨日から、今日の天の回転が昨日の回転から連続的に流れるように、絶えず永遠から、永劫から時間は流れてきたのである[65]。

---

lebet ûzer sînem eigenen grunde und quillet ûzer sînem eigen; dar umbe lebet ez âne warumbe in dem, daz ez sich selber lebet. Swer nû vrâgete einen wârhaften menschen, der dâ würket ûz eigenem grunde: war umbe würkest du dîniu werk? solte er rehte ntwürten, er spræche niht anders dan: ich würke dar umbe daz ich würke.

　65)　In Ioh.n.216;LWIII,181,15-182,3: Deus iubet tempus descendere immediate ab ipso aevo, quod est aeternitas ipsa vel nunc aeternitatis,ut tempus et aeternitas sint quasi quaedam continua et contigua sibimet mutuo, ut scilicet semper ab aeterno tempus ab aevo fluxerit, sicut dies hodierna ab hesterna et circulatio caeli hodierna ab hesterna fluit continue,

3　ドイツ神秘思想における時間把握

時間は，永劫（aevum）[66]から直接に，連続して流れ下り，あたかも永遠に隣接するかのように存在していると語られている。

　　神は，唯一の，すなわち同一の単一の働きによって，しかも永遠においてと同時に時間において働いているのであり，このようにして神は永遠なものと同時に時間的なものも，非時間的に生じせしめるのである[67]。

永遠における神的働きが同時に時間の内で非時間的になされるのであるならば，時間の内には非時間的な働きの場があることになる。この問題は「全体が同時的に存在する」永遠という在り方が時間と場所のうちで，いかなる在り方として可能であるかという問題として，アンセルムスによって『モノロギオン』で採り上げられたものと同断である[68]。アンセルムスがたどり着いた結論はつぎのようなものである。

　　最高の本性は他の仕方で存在することは不可能であるから，必然的

---

66)　永劫（aevum）とは，時間（tempus）と永遠（aeternitas）との間に介在する中間者として，これら両者のいずれとも異なる。諸々の天体や，天使たちの場合，実体の存在は不変転的であるが，場所的変転性を伴う。それゆえ，この種のものは，永遠と時間との中間者である永劫によって測られる。時間は先後を有するが，永劫それ自体は先後を有しないが，先後が結合されえるものである。しかし，永遠は先後を有せず，その共存もまったく許さないとされる（Cf.S.T.I,q.10,a.5）。時間は永遠から流れ下るということをエックハルトは天体を考慮して永劫という概念で語っているようであるが，永遠と永劫を同一視しており不明瞭であるといわざるをえない。

67)　In Ioh.n.216;LWIII, 182,3-5: unica scilicet et eadem simplici operatione, et in aeternitate et in tempore operator,sic tempolalia ipse intemporaliter sicut aeterna.

68)　アンセルムスの永遠の理解の要となっているのは，永遠はその全体が同時に存在しているという点である。さらに『モノロギオン』では，そうした「全体が同時的に存在する」永遠という在り方が時間と場所に関しいかなる在り方として可能であるか丹念に検討されている。その結果，それはどのような場所またどのような時間にも存在しない，すなわち，どこにもまたいつでも存在しない ことが明らかとなる。区別されている時間と場所に全体が在ることは，そもそも，それはすべての場所，すべての時か，ある場所，ある時にしか存在しえない ことを意味し，いずれも複数の全体があることになるか，全体が区分されることになるかで，全体が同時に存在することにはならないことが明らかにされる。結論としてアンセルムスは，この最高の本性がないなら，何ものも，どこにもまたいつでも存在しないことも反論の余地のないほどに確かであるから，必然的にこの本性はいたるところに常に存在する，と語る。Cf.Monologion,c.21,『中世思想原典集成7』古田暁訳「モノロギオン」参照。

にそれは存在するすべてのもののうちに存在し，しかも一で同一で，完全な全体として個々のうちに同時に存在する[69]。

エックハルトもほぼ同様な趣旨をつぎのように述べている。

> 神は，すべての被造物の内にある。それらが存在を持つかぎり。しかし一方でそれらを超えているのである。神がすべての被造物の内にあるというまさにそのことによって，神はそれらを超えているのである。多くの事物の内において一であるもの，そのものは必然的にそれらの事物を超えている。何人かの師は，魂は胸の内にしかないと考えているが，それはそうではなく，この点に関して偉大な師たちも誤りをおかしている。魂はそのまま，分けられることなく，完全なまま足の内に，あるいは目の内に，そしてどの体の部分にもあるのである[70]。

　魂が肢体の各部分に全体として存在するというこの例は，始原（principium）と始原から生みだされたもの（principiatum）の関係を示唆するものである。しかも始原である存在と始原から生みだされた存在者の間にいかなる媒介も介在しない。
　神はそれ自身，すべてのものの存在にして始原であり，したがって此岸にあるすべてのものは神からその存在を受け取っており，しかも直接に受け取っているのであるが，それというのも，存在と存在者それ自身の間には，いかなる媒介も介在しないからである[71]。

---

69) Ibid. c.23：Et quoniam, sicut supra expositae rationes docent, aliter esse non potest, necesse est eam sic esse in omnibus quae sunt, ut una eadem que perfecte tota simul sit in singulis.

70) Pr.9;DWI, 143,1-7:Got ist in allen crêatûren, als sie wesen hânt, und ist doch dar über. Daz selbe, daz er ist in allen crêatûren , daz ist er doch dar über; waz dâ in vil dingen ein ist, daz muoz von nôt über diu dinc sîn. Etlîche meister wolten, daz diu sêle aleine in dem herzen wære. Des enist niht, und dâ hânt grôze meister an geirret. Diu sêle ist ganz und ungeteilet alzemâle in dem vuoze und alzemâle in dem ougen und in ieglîchem glide. アンセルムスも『プロスロギオン』第13章で，ある場所にその全体が存在するとき，他の場所に同時にその全体は存在しえても，どこにでも存在しうるわけではないというものは，制約されていると同時に制約されていないものであると語り，その例として，身体における魂の全体的遍在を挙げている。

71) Cf.In Ioh.n.205;LWIII,172,12-14

3 ドイツ神秘思想における時間把握

存在は現実態として (esse in actu), 存在者 (ens) を無媒介に不断に在らしめている。「永遠の場」が時間の只中にあることになる。

すでに語られたように, 神はすべての事物の内にある。しかし神が知性的であるかぎり, 神が神本来のあり方をとるのは, 天使の内と魂の最内奥と最高所とをおいては他にないとエックハルトは語る[72]。時間が一度たりとも侵入せず, 像がひとつたりとも光を当てたことのないそこにおいて, 魂の最内奥にして最高所の場において神は全世界を創造する[73]。過ぎ去ったものすべて, 現に在るものすべて, 未だ来らざるものすべて, それら一切を神は魂の最内奥で創造する[74]のである。そしてこれまでの時間論および永遠論が準備した論理地平はドイツ神秘思想の提示する一つの救済論的メッセージへと収斂していく。

> 父である神はその子を魂の最内奥で生むのであり, その独り子と共に父はあなたを独り子に少しも劣らぬものとして生むのである。わたしが神の子であろうとするならば, わたしは, 神の子が子である, けっして別なものではないその同じ存在において子でなければならないのである。わたしがひとりの人間であろうとするならば, 動物の存在においてひとりの人間であることはできない。わたしは人間の存在においてひとりの人間でなくてはならないのである。しかしわたしがこの(限定された)人間であろうとするならば, わたしはこの(限定された)有においてこの人間でなくてはならないのである。聖ヨハネは,〈あなたがたは神の子たちである〉(ヨハネの手紙一・三・一)と語っている[75]。

「神の子の誕生」が生起する「魂の最内奥」は「魂の根底」(grunt der

---

72) Vgl.Pr.30; DWII,94,9-95,2
73) Vgl.ibid.95,5-96,2
74) Vgl.ibid.96,4-6
75) Ibid.96,7-97,3: Der vater gebirt sînen sun in dem innigesten der sêle und gebirt dich mit sînem eingebornen sune, niht minner. Sol ich sun sîn, sô muoz ich in dem selben wesene sun sîn, dâ er sun inne ist, und in keinem andern. Sol ich ein mensche sîn, sô enmac ich in eines tieres wesene niht ein mensche gesîn, ich muoz in eines menschen wesene ein mensche sîn. Sol ich aber dirre mensche sîn, sô muoz ich in disem wesene dirre mensche sîn. Nû sprichet sant Johannes : ir sît kint gotes.

sêle) というドイツ神秘思想の根本語で語られていく。「魂の根底」とはまさしく「始原」のトリアーデ構造をそのまま映しこんだ「神の像」(imago Dei) の本質構造を物語るものなのである。

　　　神は，神の一切の神性をたずさえて，魂の根底にいる[76]。

「魂の根底」とは，時間の中に開かれた「永遠の今」であり，「その内で〈神が天と地を創造した〉始原 (principium)」として，「永遠の第一の単一なる今 (primum nunc simplex aeternitatis)」であると語られる。すなわち，その内において神が永遠に存在し，さらにまた，その内において神的ペルソナの流出が永遠にあり，あったし，またあるであろう「全く同一の今 (nunc)」，すなわち「瞬間」であるといえる。

　ま　と　め

　エックハルトはアリストテレス，トマスの「瞬間」としての非時間的「今」の理解を神的存在 (esse)・創造 (creatio)・出生 (generatio) のトリアーデの場である「始原」(principium) の解釈に導入し，非時間的「今」の「終端と始端の一致」の理解を，永遠における「始原と終焉の一致」として捉え直す。さらにエックハルトは「生成と存在の一致」の理解を介して，瞬間における不断の継続的創造・出生 (creatio continua, generatio continua) を導き出した上で，「本質的始原」(principium essentiale) に関する独自の理論を構築したといえるであろう。その「本質的始原」は「永遠の第一の単一なる今」(primum nunc simplex aeternitatis) と呼ばれ，「永遠的瞬間」を意味するが，こうした「始原」の有する一切の構造的契機は，「神の像」(imago Dei) である魂の，最内奥「魂の根底」(grunt der sêle) の概念内実にそっくりそのまま投影されていることが確認されるのである。

---

　　76)　Pr.10;DWI,162,5-6: dar umbe ist got in dem grunde der sêle mit aller sîner gotheit.

4

『アラス受難劇』およびグレバン作『受難の聖史劇』における「第一日目」
――内容構成と韻文構造の比較――

黒　岩　　卓

はじめに

　15・16 世紀のフランス語による演劇さらには韻文作品の歴史において，神学者・音楽家であったアルヌール・グレバンの『受難の聖史劇』（1452 年以前に成立。以下特に断りのない限り，『受難の聖史劇』でグレバンのそれを指す）が果たしていた役割は甚大である。堕落した人間の贖いの可否が「父なる神」を中心に論じられる「天国の裁き」Procès de Paradis によって幕をあけ，イエス・キリストの生誕，公的活動と受難そして復活を展開したのち，再度の「天国の裁き」によって締めくくられるこの作品は，成立後約一世紀の間フランス語による韻文作品の模範の一つとして君臨した[1]。だがこの膨大な作品を書きあげた時グレバン

---

1) Cf. Arnoul Greban, *Le Mystère de la Passion*, éd. par Gaston Paris et Gaston Raynaud, Paris, F. Vieweg, 1878, pp. xii-xvi ; Henri Chatelain, *Recherches sur le vers français au XVe siècle. Rimes, mètres et strophes*, Paris, Champion, 1907 (Genève, Slatkine reprints, 1974), pp. viii et ix. なお，作品の A・B・F・H・K 写本の冒頭には，『世界の創造』*Creacion du Monde* という，世界の創造とルシファーの堕落，アダムとイヴの創造から死までを記したテクストが置かれている。このテクストの位置づけについては Darwin Smith, « La question du *Prologue de la Passion* ou le rôle des formes métriques dans la *Creacion du Monde* d'Arnoul Gréban », in *L'Économie du dialogue dans l'ancien théâtre européen. Actes de la première rencontre sur l'ancien théâtre européen de 1995*, réunis par Jean-Pierre Bordier, Paris, H. Champion, 1999, pp. 141-165 を参照。

は23歳以下であったと推測され,執筆にあたって彼が先人の遺産を大いに活用したことは疑いを容れないだろう[2]。実際,グレバンが参照していたと思しき神学的著作や先行演劇作品はすでに複数指摘されている[3]。中でも,イエス・キリストの受難を扱ったフランス語劇作品(以下「受難劇」と総称)のうちでグレバン以前の最大の作品である『アラス受難劇』(ウスターシュ・メルカデ作と推定される)に関しては,グレバンがこの作品を参照しつつも根本的に内容を書き改めたことが従来指摘されている[4]。本稿で論者は,作品区分上の「日」journée という概念を手がかりとしつつ両作品を検討することで,グレバンの作品制作の手法をより詳しく明らかにしたい[5]。両作品の比較に関しては様々な視点があり得るだろうが,論者は特にこれまで網羅的な調査がなされていない内容の構成および韻文構造の点からの分析を行い,主題を観客あるいは読者に効果的に提示する上でグレバンが行っていた配慮を検討する。

---

2) グレバンの生涯の概要は,Darwin Smith, « Greban, Arnoul », in *Die Musik in Geschichte und Gegenwart*, Personenteil 7 (Fra-Gre), Bärenreiter, Kassel, 2002, col. 1541-1545 を参照。より詳しい生涯に関しては,Darwin Smith, *Théâtre, musique et politique : Arnoul Gréban, de Notre-Dame de Paris à la Santissima Annunziata de Florence*, travail présenté en vue de l'obtention de l'Habilitation à diriger des recherches, Université de Paris I Pathéon-Sorbonne, U.F.R. d'Histoire, 2011, 特に『受難の聖史劇』執筆時に関しては *ibid.*, pp. 38-40 を参照。

3) グレバンの『受難の聖史劇』(および他の受難劇)の典拠となった演劇あるいは神学的著作に関しては,特に Jean-Pierre Bordier, *Le Jeu de la Passion. Le message chrétien et le théâtre français (XIIIe – XVIe s.)*, Paris, H. Champion, 1998, pp. 48-57 を参照。

4) エミール・ロワは『受難の聖史劇』におけるニコラ・ド・リルの聖書註解の影響を強調しつつ (cf. Émile Roy, *Le Mystère de la Passion en France du XIVe au XVIe siècle. Étude sur les sources et le classement des Mystères de la Passion*, Dijon, Damidot Frères, [1903], pp. 273-280),「グレバンの『聖史劇』とは,ニコラ・ド・リルによって書きなおされた『アラス受難劇』であるといってみたい」(« on est tenté de dire que la *Passion* de Greban, c'est la *Passion* d'Arras refaite par Nicolas de Lire », *ibid.*, p. 280) とする。両作品の全体の構造の類似に関しては,Bordier, *op. cit.*, p. 43 を参照。登場人物の描写法の比較に関する Stéphanie Le Briz-Orgeur, « Le *Mystère de la Passion* d'Arnoul Gréban, un atelier du dialogue », in *Le Moyen Français*, 46-47, 2000, pp. 327-346 も示唆に富む。また詩形の分析も含む詳しいテクストの比較検討が,Darwin Smith, « Arnoul Gréban et l'expérience théâtrale ou l'universitaire naissance des mystères », in *Vers une poétiques du discours dramatique*, textes réunis par Xavier Leroux, Paris, H. Champion (Babeliana 14), 2011, pp. 185-224 でなされていることを付言する(草稿を閲覧させていただいたことについてスミス氏に感謝する)。

5) 本稿での作品分析は,それぞれ Jules-Marie Richard, *Le Mystère de la Passion. Texte du manuscrit 697 de la Bibliothèque d'Arras*, Arras, Imprimerie de la Société du Pas-de-Calais, 1891 および Arnoul Gréban, *Le Mystère de la Passion*, éd. Omer Jodogne, Bruxelles, Palais des Académies, 2 vols., 1965-1983 において校訂されたテクストに基づいている。

まずグレバン以前のフランス語による受難劇作品を概観し，その中でどのように「日」による物語の区分が行われているかを概観する。その後『アラス受難劇』と『受難の聖史劇』の「第一日目」を例にとり，その中で諸エピソードがどのように配置されているかを検討する。最後に詩作技巧の点からの比較を付け加えることで，「第一日目」に記された主題を効果的に演出するために両作品で採用されている修辞戦略の相違を指摘する。

1 『受難の聖史劇』以前の受難劇作品における「日」による区分

『受難の聖史劇』以前の現存するまとまった受難劇作品では，「日」による区分は必ずしも用いられておらず，14世紀の『パラティヌス受難劇』や『オータン受難劇』，やや後の『サント＝ジュヌヴィエーヴ受難劇』ではこうした区分は見られない[6]。現存する受難劇作品において「日」による作品の区分が（少なくとも現存している写本において）初めて現われるのは，聖史劇巨大化の過渡期的作品として位置づけられている『スミュール受難劇』においてである[7]。「第一日目」で天使と人間の堕落および旧約聖書の主要エピソード，さらにイエスの誕生およびイエスの砂漠での誘惑までが展開され，「第二日目」で使徒の招集からイエスの復活までが扱われる。この区分を明確にしているのは「第一日目」の終わりの「エピローグ」で，ここで「第二日目」が「受難」Passïomに対応

---

6) Voir *La Passion du Palatinus. Mystère du XIVᵉ siècle*, édité par Grace Frank, Paris, H. Champion, 1922（coll. C.F.M.A.）; *La Passion d'Autun*, publié par Grace Frank, Paris, S.A.T.F., 1934（voir aussi Joseph Bédier, « Fragment d'un ancien mystère », in *Romania*, 24, 1895, pp. 86-94）; *Le Mystère de la Passion Nostre Seigneur du manuscrit 1131 de la Bibliothèque Sainte-Geneviève*, éd. par Graham A. Runnalls, Genève, Droz, 1974（T.L.F. 206）（同作品の校訂には *A critical Edition of La Passion Nostre Seigneur from manuscript 1131 from the bibliothèque Sainte-Geneviève, Paris*, ed. by Edward Joseph Gallagher, Chapel Hill, 1976（North Carolina Studies in the romance Languages and Literatures, 179）もあることを付言する）．

7) Voir *The Passion de Semur*, text by Peter T. Durbin, edited with an introduction and notes by Lynette R. Muir, Leeds, The University of Leeds Center for Medieval Studies, 1981. なお Roy, *op. cit.* においても同作品の校訂が収録されている．

するとされている[8]。言い方をかえれば「第一日目」は「受難以前」に相当するということになるだろう。

これに対し，1414年頃から1440年の間に成立したとされる『アラス受難劇』（ジュール＝マリー・リシャール校訂版では24944行）は，比較的均等な四日間に分けられている[9]。「第一日目」に「天上の裁き」をへてイエスの誕生まで，その後「第二日目」にイエスの逮捕とユダの自死まで，「第三日目」にイエスの十字架上での死まで，「第四日目」にイエスの復活と昇天および聖霊降臨を経て，再度の「天上の裁き」までが物語られる[10]。一見すると『スミュール受難劇』に見られる二部構成は用いられていないかのようだが，実際には作品冒頭の「説教師」Le Prescheurの言葉において，「第一日目」が「第一部」la premiere partieに相当し，その後の三日間が「もう一方の部」l'aultre partieに相当すると示されている。

> 「最初に引用したテクスト（「彼は最高天から出て」という語を提示したときに私はそれを引用したのだが）を二つに分けた時，私が第一部として採用したのは，最高天よりまことの神は地にやってくる，という箇所である。もう一方の部は三日間にわたり演じられるだろう。それらの日におこることや題材が適するところに従って我々は他のテーマも採用して我々の劇に役立たせるだろうが，〔もう一方の部が〕そのテーマとして喚起したいのは「彼は最高天まで巡る」という〔最初に引用したテクストの〕最後の部分，すなわち彼は人

---

8) « Demain verrés, s'il plait a Dieu, / En ce mesme et proppre lieu, / Jouer de Dieu la Passïom, / Ce nous avons temps et saisom » (*The Passion de Semur, éd. citée*, p. 119, vv. 4281-4284「神様のお助けにより，状況に恵まれれば，明日皆さんはこの同じ場所で神の受難が演じられるのを見ることでしょう」)．さらに写本の少し先においても « Sequitur Passio » と明示されている (*ibid.*, p. 122)。ただしこの区分は後世のものである可能性が高いようである (cf. Bordier, *op. cit.*, pp. 33-38)。また同作品を収録した写本においては欠落があるため，作品冒頭でどのようにテクストの枠組みが定められているのかは正確には明らかではない (cf.*The Passion de Semur, éd. citée*, p. 1)。

9) なおこの作品の冒頭は保存されていない。作品の概要や特徴などに関しては，特にBordier, *op. cit.*, pp. 40-42を参照。

10) 『アラス受難劇』および『受難の聖史劇』における「天上の裁き」の位置づけに関しては，*ibid.*, pp. 191-206を参照。

間の領域から再び最高天に戻るだろう，ということである。」[11]

　全体の二部構成が採用されつつ，「日」が「部」の下部概念として導入されたといえる。
　グレバンの『受難の聖史劇』は，『アラス受難劇』の作品構成上の枠組みを継承している。全体が『アラス受難劇』とほぼ同様の区分で四日間に分けられているのみならず，「第一日目」が最初の部，そして続く三日間が別の部として意識されていたことも，「第二日目」冒頭の「プロローグ」から透けて見える。

　「まことの贖い主であり恩寵によって我々を支配している創造主イエスの助力のもと，先日あなた方にイエスの事跡の一つの大きな部分 une grant part が提示された。[…] 今や我々は，大いなる愛によって第二日目を開始し，神に祝福された洗礼者について，いかに彼が砂漠で説教を行い，イスラエルのまことの贖い主である優しき子羊の到来を高らかに告げたかを，しかるべき時と場所において示したい。そこから事跡と文書に従って，そのつらい受難を示しつつ，復活にいたるまでのイエス・キリストの事跡を追いたい。そうすれば第二の点 le second point がなされたことになるだろう […]。」[12]

---

11)　« Et vecy le point que j'avoie / Pris pour la premiere partie / Quant j'eu la lettre en deux partie / Que au commencement allegay / Quant ces mots cy je proposay : / *A summo celo egressio ejus.* / Du souverain de tous les cieulx / Venra en terre le vray Dieux, / Et l'aultre partie sera / Pour les III jours qu'on juera, / Combien qu'aultres theumes prenrons / Que a no jeu servir ferons / Selon que aux jours escherra / Et que la matere afferra, / Mais alleguier veult par maniere / Du theume la part derreniere : / *Et occurssus ejus usque ad summum,* / Et de la region humaine / S'en rira en son hault demaine » (*Le Mystère de la Passion. Texte du manuscrit 697 de la Bibliothèque d'Arras,* éd. citée, pp. 1 et 2, vv. 43-62). なおボルディエは第一日目から第三日目とひとくくり，第四日目を別のひとくくりと考えているようである（cf. Bordier, *op. cit.*, p. 162）。

12)　« A l'aide du crëateur, / Jhesus, nostre vray redempteur / qui de sa grace nous regente, / en la journee precedente, / vous fut une grant part monstree / des faiz Jhesus. [...] Or vouldrons, par tres bonne amour, / commancer nostre second jour / et monstrer en temps et en lieu / du benoist Baptiste de Dieu, / comment ou desert il prescha / et a voix haultaine adnonça / la venue du doulx aingnel, / le vray redempteur d'Israel ; / d'ilec, par fais et par escript, poursuivir des fais Jhesucrist, / monstrant sa chiere passion / jusqu'a la resurrection. La sera le second point fait [...] » (Gréban, *op. cit.*, t. 1, p. 136, vv. 9944-10006).

グレバンの『受難の聖史劇』の諸写本のうち，「第一日目」のみを収録した写本が複数残されており，また後に「第一日目」を改作したテクストが独立した作品として流布しえたことも，「第一日目」に割り当てられていた独立性を示唆するのではないだろうか[13]。

2 『アラス受難劇』と『受難の聖史劇』における「第一日目」の構成

それでは以下，具体的に『アラス受難劇』と『受難の聖史劇』において，「第一日目」の内容がどのように構成されているかを分析する[14]。

両作品の「第一日目」は，基本的には『マタイによる福音書』と『ルカによる福音書』の第一章および第二章の組み合わせからなっている[15]。エピソードの配列は概ね共通しているものの，細部においては異

---

13) G・H・I（断片のみ）・J（断片のみ）・K写本は「第一日目」のみで残された写本である（中世フランス演劇データベース *Théâtre et performance en France au Moyen Âge* (http://arnoul.vjf.cnrs.fr/theatre/) を参照）。そのうちG・H・I・J写本は上演準備のためのもの，K写本は読書用と推測される（cf. Darwin Smith, « Les manuscrits « de théâtre ». Introduction codicologique à des manuscrits qui n'existent pas », in *Gazette du livre médiéval*, 33, 1998, p. 3）。HおよびK写本には『世界の創造』が共に保存されている（Smith, « La question du *Prologue de la Passion* », *art. cité*, p. 141）。「第一日目」の改作作品については，Graham A. Runnalls, *Les Mystères français imprimés*, Paris, H. Champion, 1999, pp. 122-126を参照。ただしランナルスは，『受難の聖史劇』の「天上の裁き」や「第四日目」を独立した作品として印刷しているケースも指摘している（cf. *ibid.*, pp. 149-153）。なお，イエスの生誕までのエピソードは，ジャン・ミシェルによって改作された『受難の聖史劇』においては割愛されている（voir Jean Michel, *Le Mystère de la Passion* (*Angers 1486*), éd. Omer Jodogne, J. Duclot, Gembloux, 1959）。他方で，このジャン・ミシェル版『受難の聖史劇』のいくつかの印刷本では，「日」の区分がレイアウト上極めて目立ちにくくなっているとのことである（cf. Véronique Dominguez, *Le jeu de l'acteur dans les Passions dramatiques françaises* (*XIVe-XVIe siècles*), Turnhout, Brepols, 2007, pp. 56 et 57）。時代や作品受容の在り方に従って「日」による区分の意味が変化することを示唆するのだろうが，詳しい検討は今後の課題としたい。

14) 巻末に表を挙げる。

15) 「天上の裁き」や数回の地獄における悪魔たちのシーンなど，福音書に全く登場しないエピソードも取り扱われている。これらのエピソードはイエスの誕生を人類の原罪の贖いとして定義づけることによって，福音書では僅か二章分に過ぎない出来事を「第一部＝第一日目」たらしめていることに寄与している（『アラス受難劇』および『受難の聖史劇』におけるこの両者のシーンの位置づけついては，Bordier, *op. cit.*, pp. 191-206 および pp. 591-615 を参照）。

なる点も多い。例えば『アラス受難劇』においては，住民登録の布告がエルサレムで行われる前に羊飼いたちが登場するのに対し，『受難の聖史劇』では布告に従って聖家族がベツレヘムに移動したのちになって初めて羊飼いたちが登場する。逆に東方の三博士の登場は『受難の聖史劇』においてやや早く，羊飼いたちが生まれたばかりのイエスを訪問する前に行われるが，『アラス受難劇』においてはイエスの割礼が終わったのちに初めて登場する[16]。

　各エピソードの配列よりも大きな差を見ることができるのはむしろそれぞれの長さにおいてである。『受難の聖史劇』の第一日目は『アラス受難劇』よりも二千行ほど長いが，すべてのエピソードが同じ割合で引き延ばされているわけではない。イエスの割礼や東方の三博士のエピソードなど，『受難の聖史劇』において割愛あるいは大幅に縮小された事項もある。逆にグレバンにおいて大きく引き伸ばされるのが，羊飼いたちの会話，イエスの生誕，地獄，イエスと神学者たちの対話のシーンである。総じて『アラス受難劇』においては東方の三博士，預言者シメオンとアンナといったイエスを取り巻く賢人や預言者によるイエス崇拝のエピソードに大きな紙幅が割かれる傾向にあるのに対して，グレバンの作品においては，一方ではイエスの生誕のエピソード（前後の羊飼いたちの会話を含む），他方では「天上の裁き」や少年イエスとユダヤ教博士たちとの対話などの神学的内容の色濃いエピソードが増幅される傾向にある。

　さらに，『アラス受難劇』では，先に挙げた序文によれば「第一部＝第一日目」の中心となるべきイエスの生誕のエピソードが全体の三分の一ほどの段階で語られるのに対し，グレバンの「第一日目」においてはこのエピソードがいっそう中心よりに置かれる。冒頭（「天上の裁き」）と終結部（幼子イエスとユダヤ教博士たちとの対話）の内容に鑑みれば，『受難の聖史劇』の「第一日目」では，作品の中心近くに置かれたイエスの生誕のエピソードが，前後の長大な神学的注解によって予告され総括されるという体裁が採用されているといえるのではないだろうか。

---

16) なお，グレバンにおいてはさまざまなエピソードが並行して現われる傾向が『アラス受難劇』よりも強い。

3 「第一日目」の韻文構造に見られる修辞戦略

　さて，同時代の演劇作品は原則として韻文（主に平韻八音綴詩行）で書かれているが，その中ではしばしば韻の配列に変化がもたらされ，それによってテクストにリズム上の変化が加えられている。両作品の「第一日目」における韻文構造を分析することで，テクストにどのような修辞的配慮が付け加えられているかを最後に確認したい[17]。
　『アラス受難劇』で用いられている韻の配列は，平韻 aabbcc... の他 abab, ababbcbc, aabaab などが中心となっている。これらは同時代の多くの作品で用いられており，標準的な詩形のレパートリーを大きく逸脱するものは非常に少ないといってよい[18]。それに対し，グレバンは既存の詩形を柔軟に変化させていることが多く，十五世紀韻文の古典的研究を行ったアンリ・シャトランも『受難の聖史劇』で用いられる詩形の多様性を指摘している[19]。実際には，『アラス受難劇』と『受難の聖史劇』の同種の場面において，同一あるいは似通った技巧を用いられることも多く（「第一日目」では特に前半でこの傾向が顕著である），グレバンが詩形の具体的な適用例を『アラス受難劇』に求めた可能性は高い[20]。

　17）　巻末の表を参照。韻文構造の分析に関しては本稿では概略を述べるに留まる。より詳細な検討は今後の課題としたい。
　18）　前後の劇作品との比較に関しては，Chatelain, *op. cit.*, pp. 255 et 256 を参照。
　19）　15世紀の韻文創作の歴史における『受難の聖史劇』の位置づけと，特にグレバンによってもたらされた詩形の多様性については，*ibid., op. cit.*, pp. 253-261 を参照。
　20）　シャトランは *ibid.*, pp. 215 et 216 でロンドーの使用法について『アラス受難劇』と『受難の聖史劇』の類似を指摘している。論者が確認した限りでとくに同じ箇所で似通った詩形を用いているケースは以下のものがある（Mで『アラス受難劇』，Gで『受難の聖史劇』を示し，対応する行数と詩形を記す）：M83-127=G2056-2079（「天上の裁き」の冒頭における「慈悲」の嘆き：*ababbcbc* など）；M1057-1102=G3425-3500（受胎告知：*aabaabbbabba* など）；M1428-1443=G4097-4120（ヨセフの誤解を受けての聖母マリアの嘆き：*ababbcbc*）；M1683-1690=G4620-4751（羊飼いたちの会話：*ABaAabAB* などのロンドー，但しグレバンの方が長い）；M2286-2318=G5545-5583（羊飼いたちによるイエスの礼拝：反復句付きの三詩節）；M3912-3941=G6634-6672（東方の三博士による幼子イエスの礼拝：バラッドとシャン・ロワイヤル）；M4003-4026=G6697-6713（東方の三博士と聖家族の別れ：大型のロンドー）；M4914-4921=G7714-7721（幼児虐殺：トリオレ *ABaAabAB*）。なお，最後の幼児虐殺の際のトリオレは，グレバンの諸写本においては完全なトリオレの形では保存されていない。詳細

しかし「第一日目」全体における詩形使用の傾向からみると『アラス受難劇』と『受難の聖史劇』の間には大きな隔たりがある。『アラス受難劇』では，東方の三博士やイエスの割礼，シメオンやアンナのイエス礼拝，さらには「第一日目」最後の少年イエスとユダヤ教博士たちとの議論のシーンなど，比較的全編に渡って万遍なく技巧を配列しているのに対し，グレバンは変化をおもに受胎告知やイエスの生誕を巡るシーン（前後の羊飼いたちのシーンを含む）に集中させる傾向にある。つまり，韻文構造の点においてもグレバンはイエスの生誕そのものに関係の深いエピソードに重点的な工夫を行っているのである。

ま　と　め

『アラス受難劇』およびグレバンの『受難の聖史劇』において，「日」は「イエスの誕生から幼年時代」および「イエスの青年期から受難」という二部構成の下位区分として機能している。「第一部」に「第一日目」，「第二部」にその約三倍の長さの「第二〜四日目」が割り当てられているが，このことは「第一日目」が神学上の位置づけにおいて「第二部」を形作っている他の三日間全体に匹敵しうる重要性と独立性を有していたことを示唆するだろう。グレバンは『アラス受難劇』を全体の区分・内容・詩作技巧などさまざまな点で継承しつつ，エピソード及び詩形の配列に関する配慮を徹底させることで，「第一部＝第一日目」で語られるべき内容，すなわちイエス・キリストの誕生というテーマを，先行作品である『アラス受難劇』より明確に打ち出したのである。

　アルヌール・グレバンが韻文作家として15・16世紀において大きな尊敬を集めていたことは冒頭に述べた。先人によって残されたテクストの全体的な見取り図を利用しつつ，イエス・キリスト受難の物語を部

に関しては拙論 « « Le viel jeu » en mouvement : la configuration rimique et métrique des triolets dans les manuscrits du *Mystère de la Passion* d'Arnoul Greban », in *Vers une poétique du discours dramatique au Moyen Âge, op. cit.*, 2011, pp. 141-157 を参照。

分としてでも受容されうるテクストに仕上げたことに，我々はグレバンの優れた構成感覚の表れの一つをみることができるのではないだろうか[21]。

（本研究は平成二十三年度科学研究費（課題番号22720133）の助成を受けている。）

---

21) 本稿のまとめで提示される確認事項をより精密に検証するためには，『アラス受難劇』の写本および『受難の聖史劇』の諸写本を検討することが必要になるだろう。また，イエスの生涯の二部による区分の神学的背景なども本稿では具体的に検討していない。今後の課題としたい。

4 『アラス受難劇』およびグレバン作『受難の聖史劇』… 203

『アラス受難劇』および『受難の聖史劇』の内容の構成と韻文構造

以下、内容の区分および韻文構造（作中で使用されている平韻八音綴詩行（aa bb cc...）、八音綴補助詩行（前後の韻を共有するが何らかの詩形には属さない詩行）および孤立詩行以外の特殊な詩形の配置）の解釈例を挙げる。

内容の区分は論者によるものであり、各場面の特徴などが何らかの詩形の解釈に当たっては、詩行数前後の「/」は、当該詩形の中で行われている詩行と前後の他の詩形との間に韻による直接の接続がないことを示す（ただし判断が難しいことがある。韻文構造の解釈に当たっては、原則として平韻の連続 aa bb cc...、四行詩 abab、五行詩 abaab、六行詩 aabaab を基準とし、できるだけ細かい単位に詩形を分割している。分割可能ではあるが連続あるいは作中で複数回繰り返し現われる韻の配列（abaabcbc, ababcbc など）や、何らかの韻が定期的に繰り返されたルフラン（反復句）を含んでいる詩行群は、例外的な一つの詩形として解釈した。音綴数の小規模な変化は原則としては記していない。韻の成立・非成立の判断が微妙な箇所も散見されるがそれらの記述はすべて割愛する。

なお、『アラス受難劇』においてラテン語にカウントされていない。そうしたテクストは以下の表では考慮されていない。

『アラス受難劇』			『受難の聖史劇』		
場面と行数	平韻八音綴以外の詩形		場面と行数	平韻八音綴以外の詩形	
プロローグ (1-82)	（なし）		プロローグ (1511-1724)	/1513-1644/: aabaabbabba × 11（各詩節の間に韻のつながりはない）./1653-1656/: abab.	
天上の裁き (83-1056)	/83-90/: ababbcbc. /91-98/: ababbcbc. /99-103/: ababa (?) ./104-127/: abab bcbc... /913-916/: abab. 1048-1056/: ababbcbc .		冥府 (1725-2055)		
			天上の裁き (2054-3376)	2002-2013: aabaabbbabba. 2056-2063/: ababbcbc. /2064-2071/: ababbcbc. /2072-2079: ababbcbc. 2448-2455/: ababbab. /2456-2543: ababab × 11（各節の間に韻のつながりはない）.2850-2857: ababbcbc. 3273-3308: aaa (b) 4 bbb (c) 4..iii (j) 4. 3325-3332: ababbcbc. 3361-3376: ABB'A' abAB abba ABB'A'.	
受胎告知 (1057-1110)	/1057-1068/: aabaabbbabba. /1069-1080/: aabaabbbabba. /1081-1092/: aabaabbbabba. /1093-1102/: (aabaabcbc) 6 (?) . /1103-1110/: ababbcbc.		受胎告知 (3377-3686)	3425-3436: aabaabbbabba. 3437-3444/: ababbcbc. 3445-3452/: ababbcbc. /3453-3460: (/): ababbcbc. (/) 3461-3472/: ababbcbc. /3473-3480/: ababbcbc. /3481-3492/: aabaabbbabba. /3493-3500: ababbcbc. 3525-3536/: aabaabbbabba. /3537-3548/: aabaabbbbcbc. /3549-3560: aabaabbbabba. 3645-3674: (aabaab bbcbbc...) 5. 3675-3686/: (aabaabbabba) 5.	

地　獄 (1111-1213)	（なし）	地獄 (3687-3960)	3834-3841 : *ABaAabAB*. 3944-3951 : *ABaAabAB*.
マリア、エリサベト、ヨセフ (1214-1515)	/1225-1233 : *ababcbbc*.　　1234-1241/ : *ababcbc*. /1242-1249/ : *ababbcbc*. /1250-1256/ : *ababbcb* (?). /1257-1322/ : (*aabaab*) 6×11（各詩節の間に韻のつながりはない）．　 1340-1347 : *ababbcbc*. 1354-1362 : *ababbcbc*.　/1406-1413/ : *ababbchc*. /1414-1421/ : *ababbcbc*.　1424-1427 : *abab*. /1428-1435/ : *ababbcbc*.　/1436-1443 : *ababbcbc*. 1494-1502/ : *ababbcbc*.　/1503-1511/ : *ababbcbbc*. /1512-1515 : *abab*.	マリア、エリサベト、ヨセフ (3961-4262)	/3961-3972 : *aabaabbbabba*. 4001-4008 : *ABaAabAB*. 4097-4104/ : *ababbcbc*. /4105-4112/ : *ababbcbc*. /4113-4120 : *ababbcbc*.
勅　令 (1516-1623)	（なし）	勅令 (4263-4356)	4305-4312 : *ABaAabAB*.
羊飼いたち (1624-1712)	1683-1690 : *ABaAabAB*（B に相当する詩行には若干の相違がある）．		
勅令の公布 (1713-1818)	1781～1782 行の間に、勅令が散文で現われる。		
ベツレヘム行き (1819-1884)	1819-1826 : *ababbcbc*.	ベツレヘム行き (4357-4619)（途中で皇帝の使者の場面）	4571-4581 : *ABaAabbabAB*.
		羊飼いたち (4620-4835)	4620-4627 : *ABaAabAB*. 4628-4638 : *ABB'aAabbABB'*. 4639-4654 : *ABB'AˈabABabbaABB'A'*. /4655-4669/ : (*aaa*) 5 (*a*) 7 (*baaa*) 5 (*a*) 7 (*bb*) 5 (*a*) 7 (*b*) 5 (*a*) 6? (*b*) 5. /4670-4682/ : (*A*) 7 (*B*) 5 (*A*) 7 (*a*) 5 (*a*) 7 (*a*) 7 (*b*) 5 (*b*) 7 (*a*) 5 (*b*) 7 (*a*) 5 (*B*) 5. /4683-4700 (/) : (*Aa*) 7 (*B*) 5 (*Aaa*) 7 (*b*) 5 (*aaa*) 7 (*bbb*) 5 (*a*) 7 (*b*) 5 (*aa*) 7 (*B*) 5.

4 『アラス受難劇』およびグレバン作『受難の聖史劇』… 205

イエスの誕生 (1885-2112)	1907-1914 : ababcbc. /1915-1918 : abab. 1993-2004 : (a) 7 (a) 3 (ba) 7 (a) 3 (bb) 7 (b) 3 (ab) 7 (b) 3 (a) 8?. 2088-2103 : abab bcbc... 2104-2112 : ababcbc.	イエスの誕生 (4836-5138) (羊飼いたち 4944-4955)	(/) 4701-4717 : (aa) 7 (aaa) 5 (a) 7 (b) 5 (aaa) 7 (aa) 5 (a) 7 (bb) 5 (ba) 7. 4744-4751: ABaAabAB. 4896-4907 : (abbaababbaab) 5. 4944-4951 : ABaAabAB. 4958-4967 : ababbcbc. 4968-4975 : (aa) 5 (a) 7 (a) 5 (bb) 5 (b) 7 (a) 5. 4980-4983/ : (abba) 7. /4984-5019 : (aubaab bbcbbc...) 5. 5044-5053, /5071-5081/, /5098-5108/, (ababccdedE) 10 × 3 (韻は全ての詩節で同じ). /5055-5070/, /5082-5097/, /5109-5124 : (aa) 7 (a) 3 (baa) 7 (a) 3 (bbb) 7 (a) 3 (abb) 7 (b) 3 (a) 7 × 3 (韻は詩節ごとに異なる).
羊飼いたちへの告知 (旅行も含む) (2113-2220)	/2130-2133 : abab. /2153-2160 : ABaAabAB (反復句はラテン語).	羊飼いたちへの告知 (5139-5228) (最後に聖家族)	5181-5184 : ? (ラテン語による). /5185-5188 : abab.
		東方の三博士の登場 (5229-5452)	(なし)
羊飼いたちの聖家族の訪問 (2221-2392)	/2286-2318 : (ababccdedE) 10 × 3 (韻は詩節間で同一). 2331-2346 : ABB'AabABabbaABB'A'. /2364-2371/ : aabbbcbc (?). /2372-2380/ : ababcbbc. /2381-2388/ : ababcbc. /2389-2392/ : abab.	羊飼いたちの聖家族の訪問 (5453-5699)	5545-5583/ : (A) 7 (B) 5 (A) 7 (a) 7 (b) 5 (a) 7 (b) 5 (b) 5 (a) 7 (b) 5 (a) 7 (B) 5 × 3 (韻は詩節間で異なる). 5606-5617 : aabaabbbabba. 5686-5695 : ABaAabaAB.
		割礼の提案 (5700-5715)	(なし)
		東方の三博士の辞退 (5716-5820)	5730-5740 : ABB'aAabABB'.
地獄 (2393-2456)	(なし)		

206　第Ⅱ部　テクストの時間意識

イエスの割礼と命名 (2457-2854)	/2747-2764/: aabbcC ddeecC ffggcC. 2797-2812/: aabaabaabbaaabba (?).	イエスの割礼 (5821-5894)
東方の三博士の選遣 (2855-3212)	2855-2898: aabaabbabba × 4 (韻は詩節間で異なる). 2899-2930/: ababbcbc × 4 (韻は詩節間で異なる). /2931-2934: abab.　2938-2946/: abaabcbc. /2947-2954: abaabcbc (?).	東方の三博士の旅行 (5895-5940)
		イエスの命名 (5941-5960)
三博士とヘロデ (3213-3731)	/3213-3220: ABaAabAB. /3665-3672: ABaAabAB.	三博士とヘロデ他 (5961-6557)	5961-5976: ABB'A'abABabbaABB'A'. 6043-6052: AbBaAbbabA.　6323-6330: ABaAabAB. 6545-6557: ABB'A'bbaabABB'A'.
三博士と聖家族 (3732-4028)	/3912-3941: (ababbccdcD) 10 × 3 (韻は詩節間で同一). 3942-3968/: ababbcbc × 3 (韻は詩節間で異なる). /3969-3986/: ababbcbc cdcddeede. /3987-3998: aabaabbbabba. /3999-4002/: abab. /4003-4018/: ABB'A'abABabbaABB'A'. /4019-4026: ABaAabAB.	三博士と聖家族 (6558-6713)	6634-6672: (aabaabccddeDE) 10 × 3 (韻は詩節間で同一). 6697-6713: ABB'A'abbabbaabABB'A'.
三博士の逃亡 (4027-4290)	/4087-4094/: ababbcbc.　/4095-4102: ababbcbc. 4283-4290: ABaAabAB.	三博士の逃亡 (6714-6809)	
預言者シメオンおよびアンナと聖家族 (4291-4551)	/4356-4363/: ababbcbc.　/4364-4372/: ababbcbc. /4373-4384/: aabaabbbabba. /4385-4392/: ababbaba. /4393-4396: abab. /4408-4431: (aabaab) 6 × 4 (韻は詩節間で異なる). 4432-4455/: ababbcbc... /4456-4467/: ababbcbc... /4468-4475/: ababbcbc. /4476-4483/: ababbcbc.　/4484-4493/: aabaabbaba (?).	預言者シメオンおよびアンナと聖家族 (6810-7160)	6810-6825/: (a) 3 (a) 5 (a) 8 (b) 10 (a) 3 (a) 5 (a) 8 (b) 10 (b) 3 (b) 5 (b) 7? (a) 10 (b) 3 (b) 5 (b) 8 (a) 10. /6826-6841: (a) 10 (a) 8 (a) 3 (b) 5 (a) 10 (a) 8 (a) 3 (b) 5 (b) 10 (b) 8 (b) 3 (a) 5 (b) 10 (b) 8 (b) 3 (a) 5. 6984-6995/: aabaabaabaab.

ヘロデの陰謀、聖家族の逃亡 (4552-4856)	/4494-4502/ : abaabbcbc. /4503-4510/ : abaabbaa (?). /4522-4529/ : ababbchc. /4803-4812/ : abaabbchc. /4813-4820/ : abaabbchc. /4821-4824 : abab.	ヘロデの陰謀、聖家族の逃亡 (7161-7258)	（なし）
		地獄 (7259-7424)	7351-7360 : *ABaAabbaAB*. 7365-7379 : *ABaAabbabbaabAB*.
奇蹟（木とエジプトの神殿）(4857-4888)	/4868-4871/ : abab (?).	奇蹟（エジプトの神殿）(7425-7477)	（なし）
幼児虐殺 (4889-5072)	/4900-4905/ : (aabaab) 6. /4914-4921 : *ABaAabAB*.	幼児虐殺 (7478-7789)	7558-7565 : *ABaAabAB*. 7714-7721 : *ABaAabAB*（本文注20参照）.
地獄 (5073-5144)	（なし）		
ヘロデの死と地獄行き (5145-5545)	/5254-5261 : *ABaAabAB*.	ヘロデの死と地獄行き (7790-7957)	
聖家族の帰郷、木の奇蹟 (5546-5803)	（なし）	聖家族の帰郷（およびヘロデ宮廷）(7958-7993)	7974-7981 : *abahbchc*.
聖家族のエルサレム訪問（議論の予告）(5804-6129)	/5878-5881/ : abab. /5965-5973/ : abaabbchc. /6061-6069/ : abaabbchc. /6070-6077/ : abaabbchc. /6078-6086/ : abaabbchc. /6087-6094/ : abahbaba.	聖家族のエルサレム訪問（議論の予告）(7994-8377)	8024-8033 : *ABaAabbaAB*.
幼子イエスと博士達の議論 (6130-6400)	/6136-6139/ : abab. /6140-6143/ : abab. /6153-6156/ : abab. /6157-6160/ : abab. /6169-6172/ : abab. /6173-6181/ : abaabbchc. /6195-6198/ : abab. /6199-6207/ : abaabbchc.	幼子イエスと博士達の議論 (8378-9111)	（なし）

		/6210-6218/ : ababbcbbc. /6219-6226/ : ababbcbc. /6227-6234/ : ababbcbc. /6292-6307/ : abab × 4（韻は詩節間で異なる）．	聖母の嘆き (9112-9492)	9144-9154 : ABB'aAabbABB'. 9417-9476 : aaa (b) 4 bbb (c) 4...ooo (p) 4 (?)．
			議論の続き (9493-9904)	（なし）
説教師 (6401-6424)	（なし）		「終わりのプロローグ」(9905-9943)	（なし）

補遺 1：『アラス受難劇』における孤立詩行（『受難の聖史劇』には孤立詩行は見られない）：1（欠落による），48（ラテン語，詩行数にカウントの誤りがある），60（ラテン語），597（ラテン語），696 (?) ,1422, 1675, 2395, 2496, 2519, 2773, 3062, 3065, 3210, 3362 (?) ,4054 (?) ,4644, 5155, 5836 (?) ,5837 (?) ,5771, 6277.

補遺 2：『アラス受難劇』および『受難の聖史劇』における補助詩行：
【アラス受難劇】：128,1047,1339,1348,1353,1363,1423,1444,1493,1516,1682,1691,1818,1827,1906,1919,1992,2010,2113,2134,2161,2319,2330,2347,2796,2937,2955,3221,3673,4027,4103,4282,4291,4397,4521,4825,4922,5256 (?) ,5964,6060,6144,6182,6308.
【受難の聖史劇】：2001,2014,2055,2080,2447,2544,2849,3272,3309,3324,3333,3360,3377,3424,3501,3524,3561,3644,3833,3842,3943,3952,3973,4000,4009,4096,4121,4304,4313,4570,4582,4619,4718,4743,4752,4895,4908,4943,4952,4957,4976,4979,5020,5043,5125,5180,5189,5544,5584,5605,5618,5685,5696,5729,5741,5960,5977,6042,6053,6322,6331,6544,6558,6633,6673,6696,6714,6809,6842,6983,7350,7361,7364,7380,7557,7566,7713,7722,7973,7982,8023,8034,9143,9155,9416,9477 (?) ．

第Ⅲ部

図像のなかの時間

1
「物語の道筋」を歩く
——その Text, Motion, Visuality[1]——

辻　成　史

はじめに

　最近 Eugenio La Rocca 著の *Lo spazio negato. La pittura di paesaggio nella cultura artistica greca e romana*,（Milano, 2008）(15.6 x 24cm. カラー図版 55 点) を読む機会があった。著者は 1993 年以来, Sovrintendente ai Beni Culturali del Comune di Roma, 2000 年からはローマ大学 Sapienzia の professore ordinarius の地位にある。2009 年には *Roma. La pittura di un impero* という展覧会を組織し, 立派なカタログを出版しているが[2], これらの経歴から察するところ La Rocca は現在イタ

---

　1) 本稿は 2010 年 9 月, 早稲田大学ヨーロッパ中世・ルネッサンス研究所主催のシンポジウムにおける発表に端を発し, その後新たな視点から考察を加えて完成したものである。発表の機会を与えて下さった研究所はもちろん, その前後を通じて, 貴重な資料の数々, 折に触れての御教示と励ましを頂いた学習院大学教授佐野みどり, 東北大学准教授芳賀京子, 東京大学大学院田原文子の諸氏にあらためて御礼を申し上げる。もとより本稿の文責はすべて筆者にある。なお付言するなら, 本稿の一部の内容は, 近々刊行される 2011 年度第 18 回ヘレニズム・イスラム考古学会の *Proceedings* に掲載される拙稿「エリュデニズ〜ゲミレル島沿岸部の遺構群」の内容と重複しているが, これらはいずれも, 論旨の論理的展開のために欠かすことのできなかった部分であって, 敢えて重複を避けなかった。大方の御理解を乞う次第である。
　2) E. La Rocca et al. (ed.), *Roma La pitura di un impero* (Roma, Scuderie del Quilinare, 24 settembre 2009 – 17 gennaio 2010), (Milano, 2009). とくに La Rocca の論文 "Paesaggi che fluttuano del vuoto. La veduta paesistica nella pittura greca e romana" (pp.38-55) は風景画論としては, ここに取り上げた *Spazio negato* にさらに新しい画像・文献資料を加え, コンパクトで

リアにおける古代絵画の考古学・美術史学を代表する研究者の一人といってよかろう。*Lo spazio negato* はそういう研究者の手になる最新の，コンパクトではあるが一読に値する古代ギリシャから古代末期に至る風景画史の概観である。

　ただし，これだけの長い時代に亘る風景画の歴史を，たかだか 79 頁の小冊子にまとめることは容易ではないし，当然その内容も章ごとに必ずしも均一ではない。しかし，とくに第 2 章に当たる 'La chorographia' と 3 章に当たる 'La topothesia' の章は，最新の資料と文献を駆使し，多くのの新しい知見を含んでおり学ぶに値する。対応するカラー図版の選択と質も十分納得できる。ただしいくつか，いわゆる裏焼きのあるのが惜しまれる。以下は，とくに彼の chorographia / topographia さらに topothesia を巡る論を簡単に紹介し，いささか愚考するところを付け加えようという試みである。

1　Topographia / Chorographia

　紀元後 2 世紀に活躍したアレクサンドリアのプトレマイオスによる「世界図」は，ヘレニズム時代の自然学者エラトステネスによる地球観測の先例に従い，実証的方法によって，当時知り得る限りでの世界の全体像を平面に投影したものである。その客観的科学的性格のゆえに，近世以降の世界地図の母体となった。他方，古代文献の伝えるところでは，アレクサンドリアには早くから「地図的絵画」の伝統があった。その代表的作家とされる画家デメトリオスは topographos と呼ばれ，紀元前 165 年ごろにはローマにいたとされている。さらに大アグリッパは，ヴィプサニアのポルティコスの壁面に巨大な地図を描かしめたといわれ，共和政時代に遡っては，例えば T. Sempronius Gracchus によるサルデーニャ島の攻略を描いた戦勝記念絵画のことが伝えられている。このような「地図的絵画」は，さらに早い時期から，ローマ世界の各所に存在したと思われる。

あるが広い視野から議論を展開している。残念ながら入手が遅れ，本拙稿の執筆までに十分参照することが出来なかったことを断っておく。

ところで，プトレマイオスがその『地図学 Geographia』の序文冒頭で明確に述べているように，geographia が理論的，数学的根拠によるのに対し，もっぱら画家の観察と手による，特定地域の特色ある事物の忠実な描写を目的とする絵画が存在していた。プトレマイオスはそのような地図的絵画を chorographia と呼んで，彼の科学的方法によるgeographia と峻別した。geographia が，大陸や島嶼の位置，大小関係そのものを提示し，世界の全体像を表すのに対し，chorographia が表すのは，個々特定の topos や注目すべき建築その他の対象物であり，対象の現実の姿の描写に力点が置かれていた。

ここで一つ注意したいのは，La Rocca も引くプトレマイオスの次の発言である。

"Ὅθεν ἐκείνῃ μὲν δεῖ τοπογραφίας καὶ οὐδὲ εἷς ἂν χωρογραφήσειεν, εἰ μὴ γραφικὸς ἀνήρ· (Geographia, I, § 6)'[3]

この個所を La Rocca は

'…… a questa si addice il metodo della topographia, e nessuno si eserciti nella chorographia, che non sia capace nell'arte del dipingere'

と訳し[4]，さらに最近よく取り上げられる Berggren-Jones による英訳では，

'Consequently, regional cartography (=chorographia) requires landscape drawing (=topographia) and no one but a man skilled in drawing would do regional cartography (=chorographa).' (括弧内は本論筆者)

---

3) Ptolemy, Geographia on: http//books.google.com/ebooks/reader?id=4ksBAAAAMAAJ&hl=ja&printsec= frontcover&output=reader&pg=GBS.PA4。
4) La Rocca, p.18.

としている[5]。

このプトレマイオスの発言に従うなら、彼が geographia に対置するものとして挙げた chorographia は、それ以前から存在した「地図的絵画」の中で実践されていた topographia の技術を前提とするものであった。事実、上記のアレクサンドリアのデメトリオスように topographos と称される画家が紀元前2世紀にすでにいた以上、彼の描いた「地図的絵画」とはどのようなものであったろうか。興味深いのは、La Rocca によるなら、「地図的絵画」の形式の一端を今に伝える作品は、1581年、パウル・ブリルとその兄弟によってヴァティカーノ宮殿の「地図の廊」に描かれた、ユリウス・カエサルによるエミリア地方の平定を示す大鳥瞰的領地図のようなものであり、そこでは地図としての表現と、現実を写したと思われる景観とが共存している（図1）。La Rocca は引き続き、よく知られたパレストリーナの「ナイル河風景」のモザイクを取り上げる（図2）。しかしこのモザイクが、単にナイル河の風景を鳥瞰的な視点から描いたものでないことは明らかである。以下に詳述するが、La Rocca は、モザイク全体がいわば「topographos によって描かれた chorographia 的地図という一種の混交 ibrido のように見える」と結論付ける。

ここで暫時 La Rocca の論の要約を離れ、H. G. Beyen, H. P. von Blanckenhagen 以来今日まで戦わされてきた topographia / chorographia に関する議論を、少し距離を置いて考えてみたい。本論筆者は古典文献学には疎いが、まずもって topographia にくらべるなら、描かれた chorographia picta に関する言及はきわめて少ない。例えば、ウィトゥルウィウスの『建築論』の場合、よく知られた VII, 5, 2 においては、

'……ambulationibus vero propter spatial longitudinis varitatibus topiorum ornarent ab certis locorum proprietatibus imagines exprimentes'
（…… their walks, on account of the great length, they decorated with a variety of landscapes, copying the characteristics of definite spots.）[6]

---

5) J. L. Berggren-A. Jones, *Ptolemy's Geography*, (Princeton and Oxford, 2000), p.58.
6) 以下のウィトゥルウィウスの引用と英訳は Vitruvius Pollio. *On Architecture*. F. Krohn.

1 「物語の道筋」を歩く 215

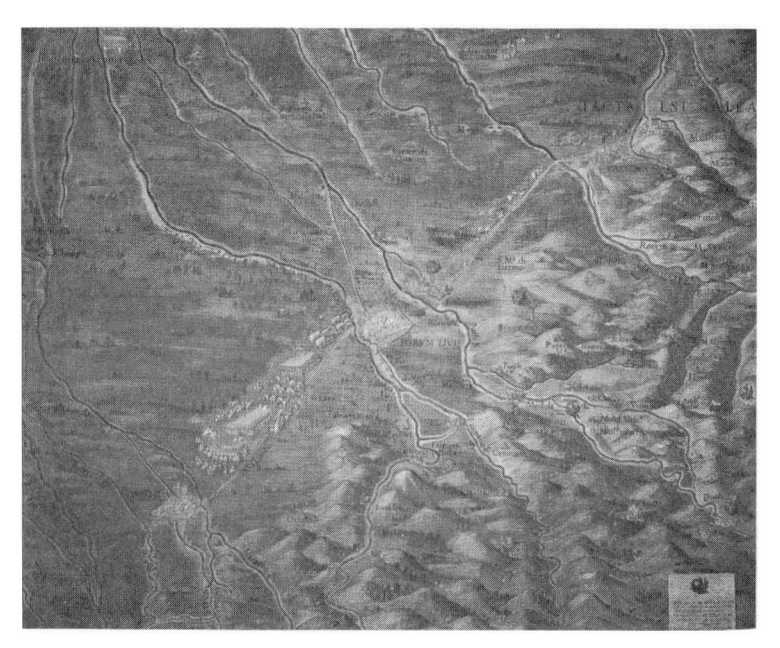

図1 「カエサルのエミリア平定」(ヴァティカーノ)

とあり，topia は「特定の locus の特色を備えた様々な風景」の意味で使われている。ところが，これに対し，世界の主要な河川を枚挙した同書 VIII, 2, 6 は

'Haec autem sic fieri testimonio possunt esse capita fluminum, quae orbe terrarium chorographis picta itemque scripta plurima maximaque inveniuntur egressa ad septentrionem.'
('That this is the state of the case may be proved by the sources of rivers, the majority and the longest of which, as drawn and described in geographies (=chorographia) of the world, are found to rise in the north. (括弧内は本論筆者))

Lipsiae. B.G. Teubner. 1912. on: *Perseus Digital Library* (HP: http://www.perseus.tufts.edu/hopper/)

図2　「ナイル河風景」パレストリーナ

とあり，chorographia は geographia とほとんど同義に，また同じような機能を備えたものとして語られている。上記の英訳者が，それを 'geographies' としたのは自然なことであったろう。

こうしてみると，プトレマイオスが chorographia を geographia に対置したのは，決して前者に地図的要素がなかったからではなく，むしろ，当時は両者が等しく地図として見られがちであり，そのような状況の下で彼の geographia の特質を際立たせるため，chorographia を「現実の写生的要素を前提とするもの」，すなわち「topographia の技術を前提とした地図」とあらためて定義したと思われる。このことは，topos あるいは topographia の用語が，絵画に関連してプリニウスをはじめ何人かの著作家に頻繁に用いられているのに対し，絵画に関連した chorographia の用例がはるかに少ない理由を，ある程度は説明するかもしれない。以上から chorographia は，1) もっぱら（おそらくは鳥瞰的方式に従った）景観の写実にかかわる topographia と，2) 抽象的図式的であるが科学的な geographia の二者の中間に位置する，と取り敢えず簡

2　景観から物語へ

　この限りで La Rocca の「(ナイル河モザイクは)topographos によって描かれた chorographia 的地図という一種の混交 ibrido のように見える」という結論は受け入れられないものではない[7]。しかし「ナイル河モザイク」を前にして起こるのは，これは本来，――しばしば chorographia の特質の一つと推定されている――鳥瞰図として全体が構想されたのであろうか？　という疑問である。その理由は，少なくとも上部のリュネットとその付近のエティオピアの動植物の描写の部分が，様々なモティーフを含んだフリーズを上下に積み重ねて作られたように見えるからである。事実 Meyboom もこの点を認めているばかりか，そのようなエクゾティックなモティーフを並列したフリーズの例として，イスラエルのマリッサの墓室内壁を飾るエティオピアの事物を描いた壁画フリーズ（紀元前 196 年以前のプトレマイオス朝の作品とされる）を挙げている[8]。

　このように複数のフリーズを上下に積み上げることによって大鳥瞰図を作るという構図法は，遅くとも帝政初期には確立していたと思われる。ただし，その元となるフリーズの種類は決して，単純に現実の topos を絵画的にあらわしたものばかりとは限らなかったであろう。言

---

　7)　管見するところ，「ナイル河モザイク」と topographia/chorographia の問題について最も詳細に論じたのは P. G. P. Meyboon, *The Nile Mosaic of Palestrina* (Leiden 1995), esp. Appendix 21, pp.186-190. であるが，La Rocca がよく知られたこの論に言及していないのはいささか解しがたい。なお Meyboon の錯雑した論旨を読み解くためには，田原文子「古代ローマにおけるエジプト表象――パレストリーナの『ナイルモザイク』に関する研究の現状と解釈の試み」『超域』(= 東京大学 / 駒場　文化科学紀要)，15（2010, pp.131-156.）が優れた展望を示してくれている。

　8)　Meyboom, *op.cit.*, Chapt.4, esp.44~50.；K. M. Phillips Jr. の 1963 年プリンストン大学提出の博士論文 "The Barberini Mosaic: sunt hominum animaliumque compluris imagines" はさらに広範に「ナイル河モザイク」のモデルとして画巻が用いられたという見解をとっている。ただし現在の所，モザイク下半分の洪水期のナイル河における様々な宗教行事を描いた部分については，全体が鳥瞰的な視点から描かれていることもあって，モデルとしてフリーズ状の画巻は推定されていない。

うまでもないが,ウィトゥルウィウスの『建築論』VII, 5, 2 の先に引いたよく知られた箇所は,続いて

> non minus troianas pugnas seu Ulixis errationes per topia, ceteraque quae sunt eorum similibus rationibus ab rerum natura procreata.
> (……or the battles at Troy, or the wanderings of Ulysses, with landscape backgrounds, and other subjects reproduced on similar principles from real life.)

と述べて,各種の叙事詩の物語もまた,長大な廊の壁面装飾に展開されたことを示している。ヘレニズム期の物語フリーズの代表ともいうべきペルガモンのテレフォスの生涯の大浮彫帯については,ここで触れるまでもない。言うまでもなくポンペイの壁画には,ホメロス叙事詩の様々な部分がフリーズ形式をとって表されているし[9],さらにローマ市で発見された有名な「オデュッセイアの風景」も,ヘレニズム風に等間隔で画面の前に描かれた柱を通して見るようになっているが,基本的にはフリーズ形式にのっとっている(図3)。

そこで,このような物語的フリーズが,その材質や規模が何であれ,一般的に存在したとするなら,その断片化したフリーズを積み上げて大構図を作るということも,しばしば行われたのではあるまいか? この点の証左となるのは,一般に Tabula Iliaca と称されるごくごく小型の浮彫であり,とくに,カピトリーノ美術館蔵の tabula は本稿の議論に関連して注目に値する。La Rocca も先述の論に引き続いてごく簡単にそれに触れているが,これについてはすでに早くから詳細な観察と議論が展開されてきた[10](図4)。これが極めて小型の作品であることを一応措

---

9) やや時代は下るが,ポンペイのいわゆる D. Octavius Quartio 邸のヘラクレスの挿話と『イリアス』が,上下二重に重ねて配置されたフリーズなどは,不完全ながら第 II 様式のフリーズによる大様式復活の試みといえよう。R. Brilliant, *Visual Narratives. Storytelling in Etruscan and Roman Art,* (Ithaca and London, 1984), pp.60-65 ; V. Spinazzola, *Pompei alla luce degli scavi nuovi di Via dell'Abbondanza (anni 1910-1923),* (Roma, 1953) ; R. Ling, *Roman Painting* (Cambridge, 1991), p.112.

10) Anna Sadurska, *Les tables iliaques,* (Warszawa, 1964) ; とくに本稿のこの個所は Richard Brilliant, 上出書, pp.53-65 et pass. の詳細な分析に負う所が多い。

1 「物語の道筋」を歩く

図3 「オデュッセイアの風景」ヴァティカーノ美術館

図4 「タブラ・イリアカ」(描起し)カピトリーノ博物館

いて，中央の方形画面を眺めるなら，これは十分壁画などに表されることもあった大鳥瞰図の資格を備えている。

画面の上部三分の二は堅固な城壁に守られたトロヤの市を鳥瞰的に表している。しかしよく見ると，その中は上下に積み上げられた三段のフリーズで出来ており，上から下にStesichorusによる『トロヤ陥落Iliou persis』その他の一連の物語の順序に従い，「トロヤの木馬とトロヤ城内での殺戮」，「トロヤの神域における王族の虐殺と凌辱」，「アエニーアスのトロヤ脱出」の物語を詳細に表している。

次に構図の下半分で場面はトロヤ市外に移り，嘆きに沈むトロヤの人々と，なおも続く虐殺を背景に，海浜に舫うギリシャ軍の大船団，そして最後，右下の隅に置かれた，老父を背に負い，息子の手を引いてこの場を脱出するアエニーアスの乗船の場面でこの一大悲劇が終わっている。中央「大画面」は周囲を多数の長短の物語フリーズに囲まれているが，中央画面の構成要素である複数のフリーズが，このような物語フリーズから取られてきたものであったことに疑いはない。

いったん西洋美術の諸例の観察を離れる前に，強調しておくべき点がある。それは，すでに多くの著者によって指摘されているところであるが，この作品が，単なるホメロス叙事詩の視覚化ではなく，その中でとくにアエニーアスのトロヤ脱出の経緯を強調することで，場面の根本的な意味に大きな変革を加えているという事実である。これは言うまでもなく，Tabula Iliacaのようなペダンティックな作品の注文主であった帝政初期のローマの「Trimalchioのような俄かintellectual」の要求に応えてのことであるが[11]，見逃してならないのは，それが，画中に三度にわたって同じアエニーアスを次々と登場させ，背景のホメロス叙事詩の場面とは異なった次元で，この大画面全体の意味を変えている点である。換言するなら，ローマ帝国建国に向けて惨劇のトロヤを脱出し，新たな未来に向かって船出するアイニーアスの「移動」のmotionを挿入することで，景観全体の意味に新たな色付けを行っていることである。こういったmotionが景観表現に対して持つ機能，あるいは意味は，以下の拙論の中で次第に明らかとなる筈である。

---

11) Nicholas Horsfall, "Stesichorus at Bovilleae?", *Journal of Hellenic Studies,* 99 (1979), pp.26-48, とくに pp.34-35.

3 日本の物語的景観

　ここで一度西洋美術の例を離れ、日本の古代‐中世‐初期近世の一群の宗教美術に目を転じるなら、このようにフリーズ状の画巻を積み上げて鳥瞰的大風景画を構成することは決して珍しいことではなかった。そのような例は数多くあろうが、ここではそういう操作の初期段階を示すものとして、たまたま最近鳥取で目にした、絵巻を一定の長さに切って、上下に積み上げ、張り合わせた掛幅の例を紹介しておこう[12]。

　さらに日本の社寺縁起に目を配りつつ考えてみるなら、必ずしも明確に絵巻のようなフリーズ的体裁が見えなくとも、実は一貫した明確なシリーズ的配置を秘めているというケースが、多数存在している。例えば、一群の参詣曼荼羅が俄かに重要性を増してくるのは、実はその大画面が、聖地の topographia/chorographia であると同時に、その聖地を経巡る巡礼たちの itineraria の視覚的記述、すなわち topothesia でもある点においてである。それを時間論的視点から言うなら、脱時間的な topos の表現の中に、刻々と推移する巡礼の歩みの sequence が刻まれている点においてである[13]。参詣曼陀羅のもっとも代表的な例とされる「那智熊野参詣曼陀羅」、とくに國學院大学図書館蔵のそれは、実に興味深いことに、掛幅と画巻がペアとなって保存されているが、その画巻は、実は掛幅画面に刻まれた巡礼路と巡礼の姿を、周囲の景観とともに、図像学的にはまったくそのまま踏襲し、ただそれを画巻という形式で sequential に水平に展開しただけである。一見時間的構成とは見えない掛幅の topographia / chorographia は、優れて時間的な、sequential な構成を内蔵している。

　さらに、大型の掛幅社寺縁起の場合は、より入念にその時間的推移の

---

12) 「安養寺縁起絵巻」『はじまりの物語。縁起絵巻に描かれた古の鳥取』（鳥取県立博物館 展覧会カタログ）、(2008)、No.61, p.125.

13) 基本的資料集並びに文献として：大阪市立博物館編『社寺参詣曼陀羅』（東京、1987)、とくに福原敏男による解説と概説。國學院大学図書館蔵「那智熊野参詣曼荼羅」については、同書カタログ番号4。詳しくは拙論「イコノロジーその後──那智熊野参詣曼荼羅をめぐって」『日本美術工芸』647 (1992), pp.7-21.

テキスト性が景観の中に組み入れられている。その好例として，近年太田晶子，佐野みどり氏らによって精力的に研究がすすめられている香川県の「志度寺縁起絵」，とくにその第一幅「御衣木之縁起絵」に注目したい[14]。太田氏と佐野氏による詳細な解読によれば，この中世の遠近法を踏まえた大画面の上部には，この物語の事実上の主人公（？）というべき「霹靂木」が比良の山中から琵琶湖に流出する場面が描かれている。その後は，流木となった霊木が琵琶湖を流れ下り，大津に漂着する場面，そこからさらに淀川を経て難波の浦から瀬戸内海に入り，最後に画面下部で讃岐の志度の浜に漂着し，これを得た尼がそこに道場を建立するという場面で終わっている。以上の簡単な記述からでも解るように，この大画面全体は，湖北から讃岐の浜に至るまでを包含した大型の鳥瞰的地図となっている。しかもそれは上記のように，中世的ではあるが明らかな遠近法的表現をとっており，絵画としても十分見るに足る作品となっている。これと，先述の，La Rocca が古代 topographia の有り様を彷彿とさせるとしたヴァティカーノ宮殿の「カエサルのエミリア征服図」と，偶然のこととはいえ表現形式が極めて似通っており，La Rocca がなんというか，機会があったら是非見せたいものである。だが画面に描き込まれた物語性という点で比較するなら，「御衣木之縁起絵」の方がはるかに文学的に豊富であり，また明確な表現を伴っている。換言するなら，この縁起絵はいわばそこにイメージによって語られた物語の「主人公」である霊木の旅の記録であり，道程 itineraria の記述である[15]。

---

14) 佐野みどり「中世掛幅縁起絵序説――二重の時間，二重の空間」佐野・新川・藤原共編『中世絵画のマトリックス』（東京，2010），pp.3-41。

15) 実は，この秀でた物語性そのものが，このような大鳥瞰図としての縁起絵成立の経緯に関し，かえってある種の疑問を引き起こすことも確かである。拙論筆者は日本美術史や文献に暗く，敢えてこのような疑問を呈するのはいささか憚られるところであるが，比良の高嶺のさらに北方の地点の描写から，琵琶湖―宇治・淀川―難波津を経て讃岐の浜に漂着するまでの物語は，最初から一貫した大景観として構想されたものであろうか？ 専門家でもない筆者にこの疑問に答える資格はないが，日本の古代・中世以来，今に伝わる多くの物語を伴う大景観図の多くは，明らかにソースの異なる――おそらくはそれぞれ異なった画巻として存在していた――よりスケールの小さい物語絵をしだいに包含しながら，遂には多数の物語を取り込んだ大景観図にと成長したのではあるまいか？ 御衣木の物語のみからなるこの掛幅は，それでも物語としての一貫性が容易に読み取れるが，掛幅志度寺縁起絵の他の五幅のうちには，ほとんど関連がないと思われる複数の物語をあえて一幅に納めたものもある。

4 Topothesia とローマ絵画の空間

La Rocca 著 *Spazio Negato* の第3章に当たる部分は，'La topothesia' と題されており，この小冊子全体を通じての論のハイライトとなっている。この書全体の表題から察されるように，La Rocca の論考の中心課題は古代ギリシャ・ローマ絵画，とくに古典期のローマ絵画における空間の問題である。この小冊子の裏表紙に記された「さわり」と思われる一節が，ほぼこの「第3章」で述べたことを繰り返していることからも，ここでの議論が著者のローマ絵画論の中核をなしていることに疑いはない。

しかし，本章における La Rocca の議論は，最初から空間論を展開するのではなく，まず topothesia の定義から始まっている。文字通りに訳すれば，「場の記述」とでもいうべきこの用語について，著者は，他の研究者によっても引かれることの多い Lactantius Placidus[16] による Statius 作『テバイド』II 注解[17]，および Servius によるウェルギリウス作『アイニーアス I』についての言及を引いて，この用語の定義を図る。

門外漢である筆者が，このような設問をあえてするのは，この問題の真偽を糾す為ではなく，あらためてイメージの背景にあるテクストの複雑さを感じるからである。こういった複数のソースからなる相当規模の縁起絵（絵巻，掛幅の両者を含め）の形成過程については，前注，佐野・新川・藤原共編『中世絵画のマトリックス』，pp.349-360. の高岸輝「「清水寺縁起絵巻」の空間と国土」が，門外漢にも分かりやすい例によって明確に分析してくれている。

16) 5世紀の注釈者とされる Lactantius Placidus は，しばしば4世紀初めのキリスト教護教家の Lactantius と混同される。L. Placidus については *Der Kleine Pauly*, Bd.3, cols. 439-440.

17) ここで La Rocca は，Lactantius Placidus による Statius 作 *Thebaid* の第2書への注解としているが，Statius の原文を見る限り，これは第1書の以下の個所についての注解ではなかろうかと思われる。なお本引用に関しては A. Z. 博士にいろいろご教示を賜った。もとよりすべての文責は拙論筆者にあるとはいえ，ここにあらためて感謝の意を表する。

" 92 ilicet igne Iouis lapsisque citatior astris tristibus exiluit ripis: discedit inane uulgus et occursus dominae pauet. illa per umbras et caligantes animarum examine campos 95 Taenariae limen petit inremeabile portae. sensit adesse Dies, piceo Nox obuia nimbo lucentes turbauit equos; procul arduus Atlans horruit et dubia caelum ceruice remisit.arripit extemplo Maleae de ualle resurgens 100 notum iter ad Thebas; neque enim uelocior ullas itque reditque uias cognatuae Tartara mauult.centum illi stantes umbrabant ora cerastae, turba minor diri capitis "sedet intus ab actis" (I. 92-104)

La Rocca によるなら，前章で chorographia との対比で論じたように，topographia は，特定の現実のありようを，画家あるいは著作家の手段をもって表現したものであるが，これに対し topothesia は，La Rocca によれば非現実的，空想上の事物をあたかも現実であるかのごとく描写したものを言う。その根拠のひとつとして，著者は，Cicero における topothesia の用例を *ad Atticum* I, 16,18 から引く[18]。興味深いことに，Cicero は，Atticus がアテネ市北東（今日の Kifisia とされる）に造らせた現実の庭園 Amaltheion について書き送っているのだが，著者 La Rocca が注意を喚起するように，Cicero の関心はその庭園の現実の有様ばかりではなく，むしろそれが，ギリシャ神話の世界を如何に「現実化」しているかにある。Atticus が造園し，Cicero がその記述 topothesia に興味を持っているのは，あくまで神話の物語に想を得てギリシャの地に造られた庭園であり，神話に語られた topos そのものではない。

　Cicero や Atticus のように，ギリシャ的教養を積んだローマ知識人のイメージ世界は複雑である。まずもって，ゼウスは幼いころ残酷な父クロノスの目から逃れるためクレタ島に送られ，そこでニンフの Amaltheia（後には鹿とされる）に養われたと伝えられるが，さればと云って現実のクレタ島にそのような場所が存在するわけではなく，ましてやその場所をアッティカに求めることはできない。したがって Atticus の造らせた庭園自体，なにか実際の topos のコピーではなく，神話や伝承に依拠した Atticus の想像力の所産である。Cicero がその庭園の topothesia を求め，またそれに関連する詩文学 poema や伝承 historia を送ってくれるよう依頼しているのは，まさにそのためである。

　しかし，おそらくもっとも重要なのは，ローマの富裕な知識人たちが，自分たちの造り上げた幻想の庭園を経巡ってともに逍遥し，神話やその隠された意味について語り合い，そのようにして空想の神話の世界を入念な記述 topothesia に値する現実の場としたことである。拙論の中心課題は，このように複雑な空想と現実の間の往還の諸相を明らかにす

　18）　Cicero, Epistola ad Atticum, I, 16, 18: "Velim ad me scribas, cuius modi sit Amaltheion tuum, quo ornatu, qua topothesiai, et, quae poemata quasque historias de Amaltheioi habes, ad me mittas. Lubet mihi facere in Arpinati. Ego tibi aliquid de meis scriptis mittam. Nihil erat absoluti."

ることであるが，その前にもうしばらく La Rocca の議論に耳を傾けることとしよう。

章の冒頭部分を閉じるに当たり，La Rocca は良く知られたウィトゥルウィウスの『建築論』における歩廊 ambulatory の壁画に関する記述と，やや時代の下るプリニウスの，これも良く知られた「画家ストゥディウス」に関連する記述を取り上げて比較する。まず前者の "varietas topiorum, et Ulixis errationes per topia" にいう topia は，決して現実の特定の場を指したものではなく，いわば典型化され，さらには象徴と化した topos を言う。彼の言うオデュッセイアの風景は「心の風景 paesaggi della mente」に他ならない[19]。プリニウスの言葉も，実は Vitruvius のそれとそう変わるものではないが，ただ後者には，前者に無い貴紳の海浜の別荘とか海辺の町などへの言及があり，プリニウスの時代の風潮を映している，と La Rocca は考える。

ところで，上記の topothesia に関する論考の後，La Rocca の議論は方向を一転して，古典期ローマ絵画の空間の問題に向かってゆく。pp.34-51 に亘る論考は，その中を「いわゆる "idillico-sacrale" の風景」，「フリーズ形式の風景画」，「方形画面 a pannello の風景画」，「神話的風景」の四つの類型に従って分かたれている。これらの用語やそれに対応する類型は，古典期ローマ絵画を論じる際には頻繁に用いられるものである。とはいいながら，これらの類型のうち，最初と最後のものは明らかに主題に関連するものであり，対して「フリーズ」と「方形画面」は画面方式とそれに伴う絵画空間の問題に関連している。こういった異種の類型を並列して論じることははたして可能であろうか。しかも最初の「いわゆる "idillico-sacrale" の風景」と題された小節では，主題に関する議論はほとんどなされず，以下に要約したような——どちらかと言えば常識的な部類に属する——ローマ絵画空間論に終始している。

「ローマ絵画の空間は，近世以降の遠近法空間とは明らかに異なり，一見 illusionistic な無限の奥行きをもった空間と見えるものも，実

---

19) La Rocca, p.32.

は画面手前から奥に向かって組織的に構成された空間ではなく，それ自体奥行きを拒まれた空間，すなわち spazio negato に他ならない。真の遠近法的奥行きを欠いた絵画空間にあっては，個々のモティーフは相互の空間的関連を欠き，単に画面上に散在しているだけなのだが，このような絵画空間が奥行きと見えるのは，画面の上部に行くほど対象が小さく表され，個々の対象間の関係が，光と大気の微妙な変化を利用して意図的に曖昧模糊とされているからである」

　論理的整合性を問題にするなら，四つの小節全体を，画面の形態とそこに含まれる絵画空間を問題とすべき「フリーズ形式の風景画」と「方形画面 a pannello の風景画」の2小節のみに纏め，それぞれの中で「いわゆる "idillico-sacrale" の風景画」と「神話的風景画」という「主題」に関連のある特定の問題を論じるべきであったろう。そうすれば，「黄色のフリーズ」とかファルネジーナ荘 'ambulacro F-G' を飾るフリーズのように典型的な「聖なる牧歌的風景」のモティーフに満ちた作品が，なぜ最初の小節には登場せず，2番目の「フリーズ形式の風景画」に入ってはじめて論じられるのかとか，さらに同じファルネジーナ荘でも 'cubicolo E' の壁面中央を占める方形画面が，同じく Sacro-Idyllic の主題に基づきながら，第3の「方形画面 a pannello の風景画」に送られたのか，という疑念は解消したであろう。あるいはまったく逆に，小節を「いわゆる "idillico-sacrale" の風景画」と「神話的風景画」の二つに纏め，その中で必要な限り表現形態の変化を論じるということもできたかもしれない。

5　Landscape 論の新たな展開

　せっかく topographia-chorographia-topothesia とローマの地誌的絵画の三つの大きな類型を論じながら，これ以後の La Rocca の論は，基本的には従来までの便宜的，概説的展望を述べるに終わっていると見るのは，拙論筆者の僻目であろうか？　しかし，そのような批判が許される

とするなら，その原因の一端は，La Rocca が 80 年代に劇的な変化を遂げた Landscape 論，とくに 90 年代以降の英語圏の研究者による顕著な業績をほとんど考慮に入れていないことにもあるのではなかろうか。戦後の Landscape 論として今や古典的文献となったのは，言うまでもなく Kenneth Clark の *Landscape into Art* (1946[1]) であるが，それが大きな影響を及ぼしただけに，deconstruction の時代に入ると，その徹底した Eurocentricism に対し様々な批判が起こるようになってきた。'80 - 90 年代に華々しい批判を展開したのはまず Denis Cosgrove に代表される一群の人文地理学者たちであった。とくに Cosgrove 等は '60-70 年代に戦後美術史学の主流となったイコノロジーの影響のもとに，Landscape をア・プリオリな先験的事実としてではなく，それぞれの時代の歴史的・社会的コンテクストの中での解釈を試みた[20]。さらに 1994 年に論集 *Landscape and Power* の初版を編集した W. J. T. Mitchell は，マルキシズムの影響のもとに，K. Clark の historical narrative の主体である 'we'= 近代主義的西欧のエピステメーの相対化を図った[21]。

　ここでさらに注目すべきは，これに続いて Cosgrove と Mitchell 両者に起こった Landscape 概念の根本的な変化である。前者に関しては下の注に述べるが，Mitchell に関しては，いっそう明白にその変化が読み取れる。彼は前出書の初版から 8 年後の 2002 年に第 2 版を編集・刊行しているが，その冒頭の第 2 版のための序文において，「もしこの新しい版に新たな表題を付けることが出来たなら，それを *Space, Place, and Landscape* としたかった」と明確に述べている。それには二つの理由があった。ひとつは，およそ権力の問題を論じるためには，Landscape は適当な対象ではない。そこでは権力の行使が極めて弱々しくしか把握できないからである。これが表題変更のための消極的な理由であるのに対し，より積極的には，Landscape の問題を，それまで様々な形で「場」の問題に関わってきた G. Bachelard, M. Heidegger, H. Lefebvre, M. de

---

20) D. Cosgrove - S. Daniels (ed.), *The Iconography of Landscape*, (Cambridge, 1988) の introduction が 'Iconography and Landscape' と題されているのは奈辺の事情を反映している。

21) W. J. T. Mitchell (ed.), *Landscape and Power*, (Chicago and London, 1992 [1]). 彼自身が寄稿した同論集の巻頭の論文は，如何にもそれらしく 'Imperial Landscape' と題され，K.Clark に対する激しい批判に始まっている。

Certeau, M. Foucault 等の議論に関連づけるべきだと考えるようになったからだ、と Mitchel は述べる[22]。

　第二次大戦前に始まるこれらの著者たちの論に対する Mitchell の批評は、必ずしも一貫していないし、どちらかと言えば哲学的な方法論に終始している。ただし、彼らの影響のもとから次々に現れた論においては、具体的な美術史、都市史、あるいはそれらの Anthropology が具体的なケースを扱うようになり、次第に説得力を増すようになってきた。早くに変革を遂げた人文地理学の動向と並行して[23]、他の人文学の諸領域においても、Landscape の概念は、K. Clark の古典的理論とは全く趣を異にする展開が始まっていた。その顕著な例の一つとして、F. Brauel 以後のもっとも野心的な地中海論である P. Horden-N. Purcell, *Corrupting Sea*, (Oxford, 2000) を挙げることが出来よう。Horden-Purcell の著書において Landscape は、同じく新しい意味での Ecology とほとんど同義で使われている[24]。

　拙論にはこのように 2000 年前後から人文学諸領域に起こってきた新たな Landscape 論について、より根本的な議論を展開する余地はない。ただ、誤解を招くことを覚悟の上で敢えて簡略化して言うなら、直接あるいは間接にこの変化の背後にあるのは、カントあるいは新カント派的な主観・客観の超越論に対し、戦後新たに台頭してきた（とくに実存の）現象学である。そして、この点に関しあらためて付記したいのは、西欧における実存の現象学の出発を背景に、早くから新たな Landscape 論を提唱したのが、和辻哲郎と三木清という、いずれも深く西田哲学に関わった日本人の思想家であったことである[25]。

---

22) Mitchell 同書 2002², pp.vii-xii. ほぼこれに対応する視点の変化は、Cosgrove が最初 1984 年に出版した *Social Formation and Symbolic Landscape* のペーパーバック版に、1997 年になって付した新たな長い "Introductory Essay"（同書 pp.xi-xxx）にも読み取れるが、論の煩雑さを避けるため、ここでは詳説しない。なおこれもここでは割愛するが、米国においては、同じく実存の現象学とマルキシズムの両者の影響を強く反映する Edward S. Casey、とくに *Fate of Space. A Philosophical History* (1998) の影響も極めて大きい。

23) Yi-Fu Tuan, *Topophilia. A Study of Environmental Perception, Attitudes and Values*, (Englewood Cliffs, N. J., 1974)

24) Horden-Purcell における Landscape と Ecology の用例については、同書 403-404、45-46 ページその他を参照。

25) 和辻哲郎の名著『風土』がハイデッガーの実存の現象学に刺激されて書かれたことはよく知られている。それ以後、Augustin Berque までの哲学における Landscape 概念の展

ここであらためて近代の美術史・考古学の歩みを振り返って見るなら，その記述・解釈はもっぱら，個々に独立した絵画・彫刻・建築作品（いわゆる「もの」）を対象としてきた。しかし1980年代を境に，それらの作品を包含し，広がりをもった「場」の現象学的記述と解釈にと関心が移って行く。このような視点に立つ最近年の美術史学の顕著な成功例として，Jaś Elsner を初めとする一連の研究者による Pausanias の Periegesis 再解釈の試みがある[26]。Periegesis が提供する新たな問題は，パウサニアスが個々の建築・彫刻を如何に記述したかばかりではなく，どのような経路を辿り，どのような順序に従い，如何なる視点に立って個々の対象の選択・記述に至ったのかという点，すなわちその itinerary という Proces，それに伴う Visuality にある。この点からみるなら，パウサニアスはこれまでの研究が述べて来たように単なる「旅行者」ではなく，ある特定な意図 'subjective perspective' を持って歩む人であり，

開を，哲学の立場から簡潔にたどったものとして：木岡伸夫『風景の論理。沈黙から語りへ』（京都，2007）がある。ただ，我国においては，そのような傾向の下で今も続出しているのは，むしろ文学研究者，庭園・環境デザイナー，あるいはエコロジストの視点から書かれた著作である。それはそれとして学ぶところは多いが，それらの基本には景観の美学に対する強い関心が潜んでいる。拙論はもちろん，Landscape の美学と無縁ではないが，言わんとするところはむしろ「景観」と呼ばれる aesthetic な問題を離れた，「場 Place」の意味探求の考古・美術史学における重要性である。その点で比較的拙論の視点に近いのは Augustin Berque が（拙論筆者の意見としては正鵠を射る）和辻哲郎批判を通じて展開してきた Milieu，とくにその Trajectivité の概念である。（篠田勝英訳『風土の日本。自然と文化の通態』（1988）とくに pp.181）（原題：Le sauvage et l'artifice : Les Japonais devant la nature, 1986.）しかし後述するように，拙論筆者の意図するところは，その Trajectivité の原動力ともいうべきは，その「場」を生きる主体の Motion, さらにはその Motion を規定している text の解明である。またこの点について，三木清の貢献を言う人は少ないが，とくに彼の『哲学入門』（初刷1940年）の「序論：人間と環境」の節における環境論には，現象学による主観・客観の対立構造の超克の試みが見られる。この書は三木の師西田幾多郎に献じられており，唐木順三『三木清』（1947），pp.135ff. は，三木の著作のうちでも，もっとも顕著に西田の影響を反映しているとする。

26) J. Elsner, *Art and the Roman Viewer,* (Cambridge, 1995). とくに pp.125-158: Chapter 4: "Viewing and Identity: the Travels of Pausanias; or, a Greek Pilgrim in the Roman World"; その後 Elsner は，S. E. Alcock, J. F. Cherry とともに，新たなパウサニアス研究の論集を出版した：*Pausanias. Travel and Memory in Roman Greece,* (Oxford, 2001). とくに拙論に関連して重要な，この論集に含まれた Bettina Bergmann の論文に関しては以下に触れる。Elsner らの論を受けて，より最近パウサニアスの Visuality を分析したのが，William Hutton, *Describing Greece: Landscape and Literature in the Periegesis of Pausanias* (Greek Culture in the Roman), (Cambridge, 2008) である。

その点で彼はむしろ「巡礼者」と称されるべきである，という点でこれらの研究者は一致している。さらに敷衍するなら，パウサニアスの描き出した Landscape は，「客観的」に観察された風景ではなく，彼が，彼固有の経路を辿りつつ記述した Landscape に他ならない[27]。

記述者の特定の経験に依存し（experiential），しかもそれが固有の物語テキストに根拠づけられている（endorsed）という点で，むしろ最近の人類学が重視する informant/tour guide による物語を伴った topos の案内の記録に等しい。先出の Ucko-Layton 編の論集に掲載された Christopher Evans の論文はその好例である[28]。

---

27) 参考に最近の関連する言及の二例を挙げる：

1) "THE CONSTRUCTION OF RELIGIOUS TOPOGRAHIES When pilgrims write accounts of their journeys they tend to select and organise the remembrances of their experiences in a manner that reflects their subjective perspectives on the places they visit. In doing so they are not unique: the accounts of all writers who describe journeys or places reflect the authors' cognitive mapping; that is, their contours arise from the intersection of the physical landscape and the cognitive landscape of personal and cultural preconceptions that resides in the observer's mind." (W. Hutton, "Religious Space in Pausanias", J. Elsner - I. Rutherford (ed.), *Pilgrimage in Graeco-Roman and Early Christian Antiquity,* (2005), pp.299-300)

2) "Anthropology can also challenge the notion, derived from *[the] art history [before the 1980's]* and some elements of geography, of seeing landscape as a fixed cultural image and resource …. Ethnographic approaches can show how static ways of depicting and analyzing surroundings that invoke the idea of landscape being viewed, consumed, and objectified from a fixed perspective are unable to deal with processual, subject-centered ways of constituting place through movement and interpretation... Landscapes are lived as well as represented,… and multiple paths and perspectives are available to the traveler as well as the viewer." (S. Coleman, "Pilgrimage to "England Nazareth": Landscapes of Myth and Memory at Walsingham" in E. Badone-S. Roseman (ed.), *Intersecting journeys : the anthropology of pilgrimage and tourism,* (Urbana, c2004) , pp.52-53. (下線とイタリックによる挿入は筆者)

28) その一部を引く。「儀礼の行われている間，彼ら（=shaman priests）は長文の口承テキストを唱えるが，それらは南方に向かっての移動 migration（の伝説）に伴う，一連の「村巡り」の物語である。Yarjung はあらかじめ自分の物語の道筋（route）を地図に起こしてある。共同体の起源と展開 genealogy は本来線的であり，長い巻物が，狭隘な踏跡による通路 trail-corridor を図示している。口伝による説明を，基準化という点で比較してみると，説明は驚くほど一貫している。シャーマンの一人ひとりが，同一の移動 migration（の伝説）の物語を唱えるのである。(括弧内は筆者)」Ch. Evans, "Cognitive Maps and Narrative Trails: Fieldwork with the Tamu-mai (Gurung) of Nepal", Ucko-Layton (ed.), *op. cit.*, pp.439-457.

6 Text-Motion-Visuality

　ここで La Rocca の *Spazio negato* に対する批判を一応措いて，あらためて初期帝政美術の具体的作例に帰ることとしよう。「黄色のフリーズ」（図5）や，やや時代は下るがポンペイの「Casa di Citarista」のような「聖なる牧歌的風景」の長いフリーズの場合，画面は帯状に展開し，当然ながら，その観賞方式として観者はその壁面に沿って歩んで行く必要があった。この点については物語フリーズの場合も同様である。ヴァティカーノ美術館蔵の「オデュッセイアの風景」のような大型の作品はいうまでもないが，Brilliant が観察したように，ポンペイの Via Abbondanza に面した Casa di Cryptoportico の長大な廊のフリーズに描かれたトロヤ戦争のサイクルでは，終局の場面「アイニーアスのトロヤ脱出」は，実際に遊歩廊から街路に出る扉口の脇に置かれていた。すなわち，観者は単に物語を読み終えるばかりでなく，その身体をもって実際にフリーズの語る物語世界を去って外に出て行くようにしつらえられていた[29]。

　このように鑑賞／観想 contemplation の行為／ motion を考慮に入れるならば，例えば「アウグストゥスの家」の「劇場仮面の部屋」に見る，アポロンの神器や聖柱を方形画面の中軸に据えたきわめてイコン的な作品は，これらフリーズ作品とまさに対極にある[30]（図6）。この部屋の南と西の壁に残存しているいわゆる scaenae frons 中央の porta regia を占める方形画面は，他作品に比してもかなり縦方向に引き伸ばされており，しかもベテュルス betylus のような単独の宗教的モティーフがその

---

29)　先出 Brilliant, *Visual Narratives*, pp.60-61.
30)　この作品について La Rocca は次のように形容する：" (I) pannelli con scene di paesaggio inserite all'interno di edicole, come nella Sala delle Maschere della c. d. Casa di Augusto ……con una scansione chiara e ragionata delle pareti che vuole trasmettere un senso di tranquillità, di rigore e di ordine……", "Come sempre non paesaggi reali, ma paesaggi sognati di ambiente agreste, dominate dalla presenza di strutture et monumenti a carattere religioso・・・" (p.42) なお「アウグストゥスの家」については，G. Carettoni, *Das Haus des Augusutus auf dem Palatin*, (Mainz 1988); より最近では I. Iacopi, *La casa di augusuto. Le pitture*, (Milano, 2008).

図5　「黄色のフリーズ」ローマ市「リウィアの家」

図6　「仮面の部屋南壁部分」ローマ市「アウグストゥスの家」

軸線を全面的に占めているため,「聖なる牧歌的風景」といっても,神器以外のモティーフはすべてその背後に,つまり奥行きに向かって重なりあって配置されている。それとともに,画面奥に行くに従って急速にモノクローム化しており,背景はほとんどシルエットとしか見えない（図7）。フリーズ形式を取る「聖なる牧歌的風景」とのあまりにも顕著

1 「物語の道筋」を歩く 233

図7 「同西壁部分」ローマ市

な違い,その生成・変化については,拙論筆者は別稿において詳説する予定である[31]。ただその鑑賞様態の違いについてのみは,拙論の終結部において再度触れることとしよう。

　共和政末期から帝政初期にかけてのローマの富裕な知識人層におけるLandscapeの観想——それが現実の風景か非現実のそれかは問わな

---

31) 本稿がもっぱら古代ローマ絵画のVisualityを問題としているのに対し,拙論筆者が起こしている別稿は,視覚芸術におけるVisibilityを中心課題としており,その最初の章をBoscotrecaseの大別荘壁画,とりわけ良く知られた第19室「神話的風景の間」西壁の「アンドロメダ」の解釈に充てている。そこでは「アウグストゥスの家」やファルネジーナ荘における方形画面の「聖なる牧歌的風景」との関連をより詳しく論じる。

い――については，今世紀に入り俄かに議論が盛んとなったが，その嚆矢となったのは Bettina Bergmann の inspiration に富んだ一連の論である。そのひとつ，"Meanwhile, Back in Italy... Creating Landscapes of Allusion"（2001）は，もともと上出の Alcock-Cherry-Elsner 編のパウサニアス論の集成に，commentator 論文として収載されたものであるが[32]，古典期ローマの視覚芸術固有の問題を巧みに取り出し，La Rocca の論を初め，その後の論考に多くの示唆を与えることとなった。論旨は多岐にわたるが，次にその最初の一部をかい摘んで紹介する。

　「実際，（パウサニアスが生きた）第 2 世紀にローマ市を訪れたものは，市中いたるところでギリシャに出くわしたであろう。それもただ古典的な建築や芸術作品においてばかりでなく，有名なギリシャの名所を想起させるように植栽し，美しく整えられた自然の一角もそうであった。このような諸々の想起の仕掛けは，個人の所有地においていっそう顕著であり，そこでは，共和政末期以来，土地の所有者たちはギリシャ人のような衣服をまとい，ギリシャ語を話し，そうして「プラトンのアカデミア」や「（アポロンの聖地）テンペの峡谷」を巡って逍遥し，あるいはゼウスを育んだ「アマルテアの洞窟」の辺りをそぞろ歩きしたのである。

　研究者たちはこの種の巧まれた場のことを Bildungslandscahft と呼んでいるが，それは，物理的であると同時に知的な関わり合いを含意しているからである。巡礼たちは，実地検証 theoria[33] によって内心の希求と視覚体験を結び合わせ，（物語の真正さを）納得し，究極的には（霊的な）啓示に至ったが，まさにそれと同じように，ローマ人たちは家郷にあってその教養の高みを（現実に）創造し，そうしてそこに住んだのである。」（p.155）（括弧内は拙論筆者による補注）[34]

---

　32)　上出注 22. *Pausanias. Travel and Memory in Roman Greece,* (Oxford, 2001), pp.154-166.
　33)　Theoria に関しては：'Theoroi': *Kleine Pauly,* Vol.5, cols. 730-731.
　34)　共和政末期から帝政初期にかけてのローマ市における大規模な造営の内に，このような「幻想のギリシャ」に基づいた庭園や公園の造営があったことは確かであるが，これ以外にも，初期帝政に非常な高まりを見せたエジプト・マニアに連れて，「幻想のエジプト」

これまでの拙論の展開を振り返るなら，このような topothesia に関する研究は，大別して二つの異なる方向に向かっていることに気付く。それは，「幻想の風景」の①最初の発想と②最終的な帰結の両者に向かう。①の発想に関しては，当然ながらその多くはモデルとなるような実在の風景よりも，まずもって風景に関する言説に拠っていた。その風景が実在するものであったどうかは問題ではない。その言説上の根拠は，しばしば神話，詩文学，真偽の程を確かめようのない見聞記等の言説の中にあった。モデルが実在したとしても，直接に利用されたのは，主としてそれについて語り記された言説にあった（それを真実と信じるかどうかは読者にかかっている）。Cicero が Atticus に対して，Amaltheia に関する詩文や物語を送ってくれるように頼んだのはこのためである。

　(Einbildungslandschaft と呼びたくなるような)「幻想の風景」に対するローマの支配者や富裕階級の情熱は，それを大小の規模の現実の「風景」──その多くは権力者たちの庭園や邸宅であった──として実現した[35]。それらはルネッサンス以来の欧米の支配階級の営んだ擬古典主義的庭園に見られるように，たがいに影響を及ぼし合って今日に至っており，比較研究の対象である。上述の Bergmann の論は，その中に 'The Verbal and the Visual of Roman Landscape' という短い一節を設けているが，「幻想の風景」の言説的背景を十分に論じているとは言い難く，この点については後出の O'Sullivan の 2006 年の論を俟つこととなる。

　他方，次に続く小節 'Virtual Landscapes' は，ローマ人の幻想とその現実の産物との関わりを，きわめて適切な例に拠りつつ解き明かしている。とくに，あの初代の皇帝たちが営んだ美しく壮大な Sperlonga の，巨大な洞窟を巡る海浜の別荘（最近ではアウグストゥス帝の時に造営がはじまったとされている）に読者の新たな注意を喚起したことは，高く評

に基づく造営の多かったことも事実である。Cf. 拙論「浮遊する風景　第一部──ボスコトレカーゼの「「聖なる牧歌的風景」」をめぐって」，細田あや子・渡辺和子編『異界の交錯』下巻（東京，2006），pp.227-273. 帝政初期における所謂「エジプト・マニア」については，M. de Vos, *L'Egittomania in pitture e mosaici romano-campani della prima età imperiale*, (Leyden, 1980) および同著者による "Nuove pitture egittizzanti di epoca augustea" C. M. Govi et al. (ed.), *L'Egitto fuori dell'Egitto*, (Bologna, 1991), pp.122-143.

　35) 青柳正規『古代地中海とローマ』（世界美術大全集 5）（東京，1997），pp.254-261. ほか。

価すべきである（図8）[36]。Bergmann はいう。

図8　スペルロンガの大洞窟「初代皇帝別屋」

"In this way, the Italian landscapes of allusion provided a kind of <u>dilatory space</u> for participatory　engagement with the metaphor of Greece. Sperlonga is just one example of this engagement on a grand scale, where famous mythological episodes were re-created in the natural environment <u>by placing key figures or signs at a fitting physical spot</u>."（p.158）（下線は拙論筆者）

36）Sperlonga は，Bergmann がその小論の締め括りに取り上げた Tivoli のハドリアヌス帝の大別荘と並び，2003 年，ダンバートン・オークスにおける Ann Kuttner の力の入った報告 "Delight and Danger in the Roman Water Garden: Sperlonga and Tivoli", M. Conan (ed.), *Landscape Design and the Experience of Motion*, (=*Dumbarton Oaks Colloquium on the History of Landscape Architecture*, 24), (Washington, D. C., 2003), pp.104-156. の中心課題となった。M. Conan の企画になるこのコロクイアムは，庭園の様式分析，象徴性の解明といった伝統的なアプローチを離れ，もっぱら庭園に関わる様々な motion を問題としたという点で特筆すべきであるが，今拙論で問題としている観者固有の visuality の問題に専念したわけではない。そのため，Kuttner の論も，拙論の本来の目的には全面的には一致しない。ただし Kuttner も，その論が多くを Bergmann の先行研究に負っていることを隠していない。Sperlonga に関する最近の研究史的状況については，Kuttner, p.114, n.40 を参照。就中，N. T. de Grummond-B. S. Ridgway (ed.), *From Pergamon to Sperlonga*, (Berkley, Los Angeles, London, 2000) は，力作を集め，大いに読みごたえのある論集となっている。

1　「物語の道筋」を歩く　　237

　和訳するには少々手間のかかるこの一節に関しては，二つの興味ある点を指摘したい。最初に下線を施した 'dilatory space' という用語であるが，興味を覚えるのは，dilatory という時間に関する用語によって space を修飾していることである。これを素直に理解するなら，「そこでゆっくりと——あるいは，日常を離れて無為に——時を過ごすような空間」を意味する。しかし Sperlonga の大洞窟のような「幻想空間」の中で皇帝たちや貴紳の過ごした，様々な物語のイメージの交錯する時間は，——あるいは意図的に自己欺瞞的な——「非日常の時」であり，さらにこの space 自体が，そのような非条理を実現可能にする——あるいは可能にすると信じられた——特殊な空間であったことは銘記しておきたい。論理的な不正確を顧みずに言うならば，ここでの「時間」と「空間」は，その特殊な性格に関して関数関係にある。

　それはあたかも劇場空間に似て，一度そこに足を踏み入れた観者は，一刻のこととはいえ日常とは異なる「物語の支配する時間」を活きる。とはいえ，劇場においては，演技者の語りや身振りによって物語の時間が進行するが，上記のような「幻想空間」としての庭園，さらには絵画の内に取り込められた「仮象の空間」においては，物語はどのように進行するのであろうか？　これに関連しては，上に引いた Bergmann の発言に拙論著者が下線を施した第二の点が重要となる。Bergmann は，すでに前節で Landscape の形成について，以下のような興味深い観察を行っている。

　　「……古代の著作家や芸術家は，場 place というものを，複数の，自然や人工の対象物の総体と見なしていた。それら諸物の相関が視覚世界の一角を形作った。その一つ一つの部分が固有の topos あるいは物理的なある範囲を蔵しており，これら topos と topos の関係が，*choros* [sic.][37] あるいは場 area を創り出した。従って，場 place を記述するに際しては，それを topos の縮小形である複数形の topia として言及したのである。

　　　世界についてのこうした拡大的な見方は，当然ながら，その部

---

[37]　これはおそらく *chora* の誤りであろう。

分を「徴し signs」あるいは換喩として用いるように導く。ローマの宗教にあっては、早くから大祭司や卜占官は、高みに登って土地を観望し、然るべきランドマークを目で捉え、その名を呼んだ。このために、卜占文において landscape の相貌は signum と呼ばれた。新たな、いっそう意義深いコンテクストの中でその場 place を言い表すためには、（新たな）徴し sign が選ばれたのである。」(pp. 156-157) 括弧内は拙論著者)[38]

　Bergmann によるなら、要するに Landscape を意味あるものとして成り立たしめているのはこれら一連の徴しの sequence である。これまでの観察を踏まえさらに敷衍して言うなら、Landscape の観想者は、自ら設けたこの sequence を経巡って歩み、それについての narrative の texture を織りなすのである。また、上述のように、このような Landscape を劇場空間として理解することが許されるなら、その観想者達は、劇場の見物人であると同時に、その劇に参画し、徴しの一つ一つを経巡りつつ語らう（utter）演技者でもあることを忘れてはならない[39]。

　さらに Bergmann が正しく指摘したように、この Landscape は実際に広々と広がる空間である必要はなかった。'Virtual Landscapes' と題された小節を閉じるにあたって Bergmann は、ポンペイの Casa di Marinaio のような例を挙げ、たとえ方寸の室内空間といえども、観者はしかるべき「徴し」――多くの場合それは壁面を飾る絵画であったが――を辿ることで、現実にはありえない劇場空間としての Landscape を自ら体験し得たと主張する。

---

　38) このように signum を設けることによって、それまで「無意味」であった land を「有意味」な landscape に変える行為については、おそらく、よく知られた Wallace Stevens の 'Anecdote of the Jar' 以上に優れた表現はないであろう。(亀井・川本編『アメリカ名詩選』(岩波文庫　赤335-1)（東京 1993), pp.160-161) 現在では多くの風景論がこの詩をとりあげている。
　39) 古典期ローマ美術、とくに壁画や庭園芸術のの観賞者達が、それらを単に視覚的に楽しむばかりでなく、自らがそこに virtually に設けられた架空のステージ上の演技者でもあったことは、『サテュリコン』における有名な Tirmalchio の大宴会場面の詳細な記述から明らかに読み取れる。この点に関しては、Sauron も触れているが、具体的な美術・考古学的な背景に関しては何も言及していない。

このような視点からするなら，例えばプリマポルタの「白鶏荘」跡から出土した大庭園画は，ローマ人の自然愛好心から出た精密な描写に基づく「装飾」というよりは，その壁画に飾られた室内空間に根本的な「意味」を付与する，大規模な書割と理解すべきではなかろうか？（図9）それは宮廷の女性達が，半ば地面に埋め込まれ，穹窿天井に覆われた人工の洞窟内空間をニンフの住まいに見立て，その外に広がる幻想の景観の観想に耽けるための視覚的仕掛けではなかったか[40]。Sperlongaでは実際の洞窟であったものが，ここでは優しいニンフの祭りの場として設えられた人工の洞窟となった[41]。季節や自生の地域の違いを無視して，入念に集められた多様な花や鳥は，この庭園画が自然の忠実な描写というよりはむしろ，一つ一つが徴しとして，この幻想の人工洞窟の空間を活きる女性達の，細やかな語らいの縁として描かれたものであることを示唆している。本壁画は，古典期のローマ絵画の一端を代表するものとしてあまりにも有名であり，概説書にも必ずと言ってよい程触れられているが[42]，管見するところ，この特殊な室内空間の用途，機能，意味に関して立ち入った議論はあまりなされておらず，たかだか夏の暑さを逃れての食事の場であったろうというような示唆が成されているのみである[43]。しかし同時期の「アウグストゥスの家」の壁画が，どこを取っても強い宗教性を見せていること，またSperlongaに見るように，このような祭祀的性格を帯びた宴席が戸外に向かって開かれた空間で執り行われたことを思えば，「白鶏荘」の庭園画を単純な目の楽しみの為とすることには疑問を感じざるを得ない。さらに言うなら，およそ古今東西

---

40) 事実，この壁画の上縁を飾る不規則な岩の描写は，この庭がまさにSperlongaにおける洞窟にも似て，本来は穹窿天井に覆われ，短い一方の辺は外界に向かって開いていたと見ることを可能にしている。また三方の壁面すべてに亘って，画面の上縁は，上から懸垂したような不規則な岩石の帯をもって縁どられ，この室が洞窟に見立てられていたことを証している。

41) ニンフの祭祀については，差し当たり 'Nymphai', *Der Kleine Pauly*, Bd.4, cols.207-215. とくに212-214.

42) 例えば Ling 上掲書, pp.149-150.

43) 例えば Barbara A. Kellum, "The Construction of Landscape in Augustan Rome: The Garden Room at the Villa ad Gallinas", *Art Bulletin*, 76/2 (June 1994), pp.211-224. などは，もっぱらこの壁画に集中して議論を行っているが，それもせいぜい同時期のアウグストゥスの自然物の尊重や神聖視という一般的背景に関連づけるだけで，室内空間の具体的な機能や意味については全く触れるところがない。

図9 「ニンファエウム壁画部分」ローマ市プリマ・ポルタ『白鶏荘』

の人間の営みの中で，宴(うたげ)というものの多くが，——たとえば冠婚葬祭の習慣から読み取れるように——何かしらそれぞれの共同体固有の宗教儀礼と関係を持って行われてきたことを思えば，人工のニンフの住まいにおける宴をただに世俗的なものであった，と考える方が無理ではあるまいか？[44]

---

44) Katherine M.D. Dunbabin, *The Roman Banquet* (Cambridge, 2003) およびそれに続く彼女の論文 "The Waiting Servant in Later Roman Art", *American Journal of Philology*, (2003/3), pp.445-468. もほぼ同様に，数多くの古代美術に現れる宴席場面と考古学資料を並列的に紹介しているが，宴会そのものの性格や次第についてはほとんど触れていない。むしろ J. F.

7　結論に替えて

　古典期ローマにおける cognitive landscape に関する議論は，ここに至って当然のように，古代末期から澎湃として起こってきたキリスト教徒の聖地巡礼に関する旅行記，なかでも著名な巡礼女エゲリアの聖地の記述再考にと論者を導いてゆくが，この点については，先に触れた最近の別稿に詳しく論じたので，ここでは繰り返さない[45]。さらに画面に沿って，水平方向への Motion=Walking を観者に求めるフリーズ状の大画面とは対照的に，縦方向に引き伸ばされた方形画面に単一のモティーフを配し，もっぱらそこに向かって観者の視線を引き付けるように構成された，いうなれば「イコン的」画面については，パラティーノの丘の「アウグストゥスの家」内に設けられた「劇場仮面の部屋」をその典型としてすでに取り上げた（上出 p.18）。しかしそこで観者の Motion は，身体的な動きを離れ，内的な観想へと方向を転じることとなる。

　ところで，究極的には内的な Vision を求める心の Motion に関しては，Tomothy M. O'Sullivan の最近のすぐれた論考がある。O'Sullivan がこの主題を取り上げた背景には，明らかに拙論が上に引いた B. Bergmann の 2 編の論文がある。ただ，Bergmann は，着想は秀逸ではあるが，彼女のいう 'Allusive Landscape' を十分説得的にするだけの文献学的背景を探るところまでは至らなかった。その欠所を補ってなお余りあるのが O'Sullivan の論である。O'Sullivan の論は，L. L. Crassus 等とともにその Tusculum の別荘の回廊を経巡りつつ哲学的議論を戦わせる Cicero の *De Oratore* に始まり，Varro の *Res Rustica*, L. A. Seneca の *Dialoghi,* にさらに Lucius Cicero などを加えて，共和政末期から帝政初期にかけての帝国の最高の知識人たちの活きた Landscape を見事に解説してくれて

Donahue, "Toward a Typoology of Roman Public Feasting" 上出 *AJP*, pp.423-441. の方がより内容に立ち入った史料を紹介している。とくにドミティアヌス帝がパラティーノの triclinium であらゆる階層の人々を招いた宴席について，それが極めて劇場的な性格を帯びたものであったことを指摘している（p.428）のは重要である。
　45）　本稿冒頭の注 1 に触れた拙論「エリュデニズ～ゲミレル島沿岸部の遺構群」参照。

いる。とりわけ，p.141 以下，流謫の身の Seneca の手になる *Dialoghi*, 12 の分析から引き出した「哲学者の魂の内面における Motion としての Theoria= Contemplatio」についての記述は，やがて数世紀の後に来たるべき帝国の Landscape の有り様をすでに予告しているようにすら思える[46]。すなわち観想する魂は，世界の奥底ばかりでなく，上に上にと，星辰の圏を超え，遂には時を超えた遥かの宇宙の最高点にまで到達する。だが，拙稿の提出を求められていた期限ははるかに過ぎた。いずれは先に予告した別稿において，古典期からさらに古代末期への展望の開けることを願っている。

"tum peragratis humilioribus ad summa perrumpit et pulcherrimo divinorum spectaculo fruitur, aeternitatis suae memor in omne quod fuit futurumque est vadit omnibus saeculis"

(Then, once it (=our soul) has rambled over these lower areas, it breaks through to the heights and enjoys the most beautiful spectacle of all that is divine, and, conscious of its own immortality, it moves through everything that was and will be through all the ages)　　Seneca, *Dial*. 12.20[47]

---

46)　T. M. O'Sullivan, "The Mind in Motion: Walking and Metaphorical Travel in the Roman Villa", *Classical Philology,* 101/2 (April 2006), pp.133-152.

47)　内面における魂のいわゆる「心の頂き apex mentis」に向かっての上昇の喚喩を「旅」あるいはその足取りに求めることは，紀元後 4 世紀以来，プラトニズムの影響を受けたキリスト教神学者の間ではほとんど定型と言ってもよいほど一般化していた。(Cf. *Platonisme et théologie mystique. Doctrine spirituelle de Saint Grégoire de Nysse,* (Paris, 1944) ほか。)

2
10世紀イベリア半島の写本挿絵に見られる時間意識
──ミレナリスムは存在したのか──

毛塚　実江子

はじめに

　紀元千年を境に，イベリア半島北部では修道士ベアトゥス（d.798）によるヨハネ黙示録註解写本群（以下ベアトゥス写本）が盛んに制作されていた。写本は最大で30点余り現存し[1]，10－11世紀の作例は歴史学や美術史において，当時の終末観を反映する遺例として着目されてきた[2]。とくにイベリア半島は終末思想を記した一次資料に乏しいことも手伝って[3]，黙示録写本が多く現存するという事実そのものが，貴重な

　1）　挿絵入りの作例28点のうち14点が10-11世紀に制作されている。総数はウィリアムズのリストに，近年発見されたベアトゥス写本（Bibliothèque de Genève, ms. lat.357）を加えている。Williams, J., *The Illustrated Beatus*, London, vol.1-5, 1994-2003.
　2）　フォションを嚆矢とし，エーコらを始めとする中世研究者によって積極的に語られた。Focillon, H., *L'an mil*, Paris, 1970（1952），45ff. 神沢栄三訳『至福千年』，みすず書房，1971年，p.40ff. 最近の研究は Bango Torviso, I. G., "De los milenios hispanos y sus imágenes", *Tópicos y realidades de la Edad Media*, Madrid, 2002, pp. 273-301; Gouguenheim, S., *Les Fausses terreurs de l'an Mil ; attente de la fin des temps ou approfondissement de la foi ?*, Paris, 1999, pp.65-73, esp.,70. なお本稿で扱う「ミレナリスム millenarism」は紀元千年紀に対する終末の意識という広い意味であり，特定の神学上の定義を表すものではない。
　3）　たとえば，フランスで終末論的著作を残したフルーリのアボやラウル・グラベールのような著作はもとより，とくに10世紀において明らかに差し迫った終末に言及した文学史料は乏しい。Cf. Rucquoi, A, "El fin del milenarismo en la España de los siglos X y XI", *Milenarismos y milenaristas en la Europa medieval : IX Semana de Estudios Medievales,* Nájera, 1998, pp.281-304.

歴史的事象として扱われたのである。

　しかし，美術史的な視点で調査をすると，紀元千年の終末観（ミレナリスム）の痕跡をベアトゥス写本のテキストや挿絵に見出すことは困難である。写本の性質上，テキストである黙示録本文 Storia はもとよりベアトゥスの註解 Explanatio も8世紀末のオリジナル（消失）がほぼ忠実に踏襲されたと考えられ，10世紀の特徴をそこに見ることは難しい。千年王国説の起源となった黙示録20章の註解においても，ベアトゥスは，いたずらに終末への不安を煽ることを避け，千という数字をあくまで象徴的に捉えている。さらに，ベアトゥス写本が1000年を越えて13世紀まで作成され続けた，という点も考慮するなら，10世紀の作例が現存するということのみで紀元千年特有の終末観を説明することはできない。ウィリアムズはこの視点をさらに押し進め，10世紀半ばのベアトゥス写本の奥付に書かれている終末への言及に対してさえも，差し迫った紀元千年の終末に対するものではなく，一般論としての終末を意味すると解釈している[4]。これらに対し，クラインは西暦より38年早いイスパニア暦に改めて着目し，これを考慮して西暦962年を「紀元千年」として考えるべきであるとした[5]。それに従えば，「10世紀」の代表的なベアトゥス写本作例はわずか2点である[6]。本稿では，これに，10世紀半ばに制作された『大グレゴリウスによるヨブ記註解』写本（以下『ヨブ記』）[7]や，960年に制作されたレオンの聖書（以下『九六〇年聖書』）[8]

　4）　Williams, J., *The Illustrated Beatus*, London, vol.1, 1994, pp.115-120.

　5）　Klein, P., "Eschatological Expectations and The Revised Beatus", Martin, T. and Harris, J. A. eds., *Church, State, Vellum, and Stone : Essays on Medieval Spain in Honor of John Williams*, Boston, 2005（Klein, 2005）．同様に千年紀からロマネスク期にわたってフランスからの影響を中心に考察した論文は以下を参照。Carlos Cid, P., "La crisis del arte español en torno al año mil, a través de las miniaturas mozárabes y románicas", *España en las crisis del arte europeo*, Madrid, 1968, pp.61-78.

　6）　カスティーリャ，あるいはレオン，あるいはコゴーリャで制作されたベアトゥス写本（マドリード，国立図書館，MS Vitr. 14-1）と，ブルゴス郊外のサン・ミゲル・デ・エスカラーダ修道院で制作された写本（ニューヨーク，ピアポント・モーガン図書館，Ms.644）の2点である。

　7）　マドリード，国立図書館，Cod.80. 全502葉，488 × 337mm. 制作はバレラニカ修道院か。挿絵6点，挿絵と写字はフロレンティウスによる。

　8）　レオン，サン・イシドーロ王立参事会聖堂，Cod.2, 960年6月19日，制作はバレラニカ修道院か。全516（517）葉，485 × 345mm，挿絵は121点。西ゴート書体，挿絵と写字は『ヨブ記』を制作したフロレンティウスと弟子サンクティウスによる。

を加え，写本制作に携わった修道士たちが暦上に迫った千年紀をどのように捉えていたのか，つまりミレナリスムは存在したのかということを挿絵やテキストを通して改めて検討したい。

1　ベアトゥスの時間意識

　まずは，ヨハネ黙示録註解に反映されたベアトゥスの時間意識を確認する。ベアトゥスは，天地創造の一日を千年と数え，6000年を最後の区切りとするアウグスティヌス以来の教会暦に従っていた。ベアトゥスは黙8：4-12の註解において次のように具体的な数字を挙げて説明している。

> 「第1期はアダムからノアまで，2242年である。第2期はノアからアブラハムまで942年，第3期はアブラハムからモーセまでで505年である。第4期はイスラエルの民の出エジプトから約束の地カナン到着までで，40年である。そしてこの約束の地到着からイスラエル民族最初の王サウルまでが士師の時代で，355年ある。サウルは40年間治めた。ダヴィデからサロモンの神殿建築の始まりまでに43年が過ぎた。第5期は神殿の最初の建築からバビロニア捕囚までで，この443年間は列王の時代である。イスラエルの民の捕囚と神殿の荒廃は約70年の間続く。その再築がゾロバベルによって4年で行われる。神殿の再築からキリストの受肉（降誕）まで540年かかる。こうして結局，アダムからキリストまで，5527年の歳月が経過したことになろう。さらに我が主イエス・キリストの登場から今の日，すなわち824年（イスパニア暦）までに786年が通過したのである。[9]」

9）　Prima aetas ab Adam usque ad Noe, et fiunt anni II.CCXL.II. Secunda, a Noe usque ad Abraham, et finunt anni DCCCCXLII. Tertia ab Abraham usque ad Moysen, fiunt anni DV.Quarta ab exitu filiorum Israel ex Aegypto usque ad introitum eorum in terram repromissionis, per annos XL. Et ab introitu terrae repromissionis usque ad Saul primum regem Israelis, fuere iudices per annos CCC.L.V. Saul regnavit annos XL. A David usque ad initium aedificationis templi anni XLIII. Quinta aetas a prima aedificatione templi usque ad transmigrationem in Babilonem, fuere

この計算法によれば，第6期の末にあたる800年が終末であった。しかしベアトゥスが註解執筆時にもっとも多くを引用したティコニウスは，キリストが再臨する時期を「ペンテコステから現世の終末まで」と限定せず，急進的な至福千年説を避けていた[10]。ベアトゥスはこれに倣い，註解の第四書（黙7：4-12）で，第6期の終末について，「その日，その時は誰も知らない。天使たちも子も知らない。ただ，父だけがご存じである」（マタ24：36），「父が御自分の権威をもってお定めになった時や時期は，あなたがたの知るところではない」（言行録1：7）と引きながら，終末の時期は人には知れないものである，と結論している。ベアトゥスは以下のように述べている。

「第6000年期にはまだ14年が残されている。したがって第六期は838年（西暦800年）に終わるであろう。残された時は人間の検証では不明である。これに関するすべての問いは，こう言われる我らが主イエス・キリストにより我々に対して拒否されている。すなわち，父なる神が自らの権威で決定される時を，あるいはその機会を汝らが知るべきではないのだ（中略）。本当に，6000年にこの世は終わるだろう。もしその期間が短縮ないし延長されるとしても，神のみがそれを知っておられる。[11]」

---

reges per annos CCCCXLVI. Fuit autem captivitas populi a desolatione templi annis LXX. Et restauratur a Zorobabel annis IIII. Post restaurationem vero templi usque ad incarnationem Christo anni DXL. Colligitur omne tempus ab Adam usque ad Christum anni V.CCXXVII. Et ab adventu Domini nostri Iesu Christi usque in praesentem Eram, id est, DCCCXXII. sunt anni DCCLXXXIV. Computa ergo a primo homine Adam usque in praesentem Eram DCCCXXII. et invenies annos sub uno V.DCCCCLXXXVII. ベアトゥスの著作は以下を参照。Echegaray, J.G., Campo, A. L., Freeman, G., *Obras Completas de Beato de Liébana*, Madrid, 1995,（以下 *Beatus Obras*）pp.377-378. 邦訳はJ・エチェガライ，A・ミゲール，C・ヒバンコス，J・ルアセス共著『ベアトゥス黙示録註解 ファクンドゥス写本』大髙保二郎，安發和彰共訳，岩波書店，1998年，p .54 より大髙訳を引用した。

10)　ベアトゥスはその註解の冒頭で，参照した教父らの名を以下のように挙げている。ヒエロニムス，アウグスティヌス，アンブロシウス，フルゲンティウス，大グレゴリウス，ティコニウス，イレネウス，アプリンギウス，イシドルス。

11)　邦訳は前掲書，p.53 より大髙訳を引用。Supersunt ergo anni de sexto millenario XIV. Finiet quoque sexta aetas in Era DCCCXXXVIII. Residuum saeculi tempus humanae investigationis incertum est. Omnem enim de hac re quaestionem Domius noster Iesus Christus abstulit, dicens: Non est vestrum scire tempora vel momenta, quae Pater posuit in sua potestate.(...)

ヨハネ黙示録本文には「千年」という単語は20章に6度登場するが、これらに対するベアトゥスの註釈は、千年は単なる数字の字義通りの1000年ではなく、神の創造の一日に相当すると数えるアウグスティヌス以来の主張を繰り返している[12]。

「……しかしながら、文字通りの「千年」を意味しないという事実にもかかわらず、しばしば我々は、過去からすべてを理解しなくてはならないために、我々が、「千代に及ぼすように命じられた御言葉を（詩105：8）」の「千代」のように理解するのと同じような方法で、「千年」と言われるのである。」[13]

「……このように「千年」はこの世であり、キリストの治める終わりなき世界のことではない。千とは完全数であり、そしてそれは完全とは言われているものの、終わりのあるものなのである。キリストが千年統治する、ということは、すなわち、この世の終わりまで、ということである。」[14]

一方、当時ベアトゥスとキリスト養子論を巡って対立していたトレドの大司教エリパンドゥスは以下のような逸話を書簡で引用したことが知られている。

「ベアトゥスは復活祭のときに寝ずの番をしていた人々の前で、リエバナのホルドニウス（オルドーニョ）に対し世界の終末を預言した。そのため、これを聞いた人々は恐怖に駆られ、心を狂わせた。彼らはその夜、食事を採らず、日曜日の九時まで絶食を続けたとの

Ut sciatis, in veritate sexto millesimo anno finiendus erit mundus. Utrum impleantur, an minuantur, soli Deo cognitum est. *Beatus Obras*, p.378.

12) *Ibid.*, pp.612-613.

13) ...Mille annos dixit partem de sexto milliario, in quo natus est Dominus et passus. Mille autem pro eloquendi modo dicit, sicut est illud intelligendum quod mandavit in mille generationes, cum non sint mille; sed a parte totum intelligitur aliquando., *op.cit.*, p.612.

14) ...Hos mille annos de hoc mundo dixit, non de perpetuo saeculo, ubi sine line cum Christo regnaturi erunt. Mille enim perfectus numerus est, et quamquam perfectus numerus dicatur, sed finem habere creditur. Retulit spiritus cum haec scriberet regnaturam Ecclesiam mille annos, id est, usque ad finem istius mundi., *op.cit.*, pp.616-618.

ことである。その後，空腹に耐えかねたホルドニウスが人々に向かって次のように言った。「食べ，かつ飲もうではないか。たとえ死ぬことになろうと，食事をしよう」，と[15]。」

ウィリアムズは，この逸話の信憑性を疑問視しつつも，終末に対する当時の典型的な考え方が表れているとした[16]。このことはまた，終末への恐怖をことさらに騒ぎたてることの短慮さを示しており，ベアトゥスに対するエリパンドゥスの中傷として見ることができる[17]。これに対しベアトゥス自身は，800年を前にしても，上記の伝統的な計算方法を引用して終末を説明するのみで，立ち入った解説を控えている。

2 10世紀のベアトゥス写本に見る終末論的特徴

ベアトゥスによるヨハネ黙示録の註解のテキスト（776年 - 784年）は，2度の校訂を経，原本は消失している。今日に伝わっているベアトゥス写本群は，テキストや図像の伝播経路によって大きく二つに分けられる[18]。それは8世紀当初の影響を留めていると考えられているI群と，10世紀において変更を加えられ編纂されたテキストを持つII群で

---

15) Nam idem Migetius moriturus tertia die resurrecturum se esse predixit, et Beatus in uigilia Pasce Hordonio Lianensi populp presente finem mundi esse profetabit. Unde territus et amens populus ille factus in eadem nocte nullo cibo refectus die dominica usque ad oram nonam dicitur fuisse ieiunus. Quidam dictus Hordonius, quum se fame afflictum esse cognosceret, et si fuerimus morti, saltim vel satiati. Gil, J. *Corpus Scriptorum muzarabicum*, I, Madrid, 1973, p.92; McGinn, B., *Antichrist: Two Thousand Years of the Human Fascination with Evil*, San Francisco, 1994, p.85. 邦訳はB・マッギン著『アンチキリスト：悪に魅せられた人類の二千年史』，松田直成 訳，河出書房新社，1998年，p.116より引用。

16) Williams, *op.cit.*, pp.119-120.

17) 800年を前にした終末観については以下を参照。González Echegaray, J., "Beato de Liébana y los terrores del año 800", *Actas del Simposio para el Estudio de los Códices del "Comentario al Apocalipsis" de Beato de Liébana* (*Actas*), vol.1, Madrid, 1978, pp.215-247.

18) Neuss, W., *Die Apokalypse des hl. Johannes in der altspanischen und altchristlichen BibelIllustration*, 2 vols., Münster in Westfalen, 1931; Klein, P., *Der ältere Beatus-Kodex Vitr.14-1 der Biblioteca Nacional zu Madrid: Studien zur Beatus-Illustration und der spanischen Buchmalerei des 10. Jahrhunderts*, Hildesheim, 1976. テキストの系統によってクラインはノイスの基礎的研究の精度を高めた系統図を発表した。

ある。II 群は，冒頭に「福音書記者の肖像」や「キリストの系図」などの挿絵や，イシドルスの『語源論』から引用した論文や『ヒエロニムスによるダニエル書註解』などのテキストが加えられている。

このうち，イシドルスの「親等血縁論」には「この親族の血統の基本的な数が6であり，それは，この世の被造物と人の世代が6つの時代で終わるように，この親族も区切りとして6を持っている」[19]とあり，ベアトゥスの6世代による終末観と呼応している。この論文も，いつ黙示録註解に加えられたかは不明である[20]ため，これらの最古の作例が10世紀半ばに残るからといって，当時の終末観とすぐさま結びつけることはできない。

以上のように，写本に加えられたテキストから10世紀半ばのミレナリスムを読み取るのは容易ではない。しかし，クラインは近年，I 群の11世紀の写本と II 群の10世紀半ばの写本とを改めて比較し，その差異を挿絵において具体的に指摘することに成功した。以下にその説を3点の主題を中心に紹介したい。

クラインが比較に用いたのは，I 群を代表する，ブルゴ・デ・オスーマ大聖堂所蔵（Cod.1）のベアトゥス写本（以下，オスーマ本）[21]と，10世紀に制作された写本の代表作例であるニューヨークのピアポント・モーガン図書館蔵（MS.644）のベアトゥス写本（以下，モーガン本）[22]である。クラインは，以下の三つの図像主題「サタンの捕縛」「第六の封印」「最後の審判」の，テキストと挿絵とに終末観の反映を指摘している。

まず「サタンの捕縛」（黙20：1-3）の挿絵の主題は，千年の間，悪魔

---

19) Ideo autem usque ad sextum generis gradum consanguinitas constitua est, ut sicut sex aetatibus mundi generatio et hominis status finitur, ita propinquitas generis tot gradibus terminaretuer, Isidoro de Sevilla, *Etimologías : edicion bilingüe*, ed José, O. R., p.794 (IX,6-29).

20) 10世紀の改訂による付加とも，ベアトゥスの最終版786年にあったものと考える研究者もいる。クラインは後者の立場である。Klein, 2005, pp.155-156.

21) 全166葉，360 × 225mm，挿絵は挿絵71点，1086年に制作が開始された。制作地はサアグンか。Williams, J., *The Illustrated Beatus*, vol.4, 2002, pp.17-25.

22) 全303葉，387 × 285mm，挿絵は89点，制作地はレオン近郊のサン・ミゲル・デ・エスカラーダ修道院かと言われている。来歴研究状況に関しては，安發和彰「モーガン図書館のベアトゥス写本挿絵（MS.644）《天上のエルサレム》（ff.222v-223）について」，『東北芸術工科大学紀要』No.9, 2002, pp.6-18.

図1　オスーマ本「サタンの捕縛」(f.153v)

でもサタンでもある竜を捕縛するという箇所であり「千年王国信仰」の由来の一つである[23]。オスーマ本の挿絵では画面下部の深淵に鎖で捉えられたサタンがおり、首に縄をかけた天使がその淵に立つ（図1）。これに対しモーガン本では、天使は年老いた蛇（竜）の首に、右手で鎖をかけて捕縛し、衣を翻す大きな身振りで鍵を手前に差し出しながら、曲線で表された深淵に立っている（図2）。オスーマ本の挿絵に付された銘文は「ここに悪魔は深淵にとらえられている hic diabolum in habissum ligatum」、モーガン本の銘文には「天使が竜を取り押さえ、それを深淵に捕縛するとき Ubi angelus adprehendit draconem et ligabit eum in abyssum」とあることからも、モーガン本の竜を捕縛する天使は、はっきりとその行為の瞬間が意図されて描かれたことが分かる。

次に「第六の封印」（黙6：12-17）の挿絵を例に挙げる。この主題はマタ24：29-32，ルカ21：25-30，23：28-30と対応し、黙示録の中でも再臨するキリストのイメージが挿絵に加えられる箇所である。「神と小羊の怒りの大いなる日が来た」（黙6：17）と、本文が明らかに終末を描写しているのに対し、ベアトゥスは註解ではその点については沈黙し、太陽や月を象徴的に解釈している[24]。挿絵下部に描かれた人々の様子がオスーマ本（図3）とモーガン本（図4）とでは、明らかに異なっ

23) Klein, 2005, pp.152-153.
24) ベアトゥスは註解の第4書（3：1-44）で太陽，月，星は教会の象徴であり，欠けた月は異教，偽預言者，分列派の無知さの象徴であり，山の岩に隠れている男達はキリストに「入る」ことができる聖人たちであり，使徒の説教のなかで避難することができている人々である，と解説している。*Beatus Obras*, pp.346-349.

2　10世紀イベリア半島の写本挿絵に見られる時間意識　　251

図2　モーガン本「サタンの捕縛」(f.212)

図3　オスーマ本「第五の封印」(f.89)　　図4　モーガン本「第五の封印」(f.112)

ている。オスーマ本では画面下部に整然と並んで表される地上の人々は，モーガン本の画面下部では，それぞれ大きな身振りで手や顔を挙げて空を仰ぎ（右端，中央），顔を伏せ，嘆きの所作をしている（左端）。

図5 オスーマ本「最後の審判」(f.157)

この描写は本文の「地上の王，高官，千人隊長，富める者，力ある者，また，奴隷も自由な身分の者もことごとく，洞穴や山の岩間に隠れ，山と岩に向かって，「わたしたちの上に覆いかぶさって，玉座に座っておられる方の顔と小羊の怒りから，わたしたちをかくまってくれ」と言った」（黙6：15-16）を反映する。顕現する神を仰ぐ人々のこの所作は，同群の写本において雲間に現れるキリスト（黙1：7）においても繰り返される。画面上部にはケルビムとセラフィムに掲げられたマンドルラに玉座のキリストが顕現しており，周囲にはそれを目撃する長老らが左右に二人ずつ配される。「いちじくの木」は，黙示録本文では災いの比喩表現で引用されただけだが[25]，天に届くほど大きく表されている。いちじくは人の子が表れる比喩として使われるためである（マタ24：32）。クラインはこれらに加え，キリストの表現そのものも，ベアトゥス写本を含め類例がないとし[26]，終末論的な意味合いを強めていると解釈している。

最後に，クラインは「最後の審判」を挙げ，挿絵の変更点を指摘している。同主題は，I群では一枚のフォリオ内に描かれているが，II群のベアトゥスの写本では，見開き2フォリオに渡って大きく描かれる。モーガン本はその最古の作例である。クラインはこの点に加え，モーガン本の挿絵では，I群のベアトゥス写本や黙示録本文ではあまり触れら

---

25) まるで，いちじくの青い実が，大風に揺さぶられて振り落とされるようだった（黙6：13）。

26) Shiller, G. *Ikonographie der christlichen Kunst*, vol.2, Gütersloh, figs.129,173,191; Klein, 2005, p.153.

2　10世紀イベリア半島の写本挿絵に見られる時間意識　　253

図6　モーガン本「最後の審判」(ff.219v-220)(右)

れていない，審判とその罰が強調されていると指摘している[27]。オスーマ本（図5）画面下部に見られる海と地獄から復活する死者（黙20：13-14）の描写はモーガン本にはない。代わりに，選ばれた人々が二組に分かれ左フォリオ画面の三分の二を占め，呪われた人々は右フォリオに二組に分けて描かれる。上段は互いに手を繋ぎ，下段では頬に手を当て嘆きの動作をしている。これらの群像表現は右フォリオの銘文に「これらは裁かれ，そして罪をみとめられ，そして結び付けられる人々であるisi sunt iudicati et damnati et copulant se inuicem」とあることから，裁かれる人々であることは確かである。画面下段では裸体で裁かれることなく地獄でさまよう人々が描かれている（図6）。クラインはこの点において，罪や破滅，恐れの場面が強調されているとした。とくに，人々をグループに分ける描写は，他のベアトゥス写本ばかりでなく，他の現存する黙示録図像にも見当たらないとしている[28]。クラインは，この人々を

27)　Loc.cit.
28)　Klein, 2005, p.154; Werckmeister, O. K., "The First Romanesque Beatus. Manuscripts

分けて描く表現にはベアトゥスが註解の他の箇所（黙8：7）で引用したグレゴリウスの『ヨブ記註解』が反映されている[29]とし，ベアトゥスの註解をも把握した表現であったと結論している。

以上の差異は，写本挿絵においては非常に重要である。これらの変更の先駆けとなったモーガン本には，文字の書き込みや削り跡などの修道士らの痕跡が生々しく残されている。同系統に属する写本は挿絵のパターンとテキストを多く継承している[30]ことからも，このモーガン本の挿絵変更の役割の大きさが改めて指摘されるだろう。

3　写本の奥付に見る時間表記

イベリア半島の写本は，奥付に自署名や帰属先ばかりでなく，協力者や制作背景に加え，制作年月日を記入していることが知られるが，モーガン本には次のような奥付が残されている。

「信仰の声がこだましますように。その声がさらにこだまし，鳴り響きますように。（この書物の完成を）待ち望みし，実に取るに足らぬ者マイウスもまた，寿ぎ頌えしものなれば。こだまし，響きわたりますように。私のことを記憶にとどめてください。あなた方キリストの子らよ。あなた方がここ神の御使いミカエルの修道の場に集う者たちである限りは。至高の守護大天使への深い畏れをもって，院長ウィクトールの命に従い，私は真心込めて，ここに親愛なる使徒ヨハネの啓示を記し，また奇跡の言葉を余すところなく書き込み，挿絵を描きました。智に優る者たちよ，来るべき審判と終末の時を畏れなさい。この年は，2の2倍と300の3倍と20の3倍の年であります。未来永劫に，聖三位一体，父と子と聖霊とに栄光が

---

and the Liturgy of Death", *Actas*, vol.2, Madrid, 1980, pp.167-192, esp.180-187.

29）Klein, art. cit., pp.181ff.. クラインはこのことを指摘するヴェルクマイスターの前掲論文もあわせて紹介している。

30）註16参照。モーガン本と構成を共有する挿絵を持つ写本は10世紀に5点現存する。

ありますように[31]」

　数字は 2 × 2 + 300 × 3 + 20 × 3 で，964 と読める。これはイスパニア暦であるので 38 年を引くと 926 年であるが，実際の制作年代には諸説があり，940―960 年の幅がある[32]。しかし，ここでは，モーガン本の写字生であり挿絵師であったマイウス Maius が 964 年と認識し，それを明記していた事実を強調したい。

　『ヨブ記』奥付には，III idus aprilis currente era centena nobis bis dena et quater decies terna=100× 9 + 2× 10 + 4× 10 + 3 で，すなわち963年（西暦で 925 年）と記されている（f.500v）。しかし同時に f.499 においては era dccclxxxiiia III idus つまり 983 年（西暦 945 年）とあり，フロレンティウスの年齢記述と暦の整合性から後者が制作年代として採られている[33]。ここでは，二度も年号が記述されていることを指摘したい。どちらの年代を採ったとしてもモーガン本と『ヨブ記』は，実際の制作年代も，それぞれ 940 年と 945 年，964 年と 963（983）年と非常に近いことになる。マイウスは大挿絵師としても名を残し，『ヨブ記』の作者フロレンティウスも多くの写本を手がけていた記録を残している。何より，モーガン本と『ヨブ記』は以下に見られるように挿絵に共通するモティーフが使用されている[34]。図 7 はモーガン本写本の「小羊の礼拝」，図 8 は『ヨブ記』の「荘厳のキリスト（マイエスタス・ドミニ）」である。例えばキリストを囲むマンドルラの上部左右に座すような身振りで外縁を掲げる二大天使は，着衣の模様や色彩（衣が朱赤，袖部分のみ黄色，ニンブスが緑），袖口の切り替えし装飾にいたるまで細部が一致しており，

　31）下線部は執筆者による。「この年」とは，書物が完成した年を意味する。ラテン語は下線部のみ引用。…UT SCIENTIBUS TERREANT IUDICII FUTURI ADUENTUI. PERACTURI S（E）C（U）LI UT SUPPLETI VIDELICET CODIX HUIUS INDUCTA REUCTA QAUOQUE DUO GEMIA TER TERMINA CENTIES ET TER DENA BINA (ERA). 邦訳は安發，註 22 の論文，p.13. より引用。
　32）クラインは 950-960 年頃を，ウィリアムズは 940-45 年頃。安發は 10 世紀中頃としている。
　33）Williams, J.,"The Moralia in Iob of 945: Some Iconographic Sources", *Archivo Español de Arqueología* 45-47, 1972-1974, pp.223-250.
　34）Id., "A Contribution to the History of the Castilian Monastery of Valeránica and the Scribe Florentius", *Madrider Mitteilungen* 11, 1970, pp.231-248.

図7　モーガン本「小羊の礼拝」(f.87)

図8　『ヨブ記』「荘厳のキリスト(マイエスタス・ドミニ)」(f.2)

　二つの挿絵の影響関係は早くから想定されている[35]。

　また，同じフロレンティウスが制作に関わった『九六〇年聖書』では，本文最終フォリオ（f.513）にXIII klds（kalendas）ils（Julias）era DCCCCLXLVIIIとあり，900 + 50 + 48で998年の年号が記されている。このため西暦では960年となる。

　さらに，これらに関わりの深い10世紀のベアトゥス写本の奥付を見てみると，例えば，モーガン本作者と同じマイウス（マギウス）の名を残す写本[36]では，「……（大挿絵師である）マギウスは聖ファストゥスの日，（コルドバの殉教者，聖ファウストゥス10月13日）にキリストのもとに旅だった。その年は1006年 era MLLA VIaである」[37]とあり，実際は

---

35) Williams, J., *Early Spanish Manuscript Illumination*, New York, 1977, pp.54-55, 72-73.

36) Madrid, Archivo Histórico Nacional, Cod.1097B, 全168葉, 360 × 255mm. 挿絵2点，970年7月27日サン・サルバドール・デ・タバラ修道院にて制作されたベアトゥス写本。

37) EQVO PERENNE PERREXIT AD XPM DIEM SANCTI FAVSTI III IDUS KALENDAS NOVIEMIS ABIT TERTIVM ET DISCESSIT AB EVO era MLLA VIa. 原文はf.167. Willams, *Illustrated Beatus*, vol.2, p.43, および挿図258より引用。（ ）内は筆者による。

970年ではあるが，Millaという単語が着目される。

加えてこの修道院で数年後に制作されたと考えられているベアトゥス写本[38]には次のような奥付が残されている（f.284）。

「…この本は7月6日に完成した。この日はトレドの町ラス・ビラスでフェルナンド・フラギニスがモーロ人の帝国と戦っていた。その年は1000と13年 MILLESMIA XIIIa である[39]」

これらと同時期のベアトゥス写本[40]においても，「主，イエス・キリストの御名において，このヨハネ黙示録の書物は8年の6月の8日に書き始められ，9月の8日に書き終えた」[41]とある。日付は1000が略されているが，日時が最も正確に記された例である。この写本も『九六〇年聖書』とのテキストとの関係が指摘されている[42]。

ベアトゥス写本のうち現存し年記が記されているものは，9点であり，そのうち4点は10世紀後半から10世紀末に集中している。写本の巻末部分は散逸しやすいことを考えると，比較的多い数字と言える。このように，少なくとも紀元千年前後の記録を持つベアトゥス写本においては，写本制作に携わった修道士の間で日付や年数の意識が共有され，歴史的な出来事とともにそれが記述されていたことが分かる。

4　『九六〇年聖書』の時間意識

ベアトゥス写本のII群に属す写本は，図6のような見開きフォリオ

---

38) Museu de la Catedral de Girona, Num. Inv. 7（11），全284葉，400 × 260 mm. 挿絵114点，975年7月6日，おそらくサン・サルバドール・デ・タバラ修道院で制作されたベアトゥス写本。

39) INVENI PORTUMVOLUMINE VIa F. II NONAS LUNIAS IN IS DIEBUS ERAT FREDENANDO FLAGNIS A VILLAS TOLETA CIVITAS AD DEVELLANDO MAURITANIE DISCURRENTE ERA MILLESMIA XIIIa 原文はファクシミリ版写本 f.167より書写。拙訳。

40) バヤドリード，大学付属図書館，MS 433，全230葉，350 × 240㎜，970年6月8日〜9月8日，挿絵87点，おそらくレオン国内で制作されたベアトゥス写本。

41) IN NOMINE D (OMI)NI N (O)S (TR)I IH (ES)V XPI INITIATUS EST LIBER ISTE APOCALYPSIS IOHANNI VIDVS IVNIVS ET FINIBIT EXARATVS VI IDVS SEPTEMBVRIS SVB ERA VIII 原文は Willams, *Illustrated Beatus*, vol.2, p.38 より引用，拙訳。

42) Willams, *Illustrated Beatus*, vol.2, p.38. 『九六〇年聖書』聖書冒頭の詩句（f.12）とほぼ同一のテキストが指摘されている。

図9 『九六〇年聖書』「荘厳のキリスト（マイエスタス・ドミニ）」(f.2)

の大きさの挿絵が加えられた他，「福音書記者の肖像」，「キリストの系譜」，キリスト伝などの福音書写本の主題が冒頭に配される傾向が指摘されている[43]。これらのほかにも「勝利の十字架」や「荘厳のキリスト（マイエスタス・ドミニ）」，「アルファとオメガ」など『ヨブ記』や他の聖書写本とも共通する主題も含まれた。『九六〇年聖書』においては，旧約聖書の直前に「キリストの系図」(ff.5v-10) が置かれ，最後に「聖母子と天使」(f.10) が登場するが，同様に一部のベアトゥス写本でも，「キリストの系図」は受肉を象徴する「羊飼いの礼拝」と挿絵で締めくくられる。これはキリストの血筋が旧約の父祖に遡ることを視覚的に示すものであるが，これが10世紀半ばの作例以降，それぞれの写本冒頭に置かれているのである[44]。さらに『九六〇年聖書』の巻頭挿絵の「マイエスタス・ドミニ」(f.2) のキリストは白髪無髯で描かれる点が着目される（図9）。これは同じフロレンティウスが関わった『ヨブ記』の同主題（図8）と大きく異なる。これらの写本間の影響関係を考慮すると，白髪のキリスト像は黙示録でヨハネが幻視した人の子の姿であり（黙1：14），ダニエル書に登場する「日の老いたる者」（ダニ：7）図像の影響とするのが妥当であろう。また，ヨハネ福音書冒頭のすべての創造に先立つロゴスをも象徴するとも解釈される。この図像は一巻本聖書の冒頭に，始原と終末とを

43) この傾向をベアトゥス黙示録写本の「福音書化」と問題提起がなされている。辻佐保子「《ベアトゥス》黙示録註解書の挿絵に関する試論」『中世写本の彩飾と挿絵：言葉と画像の研究』岩波書店，1995年，（『名古屋大学文学部研究論集』84，1982年），pp.357-365。
44) 註38の写本のほか，6点のベアトゥス写本に作例が残る。

束ね，時間軸を超越した図像として意図的に配されたのである[45]。巻頭の挿絵と巻末の「998年」の年記は，時間意識という視点で改めて注目に値するだろう。同写本の f.513v には，王位を巡って骨肉の争いが繰り広げられていた10世紀のレオン・アストゥリアス王国の不安定な政情が述べられている[46]。文字史料によって証明することは難しいが，そのような状況下で500葉を越える巨大な一巻本聖書を制作した事実を考慮したときに，千年への時間意識もまた，写本制作の理由の一つとして挙げられうるのではないだろうか。

おわりに

　10世紀中頃はイベリア半島南部のアル・アンダルスから，北部キリスト教国への再入植が始まっておよそ一世紀後である。スクリプトリウムのある修道院はドゥエロ川周辺にも多く，イスラームとの前戦地帯であった。いつとも知れない敵襲に緊張と注意を払いながら写本制作に携わる修道士たちにとって，写本が無事に完成することは，何よりの僥倖であったことだろう。モーガン本の奥付に刻まれた終末への警句を素直に受け止めれば，来るべき審判と終末の時は，常に畏れ備えるべきものであった。写本制作には携わることがなくとも，黙示録に親しむ修道士ならば，暦を区切る千年という数値に，黙示録の超越した時間である千年 era Milla を少なからず重ね合わせていたのではないだろうか。
　イベリア半島にはラウル・グラベールが記したような「黙示録的な」終末の恐怖の文書は残されていないが，逆に考えれば，あえて書きとめずとも誰しもが切実に感じていた可能性も否定できないだろう。10世

---

45) これらのマイエスタス・ドミニに関しては拙稿「『960年聖書』冒頭挿絵「荘厳のキリスト（マイエスタス・ドミニ）」を巡って」，『エフクラシス』，ヨーロッパ中世・ルネサンス研究所，紀要第1号，2011年，pp.26-40. を参照。

46) 写字生サンクティウスは，同写本 f 513の写本が完成した日を記し「この悪しきオビエドの王オルドーニョ（位958-959）はカスティーリャ伯フェルナン・ゴンサレスの助力を得て，サンチョ一世（位959-966）の王冠を奪った Obtiente Glorioso ac serenissimo principe Ordonio Oueto sublimisapicem regni consuloque eius Fredenando Gundesalbiz egregius comes in Castella comitatui gerenti.」と書いている。

紀のベアトゥス写本や聖書、『ヨブ記』に描かれたマンドルラに顕現するキリストの再臨は、恐れながらも心から待望された光景であったはずである。以上の意味において、千年という数字は世俗の暦と超越した神の時間とが交わる軸上にあったといえるだろう。

3
アナスタシス（キリストの冥府降下）図像に内在する時間

櫻井　夕里子

序

　死後の，魂の安寧を願う気持ちはいつの世も変わらない。その願いを端的に描出したのが，キリストの復活を告げる「アナスタシス」[1]（Ανάστασις ギ：復活）である（図1）。埋葬後，復活するまでの3日間にキリストは冥府に下り，旧約時代の義人たちの魂を解放し，天国へ導く。

　初期キリスト教時代において，キリストの復活は旧約聖書のヨナのエピソードによって予型論的に表わすか，「キリストの墓を訪れる聖女たち」（ミロフォロス）といった副次的な出来事を通して表現された[2]。カルツォニスによると，キリストの人性と神性をめぐる論争が解決しない初期において，制作者はキリストの死と復活の主題を描くことを意識的に避けたという[3]。しかしながら，いずれも肝心の主役であるキリストが

---

1) A. D. Kartsonis, *Anastasis. The Making of an Image*, Princeton, 1986; L. Cross, B. Arendarcikas, C. Cooke and J. Leach, "'Anastasis' Icon, Text, and Theological Vision," *Australian EJournal of Theology*, 7 (2006), Australian Catholic University, Brisbane, Australia. http://dlibrary.acu.edu.au/research/theology/ejournal/ (2011/6/7).

2) Kartsonis, *Anastasis*, pp. 19ff..

3) 人間の死の証となる目を閉じた，生気のない身体を表現したキリストの十字架上の死（磔刑）は，初期には表わされない。辻佐保子『ローマ サンタ・サビーナ教会木彫扉

262　第Ⅲ部　図像のなかの時間

図1　キオス島，ネア・モニ修道院

登場しないため，復活図像としては物足りず，神学論争が解決される7世紀後半に当図像が新たに創案されるにいたる[4]。トゥルロ公会議（691年）の82条[5]や，シナイのアナスタシオスによる単性論者に対する反駁書 Hodegos（7世紀後半に編纂）といったテクストが，新図像の創作への誘因となったことをカルツォニスは指摘している[6]。出典については，外典のニコデモ福音書[7]にその多くの部分を負っているものの，登場人物とテクストとの齟齬もあり[8]，ニコデモ福音書のテクストをそのまま

の研究』中央公論美術出版，2003年，pp. 134-51; C. Belting-Ihm, H. Belting, "Das Kreuzbild im "Hodegos" des Anastasis Sinaites : Ein Beitrag zur Frage nach der ältesten Darstellung des toten Cruzifixus," *Tortulae : Studien zu altchristlichen und byzantinischen Monumenten*, ed., W. N. Schumacher, Freiburg-im-Breisgay, 1966, pp. 30-9.

4)　現存する最初期の作例はローマ，サンタ・マリア・アンティカ聖堂（8世紀）（図2）。

5)　キリストを象徴物として描くことを禁止し，肉体をもったキリストの人性，受難，死そして贖罪を想起させる人間として表わすことを命じている。 http://www.newadvent.org/fathers/3814.htm (2011/7/25).

6)　Kartsonis, *Anastasis*, pp. 40ff..

7)　ニコデモ福音書の執筆は600年頃と考えられている。*Ibid.*, pp.10f..

8)　たとえば「アナスタシス」の主要な登場人物であるソロモンに関する言及は一切な

3　アナスタシス（キリストの冥府降下）図像に内在する時間　　263

絵画化したということではなく，キリストの死と復活について記された説教集や教父文書，詩篇等の複数のテクストを参照して創作されたと考えられる[9]。

「アナスタシス」図像は冥府の扉を打ち破り，ハデスを踏み敷くキリスト，キリストに引き上げられるアダムとエヴァを中心に構成されるが，キリストの所作に応じて四つのタイプに分類される[10]。(1) キリストはアダムの方向を向いて，アダムを引き上げる（図2）。(2) キリストはアダムとは別の方向を向いて，アダムを引き上げる（図3）。(3) キリストは正面を向いて，左右のアダムとエヴァに両手を差し出す（図4）。(4) キリストは左右のアダムとエヴァを引き上げる（図5）。(1) 〜 (3) については8／9世紀以降に作例を確認することができるが，(4) は主として14世紀に制作されたものである。

図2　ローマ，サンタ・マリア・アンティカ聖堂

図3　アトス山，ラヴラ修道院，Skevophylakion レクショナリー

い。逆に預言者イザヤやセトについての記述はみられるものの，当図像に描かれることはほとんどない。*Ibid.*, pp. 13, 189ff..
9)　*Ibid.*, pp. 29-31; L. Cross et al., "'Anastasis' Icon, Text, and Theological Vision," passim.
10)　Kartsonis, *Anastasis*, pp. 8-10.

264　第Ⅲ部　図像のなかの時間

図4　クルドフ詩篇，モスクワ歴史博物館（Cod.gr.129d, f.82v）

図5　イスタンブール，コーラ修道院

　キリストの公生涯を描いた図像の中で，「アナスタシス」は異色といえよう。他でもない復活という重要な主題であるにもかかわらず四福音書に記述をもたず，その他の「降誕」や「洗礼」といったキリスト伝図像よりも数百年遅れて形成された。こうした図像は「アナスタシス」以外には存在しない。その特殊さゆえのことなのか，当図像は複数の時間

を内包する。「アナスタシス」をめぐる時間を読み解いてゆこう。

1　歴史的・予型論的時間

　中期ビザンティン時代（9~13世紀）以降,「アナスタシス」は復活図像として定着し, 11世紀には十二大祭の一主題として聖堂やイコンに描かれ, レクショナリー（典礼用福音書抄本）では復活の祭日イメージとして巻頭を飾り, 典礼的性格を深める。歴史的・典礼的・神学的な重要性をもったイメージとして,「アナスタシス」は受容され, その意味するところも文脈に応じて多様化する。
　「アナスタシス」が制作され始めて間もない時期は, ハデスを踏み敷き, アダムを救い出すというキリストの神性を前面に打ち出した描写がなされるが（図2）[11], 次第にキリストの人性が強調される。9世紀にはダヴィデとソロモンが, つづく10世紀には洗礼者ヨハネやアベル等の人物が付加され, キリストの死からの肉体の復活を明示する。「アナスタシス」は, キリストの受肉, 受難, そして死を通して成就された人類救済の開始を告げる主題として解釈されてゆく[12]。

ダヴィデとソロモン
　ビザンティン皇帝は旧約聖書の偉大なる王を自らのモデルとして位置づけ, 美術作品に頻繁に登場させたが, 9世紀以降, とくにマケドニア朝においてその傾向が顕著に現れる[13]。「アナスタシス」に旧約聖書の王ダヴィデとソロモン[14]が表わされ始めるのもこの時期である[15]。「アナス

---

11)　註4参照。
12)　Kartsonis, *Anastasis*, pp. 5f..
13)　なかでもダヴィデとソロモンは皇帝にとって大変好まれた人物である。E.g., H. Buchthal, "The Exaltation of David," *JWarb*, 37 (1974), pp. 330-3; H. Maguire, "The Art of Comparing in Byzantium," *ArtB*, 70 (1988), p. 89; S. F. Tougher, "The Wisdom of Leo VI," in *New Constantines: the Rhythm of Imperial Renewal in Byzantine History, 4th-13th Centuries*, ed., P. Magdalino, Aldershot, 1994, pp. 171-9.
14)　Kartsonis, *Anastasis*, pp. 186-203.
15)　「アナスタシス」にダヴィデとソロモンが表わされる現存最古の作例のひとつは, 教皇パスカリス1世（817~24年）の寄進によるサンタ・プラッセーデ聖堂に母テオドラの墓

タシス」の旧約の父子はキリストの神性を明示する主題において，キリストの受肉，人性を強く主張する役割を担う。ダヴィデはキリストの直系の先祖と考えられており，マタイ福音書冒頭は「ダヴィデの子，イエス・キリストの系図」から始まり，キリストに至る14代の系図を記述する。それゆえ，ダヴィデはビザンティン世界においてキリストの人性を象徴する人物とされ，肉体の復活を告げる「アナスタシス」にはなくてはならない存在となった。ソロモンの祈りの一節「王が羊毛に降る雨となり」（詩篇72: 6）はキリストの受肉の予型と解釈される[16]。

洗礼者ヨハネ・十字架

カッパドキア，トカル・キリセ新聖堂（10世紀半ば）[17]の「アナスタシス」は，洗礼者ヨハネが描かれた現存最初期の作例である。主アプシスの「磔刑」下方のバシリオス像を挟んで，北側は右から「十字架降下」と「埋葬」，南側は左から「アナスタシス」と「キリストの墓を訪れる聖女たち」が描かれ，キリストの死と復活が対置される。いずれも下部が剥落しているものの，「アナスタシス」ではマンドルラに囲まれたキリスト，その右側にダヴィデとソロモン，そして左側に洗礼者ヨハネの頭部を確認することができる。当聖堂において，どのような所作で表わされていたかは不明であるが，「アナスタシス」に描かれる洗礼者ヨハネはしばしば右手を上方に挙げ，巻物をもつ（図6）。洗礼者ヨハネは「見よ，世の罪を取り除く神の小羊だ」（Jn 1: 29）とキリストの受難と贖罪を予告し，この右手を上方に挙げる所作は「犠牲の小羊」としてのキリストを指し示すものである。巻物にはこの一節が記され，予告が成就した「アナスタシス」に洗礼者ヨハネは描かれるのである。主アプシス「磔刑」の下方に，そして祭壇の上方という場所に描かれる当聖堂の「アナスタシス」の配置は，キリストの死と復活のサイクルを形成する一主題であると同時に，「犠牲の小羊」としてのキリストへの言及という，当図像における洗礼者ヨハネの主要な役割を一層明瞭にしている。

所として建設したサン・ゼノ礼拝堂（9世紀初め）。
 16) Kartsonis, *Anastasis*, pp. 191ff..
 17) *Ibid.*, pp. 168-73; A. W. Epstein, *Tokalı Kilise. Tenth-Century Metropolitan Art in Byzantine Cappadocia*, Washington, 1986.

3 アナスタシス(キリストの冥府降下)図像に内在する時間

8~9世紀にはキリストが巻物をもつ作例も見られるが(図2),10世紀以降は十字架が定型となる。とりわけ11世紀以降は,十字架の形状がラテン十字架から総主教型十字架(通常の腕木の上に捨て札,下方に足台をつけた十字架)に変化し,巨大化してゆく。キリストが磔刑に処された十字架の形状を模倣したとされる総主教型十字架は,受難と復活の象徴として定着し,受容されたからである[18]。

図6 キプロス島,パフォス,アギオス・ネオフィトス修道院

ギリシア,オシオス・ルカス修道院(11世紀)では,ナルテクス東壁に「アナスタシス」が配される(図7)。キリストは身長を超える総主教型十字架を右手で握り[19],左手でアダムを引き上げている。「アナスタシス」の相対する西壁には,「十字架の両脇に立つコンスタンティヌスとヘレナ」が配される(図8)。エルサレムへ赴き真の十字架を発見したヘレナ[20],そして十字架の幻を見て,十字架のトロパイオンを護符として戦いに勝利をした[21]息子コンスタンティヌス,ともに十字架と深く関わ

---

18) アギア・ソフィア大聖堂ティピコンの聖十字架称揚(9月14日)のテクストには,真の十字架はキリストの受難と復活の象徴と述べられている。十字架の形状の変化は「アナスタシス」図像に限ったことではない。J. Mateos, *Le typicon de la grande église*, vol. 1, pp. 29-33; Kartsonis, *Anastasis*, pp. 205-7.

19) 巨大化した十字架は,しばしばハデスを突き刺す武器として使用される(アテネ近郊,ダフニ修道院,11世紀末)。十字架でハデスを突き刺すという記述は,シリアのエフレムやヨアンニス・クリソストモスらの復活に関するテクストにみられる。M. E. Frazer, "Hades Stabbed by the Cross of Christ," *Metropolitan Museum Journal*, 9 (1974), pp. 153-61.

20) J. W. Drijvers, *Helena Augusta. The Mother of Constantine the Great and the Legend of her Finding of the True Cross*, Leiden 1992. 聖十字架の発見者ヘレナについては,アンブロシウス(c.337~97年,374年頃にミラノ司教)による395年2月2日の皇帝テオドシウスの埋葬における弔辞 *Oratii de Obitu Theodosii* が初出である。Ambrose, *De obitu Theodosii*, ed., O. Faller, CSEL 73, (1955), pp. 45-56; *PL* 16: 1399-402.

21) エウセビオス『コンスタンティヌスの生涯』秦剛平訳,京都大学学術出版会,2004

268　第Ⅲ部　図像のなかの時間

図7　ギリシア，オシオス・ルカス修道院

図8　ギリシア，オシオス・ルカス修道院「十字架の左右に立つコンスタンティヌスとヘレナ」

りをもつ人物である。両図に共通するモティーフである総主教型十字架は，キリストの受難による贖いと復活（死に対する勝利）を観る者に繰り返し喚起させる[22]。

年，Ⅰ：28-32.
　22）　C. L. Connor, "The Portraits of Female Saints in the Mosaics of Hosios Loukas," ed., M. A. Vardavake, *Lampedon: Aphieroma ste Mneme tes Doulas Mourike*, vol. 1, Athens, 2003, pp.140f.; Kartsonis, *Anastasis*, pp. 206f..

11世紀以降，「アナスタシス」の登場人物としてアベルが挿入される作例も見られる[23]。兄カインに殺される羊飼いアベルは，キリスト受難の予型と解釈され，当図像における受難の暗示を補強する[24]。

「アナスタシス」と「最後の審判」

「アナスタシス」は終末論的な含意も有する[25]。カッパドキア，トカル・キリセ新聖堂の「アナスタシス」には，「神よ，立ち上がり，地を裁きたまえ」（詩篇 82:8）という銘文が記されている[26]。当図像に記される銘文としては特異なものであるが[27]，このテクストは復活祭聖土曜日の典礼において朗読される詩篇の一節であり[28]，「最後の審判」に言及するものとして，エルサレムのイシキオス（5世紀）や，キロスのテオドリトス（c.393~c.460年）らに解釈されてきた[29]。このことは，典礼レヴェルにおいて，「アナスタシス」と「最後の審判」が相関関係にあることを証明するとカルツォニスは指摘する。また，フォティオス（c.810~c.893年）は，アダムの救済は最後の審判に際して人類の贖罪を保証する行為と述べている[30]。

両者のつながりは図像からも確認することができる。正面を向いたキリストが左右に侍すアダムとエヴァに両手を差し出す第3の図像タイプは，もともと左右相称性・正面性の強い構図を有するが（図4），時代が下るにつれてこれらの特徴は一層顕著になり，「最後の審判」に特有

---

23) E.g., マケドニア，クルビノヴォ，スヴェティ・ジョルジェ聖堂（1191年）。
24) Kartsonis, *Anastasis*, pp. 209-14.
25) *Ibid.*, pp. 157-64.
26) Epstein, *Tokalı Kilise*, p. 75, fig. 86.
27) Kartsonis, *Anastasis*, pp. 4f., 22-24, 134f., 169.
28) アプシスのアーチ・ソフィットには，天使のメダイヨンを挟んで，「屠り場に引かれていく小羊」（Jer 11:19）と記された巻物をもつエレミヤや，「枯れた骨の復活」（Ez 37: 1）が引用された巻物をもつエゼキエルが配される。これらのテクストは，復活祭聖金曜の第9課と聖土曜の朝課に朗読される章句であり，当聖堂のアプシス周辺の主題は典礼的性格の強いことが指摘されている。*Ibid.*, pp. 168-73.
29) Hesychius, *Fragmenta in Psalmos*, *PG*, 93, 1260C-D; Theodoretus, *Interpretatio in Psalmos*, *PG*, 80, 1629C.
30) C. Mango, *The Homilies of Photius, Patriarch of Constantinople,* Cambridge, 1958, p.215; Kartsonis, *Anastasis*, pp. 155f..

の階層構図を呈してゆく[31]。加えて,「アナスタシス」図像に「最後の審判」に由来するモティーフが付加される。たとえば,正面を向いたキリストの両手の聖痕[32]や救いを求める名もなき死者は「最後の審判」に基づくモティーフである[33]。

　ヴェネツィア,トルチェッロ島のサンタ・マリア・アッスンタ大聖堂（12世紀）の西壁は6層に区切られ,切り妻屋根をもつ最上部には「磔刑」,その下方に「アナスタシス」,残りの4層に「最後の審判」が表わされている（図9）。「アナスタシス」の中央では,キリストがアダムを救い出す。アダムの左側にはエヴァ,夫妻の背後にはダヴィデ父子が見える。キリストの右には洗礼者ヨハネ,その後方には修道士が配される。アダムと洗礼者ヨハネの足元には,死者が石棺から救いを求めている。「磔刑」,「アナスタシス」,そして「最後の審判」という三主題が上下に連続して西壁に配されることは特異であるが,この配置によって,「アナスタシス」は受難を経たキリストの肉体の復活として解釈されるだけではなく,「最後の審判」の予告として機能している[34]。それを補完するのが左右の二天使である。

　当図像におけるキリストは一際目を引く大きさであるが,そのキリストと背丈を同じくする二天使が左右相称に立つ。真正面を見据えた二天使は,ともにロロスをまとい,杖とオルブを携え,竜を踏み敷く[35]。「アナスタシス」に天使が描かれる場合,受難の含意の表象であることが一般的であり,トルチェッロに見られるような天使が描かれた類例はない[36]。カルツォニスはカッパドキア,ユランル・キリセの,「最後の審判」が描かれたナルテクスへとつづく西壁アーチのキリストを守護する

---

31) E.g., プリンストン大学図書館所蔵詩篇写本（Cod.30.20）（11/12世紀）。*Ibid.*, p. 154.
32) *Ibid.*, pp. 155-8.
33) *Ibid.*, pp. 157f..
34) *Ibid.*, pp. 159f..
35) *Ibid.*, pp. 162f..
36) アトス山,イヴィロン修道院所蔵レクショナリー（cod.1, f.1v）では,天使たちはキリストの聖痕を指し示す。パリ国立図書館所蔵グリゴリオス・ナツィアンゾスの説教集（gr.550, f.5r）においては受難具を携えた天使が描かれる。後述するヴァティカン図書館所蔵四福音書（Urb.gr.2, f.10v）（図14）の,天上の扉からキリストの栄光を讃える天使は,終末論的含意を読み取ることが可能だろう。*Ibid.*, pp. 160-2.

3 アナスタシス（キリストの冥府降下）図像に内在する時間　　271

二天使を挙げ[37]，トルチェッロの天使と竜[38]は，「アナスタシス」の有する黙示録的側面を強調するものと推測している。

「アナスタシス」には複数の時間が内在する。受肉を踏まえての死と復活，そして救済・贖罪の成就というキリスト教の教義を凝縮した歴史的時間をもち，予型論的には詩篇82編8節の銘文を通して，審判者としてのキリストの再臨の予告をも暗示する。

図9　トルチェッロ島，サンタ・マリア・アッスンタ大聖堂西壁

---

37) トルチェッロと同様に宝石のあしらわれたロロスをまとい，オルブと杖を携える。
38) ヨハネ黙示録（12:7-8）「さて，天で戦いが起こった。ミカエルとその使いたちが，竜に戦いを挑んだのである。竜とその使いたちも応戦したが，勝てなかった」。

2　もうひとつの歴史的時間

　ダヴィデとソロモンはキリストの人性の表象として,「アナスタシス」に挿入されるが，息子ソロモンはキリストの人性を直接的に表わす人物ではない。また，キリストの冥府降下に関するテクストのなかで，ソロモンに言及されるものはない[39]。人性を表象するだけであれば，ダヴィデをひとり描くのでも事足りたはずである。「アナスタシス」に表わされる場合は，ダヴィデをひとりで描くことはなく，息子ソロモンとともにふたり一組で描かれる。「アナスタシス」にソロモンが描かれるのには，別の理由があったと思われる。それはコンスタンティヌス大帝との結びつきである。

ソロモンとコンスタンティヌス

　エルサレムに初めて神殿を建立するという偉業を成し遂げたソロモンは，聖堂献堂者のモデルとして，聖堂建立に尽力した皇帝に重ね合わされる歴史的・修辞的伝統をもつ。
　ユスティニアヌス帝（在位527~65年）がアギア・ソフィア大聖堂に入場した際，「ソロモンよ，我は汝を超えた」と叫んだという逸話はあまりにも有名である[40]。聖堂献堂に対して野心的な皇帝のひとりであったコンスタンティヌス大帝もその例外ではない[41]。コンスタンティヌスが，コンスタンティノポリス，ローマ，パレスティナの各地に降誕，受難，昇天等のキリストの事績を記念した聖堂を数多く建てたことはよく知られている。アームストロングによると，コンスタンティヌスに帰されるのは23聖堂，不確実なものもあわせると44にもおよび[42]，地中海全域にわたって聖堂建立事業を展開した。そのなかで最も重要な聖堂が，キ

---

　39) Kartsonis, *Anastasis*, p.189, n.97.
　40) J. W. Barker, *Justinian and the Later Roman Empire*, Wisconsin, 1966, p. 183, n. 12.
　41) 318年のツロでの聖堂献堂祭におけるエウセビオスの頌辞の一節「わたしたちの平和なるソロモン」(ὁ εἰρηνικώτατος ἡμῶν Σολομῶν) の，「ソロモン」はコンスタンティヌスを指したものと考えられている。G. Dagron, *Constantinople imaginaire*, Paris, 1983, p. 303.
　42) G. T. Amstrong, "Constantine's Churches," *Gesta*, 6 (1967), pp. 1-9.

リストの死と復活を記念したエルサレムの聖墳墓聖堂であったことは想像に難くない。聖堂建設にあたり，コンスタンティヌスはこれまでのすべての建築を凌駕する，記念碑的かつ不滅の歴史的価値のある大きさをもつ，豪華な墓廟複合建築を望んだとエウセビオスは伝えている[43]。

現在の聖墳墓聖堂は昔日の姿をとどめてはいないが，エウセビオスらの記述や近年の考古学調査によって，当時のおおよそのプランや構造について推察することができる。4世紀の復元案は研究者によって若干異なるものの[44]，聖墳墓聖堂は三つの要素から構成された複合建築であったと考えられている。聖堂東端に当時のカルド大通りへと通じていたアトリウムが設けられ，その西側にゴルゴタの丘を含む聖十字架を記念した「マルティリウム」と通称される五廊式のバシリカがつづく。さらに聖十字架崇拝の儀式が行われた列柱廊つきの中庭が設けられ，西端には聖墳墓を囲んで周歩廊が一周するアナスタシス・ロトンダが位置する。1009年にファティマ朝のカリフ，ハーキムによって聖堂は破壊されるが，1042～48年頃にコンスタンティノス9世モノマコスらビザンティン皇帝によって再建・修復が行われる。11世紀に五廊式のバシリカが再び建立されることはなく，聖堂の規模は大幅に縮小された。アナスタシス・ロトンダもダメージを被ったものの階上廊レヴェルは以前の壁が残っており，東端にベーマとアプシスが増築された[45]以外は，4世紀のロトンダとほぼ変わらない形で再建されたと考えられている。12世紀以降も増改築が繰り返され，今日まで継続して修復作業が行われている。

335年9月13日に執り行われた聖墳墓聖堂献堂祭は，コンスタンティヌスの在位三十年と聖十字架の発見を同時に記念する祝祭であったことが巡礼者エゲリアによって伝えられている[46]。さらにソロモンの神殿が

---

43) 『コンスタンティヌスの生涯』III: 26-40.

44) K. J. Conant, "The Original Buildings at the Holy Sepulchre in Jerusalem," *Speculm*, 31 (1956), pp. 1-48; R. Krautheimer, *Early Christian and Byzantine Architecture*, Yale, 1986 (1965), pp. 61ff..

45) この部分は12世紀に取りはらわれた。R. Ousterhout, "Rebuilding the Temple: Constantine Monomachus and the Holy Sepulchre," *JSAH*, 48 (1989), p. 70.

46) 『エゲリア巡礼記』太田強正訳，サンパウロ，2002年，pp. 114ff.; M. A. Fraser, "Constantine and the Encaenia," *Studia Patristica*, 29 (1997), pp. 25-8.

完成した日に，聖墳墓聖堂の献堂式が祝われたという。ソロモンの神殿奉献祭の時期に合わせて献堂祭が開催された聖墳墓聖堂は，ソロモン神殿に代わる「エルサレムの新しき神殿」として解釈された[47]。ソロモンとコンスタンティヌスは献堂者として比較されうるだけでなく，ソロモン神殿に代わるキリスト教史上もっとも重要な聖墳墓聖堂が建立されたという，聖地エルサレムを舞台にした歴史的出来事を通して強固に結びつけられているといえるだろう。

キオス島，ネア・モニ修道院「アナスタシス」における ソロモンとコンスタンティヌス

ソロモンとコンスタンティヌスを重ね合わせる伝統は，中期ビザンティン時代以降も受け継がれた。キオス島，ネア・モニ修道院主聖堂[48]（11世紀中頃）の「アナスタシス」を見よう（図1）。当修道院の建立の経緯については，次のような伝承が残っている。当修道院の寄進者と目されるコンスタンティノス9世モノマコス（在位1042~55年）がミティリニ島に追放されていたとき（1035~42年）に，ニキタス，ヨアンニス，ヨシフというキオス島の3人の隠修士はモノマコスが皇帝になると予言したという。その予言の通り，1042年にモノマコスが皇帝になったので，お礼にこの修道院を建てたというものである[49]。「アナスタシス」におけるソロモンは父親と区別するため，髯のない青年の姿で描かれるのが通例である[50]。しかし当修道院のソロモンは，髯を蓄えた壮年の容貌で表わされている（図10）。コインや写本挿絵，聖堂の肖像との比較から，ソロモンの頭部には当修道院の寄進者とされるモノマコスの相貌があてられていることが，複数の研究者によって指摘されている[51]。コンスタンティノス9世モノマコスは，コンスタンティノポリスから，西はモンテ・カッシーノ，ローマ，東はエウクタ（現トルコ，ポントス地方），

---

47) J. Wilkinson, "Jewish Influences on the Early Christian Rite of Jerusalem," *Le Muséon*, 92 (1979), pp. 347-60; Ousterhout, "Rebuilding the Temple," p. 78.
48) D. Mouriki, *The Mosaics of Nea Moni on Chios*, 2vols., Athens, 1985.
49) *Ibid.*, vol. 1, pp. 21ff..
50) Kartsonis, *Anastasis*, pp. 186-200.
51) Mouriki, *The Mosaics of Nea Moni*, vol. 1, p. 137; R. Ousterhout, "Originally in Byzantine Architecture: The Case of Nea Moni," *JSAH*, 51 (1992), pp. 48-60, esp., p. 59.

3　アナスタシス（キリストの冥府降下）図像に内在する時間　　275

北はキエフ，南はキオス島，ガレシオン山，ミュラ，エルサレムまで，広範囲にわたって，聖堂建立に尽力した皇帝のひとりである[52]。とりわけ 11 世紀の初めに破壊されたエルサレム聖墳墓聖堂（アナスタシス・ロトンダ）の再建は，モノマコスにとって最も重要な事業であっただろう[53]。資金はコンスタンティノポリスから提供され，エルサレムに隠居したビザンティンの貴族ヨアンニス・カリアニティスが仲介者となったと伝えられる[54]。

図10　キオス島，ネア・モニ修道院　「アナスタシス」ダヴィデとソロモン（部分）

52）M. Psellus, *Chronographia*, trans., by, E. R. A. Sewter, *Fourteen Byzantine Rulers*, Harmondsworth, 1966, p. 250; R. Cormack, *Writing in Gold. Byzantine Society and its Icons*, London, 1985, pp. 182-94.

53）11 世紀のアナスタシス・ロトンダの再建事業については，前皇帝ミハイル 4 世（在位 1034-41 年）から始められた可能性をウスターハウトは指摘している。モノマコスの関与は 1165 年頃のツロの大主教ウィリアム（c.1130~1190 年）の記録による。William Archibihop of Tyre, *A History of Deeds Done Beyond the Sea*, trans., E. A. Babcock, A. C. Krey, vol. 1, New York, 1996 (1943), pp. 69ff.; R. Ousterhout, "Architecture and Relic and the Construction of Sanctity: The Stones of the Holy Sepulchre," *JSAH*, 62 (2003), p. 22, n. 14.

54）D. Baldi, *Enchiridion Locorum Sanctorum*, Jerusalem, 1982 (1955), p. 653; Ousterhout, "Rebuilding the Temple," p.70.

新しきコンスタンティヌス

ネア・モニ修道院のプランを決める際に，アギア・ソフィア大聖堂以外の，首都のどの聖堂を写してもよいと皇帝に許された隠修士は，聖使徒聖堂附属のコンスタンティヌス大帝の墓廟(マウソレウム)を選んだという[55]。

コンスタンティヌス大帝は，とくにビザンティン世界で尊ばれ，ヘレナとともに列聖され，5月21日を祭日とする。中期以降，コンスタンティヌスへの憧憬はさまざまな形で現れるが[56]，「新しきコンスタンティヌス」という形容詞が皇帝につけられるのもそのひとつである。この枕詞は，異教徒との戦いで数々の勝利を収めたキリスト教初代皇帝，コンスタンティノポリスの創建者かつ崇高なる聖人でもあるコンスタンティヌス，そしてその母ヘレナに比肩する皇帝皇妃に附される究極の称号であり，皇帝／王朝の正統性を保証するものとなる。皇帝がしばしば「新しきコンスタンティヌス」を標榜し，息子に偉大な皇帝と同名をつけることは，コンスタンティヌスとの繋がりをより明確に，強固にするための手段であった。

マケドニア朝初代皇帝バシリオス1世（在位867~86年）は，「新しきコンスタンティヌス」を謳った皇帝のひとりとして名高い[57]。バシリオスに溺愛された長男は「コンスタンティノス」と名づけられ，共同皇帝（在位869~79年）の任に就くが，甲斐なく879年に夭折する。彼は聖使徒聖堂附属の名祖となった同名のコンスタンティヌスの墓廟に埋葬された（879年）。聖使徒聖堂には，コンスタンティヌス大帝の創建による墓廟と，ユスティニアヌス（6世紀）の造営によるものがある。6世紀以降はユスティニアヌスの墓廟が皇帝墓所として使用されたが，879年のバシリオス1世の長男コンスタンティノスからふたたびコンスタンティヌスへと皇帝の埋葬場所は戻されている[58]。この墓所の変更についても，

---

55) C. Bouras, *Nea Moni on Chios: History and Architecture*, Athens, 1982, pp. 139-45.

56) Cf., *New Constantines*; C. Walter, *The Iconography of Constantine the Great Emperor and Saint*, Leiden, 2006, pp. 98-110.

57) C. Jolivet-Lévy , "L'image du pouvoir dans l'art byzantin à l'époque de la dynastie macédonienne (867-1056)," *Byz*, 57 (1987), pp. 457-8; Walter, *The Iconography of Constantine*, pp. 53-64; L. Brubaker, *Vision and Meaning in Ninth-Century Byzantium. Image as Exegesis in the Homilies of Gregory of Nazianzus*, Cambridge, 1999, p. 172.

58) P. Grierson, "The Tombs and Obits of the Byzantine Emperors (303-1042)," *DOP*, 16 (1962), pp. 3-63.

マケドニア朝の正統性の主張という父の意向が強く反映されているものと推察される。

　コンスタンティヌスとヘレナのイメージにも，こうした政治的意図を読み込むことが可能な場合がある。皇帝ニキフォロス2世フォカス（在位963~9年）によって寄進されたことが知られるカッパドキア，チャヴシンの「大鳩小屋」聖堂[59]（964~5年）では，皇帝母子はアプシスの下方南側に配され，その北側のアプシスにニキフォロスとその后テオファノを含む一族が配される。皇帝母子とニキフォロス一族の近接した配置は，コンスタンティヌスとヘレナに匹敵しうるペアとして，ニキフォロスと后テオファノを表現する視覚的な顕彰である[60]。またシュミンクによると，オシオス・ルカス修道院に描かれたコンスタンティヌスとヘレナ（図9）は，皇帝コンスタンティノス8世（在位1025~28年）とその后イリニの「隠れ肖像」であるという[61]。コンスタンティノス9世モノマコスも，歴代の皇帝と同様にコンスタンティヌス大帝に憧憬の念をもっていたことは想像に難くない。ネア・モニ修道院のプランにコンスタンティヌス大帝の墓廟を採用したのも，モノマコスを同名の偉大なる大帝に連なる皇帝として位置づけようとする意図があったものと推測される。

　以上を踏まえると，ネア・モニ修道院の「アナスタシス」のソロモンはどのように解釈できるだろうか。「アナスタシス」のソロモンに，モノマコスの肖像があてられたネア・モニ修道院のモザイクは，「新しきソロモン」としての皇帝の視覚的な顕彰と解釈される。アナスタシス・ロトンダの改修・再建にあたったモノマコスはエルサレム神殿を建立したソロモンに自らを投影させ，「新しきソロモン」となることを望むだけでなく，聖墳墓聖堂を献堂した偉大なるコンスタンティヌス，同名の大帝にも自らを重ね合わせたのである。「アナスタシス」の中にコンスタンティヌス自身が挿入されることはないが，両者の関わりは殊の外深

---

59) L. Rodley, "The Pigeon House Church, Çauşin," *JÖB*, 33 (1983), pp. 314ff..

60) C. Jolivet-Lévy, *Les églises byzantines de Cappadoce. Le programme iconographique de l'abside et de ses abords*, Paris, 1991, pp. 18f..

61) A. Schminck, "Hosios Lukas: Eine kaiserliche Stiftung?," *The Empire in Crisis?: Byzantium in the Eleventh Century (1025-1081)*, ed., V. N. Vlysidou, Athens, 2003, pp. 349-80.

い。

第2の図像タイプとコンスタンティヌス

「アナスタシス」の第2の図像タイプ（キリストがアダムとは別の方向を向いて，アダムを引き上げる）（図3）について，シュワルツはコンスタンティヌス大帝に遡る古代ローマ時代の皇帝のメダイヨン（図11）やコインの図柄を転用したものとする[62]。左側の捕虜を振り返りつつ，身体はほぼ正面を向けた皇帝は右腕を屈曲させて捕虜をつかみ，帝国の勝利の徴であるラバルムを左手でもつ。メダイヨンにおける右腕を彎曲させ捕虜をつかむ皇帝は，「アナスタシス」ではアダムを引き上げるキリストに，皇帝の握るラバルムはキリストのもつ十字架に対応し，両図は近似した構図を有する[63]。

第2の図像タイプは9世紀初めに創案されたと考えられるが[64]，9世紀という時代は，コンスタンティヌス母子に対する信仰が急速な盛り上がりをみせた時期と重なる[65]。コンスタンティノポリスにおいて，ふたりの祭日（5月21日）がいつ制定されたのかは不明であるが，ヘレナによる聖十字架発見譚と母子への賛辞を収録する典礼の詠唱（聖歌）が，総主教メトディオス（在位843〜7年）によって編纂され[66]，つづく10世

---

62) E. C. Schwartz, "A New Source for the Byzantine Anastasis," *Marsyas*, 16 (1972-73), pp. 29-34. ヴァイツマンは，古代の石棺（2，3世紀）の「ハデスからケルベロスを連れ出すヘラクレス」の構図を参照したものとする。K. Weitzmann, "Die Evangelion im Skevophylakion zu Lawra," *Seminarium Kondakovianum*, 8 (1936), pp. 83-98.

63) 図像が借用されるとき，構図のみを借りる場合と意味の上でも結びつけられることがある。敵を打ち負かす皇帝メダイヨンの図像と死に対する勝利を表わす「アナスタシス」は，「勝利」と言う意味合いにおいて共通している。しかし，皇帝がつかんでいるのは捕虜であり，「アナスタシス」ではアダムにあたるためこの部分においては意味する内容が異なる。

64) Kartsonis, *Anastasis*, p. 10, n. 43.

65) 聖十字架発見譚を含むコンスタンティヌス伝の大半は初期史料によるものではなく，8〜9世紀に書き下ろされたものである。カジュダンによれば，この時期のコンスタンティヌス伝の急激な増大は，皇帝母子がイコノクラスムのプロパガンダを担っていたことによる。イコノクラスム解除後には一転して「イコン擁護派の勝利」というコンテクストで再解釈され，800年頃までにコンスタンティヌスは皇帝の正統性，正教キリスト教の勝利の含意を担うイメージとして受容されてゆく。A. P. Kazhdan, "Constantine Imaginaire: Byzantine Legends of the Ninth Century about Constantine the Great," *Byz*, 57 (1987), pp. 200f., 241, 246ff.; Brubaker, *Vision and Meaning*, p. 167; Walter, *The Iconography of Constantine*, p. 45.

66) *Anthologia graeca carminum christianorum*, eds., W. Christ, M. Paranikas, Hildesheim, 1963, p. 99.

3 アナスタシス（キリストの冥府降下）図像に内在する時間　　279

紀のアギア・ソフィア大聖堂のティピコンには，皇帝母子の祭日が記載されている[67]。

　コンスタンティヌス信仰が高まる9世紀初めに，コンスタンティヌスのメダイヨンの図柄を借用する形で第2の図像が生み出され，その後「アナスタシス」の主要な図像タイプに展開していった可能性をカルツォニスは指摘している[68]。両者の結びつきは，聖堂装飾においても確認することができる。

図11　コンスタンティヌス，メダイヨン，パリ，国立図書館

「アナスタシス」とコンスタンティヌス

　ビザンティン聖堂装飾において，「アナスタシス」に近接して，コンスタンティヌス母子を配する作例が散見される[69]。ギリシアのペロポネソス半島，ミストラにある後期ビザンティン時代を代表する，ペリブレプトス修道院[70]（14世紀）を見よう。当聖堂では「アナスタシス」は西壁に描かれ，その下方北側にコンスタンティヌスとヘレナが配される

---

67) Mateos, *Le typicon*, vol. 1, pp. 269, 297.
68) Kartsonis, *Anastasis*, pp. 134ff..
69) E.g., カッパドキア，ソアンル地区の聖バルバラ聖堂（1006/1021年），ベリスルマ地区，バハトゥン・サマンルーウ・キリセ（10世紀半ば〜11世紀初め），オシオス・ルカス修道院等．
70) S. Dufrenne, *Les programmes iconographiques des églises byzantines de Mistra*, Paris, 1970, pp. 13-9; M. Acheimastou-Potamianou, *Mystras*, Athens, 2003, pp. 62-77.

（図12）。その南側にはニッチがうがたれ，聖堂の模型を挟んで寄進者，ディスポティスのカンタクジノス（1348~80年）と妃イザベラが立つ。寄進者の上方には聖母子が両手を差し出し夫妻を祝福する。まず，寄進者と皇帝母子像を並列させることによって，この二図像は献堂祭図像として機能していたと考えられる[71]。寄進者夫妻が聖堂を捧げたことを，皇帝親子のイメージが記念し，そして，聖堂を捧げる夫妻を，上方の聖母子は両手を差し出し祝福する。ビザンティン聖堂装飾において，西壁を定位置とする「聖母の眠り（キシシス）」を北壁に移動し，西壁に「アナスタシス」を配するのは例外的である。寄進者の上部に「アナスタシス」を配するプログラムは，夫妻がペリブレプトス修道院を聖母マリアに捧げたことによって，死後，キリストによって救済され，復活することを願う強い意図があったと考えられる。

図12 ギリシア，ミストラ，ペリブレプトス修道院西壁（描き起こし図）

テテリアトゥニコワは，皇帝母子と復活の主題との関わりを，ヘレナによる聖十字架発見譚に求める[72]。発見譚はアンブロシウス以降，多くの著述家によって語られ，複数のヴァリアントをもつが，最も古いヘレナ伝[73]では重篤患者を治癒した十字架こそがキリストの真の十字架であ

---

71) 拙稿「中期ビザンティン時代における『コンスタンティヌスとヘレナ』図像に関する一考察」『美術史』163 (2007), pp. 143-58.

72) N. Teteriatnikov, "The True Cross Flanked by Constantine and Helena. A Study in the Light of the Post-Iconoclastic Re-evaluation of the Cross," DChAE, 18 (1995), pp. 180-2.

73) Drijvers, Helena Augusta, pp. 80f..

るとし，瀕死の女性に確かめさせたと伝えられる。両図には総主教十字架が描かれ，ともに「復活」という共通するテーマを有する[74]。加えて，「アナスタシス」の近くに「十字架の両脇に立つコンスタンティヌスとヘレナ」が配されるのは，ふたりがエルサレム聖墳墓聖堂献堂祭と強い結びつきをもっているからである。すなわち，ソロモン神殿に代わる聖墳墓聖堂（アナスタシス・ロトンダ）を献堂したコンスタンティヌスはソロモンに見立てられ，9月13日は献堂とともに在位30年，そして聖十字架の発見が同時に祝われた。

図13　アトス山，ディオニシウ修道院，レクショナリー（Cod.587, f.2r）

第3の王

「アナスタシス」のダヴィデとソロモンが描かれる場所に，しばしば献堂者・寄進者と思しき高貴な風貌の人物が描かれることを，「ディオニシウ・レクショナリーの寄進者」において益田朋幸氏は指摘している[75]。当論文はアトス山，ディオニシウ修道院所蔵のレクショナリー

---

74) 本論 pp.269f..
75) 益田朋幸「ディオニシウ・レクショナリーの寄進者」『美術史研究』30 (1992), pp. 51-66.

(Cod.587) が，皇帝イサキオス1世コムニノス（在位1057~9年）の妻エカテリニと娘マリアによってイサキオスの菩提を弔うために制作され，イサキオスが晩年隠棲した，ストゥディオス修道院に献呈されたということを明らかにしている。さらに，ディオニシウ・レクショナリーの「アナスタシス」（図13）には，ダヴィデとソロモンに加えてもうひとりニンブスと王冠をつけたプロフィールの人物が描かれ，この復活を待つ第3の王が，イサキオス・コムニノスの肖像である可能性を益田氏は述べている。「アナスタシス」の，寄進者・献堂者のプロトタイプであるソロモンの場所に，その聖堂や写本の寄進者（とくに皇帝）の肖像を紛れ込ませるという慣習があった可能性は高い。実際，「アナスタシス」に，ダヴィデとソロモンとは別の，王冠をつけ，高貴な服装をまとう第3の王が父子とともに描かれる作例が散見される。たとえば，ヴァティカン図書館所蔵の四福音書（Urb.gr.2）[76]の「アナスタシス」（f.260v）ではダヴィデとソロモンの上方に父子と同じ王冠を被った白髪白髯の人物を二人確認することができる（図14）。

図14 ヴァティカン図書館，四福音書（Urb.gr.2, f.260v）

ミルティン王[77]（在位1281~1321年）の寄進によるセルビア，ストゥデニツァ修道院「王の聖堂」（1313/14年献堂）の「アナスタシス」におい

---

76) I. Spatharakis, *The Portrait in Byzantine Illuminated Manuscripts*, Leiden, 1976, pp. 79-83.

77) セルビア，コンスタンティノポリス，テサロニキ，アトス，エルサレム，シナイに15の聖堂・修道院を寄進したことが知られる。J. S. Allen, "Stefan Uroš II Milutin," *ODB*, vol. 3, pp. 1949f..

ては，ダヴィデとソロモンの間に，ニンブスと王冠をつけた老人がわたしたちを見つめている（図15）。

「アナスタシス」のソロモンの近くに寄進者（皇帝・王）と思しき肖像が挿入されることには，二つの意味がある。旧約の義人とともに，自らのキリストによる救済への願いを込めたということ。そして，キリストによって救済された偉大なる王ソロモン，そしてコンスタンティヌス大帝に匹敵しうる皇帝として，自らを絵画に残したいという意向を反映させたものである。

図15 セルビア，ストゥデニツァ修道院「王の聖堂」（部分）

結

「アナスタシス」図像の起源については，首都コンスタンティノポリスか，パレスティナに由来するものなのかは不明である[78]。キリストの

---

78) Kartsonis, *Anastasis*, pp. 11f., 82-8, 207-9; K. Corrigan, Book Review, *ArtB*, 71-2 (1989), p. 312.

復活という主題から考えれば,「アナスタシス」は,エルサレム聖墳墓聖堂のアナスタシス・ロトンダの装飾に最もふさわしい図像であることは疑いない[79]。無論,今となってはその起源については推測するしかないが,「アナスタシス」には,コンスタンティヌス,そして4世紀に遡る聖墳墓聖堂を連想させる要素を複数確認することができる。

「アナスタシス」において,壊された冥府の扉がキリストの足元に表わされるのは定型であるが,上方に「天上の扉」が描かれる作例がある。ヴァティカン図書館の四福音書 (Urb.gr.2) においては,天上の半月形内に天国の扉が逆V字型に開き,その間に多数の天使がひしめいている(図14)。この「天上の扉」については,辻佐保子氏によって仔細に考察されているが[80],本論に関わる部分のみ抜粋する。「アナスタシス」に「天上の扉」が描かれるのは,詩篇24編7~10節[81]の章句がキリストの冥府降下に言及したものと解釈されたことによる。「アナスタシス」における「天上の扉」と「ハデスの扉」の対置は,「死に対する勝利と天界への最終的な回帰を喚起」するものと意味づけられるが,その考察の過程で,「アナスタシス」の「扉」は聖墳墓聖堂の復活祭や献堂祭における聖堂の扉口前で行われる儀式を想起させるものであると辻氏は指摘する[82]。

「アナスタシス」の第2の図像タイプはコンスタンティヌスに遡るメ

---

79) 実際,12世紀のアナスタシス・ロトンダのアプシスには,「アナスタシス」が表わされていたことがわかっている A. Borg, "The Lost Apse Mosaic of the Holy Sepulchre, Jerusalem," *The Vanishing Past: Studies in Medieval Art, Liturgy and Metrology Presented to Christopher Hohler*, eds., A. Borg, A, Martindale, British Archaeological Reports International Series, vol. 111, Oxford, 1981, pp. 7-12.

80) 辻佐保子「『地獄の扉』の破砕と『天国の扉』の開放」『ビザンティン美術の表象世界』岩波書店,1993年,pp. 225-83.

81) 「アナスタシス」の主要な典拠とされるニコデモ福音書には,その全文が引用されている

(24:7) 城門よ,頭を上げよ/とこしえの門よ,身を起こせ。栄光に輝く王が来られる。
(24:8) 栄光に輝く王とは誰か。強く雄々しい主,雄々しく戦われる主。
(24:9) 城門よ,頭を上げよ/とこしえの門よ,身を起こせ。栄光に輝く王が来られる。
(24:10) 栄光に輝く王とは誰か。万軍の主,主こそ栄光に輝く王。

82) 辻佐保子「『地獄の扉』の破砕と『天国の扉』の開放」p.242, n.33. 復活祭日曜日には「行列をつくってアナスタシス(の円形堂)に至り,王門の前まで進む。王門の扉が閉じられ,扉の前でいくつかの誦詞をうたう。ついで扉が開かれる。主府教と聖職者がキリストはよみがえり給えり』と唱しながらその内部に入る」。

ダイヨンの構図を転用した可能性があり,「アナスタシス」の上部に描かれる「天上の扉」は聖墳墓聖堂の扉の開放の儀式を想起させる。335年9月13日の聖墳墓聖堂献堂祭は, ソロモンの神殿奉献祭の時期に合わせて開催され, 当聖堂はソロモン神殿に代わる「エルサレムの新しき神殿」として解された。ソロモン―コンスタンティヌスの重ね合わせによって,「アナスタシス」という超自然的な事績に, 4世紀に遡る復活を記念した聖墳墓聖堂(アナスタシス・ロトンダ)の献堂という歴史性が付け加えられる。当時の人々は,「アナスタシス」のソロモンから4世紀のコンスタンティヌスを, さらにはコンスタンティヌスによって創建された聖墳墓聖堂を想起したに違いない。「アナスタシス」に近接して,「十字架の両脇に立つコンスタンティヌスとヘレナ」が配されるのも, 同じ理由によるものである。エルサレムというトポスにおいて, アナスタシス(復活), ソロモン, そしてコンスタンティヌスは三つ巴の強固な結びつきをもっているといえよう。

さらに,「アナスタシス」のソロモンの場所に同時代の献堂者・寄進者肖像が挿入されることによって, 当図像にさらなる時間軸がもたらされる。第3の王は, ソロモン―コンスタンティヌスに連なるものとして自らを位置づけ, 時空を超えてともにキリストの復活に立ち会い, 死後の魂の救済を願うのである。

[図版出典]
図1, 10 Mouriki, *The Mosaics of Nea Moni*, figs. 48, 53.
図2 J. Wilpert, *Die römischen Mosaiken und Malereien der kirchlichen Bauten vom IV. bis XIII. Jahrhundert*, vol. 4, Freiburg, 1916, p. 168.
図3 Kartsonis, *Anastasis*, fig. 80.
図4 M. V. Ščepkina, *Miniatjuri Khludovskoi Psaltyri*, Moscow, 1977.
図5~9 筆者撮影
図11 Schwartz, "A New Source for the Byzantine Anastasis," fig. 9.
図12 長沢朝代氏作成。
図13 S. M. Pelekanidis, P. C. Christou, C. Tsioumis, and S. N. Kadas, *The Treasures of Mount Athos*, vol. 1, Athens, 1974, fig. 190.
図14 *I Vangeli dei Popoli*, eds., F. D'Aiuto, G. Morello, A. M. Piazzoni, Vatican, 2000, fig. 58.
図15 http://www.srpskoblago.org/ (2011/2/4)

4
神の足が立つところ
——磔刑図像に描かれた礼拝者たちとその時間構造——

辻　絵理子

　言葉は常に単線的で，発するにも解するにも相応の時間を要するものである。レトリックを駆使して複雑な内容を示すことは出来ても，一息にすべてを伝えることは出来ない。同じことは音楽にも，むろん絵画にも言えよう。読み解かれることを強く求める絵画，空間のみならず時間的にも複雑な構造を有する絵画は，確かに存在する。

　本稿ではビザンティン帝国の首都コンスタンティノポリスの，ストゥディオス修道院が有した写本工房による11世紀の制作とされる，2冊の写本が持つ特徴的な磔刑図を中心に，挿絵の時間構造を論じる。取り上げるのは，豊富なキリスト伝挿絵で知られる四福音書『パリ福音書』(Cod. Paris. gr. 74)[1]と，多様なイメージを持つ余白詩篇『テオドロス詩篇』(British Library, Add. 19352)[2]である。2写本は豊かな図像の数々と

---

1)　以下の文献略号はA. P. Kazhdan (ed.), *The Oxford Dictionary of Byzantium*, 3vols., New York-Oxford, 1991. に拠る。G. Millet, *Recherches sur l'iconographie de l'évangile aux XIVe, XVe et XVIe siècles*, Paris, 1916 (1960); Sh. Tsuji, *The Study of Byzantine Gospel Illustrations in Florence, Laur. Plut. VI 23 and Paris, Bibl. Nat. Cod. gr. 74*, diss., Princeton University, 1968; idem, "The Headpiece Miniatures and Genealogy Pictures in Paris. Gr. 74," *DOP* 29 (1975), pp.168-170; S. Der Nersessian, "Recherches sur les miniatures du Parisinus graecus 74," *JÖB* 21 (1972), pp.109-118; S. Dufrenne, "Un cycle de Lot dans l'Evangile de Paris, gr. 74," *Symbolae Historiae Artium* (1986), pp.203-222.

2)　S. Der Nersessian, *L'illustration des psautiers grecs du moyen âge II: Londres, add. 19.352*, Paris, 1970; J. Anderson, "On the Nature of the Theodore Psalter," *ArtB* 70 (1988), pp.550-568; Ch. Barber (ed.), *Theodore Psalter: Electronic facsimile*, British Library, 2000; 拙稿「ストゥディオス修道院工房における『キリスト三態』」『地中海研究所紀要』第6号, 2008年, 89-98頁。

状態の良さから，各々の所蔵図書館で最も閲覧制限の厳しい貴重書に数えられ，様々な研究において触れられてもいるが，未だ解き明かされぬ謎を多く孕んでいる。本書のテーマである「時間」に即して，本稿では2写本が共通して採用した特殊な図像とその構造に話を限定し，ひとつのケーススタディとして提示したい。扱うのは数百のイメージを有する各写本のほんの一部に過ぎないが，同一工房で制作された2写本の関係を明らかにする，確かな手掛かりとなるであろう。

1 『パリ福音書』に内在する時間

　四福音書から見ていこう。フリーズ・ゴスペル形式の『パリ福音書』は，執拗なまでに本文の内容に即した挿絵を描く写本である。そのため，キリストの磔刑場面[3]は四福音書のそれぞれに複数回描かれることになった。マタイに3度，マルコに2度，ルカに1度，そしてヨハネに3度，磔刑図が繰り返される。本題に入る前に，このうち幾つかを例として確認しておく。

　まずマタイ福音書のひとつ目の磔刑（f.58v, 図1）では，キリストが2人の強盗と並んで磔にされている[4]。キリストの左右には，テキスト本文にない槍や葦の棒を持った兵士たちが描かれており，いわゆる「逐語的（リテラル）」な絵画化が特徴と言える『パリ福音書』においても，磔刑図像に関しては各福音書のテキストに忠実であるというより，それぞれのテキストからのモティーフが入り混じる様子が窺える[5]。

　続く挿絵では泥棒たちは描かれず，登場人物が増えている（f.59r, 図2）[6]。槍と葦の棒を突きつける兵士たちはそのままだが，キリストの左右に天使が訪れ，足元にはキリストの血を受ける人物が跪く。両脇では

　3）　マタ27:33-50，マコ15:22-41，ルカ23:33-49，ヨハ19:17-37。

　4）　「折から，イエスと一緒に二人の強盗が，一人は右にもう一人は左に，十字架につけられていた」（マタ27:38）

　5）　G. Schiller, *Ikonographie der christlichen Kunst*, II, Kassel, 1971, pp.98ff.。

　6）　「しかし，イエスは再び大声で叫び，息を引き取られた。／そのとき，神殿の垂れ幕が上から下まで真っ二つに裂け，地震が起こり，岩が裂け，／墓が開いて，眠りについていた多くの聖なる者たちの体が生き返った」（マタ27:50-52）

4 神の足が立つところ

図1 『パリ福音書』f.58v

図2 『パリ福音書』f.59r

図3 『パリ福音書』f.59v

図4 『パリ福音書』f.207v

棺から聖人たちが起き上がる（マタ 27:52）。中空に浮いているかのように描かれるのは，天使に招かれるエクレシアと追われるシナゴーグ，すなわちキリスト教会とユダヤ教会の擬人像である。福音書テキストに典拠のないモティーフも描き込まれていることが判る。

　さらに次の挿絵も，磔刑である（f.59v，図3）。磔のキリストと，槍と葦の棒を持つ兵士たちに加えて，キリストの右側，少し離れたところに4人の人物が描かれる。マタイ本文（27:55-56）はキリストに従ってきた女性たちについて語るが[7]，先頭に立つニンブスをつけた2人は，キリストが最も愛した弟子のヨハネと，母のマリアである[8]。ヨハネ福音書で語られる箇所，キリストが自らの死にあたって母マリアをヨハネに託す場面が，先取りして描かれているわけである。

　ヨハネ福音書の該当箇所を見ると，磔刑の傍にマリアとヨハネが描かれている（f.207v，図4）。キリストの右にマリア，左にヨハネが立ち，各々の背後に女弟子たちと百人隊長ロンギノスを従えている。十字架の下でキリストの血を受ける人物が，ここにも表されている。この挿絵が特徴的なのは，左端にもうひと組のマリアとヨハネが描かれていることである。ニンブスをつけたヨハネは，同じくニンブスをつけたマリアを建物へと導いている。先に触れたように，ヨハネ福音書において，キリストはマリアをヨハネに託す[9]。それを受けてマリアを家に迎えるヨハネの様子が，磔刑の場面にすでに描き込まれている。これは本文の記述に忠実な表現であると同時に，この時を起点とする未来の出来事も磔刑図の中に表していると言える。以上『パリ福音書』のマタイとヨハネから4つの磔刑図を取り上げて確認した。他の福音書で語られるエピソードが混じる部分や，擬人像などはあるものの，基本的に本文に即したモティーフを描いていることが判る。

---

[7] 「大勢の婦人たちが遠くから見守っていた。この婦人たちは，ガリラヤからイエスに従って来て世話をしていた人々である。／その中には，マグダラのマリア，ヤコブとヨセフの母マリア，ゼベダイの子らの母がいた」（マタ 27:55-56）

[8] H. Omont, *Évangiles avec peintures byzantines du XIe siècle*, Paris, n.d., Tome II, p.10.

[9] 「イエスは，母とそのそばにいる愛する弟子とを見て，母に，『婦人よ，御覧なさい。あなたの子です』と言われた／それから弟子に言われた。『見なさい。あなたの母です。』そのときから，この弟子はイエスの母を自分の家に引き取った」（ヨハ 19:26-27）

1　磔にされたキリストと跪く礼拝者たち

　本稿で問題となるのは，ヨハネ福音書の最後の磔刑図である（f.207v, 図5）。『パリ福音書』に描かれた磔刑図の最後を飾るこの図像は，次の本文に対応すると考えられている[10]。

図5　『パリ福音書』f.207v

　「ぶどう酒をいっぱい含ませた海綿をヒソプに付け，イエスの口もとに差し出した。イエスは，このぶどう酒を受けると，『成し遂げられた』と言い，頭を垂れて息を引き取られた」（ヨハ19：29-30）

　キリストの最期を語るこの本文に対し，挿絵ではキリストの左に，細い棒に刺した海綿を突きつける人々が描かれる。右側では，2人の人物が彼を指差している。そしてキリストの足元を挟んで，両手を衣で覆い隠した2人の人物が跪く。
　このようにキリストの足元を両脇から拝する人物は，中期ビザンティン（9〜13世紀）の磔刑図においては見られない，特異なモティーフである。これら礼拝者の図像の起源を辿るならば，初期キリスト教時代，5世紀の聖油瓶(アンプラ)にまで遡ることができよう（図6）[11]。アンプラは聖地巡

---

10) Omont, *op. cit.*.
11) アンプラの制作年代については諸説あるが，ヴィカンは次の研究において600年頃と時代を大きく下らせている。G. Vikan, *Early Byzantine Pilgrimage Art* (Dumbarton Oaks Byzantine Collection Publications 5), Washington, D. C., 2010^2, p.39.

図6　パレスチナの聖油瓶　5世紀

礼の記念品で，十字架に触れた油を持ち帰るための容器として用いられたものであり，表面を飾る図像はその中身を説明し保証する役割を持っている。十字ニンブスのついたキリストの頭部が，太陽と月を伴って宙に浮いたように大きく表され，両脇では2人の泥棒が磔にされている。キリストの下に細長い台座を持つ十字架があり，その下では2人の人物が十字架を挟んで跪いている。跪く2人の人物は，キリストと一緒に磔になった泥棒たちのように磔刑の場に居合わせたのではなく，聖地を巡礼して真の十字架を礼拝した巡礼者たちである[12]。すなわちこれは過去の物語としての「磔刑」と，同時代の「真の十字架を礼拝した人物」を組み合わせた図像ということになる。図像を取り巻く銘文には「キリストの聖なる地の生命の木の油[13]」と書かれており，銘文と図像によって容器の中身が示され，その聖なる力の根拠であり由来となる物語性が付与される。

　『パリ福音書』のヨハネの磔刑の足元に跪く礼拝者たちは，図像学的伝統においては，本文であるキリストの物語とは時空を異にする，巡礼者たちの表現であった。11世紀の画家は，どのような意図を持って5世紀にまで遡るこの図像を復活させ，この場所に採用したのであろうか。

　ヨハネ福音書では，続く本文でキリストの死後の様子が語られる。

「その日は準備の日で，翌日は特別の安息日であったので，ユダヤ人たちは，安息日に遺体を十字架の上に残しておかないために，足を折って取り降ろすように，ピラトに願い出た。（中略）イエスの

---

12) A. Grabar, Les ampoules de Terre Sainte, Paris, 1958, pp.55-58; 辻佐保子『ローマ　サンタ・サビーナ教会木彫扉の研究』中央公論美術出版，2003年，135-144頁。
13) ΕΛΑΙΟΝ ΞΥΛΟΥ ΖΩΗC ΤΩΝ ΑΓΙΩΝ ΧΡΙCΤΟΥ ΤΟΠΩΝ

ところに来てみると，すでに死んでおられたので，その足は折らな
かった」（ヨハ 19:31-33。以下すべて，傍点筆者）

兵士たちは2人の泥棒の足を折ったが，キリストの足が折られるこ
とはなかったことが明記される。続く本文はその理由を述べる。

「それを目撃した者が証ししており，その証しは真実である。その
者は，あなたがたにも信じさせるために，自分が真実を語っている
ことを知っている。／これらのことが起こったのは，『その骨は一
つも砕かれない』という聖書の言葉が実現するためであった。」（ヨ
ハ 19:35-36）

傍点部で言及されているのは，出エジプト記，過越祭の規定の中の，
犠牲の仔羊に関する記述である。

「一匹の羊は一軒の家で食べ，肉の一部でも家から持ち出してはな
らない。また，その骨を粉々にしてはならない」（出 12：46）

新約ヨハネ福音書の著者が，旧約聖書の出エジプト記を踏まえた記述
をしている，いわゆる予型の箇所である。福音書著者は旧約を引用し
て新約の内容を保証させることで，言わば権威づけを行ったわけだが，
『パリ福音書』の画家は本文のこの部分の挿絵として，磔にされたキリ
ストの足を強調する2人の礼拝者を描いたのではないだろうか。この2
人は，図像学的伝統を辿れば「真の十字架」を礼拝する巡礼者であり，
磔刑のキリストの足元に描かれることで，福音書で語られる歴史的物語
とこの現実とを結びつけ，十字架のかけらや油を通じて両者の連続性を
強調する機能を持っていた。しかしこの写本挿絵において行われている
のは，本文の予型部分，すなわち折られなかった足を強調し，犠牲の仔
羊としてのキリストを際立たせることである。物質であり象徴である真
の十字架に対して跪くのではなく，磔になったキリストの足に両手を差
し伸べることで，31〜36節の内容と対応して，本文に記された予型を
絵画化する。この対応関係が憶測ではないことを証する作例を，次章に

て確認する。

　さらに『パリ福音書』の最後の磔刑図には，もうひとつ予型を示す挿絵要素が描かれていると考えられる。キリストの右に立って指さす2人の人物である。同写本の他の磔刑図には見られないこの身ぶりは，先に引用した「それを目撃した者が証ししており，その証しは真実である」（ヨハ 19:35）と，続く 37 節「また，聖書の別の所に，『彼らは，自分たちの突き刺した者を見る』とも書いてある」に対応していると考えるのが自然であろう。37 節はゼカリア書のエルサレムの浄化に関する記述からの引用である[14]。彼らは磔刑の目撃者としてキリストを指し示していると同時に，やがて来る審判の時にもそれを目撃する者として，複数の時空を跨いでここに描かれている。

2　『テオドロス詩篇』に描かれた時間

　『パリ福音書』f.207v の「真の十字架」を拝む巡礼者に由来する図像が，キリストの足と犠牲の仔羊にまつわる予型を強調する礼拝者であるとする根拠として，『パリ福音書』と同じ時期に，同じ写本工房で制作された写本を確認する。奥付に，1066 年にストゥディオス修道院で，時の修道院長のために作られたことが記されている余白詩篇写本，『テオドロス詩篇』である。本文はそれぞれ四福音書と詩篇であり，挿絵の画家も異なるものの，2 写本の本文は同じ写字生が筆写したとされる[15]。余白詩篇とは，名前の通り頁の余白に挿絵を施す形式のことで，

---

14)　「わたしはダビデの家とエルサレムの住民に，憐れみと祈りの霊を注ぐ。彼らは，彼ら自らが刺し貫いた者であるわたしを見つめ，独り子を失ったように嘆き，初子の死を悲しむように悲しむ」（ゼカ 12：10）

15)　I. Hutter, "Theodoros βιβλιογράφος und die Buchmalerei in Studiu," Οπώρα. Studi in onore di Mgr. Paul Canart per il LXX compleanno, S. Lucà and L. Perria (eds.), Bolletino badia Greca di Grottaferrata, n.s. 51 (1997), pp.179-188. フッターはパレオグラフィの観点から写字生が同一であると指摘する。また，同じ写字生の手になる写本を論じて同工房の特徴を明らかにした論考は以下を参照されたい。K. Corrigan, "The Smyrna Physiologos and Eleventh-Century Monasticism," Work and Worship at the Theotokos Evergetis 1050-1200 (Belfast Byzantine Texts and Translations 6.2), Belfast, 1997, pp.201-212; 拙稿「ストゥディオス修道院写本工房のペリカン図像」『美術史』第 171 冊，2011 年，1-15 頁。

4 神の足が立つところ　　295

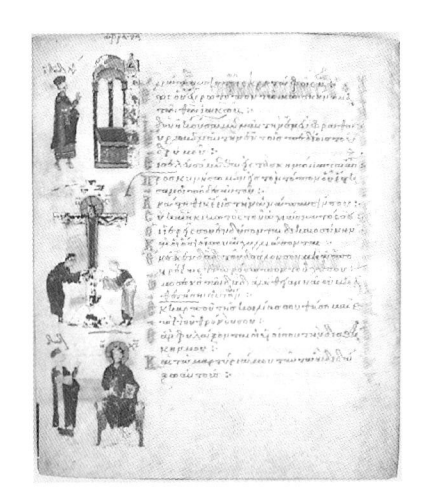

本文を綴じ側上方に寄せることでL字乃至逆L字型に余白を設け，そこに様々な典拠に基づく挿絵を描く。本文は旧約の詩篇[16]であるが，余白には新旧約の物語や聖人像，外典に由来する挿絵などが描かれ，各挿絵の詩篇本文との結びつきは赤や青などの記号で示されることがある。挿絵のために本文の枠の中に空白を用意する必要が無く，ひとつひとつの章句を指定して挿絵を施すことができるため，本文と挿絵の結びつ

図7　『テオドロス詩篇』f.172v

きが強く，レイアウトにも自由が利く形式である。そのため「注解挿絵 commentary illustrations」などとも呼ばれる[17]。なぜ，ある章句に特定の挿絵が描かれるのかは，新旧約の予型論，典礼や歴史的な事件など，様々な理由に基づいており，未だ明らかでない箇所も多い。また，本文と挿絵の結びつきだけでなく，挿絵同士が結びつき本文と並行して意味を為す頁もあるため，非常に複雑で重層的な構造を持つ形式であると言えよう[18]。

---

16)　本稿で扱う詩篇本文は七十人訳(セプトゥアギンタ)であるため，邦訳聖書が依拠するヘブライ語版とは詩篇番号と細部に異同がある。引用する詩篇番号は七十人訳に準ずる。また，以降引用する詩篇本文は，旧約聖書翻訳委員会編『旧約聖書IV』，岩波書店，2005年の註を参考にした，七十人訳に基づく試訳である。L. Brenton, *The Septuagint with Apocrypha: Greek and English*, London, 1851 (rep.); A. Rahlfs, *Septuaginta: Id est, Vetus Testamentum Graece iuxta LXX interpretes*, vol.1, Stuttgart, 1979.

17)　K. Weitzmann, *Illustrations in Roll and Codex; a Study of the Origin and Method of Text Illustration*, Princeton, 1970, p.122（クルト・ワイッツマン著，辻成史訳『古代・中世の挿絵芸術――その起源と展開』中央公論美術出版，2007年，82頁）．

18)　余白詩篇の特性を活かした挿絵群の指摘と分析は，以下を参照されたい。拙稿「『ブリストル詩篇』の《苦難の穴》――「逐語的」挿絵の有する機能」『比較文学年誌』第64号，2010年，136-150頁，同「11世紀ストゥディオス修道院工房における余白詩篇写本――詩篇第107，108篇の『ゲッセマネの祈り』と『使徒の交代』を中心に」『鹿島美術研究』（年報第28号別冊），2011年，87-96頁。

その『テオドロス詩篇』f.172v（図7）に，両手を覆い隠す礼拝者たちを両脇に伴った磔刑が描かれている。余白を縦に使って三つのモティーフが描かれているので，対応章句と共に，上から順に見ていく。余白詩篇の古い作例と比較しながら各モティーフを確認した後に，改めて全体を通して見ることで，『テオドロス詩篇』がこのフォリオで行ったことが明らかになるであろう。

2-1 「エフラタ」とダヴィデの預言

一番上の挿絵では，天蓋のついた祭壇の前にダヴィデが立ち，右手を挙げて発話の身ぶりをしている（図8）。キボリウムに「エウフラタ εὐφραθα」，ダヴィデに「ダヴィデは語る」[19]と銘文がある。エウフラタ／エフラタは，ベツレヘムと同定されている[20]。赤い記号で示された対応章句は，詩篇131(132):6「見よ，それはエフラタにあると私たちは聞いた。それは森の野にあることを見出した」である。エフラタにあるという「それ」とは，詩篇本文では聖櫃(アーク)を指す[21]。ダヴィデの語る内容について，銘文と挿絵は説明を与えない。対応する本文を語っていると考えるのが妥当だが，その前に同じ章句に挿絵を有する，他の余白詩篇を確認しておく。

9世紀の『クルドフ詩篇』（モスクワ，国立歴史博物館 Cod. gr. 129d）[22]

---

19) ὁ Δα(υι)δ λέ(γει).

20) 「ラケルは死んだ。彼女はエフラタ―これはベツレヘムのことである―へ向かう街道（の傍ら）に葬られた」（創 35:19），『七十人訳ギリシア語聖書Ⅰ 創世記』秦剛平訳，河出書房新社，2002年，188頁，「また，あなたがエフラタで富を増し，ベツレヘムで名をあげられるように」（ルツ 4:11）など。『旧約新約聖書大事典』教文館，1989年，205頁参照。

21) St. John Chrysostom, *Commentary on the Psalms*, R. C. Hill (trans.), Brookline, 1998, vol.2, p.205. ヨアンニス・クリソストモスは「それ」が聖櫃であることに疑いを示さない。*Idem*, p.209, n.11.

22) M．V. Ščepkina, *Miniatiury Khludovskoi Psaltiri. Grečeskij illjustrirovannyj kodeks IX veka*, Moscow, 1977; K. Corrigan, *Visual Polemics in the Ninth-Century Byzantine Psalters*, Cambridge, 1992; E. Fanar, "Visiting Hades: A Transformation of the Ninth-Century Byzantine Psalters," *BZ* 99 (2006), pp.93-108; 高晟埈「《フルドフ詩篇》（モスクワ国立歴史博物館所蔵 Cod. gr. 129d）に関する諸問題」『新潟県立万代島美術館研究紀要』第2号，2007年，9-31頁。なお，所蔵者に由来する通称を持つ同写本は，正確には『フルドフ詩篇』と表記されるべきであるが，タイトルに写本番号を併記した高氏の前掲論文を除く国内の既存研究はなべて『クルドフ詩篇』の通称を採用してきたため，用語の確定という観点から，本稿においても慣例に従うものとする。

4　神の足が立つところ

図8　『テオドロス詩篇』f.172v細部　　図9　『クルドフ詩篇』f.131v

は現存最古の余白詩篇で，極めて近いプログラムを有する『テオドロス詩篇』はこの写本の流れを汲むとされる。この形式の揺籃期，及び間に挟まる時期の作例が現存しないため，9世紀の時点で唐突に完成した形で現れた余白詩篇形式が，200年の時を経て11世紀に再び現れたようにも見えるが，この形式の写本がどこで生まれ，どのように発展し，どの程度広まっていたのかは今のところ憶測の域を出ない[23]。その『クルドフ詩篇』f.131v に，131:6 に施された挿絵がある（図9）。『テオドロス詩篇』には祭壇のみが強調されて描かれていたが，こちらは塔と十字架を持つ建築モティーフも描かれ，祭壇には「エフラタ EΦPAΘA」，

---

23)　現存作例は9冊である。H. Kessler, "The Psalter," G. Vikan (ed.), *Illuminated Greek Manuscripts from American Collections. An Exhibition in Honor of Kurt Weitzmann*, Princton, 1973, pp.31-33. 現在は挿絵形式に基づいて余白詩篇 Marginal Psalter と呼ばれることが多いが，全頁大の豪華な挿絵を有する「貴族詩篇」と対比して「修道院詩篇」と呼称されることもあった。しかし，修道院長のために制作されていたことが記されている『テオドロス詩篇』と非常に近いプログラムを持ちながらも，皇帝肖像を巻頭挿絵として有する『バルベリーニ詩篇』（Cod. Vat. Barb. gr. 372），いわゆる「貴族詩篇」の図像と近しい挿絵を含む『ブリストル詩篇』（British Library, Add.40731）など，乏しい作例ながらも多様な要素を持ち合わせており，高い神学的知識を持つ鑑賞者を想定していたことは窺えるが，その制作の実態や用途は未だ明らかでない部分が多い。さらに時代が下ると1397年の『キエフ詩篇』（St. Petersburg, Public Library, 1252 F6）のように，教会スラヴ語本文の作例も確認される。

ダヴィデには「ダヴィデは聖なるベツレヘムで預言をする[24]」という銘文が書かれる。エフラタがベツレヘム、すなわちキリストの生誕の地であると銘文において説明されることで、ダヴィデの預言の内容、つまり神の子キリストの降誕が示唆されていると解る仕掛けである。挿絵と銘文によって、本文において見出された「それ」が、神の子の誕生であったことが示されている。

11世紀の『テオドロス詩篇』は、ダヴィデがベツレヘムにおいて預言をしているという説明を省いても、内容理解に差し支えのない鑑賞者を想定していたのであろう。他の箇所でも、『クルドフ詩篇』と比べて銘文の省略が目立つ写本である[25]。『テオドロス詩篇』f.172vの一番上の挿絵（図8）では、まず「エフラタ」という単語でベツレヘム、すなわちキリストが誕生した聖地を連想させ、ダヴィデが語るのはキリストの受肉であることが示唆される。詩篇本文においてエフラタで見出されたとされる聖櫃は、聖母の予型でもある。また、エフラタ／ベツレヘムはダヴィデにとっても故郷であり、ミカ書でも触れられているが[26]、これについては続く挿絵を見た後に改めて論じたい。

2-2 ストゥディオス修道院工房における磔刑の礼拝者たち

問題の磔刑図に移ろう（図10）。キリスト単独の磔刑像に、両脇から礼拝する人物が描かれる。2人は深く腰を折り、衣で覆い隠した両手を差し出している。『テオドロス詩篇』の中には磔刑図が幾つか描かれるが、このような礼拝者を伴った図像は他にない。剝落がひどいものの、磔刑図はコロビウムをまとった勝利のキリスト型[27]と判る。9世紀の余白詩篇には、この章句に挿絵が描かれないことも注目に値する[28]。現存

---

[24] ΔΑΔ ΠΡΟΦΗΤΕΥΕΙ ΕΙC ΤΗΝ ΑΓΙΑΝ ΒΙΘΛΕΕΜ.

[25] 拙稿「中期ビザンティン詩篇写本における『悔悛のペテロ』」『美術史研究』第45冊、2007年、21-40頁参照。

[26] 「ダビデは、ユダのベツレヘム出身のエフラタ人で、名をエッサイという人の息子であった」（I サム 17:12）、「エフラタのベツレヘムよ／お前はユダの氏族の中でいと小さき者。お前の中から、わたしのために／イスラエルを治める者が出る」（ミカ 5:1）。ミカ書が語るのはダヴィデの故郷である。S. Cohen, "EPHRATHAH," G. A. Buttrick et al. (eds.), *The Interpreter's Dictionary of the Bible*, New York, 1962, p.122.

[27] G. Podskalsky, A. W. Carr, "Crucifixion," *ODB*, vol.1, p.555.

[28] S. Dufrenne, *Tableaux synoptiques de 15 Psautiers medievaux à illustrations integrales*

する作例で判断する限りは，11世紀に新しく採用された図像だが[29]，あえて勝利のキリストという古いタイプの磔刑像を選んだことになる。赤い線で対応関係を示された本文テキストは，詩篇131(132):7「神の聖所に入ろう。神の足が立つ場所で伏し拝もう」[30]である。2人の人物は本文に即して，キリストの足に向かって拝んでいる。『テオドロス詩篇』においても，両手を覆い隠した礼拝者を両脇に伴う磔刑が，「足」に言及する本文に対応して描かれていることになる。この章句が9月14日と四旬節第4

図10　『テオドロス詩篇』f.172v細部

火曜日のトロパリオン，「聖十字架の賞揚」において朗読されることから[31]，キリストとその足を礼拝する者たちは同時に十字架をも拝しており，巡礼者に遡る図像学的伝統は忘れ去られたわけではないことが窺える。

『パリ福音書』f.207vの磔刑では，キリストは腰布を巻いただけの姿であり，副次的人物も描かれ，左右の礼拝する人物は跪いていた（図5）。先に触れたように，『テオドロス詩篇』と『パリ福音書』は同じ写

---

issues du texte, Paris, 1978, Psaume 131. 同章句に挿絵を施す西欧の作例を見ると，『ユトレヒト詩篇』では詩篇作者がキリストの足を礼拝しており，『シュトゥットガルト詩篇』では跪く者を祝福する神の手と，神殿に入る者が描かれている。

29) 9世紀余白詩篇を中心に，教父註解や典礼に照らしてキリスト伝挿絵を分析したエヴァンゲラトゥは，この挿絵については11世紀の追加であると指摘するに留まっている。M. Evangelatou, "Liturgy and the Illustration of the Ninth-Century Marginal Psalters," *DOP* 63 (2009), pp.86-92. なお，『バルベリーニ詩篇』f.223rにも同様の挿絵が描かれるが，『テオドロス詩篇』のように3つのモティーフを同じフォリオに描くのではなく，後述する坐像のキリストとダヴィデのみはf.223vに描かれる。恐らくはこれらのモティーフを連続させて意味を持たせようとはしていなかったと思われること，及び紙幅の都合から，本稿では細部を検討しない。

30) Ch. Walter, "Christological Themes in the Byzantine Marginal Psalters from the Ninth to the Eleventh Century," *REB* 44 (1986), pp.284-286.

31) J. Mateos, *Le typicon de la Grande Église*, Roma, 1962-3, I:28; II:40.

本工房で，ほぼ同じ時期に，同じ写字生の手で書かれた写本である。画家は異なるが，恐らくは互いの制作状況を目の当たりにできた2写本において，共に「足」に関係する本文に対し，磔刑の足元で左右から両手を覆い隠して礼拝する2人の人物という，中期ビザンティンには見られない図像が描かれていることは偶然ではない。2人の人物はキリストの足を強調するため，ひいては予型として本文（ヨハ 19:35-36）に記された，犠牲の仔羊としてのキリストを強調するために，ここに描かれたと考えるべきである。『パリ福音書』において磔刑のキリストが腰布のみの姿で表されるのは，福音書本文の物語を描くことを重視するためであろう。体を弓なりにして目を閉じた，いわゆる「死せるキリスト」は，まさにこの写本が制作された11世紀に広く受け入れられ始めた表現でもある[32]。対して『テオドロス詩篇』f.172vのキリストの着衣にコロビウムが採用されたのは，本文が旧約の詩篇であるがゆえに忠実に物語る必要がなく，「足」を強調するために描かれる礼拝者らの起源となったアンプラの図像と組み合わせるキリストの表現に，古い型を選ぶことが出来たためと考えられよう。

　また，『パリ福音書』のキリストの左側に立つ2人の人物は，磔刑を目撃して証しすると同時に，本文の記す通り旧約と結びついてこれも予型論的な連関を示す。キリストの右に立って指差す人々と，足元に跪く礼拝者らは，福音書の予型論的な部分を絵画化した挿絵である。そして左から海綿を差し出す者たちは，物語の時間軸に沿って施された挿絵ということになる。キリスト教美術の主たる典拠となる福音書は複雑な構造をもったテキストで，キリストの生涯という物語を時間軸に沿って語る部分の他に，キリストの説教や譬え話，旧約の引用，神学的な説明など，様々なレベルの内容が混在している。写本挿絵は通常，物語の部分のみ，あるいは譬え話の内容のみを抜き出して絵画化するが，『パリ福音書』は神学的解釈の部分までも絵画化している。絵画においては，語りのレベルの差が判りにくく，物語のひとつの場面を描いたかのように見えるが，物語内容を担当するモティーフと，神学的解釈を担当するモ

---

32) J. R. Martin, "The Dead Christ on the Cross in Byzantine Art," K. Weitzmann (ed.), *Late Classical and Medieval Studies in Honor of Albert Mathias Friend, Jr.*, Princeton 1955, pp.189-196; M. Mrass, "Kreuzigung Christi," *RBK*, V, cols. 284-356.

4 神の足が立つところ 301

ティーフは区別されるべきであろう。
　磔刑両脇の礼拝者らが両手を衣で覆い隠す身振りについては，神殿奉献において幼いキリストを抱きとるシメオンを連想させる。『パリ福音書』のルカ福音書に，神殿奉献の場面が描かれている（f.109v, 図11）。シメオンが布で覆った両手を差し伸べて，幼いキリストを抱き取ろうとしている。今はまだマリアの腕の中にいるキリストは，手を挙げて祝福の身ぶりをする。この主題は十二大祭のひとつであり，写本のみならず聖堂装飾にも頻繁に描かれる。この時シメオンがマリアに向かってキリストの受難を予告するため，壁画では幼いキリストがシメオンに抱かれるのを拒む仕草を見せたり，顔を背けたりする姿で表されることがある。マリアからシメオンに渡される前に，キボリウムで表された祭壇の前を通過するというモティーフも，神への犠牲となることを暗示する。聖なるものに触れる者，犠牲を受け取る者の身ぶりとして，両手を衣で覆い隠すというイコノグラフィの存在も，磔刑両脇の人物が犠牲の仔羊たるキリストを示している傍証となるであろう[33]。

図11　『パリ福音書』f.109v

　磔刑における礼拝者図像の派生例として，これも11世紀のストゥ

---

33) H. Maguire, "The Iconography of Symeon with the Christ Child in Byzantine Art," *DOP* 34/35 (1980/1981), pp.261-269. 手を覆う身ぶりとキリスト受難の含意については，次の論考も参照されたい。菅原裕文「聖母子像にともなう天使の役割」『エクフラシス―ヨーロッパ文化研究』第1号，2011年，56-69頁。

ディオス修道院工房作とされる[34]スミルナ（現イズミール）の『フィシオロゴス』(Smyrna, Evangelical School B.8, 以下「スミルナ本」)[35]も挙げておく。1922年に焼失し，現在はストルツィゴウスキの撮影したモノクロームの写真のみが残るこの動物寓意譚には，一風変わった図像がある（p.96, 図12）。銘文に「嘲弄[36]」とあるにも拘わらず，絵の中のキリストはすでに十字架にかけられて右の脇腹を刺されており，一見すると磔刑図のようだが，キリストの背後に立つ人物が棍棒を振り上げ，キリストの左腕を引く人物

図12 『スミルナのフィシオロゴス』p.96

が顔だけを振り向かせるという，奇妙な描写が見受けられる。加えて手前では，2人の人物が磔となったキリストに跪拝している。コリガンはこの挿絵を取り上げて，スミルナ本の制作にあたって『テオドロス詩篇』と『パリ福音書』が参照された可能性を指摘する[37]。彼女はこの挿絵の奇妙なモティーフはそれぞれ，『テオドロス詩篇』において十字架につけられるキリスト（f.23r）と『パリ福音書』の笞打ち（f.205r），そして我々が先に確認した磔刑（f.207v）から取られたとして，ストゥ

---

34) Hutter, "Theodoros βιβλιογράφος," pp.179-188.

35) J. Strzygowski, *Der Bilderkreis des griechischen Physiologus, des Kosmas Indikopleustes und Oktateuch nach Handschriften der Bibliothek zu Smyrna*, Leipzig, 1899; idem, "Der illustrierte Physiologus in Smyrna," *BZ* 10 (1901), pp.218-222; O. Demus, "Bermerkungen zum Physiologus von Smyrna," *JÖB* 25 (1976), pp.235-257; M. Bernabò, *Il fisiologo di Smirne: Le miniature del perduto codice B.8 della Biblioteca della Scuola Evangelica di Smirne*, Firenze, 1998; G. Peers, "Peter, Iconoclasm and the Use of Nature in the Smyrna Physiologus (Evangelical School, B.8)," *JÖB* 50 (2000), pp.267-292.

36) ὁ ἐμπαιγμός.

37) Corrigan, "Smyrna Physiologos," pp.207-209.

4　神の足が立つところ

ディオス修道院工房で制作された写本群のスミルナ本に対する影響を論じたが，磔刑を礼拝する者たちの図像の源泉や，同修道院工房におけるその意味については触れていない。スミルナ本の「嘲弄」は，フィシオロゴスのイクネウモンの章[38]のキリスト教解釈挿絵として描かれており，敵であるドラゴンを殺すために体に泥を塗り尻尾で鼻を隠すイクネウモンのように，キ

図13　『テオドロス詩篇』f.172v細部

リストが自らを低くし，それによってすべてを救ったとする文脈に置かれている[39]。コリガンの指摘するように2写本からモティーフを寄せ集めたような挿絵だが，跪く者たちの，犠牲となるキリストの足元を礼拝するという役割は変わっていない。

2-3　坐像のキリストとダヴィデ

『テオドロス詩篇』に戻ろう。f.172vの最後の挿絵は，坐像のキリストとダヴィデである（図13）。剝落がひどいものの，壮年の，いわゆるパントクラトール型のキリストに対し，ダヴィデが右手を挙げて発話の身ぶりをしている。銘文にはそれぞれの名前が示されるだけで，エフラタの横に立つダヴィデのように「語る」とは記されない。この挿絵に対応する本文は，詩篇131(132):11「主はダビデに真実を誓われました。主がそれを取り消すことはありません。『あなたの腹の果実から／王座

---

[38]　「イクネウモンという動物がいて，（中略）ドラゴンの敵である。（中略）からだに泥を塗りこみ，尻尾で鼻を隠し，ドラゴンを殺すまでそうしている。（中略）私たちの救世主も，（中略）ドラゴン，すなわち悪魔―を殺すまで，神なるものを隠された。もしキリストが，肉の存在でなかったら，いったいかれは，どうしてドラゴンを退治できただろうか。（中略）万物より大きいかれは，みずからを低くし，それによってすべてを救ったのだ」O. Seel, *Der Physiologus: Tiere und ihre Symbolik*, Zürich, 1967 (rep. 2005), pp.39, 112（邦訳『フィシオログス』梶田昭訳，博品社，1994年，26-27頁）。

[39]　Bernabò, *op. cit.*, pp.44-45.

を継ぐ者を定める』」である。本文の「主」を画家がどのように解釈して描いたかで意味は変わるが、「主」を素直に神と捉え、ダヴィデがその言葉を語っていると理解すれば、この挿絵においては、後に玉座を継ぐことになるキリストとダヴィデの血縁関係が強調されていると受け取れる。

この章句には9世紀の『クルドフ詩篇』も挿絵を描いている(f.132r，図14)。残念ながら小口側が欠損しているため、右手を挙げ、斜め上に向かって語りかけるダヴィデしか残っていない。銘文も途中で切れており、「ダヴィデは預言する[40]」と読めるが、何を預言したかまで銘文が触れていたのか、それとも「預言する」で終わって後は暗示されたのかは不明である。11世紀

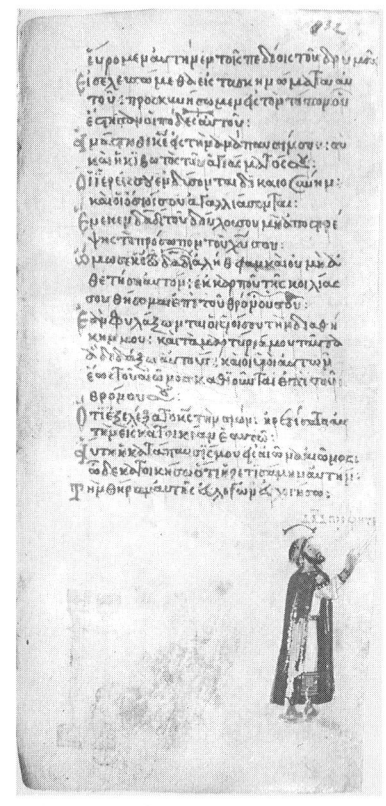

図14 『クルドフ詩篇』f.132r

の挿絵と比較する限り、ダヴィデの右上にはパントクラトール型のキリストがいたと考えられる。この挿絵は、先ほどのエフラタの挿絵(f.131v、図9)と向かい合う位置にある。恐らく『クルドフ詩篇』ff.131v-132rのこの見開きでは、キリストが受肉した土地と、受肉したキリストとが向かい合っていた。肉の体を持つ人としてのキリストの暗示と天にある神としてのキリストが向かい合って、両性論を強調していたと考えることができる。正面観でパントクラトール型のキリスト坐像は、キリストの誕生から死、そして復活に至る物語の時間軸の中の一場面というより

---

40) ΔΑΔ ΠΡΟΦΗΤΕΥΕΙ

2-4 並べられたモティーフによって描かれる時間

　f.172v（図7）の全体を改めて見てみよう。この頁と向かい合う f.173r は挿絵を持たない。『テオドロス詩篇』のファクシミリを編纂したバーバーは，エフラタを「ダヴィデによる受肉の預言」，磔刑を「磔にされたキリストを礼拝する人々」，坐像のキリストを「ダヴィデによる受肉の預言」としており，すべての挿絵の簡単な記述に留まって，頁全体を通した分析は行っていない[41]。しかし『テオドロス詩篇』は写字生と画家が同一であるため，レイアウトを調整して挿絵をひとつの頁にまとめ，挿絵のみでも意味の連関を為す工夫が見られる[42]。磔刑と2人の人物を追加したこの頁も，恐らくそのように調整されたと思われる。この本の鑑賞者は本文を読みながら対応する挿絵を見，本文との関わりからその挿絵が何故そこに描かれたかを理解し，そして頁全体の示している内容を思いながら，頁をめくったのであろう。

　エフラタ／ベツレヘムでキリストの受肉を預言するダヴィデ，足を強調する礼拝者を伴う磔刑，ダヴィデと玉座に坐るキリスト。これらの挿絵が縦に並べられることで生じる意味は何であろうか。まず，上からキリストの誕生，死，そして天に帰って神の世界にいるキリストと読むことが可能である。新約で物語られたキリストの生涯の時間が，それぞれは本文である旧約詩篇と結びつきながら，本文と関わりなく縦の軸に並べて表されている。あるいは，磔刑の両脇に居る礼拝者らが聖地の巡礼者であったことを知る者の目には，ベツレヘムとエルサレムが暗示されていることが解るであろう。上下に描かれたダヴィデによる受肉の預言を意識するならば，キボリウムと磔刑のキリストの足の強調が共にその肉体による犠牲を暗示し，やがて玉座に就くキリストの表現によって，彼が死に勝利したことを示しているとも読み取れる。町を描いた『クルドフ詩篇』と異なって祭壇を強調して描かれた『テオドロス詩篇』のエフラタは，明らかにキリスト誕生の預言と共に，犠牲となるべきことを意識している。また，先に触れたようにエフラタ／ベツレヘムについて

---

41) *Theodore Psalter*, f.172v.
42) 前出註18，25参照。

はミカ書でも触れられている。

　「汝，ベツレヘム，エフラタの家よ（中略）お前から，私のために／イスラエルを治める者が出る」（ミカ 5:1（2））

　ミカ書が語っているのはダヴィデの故郷のことであり，キリストとの共通性が連想される。ここではすでに統治の預言が語られている。ダヴィデとその出身地に対して語られた言葉が，土地によってキリストと結びつけられ，ふたりの血縁関係とその統治がより強調される。

　f.172v の詩篇本文からは，とてもキリストの生涯の物語など読み取れないように見えるが[43]，画家はキリストの生涯を要約すべくこのような解釈を行ったと考えられる。11 節の内容と挿絵によるダヴィデとキリストの血縁関係と統治の座の明示は，すでに 6 節のエフラタ／ベツレヘムが想起させた両者の関係と結びついて，余白の縦軸に意味の連関を生じさせる。

結びにかえて

　『パリ福音書』と『テオドロス詩篇』から，礼拝者を伴った磔刑図を取り上げて，各々の挿絵の中でそれがどのような意味と機能を持っているかを確認した。初期キリスト教時代の作例に遡る彼らは真の十字架に与る巡礼者ではなく，犠牲の仔羊たるキリストを強調し，それを拝して受け取る人々であった。作例が乏しいため断言することは叶わないが，こうした巡礼者図像を予型論的な「足」の礼拝に読み変えたのは，11 世紀のストゥディオス修道院工房ではないだろうか。同工房制作とされる 3 冊の写本にこの図像は見られ，そのうち少なくとも 2 写本においては，どちらもキリストの足を強調する本文に対応している。ヨハネ福音書本文で語られたキリストの足のエピソードは，出エジプト記と結び

---

[43] テオドレトスは 6 節を，ヨハ 2:19 の神殿から商人を追うキリストのエピソードと結び付けて語っている。Theodoret of Cyrus, *Commentary on the Psalms, 73-150*, (the Fathers of the Church vol. 102), R. C. Hill (trans.), Washington, D. C., 2001, pp.306-309.

ついてキリストが犠牲の仔羊であることを強調していたが，挿絵ではそれが礼拝者によるキリストの足の強調と，尊いもの／犠牲を受け取る身ぶりとで表された。詩篇においては「神の足が立つ場所で伏し拝もう」という本文に対し，磔のキリストの足を両脇から拝する2人が描かれた。同写本工房において，初期キリスト教時代の巡礼者図像が，異なる文脈で用いられていたことが窺える。

『テオドロス詩篇』f.172vの本文は詩篇131篇だが，そこからキリスト伝の物語を読み取ることは不可能に思える。しかしそれぞれの章句を解釈した挿絵を施し，三つを並べることで，一貫した意味が与えられた。神はベツレヘムに受肉し，エルサレムで受難し，今は天にある。この頁の挿絵は，キリストの物語，生涯の時間を語りつつ，同時にキリスト論的な救済の理念をも示した。余白詩篇は，適当な詩篇の章句を選んで挿絵を施すだけでなく，ある意図をもって複数の挿絵を並べ，その連続性によってキリスト教的な新たな意味を生成させる。ここでは，頁をめくり文字を辿る時間と，本文で物語られる時間，挿絵で物語られる時間，さらに挿絵によって示唆されている異なる時間とが交錯している。本文と挿絵との関係のうちには，時間と空間を越えた結びつきが張り巡らされている。千年の時空と，言葉や距離を超えて今，その結び目を紐解く私たちの足元にまで，その時の流れは繋がっているのである。

[図版出典]

図 1, 2, 3, 4, 5, 11　H. Omont, *Évangiles avec peintures byzantines du XIe siècle*, Paris, n.d..

図 6　G. Vikan, *Early Byzantine Pilgrimage Art*, (Dumbarton Oaks Byzantine Collection Publications 5), Washington D. C., 2010².

図 7，Ch. Barber (ed.), *Theodore Psalter: Electronic facsimile*, British Library, 2000.

図 8, 10, 13，S. Der Nersessian, *L'illustration des psautiers grecs du moyen âge II: Londres, add. 19. 352*, Paris, 1970.

図 9, 14　M . V. Ščepkina, *Miniatiury Khludovskoi Psaltiri. Grečeskij illjustrirovannyj kodeks IX veka*, Moscow, 1977.

図 12　M. Bernabò, *Il fisiologo di Smirne: Le miniature del perduto codice B.8 della Biblioteca della Scuola Evangelica di Smirne*, Firenze, 1998.

【後書】本稿は，早稲田大学中世ルネサンス研究所第六回研究会（2011年4月9日）における口頭発表を基に，加筆修正したものである。発表の折りには，辻佐保子先生，根占献一先生，海老原梨江さん，そして甚野尚志先生から貴重なご指摘，ご質問を頂いた。同会では専門を異にする方々からも興味深いご感想を頂けた。末筆ながら皆様に御礼申し上げます。

本稿を，辻佐保子先生に捧げます。

5
ビザンティン聖堂装飾のイコンとナラティヴ

益田　朋幸

　ビザンティン帝国とその美術は，4世紀から15世紀という長期に亙って展開した。1453年をもってビザンティン美術が消滅したわけではなく，ポスト・ビザンティン美術（ビザンティン帝国以後の美術）と呼ばれるギリシア圏の聖堂装飾，あるいはロシアや東欧諸国に拡大して新たな様相を見せることになる。ビザンティン時代につくられた聖堂の装飾体系において，どのような時間的構造が見られるのかを検討するのが本稿の目的である。絵画に描かれた「物語」における時間表現と，それを眺める信徒が生きる現実の時間の両者が，聖堂という空間で出会うときに起こる諸現象を考えることになる。

1　聖堂装飾における「イコンとナラティヴ」

　千年以上の歴史を有するビザンティン美術が正教の典礼と結びついて，中核となる本質を形成したのは，おおよそ11世紀のことだと言える[1]。11世紀はまた，典礼との密接な関連の下，聖堂装飾のシステムが

　1）　K. Weitzmann, "Byzantine Miniature and Icon Painting in the Eleventh Century," in: *Studies in Classical and Byzantine Manuscript Illustration*, ed. by H.L. Kessler, Chicago 1971, pp.271-313（初出1967）; Ch. Walter, *Art and Ritual of the Byzantine Church*, London 1982. 等が11世紀のビザンティン美術における典礼化の問題を広範に扱っている。

定まった時期でもあった[2]。基本的には三段階の位階構造をもつそのシステムは，最上位のドームとアプシスにそれぞれ「パントクラトール（万物の統治者）のキリスト」と「聖母子」を配し，堂内の比較的高い壁面にはキリスト伝などの説話的な場面を描く。そして最下段，私たちの目の高さと等しい壁面には，イコン的な聖人の立像を並べるのである。

　ドームの「パントクラトール」は天上に在る神を表象し，アプシスの「聖母子」によって，不可視の神が受肉したことを示す。両図像は「神としてのキリスト」，「人としてのキリスト」，すなわち両性論を語ることになる。第二の位階のキリスト伝図像は，聖書を読むことのできない信徒に対して，キリストの生涯をヴィジュアルに説くとともに，そこに表されたキリスト教の教義をわかりやすく示す機能をもつ。「受胎告知」は不可視の神が受肉したことを表し，「磔刑」はキリストの死による贖罪を表象する，というように。第三の聖者図像は，信徒の祈りを直接に受けとめ，神に伝達する，神と一般信徒をつなぐ存在である。

　リングボムの研究[3]以来，中世美術の分析に使われるようになった「イコンとナラティヴ」という対概念によって，聖堂装飾のシステムを記述してみよう。ドームの「パントクラトール」と，アプシスの「聖母子」はともに，非説話的な礼拝図像である。聖堂の高い壁面に描かれたキリスト伝図像はもちろん説話的な性格を有する。壁面下部の聖者像はイコンとしての機能をもつ。つまりビザンティン聖堂装飾の大枠は，「イコン－ナラティヴ－イコン」の三層構造からなる。ナラティヴがイコンによってサンドウィッチされている形である。しかしこれはごく単純な骨格に過ぎず，以下に様々な細部を見てゆくことにする。これらの細部こそが，ビザンティン聖堂装飾の性格を決定しているのである。

　当初ビザンティン聖堂のドームには説話的な「キリスト昇天」が描

---

　2) O. Demus, *Byzantine Mosaic Decoration*, London 1948.

　3) S. Ringbom, *Icon to Narrative: the rise of the dramatic close-up in fifteenth-century devotional painting*, Åbo 1965 (Davaco 1984). これ以降「イコンとナラティヴ」という対概念はキリスト教美術の分析にしばしば用いられた。とくに重要なのはベルティンクの研究で，ビザンティンの特異な受難図像を採りあげ，そこにはイコンからナラティヴへ（あるいはその逆）という単線的な発展では把握できない典礼的な要素があると論じた。H. Belting, *Das Bild und sein Publikum im Mittelalter. Form und Funktion früher Bildtafeln der Passion*, Berlin 1981.

かれていたが，9世紀以降「昇天」に代わって，天に在る神を表象する「パントクラトール」がドーム図像として定着した[4]。これはナラティヴな図像をイコン的な図像に置き換えることによって，より普遍的な神のイメージで聖堂ドームを装飾したということであるが，この変化には別の，より積極的な意味もある。「昇天」はドームから下って聖域のヴォールト天井を占めることになったが，これはアプシスの「聖母子」とドームの「パントクラトール」をつなぐ位置である。「聖母子」，「昇天」，「パントクラトール」の三図像が連続して描かれることによって，受肉した神が昇天し，今は天に在る，という教義を語ることになる。あるコンテクストに置かれたときに，イコン的な図像が時間軸の中で物語的に機能する例である。

　さらに「パントクラトール」の東側には，メダイヨン形式の「空の御座(エティマシア)」が描かれる場合が少なくない[5]。これは玉座の上に受難具や聖霊の鳩を描いたモティーフで，「最後の審判」に際してキリストが坐す裁きの座である。終末論的な図像が加えられることによって，「昇天」は異なる相貌を露わにする。「イエスは彼らが見ているうちに天に上げられたが，雲に覆われて彼らの目から見えなくなった。……白い服を着た二人の人がそばに立って，言った。『ガリラヤの人たち，なぜ天を見上げて立っているのか。あなたがたから離れて天に上げられたイエスは，天に行かれるのをあなたがたが見たのと同じ有様で，またおいでになる。』」(使徒言行録1：9-11)とあるように，キリストは天に昇ったと同じ姿で再臨する。「空の御座」の追加によって，「昇天」が「再臨」でもあることが強調される。イコンとナラティヴは相容れない図像ではなく，相互に結びついて様々な教義を表象する。

　アプシスの「聖母子」は，その周辺に描かれる「受胎告知」ととも

　4）　N. Gkioles, *Ο βυζαντινός τρούλλος και το εικονογραφικό του πρόγραμμα*, Athens 1990：拙稿「キリスト・パントクラトールのコンテクスト」『早稲田大学大学院文学研究科紀要』48-3，2003年3月，39-54頁。
　5）　キプロス島ラグデラのパナギア・トゥ・アラコス聖堂(拙著『ビザンティンの聖堂美術』中央公論新社，2011年，133頁以下)，イェラーキのエヴァンゲリストリア聖堂(拙稿「イェラーキ(ペロポネソス半島)，エヴァンゲリストリア聖堂の装飾プログラム」『エクフラシス──ヨーロッパ文化研究』(早稲田大学ヨーロッパ中世・ルネサンス研究所紀要)1号，2011年3月，70-81頁)等。

に，不可視の神の受肉を表す。「聖母子」というイコン的図像と，「受胎告知」というナラティヴな図像はともに，同一の教義を担う。現代の写真に喩えるなら，スタジオ写真とスナップ写真の時間の切りとり方に似ているかも知れない。アプシス周辺で「受肉」の教義を強調するのは，イコノクラスム（聖像破壊運動／聖像論争，726-843年）を経たビザンティン美術にとって，キリスト＝神の姿かたちを描くことの保障ともなっている。人間に対する恩寵によって，不可視の神は人の姿をとったのだから，受肉したキリストを描くことはできるし，また描かなければならない。

　ドームとアプシスは，それぞれイコン的図像によって直接に支えられている。ドームの半球形の下，鼓胴部（ドラム）には旧約の預言者が，預言の章句を記した巻物を手に並ぶ。ダニエルの「天の神は王国を興されます。この国は永遠に滅びることがありません」（ダニエル書2：44），モーセの「初めに神は天と地を創造された」（創世記1：1），エリヤの「主は生きておられる」（列王記上17：1）と言った言葉は，直上の神パントクラトールに言及する[6]。一方ダヴィデの「聞け，娘よ。見て，お前の耳を傾けて聞け」（詩篇45：11），イザヤの「見よ，おとめが身ごもって，男の子を産み，その名をインマヌエルと呼ぶ」（イザヤ書7：14）といった台詞は神の受肉，「受胎告知」を予告すると考えられるので，東側，アプシスに近い側に配されることが多い[7]。これら旧約の預言者像は，造形的には説話的要素をもたないが，手にテキストを記した巻物をもつことによって物語（の一部）に言及することが可能である。神＝キリストと，その受肉を旧約のテキストによって予型論的（タイポロジカル）に権威づける役割を果たしている。予型論については後に詳しく論じる。

　アプシスの「聖母子」の下部には，聖堂の規模によって「使徒の聖体拝領」，「メリスモス」といった「聖　餐」（エウカリスティア）の教義を表象する図像が配されるが，この問題は次節で詳論する。この下の壁面には聖ヨアンニス・クリソストモス，聖バシリオス，聖グリゴリオスといった初期キリスト教時代の教父たちが典礼を執り行う姿で描かれる。この部分はデムスの

　　6）　旧約の預言者が手にする巻物の言葉については以下参照。A.-M. Gravgaard, *Inscriptions of Old Testament Prophecies in Byzantine Churches*, Copenhagen 1979.
　　7）　前掲拙著『ビザンティンの聖堂美術』149-153頁参照。

「三段階理論」における最下部，聖人たちのイコン的な部分に属する。他の聖者が正面観の動きのない姿で描かれるのに対して，聖域内の教父たちは巻物を手にして前傾し，まさに典礼の中にある状態で描写される。イコン的図像の典礼化である。「典礼」という概念については，聖餐図像とともに次節で論じよう。

聖堂の高い壁面を占めるキリスト伝諸図像は，位階的構造の第二段階をなす。バシリカ式（長方形）の聖堂建築では，説話は基本的に物語の順に進行するが，中期（9世紀）以降のビザンティン世界において標準となったギリシア十字式の聖堂建築では，壁面が複雑に組合わされ，そのため説話を時間の順に展開させることができない。バシリカ式聖堂では，信徒の動線は西（入口）から東（祭壇），そして東から西の単線的なものとなるが，ギリシア十字式聖堂では，西から東，東から西の動線に加え，中央から東西南北四方の動き，そして中央下部から上部（ドーム）へという視線の移動が生じ，複合的なベクトルが建築内に生まれる。ヴォールトの天井や半円形壁面には「十二大祭」と称する，教会典礼で重視される十二の物語[8]が置かれることが多く，それより下の壁面には受難の細かいエピソードが並ぶ。長方形の聖堂が，壁面に絵巻物を巻きつけた形に近いのに対して，ギリシア十字式聖堂では，説話間に時間的秩序を読みとることが難しい。解読には聖書と典礼の知識が必要である。

最下位の位階，聖人の立像は，非時間的なイコン的図像である。それぞれ生殁年も活躍した土地もばらばらの聖人たちは，信仰の証人として，また信徒の祈りを神に伝達するメッセンジャーとして，佇んでいる。主教や神学者は手に巻物をもち，殉教者は信仰の証の十字架を手にし，聖戦士は武器をもって聖なる場所を護る[9]。内陣に配された主教た

8） 聖堂装飾における十二大祭図像については以下参照。E. Kitzinger, "Reflections on the Feast Cycle in Byzantine Art," *Cahiers archéologiques* 36 (1988), pp.51ff..

9） 聖堂装飾における聖人図像の意味と配置を体系的に扱った，海老原梨江の博士論文参照。R. Ebihara,. *Hagiographical Portraits in the Eleventh to Twelfth Century Byzantine Churches of Greece: their role and function in the iconographical program*, diss., Athens University 2010. 現在はウェブで閲覧可能。http://phdtheses.ekt.gr/eadd/handle/10442/18559 特定の聖堂の聖人像プログラムを論じた海老原の論文に以下がある。「オシオス・ルカス修道院主聖堂の聖人像プログラム」『美術史研究』41 (2003), pp.81-102；「中期ビザンティン聖堂の「Choir of Saints」——11，12世紀ギリシアの場合」『鹿島美術財団年報』24 (2006), pp.12-20;

ちは腰をかがめ，巻物を垂らして，まさに典礼を執り行っている姿で描かれている。この部分は，堂内で実際に行われる典礼と響き合うように計画されている。壁の面積によっては，立像の聖人の上部に，さらにメダイヨンの聖者胸像が並ぶ場合などもある。

　11 世紀に完成した聖堂装飾のシステムにおいては，イコン性とナラティヴ性が交錯しつつも，基本的に「イコン-ナラティヴ-イコン」という三層構造によって装飾がなされることになる。中央にドームをもつ求心性の強いビザンティン聖堂は，このような装飾の基本構造をもっている。

2　イコンとナラティヴと典礼

　「イコンとナラティヴ」を対なす概念として，聖堂装飾のシステムを簡略化して記述した。しかしビザンティン美術においては，この二元論的分類ではすくいきれない要素がある。教会典礼に関わる図像である。以下，聖餐（エウカリスティア）を表象する 3 主題を例にとって，この問題を考えよう。

　アプシスは祭壇を安置する場である。祭壇は神に犠牲を捧げるところであり，キリストの体であるパンと，キリストの血であるワインが置かれ，それらはやがてミサに参列した信徒の口に入る。

> イエスはパンを取り，賛美の祈りを唱えて，それを裂き，弟子たちに与えて言われた。「取りなさい。これはわたしの体である。」
> また，杯を取り，感謝の祈りを唱えて，彼らにお渡しになった。彼らは皆その杯から飲んだ。そして，イエスは言われた。「これは，多くの人のために流されるわたしの血，契約の血である。……（マルコ 14：22-24。マタイ 26：26 以下，ルカ 22：15 以下に並行記事）

「カストリア，アギイ・アナルギリ聖堂のコスマスとダミアノス：聖人像表現と伝記サイクルについて」『早稲田大学大学院文学研究科紀要』54-3 (2009), pp.37-50;「カストリア，アギイ・アナルギリ聖堂とアギオス・ニコラオス・トゥ・カスニヅィ聖堂の諸聖人像について」『エクフラシス』1 (2011), pp.41-55.

5 ビザンティン聖堂装飾のイコンとナラティヴ　　　315

　これを直截に，換言すれば説話として描く主題が「最後の晩餐」である。美術では多くの場合，「はっきり言っておくが，あなたがたのうちの一人で，わたしと一緒に食事をしている者が，わたしを裏切ろうとしている」（マルコ14：18他）と語ったキリストのショッキングな言葉に対して，弟子たちの心理的な動揺をも描写する。「イエスの胸もとに寄りかかったまま，『主よ，それはだれのことですか』」（ヨハネ13：25）と問うのは，イエスが最も愛した弟子のヨハネである（図1）。

図1　オフリド，パナギア・ペリブレプトス聖堂，「最後の晩餐」，1294／95年

　ある程度以上の規模の聖堂であれば，アプシスの「聖母子」の下部，すなわち現実の祭壇の背後には，「使徒の聖体拝領」が描かれる（図2）。司祭の役を果たすキリストが祭壇の前に立って，十二使徒にパンとワインを分かち与える。多くの場合キリストは二度表され，向かって左方6人の弟子にパンを分かち与え，右方6人の弟子にはワインを飲ませる（左右逆の場合あり）。右方6使徒の先頭は通常パウロであるが，ヨハネであることも少なくない。十二使徒の筆頭をペテロとパウロとする教義的な立場を採るか，パウロは生前のキリストを知らないという歴史的立場を採るかの差である。
　この図像は，歴史上の事件としての「最後の晩餐」を典礼化した主題であり，現実の祭壇で司祭が執行するミサの意味を信者に語る。物語と

は，歴史上ただ一度起こった出来事であるが，典礼とはそれを反復する装置である。ミサ[10]は教会という制度，聖堂という舞台において永遠に繰り返されなければならない。キリストはロングランの芝居の主役のごとく，永劫に司祭の役を演じる。ナラティヴの典礼化 ritualization とは，司祭という機能の表象であると言えよう。歴史的事件は，永遠に反復されることによって，教会制度の中にとり込まれる。そして主役のキリストは，司祭という機能・職能となる。

図2　オフリド，パナギア・ペリブレプトス聖堂，「使徒の聖体拝領」

小規模の聖堂には，アプシス下部に「使徒の聖体拝領」を描くことができない。十二使徒，キリスト（二度），輔祭役の天使二人等の多くの人物が「聖体拝領」には不可欠であるからだ。その余裕がない小聖堂では，代わって「メリスモス」と呼ばれる神秘的な図像[11]が，アプシス下部に描かれることが多い（図3）。現実の祭壇の後ろに描かれた祭壇が配される。祭壇上には裸体のキリストが聖体皿（パテナ）上に横たわり，枕元にはワインをたたえた聖杯が置かれる。キリストは幼児の姿である場合と，壮年の姿である場合がある。これは無論，「パンはキリストの体である」ことを語るメタファー的な図像である。現実の祭壇と描かれた祭壇が重

10）正教会では奉神礼 leitourgia。
11）Ch. Konstantinidi, Ο μελισμός, Thessaloniki 2008.

なり，祭壇上のパンとキリストの体が重なって，聖餐の教義を表す。ビザンティン図像学では「メリスモス（分かたれたもの＝聖体のパン）」ないし「アムノス（小羊）」と呼ばれる図像で，12世紀末以降の聖堂装飾に用いられた。今私は隠喩的という，言語の分析概念を借りて述べたが，ここに何が起きているかを詳しく眺めてみよう。

図3　クルビノヴォ(マケドニア)，聖ゲオルギオス聖堂，「メリスモス」，1191年

　美術作品を分析する際に，時に文法用語やレトリック用語という言語のための概念が用いられるのは，私たちが美術を認識する行為そのものが言語に拠らざるを得ないからであろう。言語という記号行為を論じる場合に，シニフィアン（記号表現）とシニフィエ（記号内容）を区別するのは周知の方法であるが，私たちは美術作品の議論するとき——ソシュールのフランス語に倣って言えば——représentant（表象するもの）と représenté（表象されるもの）を分けて考えよう。シニフィエとルプレザンテは同じ実体，モノであるから，言語と絵画をめぐって三角形の構図が存在することになる（図4）。実体と表象の間に関係性が成立するのは自明であるが，実体が言語記号を介して表象と関係性を結ぶ場合があり得るだろうか。さしあたって，夏休みの宿題に「猫の絵を描きな

い」という課題が出たことを想定しておこう。言語が先行し，そこから実体を経由して絵画に至る。

「メリスモス」の意味内容を記述しようと思えば，「パンはキリストの体である」という隠喩によってほぼそれが可能である。しかし「メリスモス」は隠喩の絵画化ではない。現実の祭壇と描かれた祭壇は重なり，祭壇上のパンは「メリスモス」のキリストと重なる。したがって一致しているのは，パンというシニフィアンとキリストの体というシニフィアンではない。パンという実体とキリストの体という表象が，典礼においてイクォールで結ばれているのである（図5）。「使徒の聖体拝領」が構文的な内容をもち，「メリスモス」が名詞的内容を有する，という点では，後者のイコン性がより強いとは言えようが，両者の関係は「イコンとナラティヴ」という対概念からはこぼれ落ちてしまう。「聖餐」という教義を担う「最後の晩餐」，「使徒の聖体拝領」，「メリスモス」の3図像は，この順に説話性を弱め，イコン性を増してゆくが，しかしこれを「ナラティヴからイコンへ」と記述することは不適当である。典礼という，ときに論理を超越する概念を導入しなければ，ビザンティン美術を正しく理解することはできない[12]。

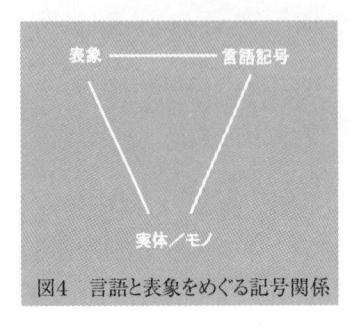

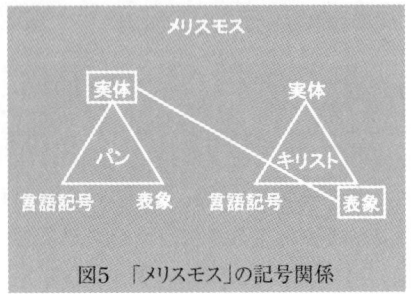

図4　言語と表象をめぐる記号関係　　図5　「メリスモス」の記号関係

---

12)　以上の私の議論は論理のレヴェルに基づいている。信仰の立場から「実体変化」という観点を導入すると，議論は変わる。すなわちパンという実体が，キリストの体という実体に変わるとする。宗教美術を理解するためにはそのような視点も必要であろうが，本稿では触れない。小田部胤久氏のご教示による。

3 図像の相称性

　聖堂の建築形式によって，説話図像の配列の方法が大きく異なることを先に述べた。バシリカ式（長方形）の聖堂では，物語は比較的時系列に並べられる。ギリシア十字式（集中式〔点対称の平面をもつ形式〕プランの一タイプ）聖堂では，クロノロジーに従った物語の配列は困難である。では物語が実際どのように配されるか，中規模の聖堂[13]によってそれを検証しよう。

　マケドニア共和国の古都オフリドの高台に建つパナギア・ペリブレプトス聖堂は Megas Hetaireiarches[14] であったプロゴノス・ズグロス Progonos Sgouros と妻エウドキア Eudokia によって，1294／95 年に建立された。二人組の画家ミハイル・アストラパスとエウティキオス[15]によってフレスコが描かれた聖堂の最初期の作である点でも重要である。パレオロゴス朝聖堂装飾の嚆矢ともいうべき作品で，「天使としてのキリスト」，「有翼の洗礼者ヨハネ」，種々の聖母の予型等，本聖堂が初出であると思われる図像を数々もつ。しかし壁画すべてを網羅する基本的なモノグラフは未だ書かれていない[16]。

　聖堂装飾の第二段階に当たる説話図像は，壁面に余裕があるため，さ

---

　13) 首都のアギア・ソフィアやヴェネツィアのサン・マルコを大規模として，それに次ぐ規模を有する聖堂で，壁面全面にフレスコを残すものは少ない。後期になると若干の作例が残るが，それらのうちパナギア・ペリブレプトスは最古の例である。

　14) ビザンティン音ではメガス・エテリアルヒス。皇帝の近衛部隊の長だが，職能の詳細は不明。A. Kazhdan, s.v. "Hetaireiarches," in: *Oxford Dictionary of Byzantium*, Oxford 1991, pp.925-26.

　15) 本聖堂の他，Prizren の Bogorodica Ljeviška，Banjani の Sv.Nikita，Staro Nagoričane の Sv.Gjorgje に署名を残している。署名はないが，Studenica 修道院の「王の聖堂」も確実に二人組の作。Gračanica 修道院は様式が極めて近く，二人の後継者の作だと考えられている。後出ミリコヴィッチ＝ペペク参照。

　16) ミハイルとエウティキオスの画業という観点から，以下の研究で詳述されている。P. Miljković-Pepek, *ДЕЛОТО НА ЗОГРАФИТЕ МИХАИЛО И ЕУТИХИJ*, Skopje 1967. C. Grozdanov, *Church St.Kliment Ohrid*, Zagreb 1988. は小冊子のガイドブック。グロズダノフは以下の論文集でも当聖堂にたびたび言及する。C. Grozdanov, *ЖИВОПИСОТ НА ОХРИДСКАТА АРХИЕПИСКОПИЈА*, Skopje 2007.

らに三層に分割されている。上層に相当するヴォールト天井と半円形壁面（リュネット）に十二大祭，中層にはキリストの受難伝，下層には聖堂のタイトル聖者[17]である聖母マリアの生涯が描かれている。まず上層の十二大祭から見よう。十二大祭とは以下の12の主題である。受胎告知，降誕，神殿奉献，洗礼，変容，ラザロの蘇生，エルサレム入城，磔刑，キリスト冥府降下，昇天，聖霊降臨，聖母の眠り。

　トンネル形のヴォールト天井は，頂部で二分割して2場面を描くのに相応しい。それに挟まれた半円形壁面に一場面を配せば，十字形の一本の腕に計3場面を描くことができる。東西南北四本の腕で計12場面，十二大祭を描くのにギリシア十字式聖堂はちょうどいい形式のように思われる。しかしいくつかの縛りがあって，3×4の12とはゆかない。まず東の腕には全体を使って「キリスト昇天」を描かなければならない。「昇天」がアプシスの「聖母子」とドームの「パントクラトール」をつなぐ図像であることを先に述べた。東の腕に半円形壁面は存在せず，代わって四分の一球形のアプシスがヴォールトに接している。したがって東腕には3場面ではなく，1場面しか描くことができない。差引2場面の不足を，残る三つの腕で調節しなければならなかった。

　ミハイルとエウティキオスの採った解決策は，次のようなものであった。南腕の半月形壁面に「受胎告知」，ヴォールトに「降誕」と「神殿奉献」を描く。ふつう「受胎告知」はアプシスを挟んで描かれるが，二人組は几帳面に「十二大祭を最上部の壁面に」という原則を貫徹させたかったものと思われる。それに相対する北腕のヴォールトに「洗礼」と「変容」を配し，リュネットには「ラザロの蘇生」を置く。南北の腕は順当に各3場面を並べた。残る西の腕に5場面を並べなければならない。

　ヴォールトに2場面ではなく4場面を押し込めば，リュネットの一つを足して，ちょうど計算が合う。しかしここにも制約が働いた。「聖母の眠り」は聖堂西壁面に配されるのが原則である。さらに「聖霊降臨」（ペンテコステ）

---

17) 当初 Panagia Peribleptos（祝福された聖母）に献堂されたが，14世紀末にオフリドの守護聖者クリメントの聖遺物が搬入されて，聖クリメント Sveti Kliment 聖堂となった。2004年に聖遺物は町のアクロポリスに再建された聖堂に移動（トランスラティオ）し，本聖堂は元のパナギアに戻った。

もまた，左右対称の構図であり，出口に相応しい図像である[18]という性格によって，西壁面が適切な場所となる。残る3場面をヴォールトに描かなければならない。画家はヴォールトの北側に「エルサレム入城」と「磔刑」の2場面を配し，南側には「キリスト冥府降下(アナスタシス)」と「墓を訪れる聖女たち」を描いてバランスをとったのである。「墓を訪れる聖女たち」のみ十二大祭でなく，いささか据わりがよくないが，ヴォールト北側との釣合いをとるためのやむを得ない工夫であっただろう。

図6　オフリド，パナギア・ペリブレプトス聖堂，十二大祭の配置

　以上で十二大祭はきれいにヴォールト天井と半円形壁面に収まった（図6）。「墓を訪れる聖女たち」というやむなき例外はあるにしても，十二大祭のみによって壁面最上部を埋めるという試みは，聖堂装飾のお手本ともいうべきプログラムである。ここにおいてミハイルとエウティキオスが守った原則，そして原則を守るために捨てなければならなかったプログラムは何か。守った原則は，「昇天」を東腕ヴォールトに描き，

18)　拙稿「『キリストと十二使徒』図像の説話的要素」『早稲田大学大学院文学研究科紀要』56-3 (2010), pp.35-50.

「聖霊降臨」と「聖母の眠り」を西壁に配する，つまり 3 図像を聖堂中軸上に配列する，ということである[19]。3 図像はいずれも円形モティーフを中央にもつ左右対称の構図である。「昇天」と「聖母の眠り」において，キリストは円形の光背に収まっている。「聖霊降臨」では，聖霊の炎の舌（使徒言行録 2：3）の発する場が円形ないし半円形で表される。この 3 図像は，意味の上からも，構図の上からも，聖堂中軸上に置かれるのに相応しい。ギリシア十字式聖堂に説話図像を並べる際に働く原則のひとつに，図像の相称性（シンメトリー）が挙げられよう。実はこの 3 図像に加えて，「キリスト変容」もまた左右対称の構図と円形光背のキリストをもち，聖堂中軸に置かれることの多い図像である[20]。しかし画家はこの「変容」を中軸に並べることはできなかったようだ。

　上層に十二大祭をすべて描く，というプログラムを実現するために，画家は通常のプログラムとは異なる図像配置を行わざるを得なかった。まず「受胎告知」をアプシス両側に分割して描くことを画家は断念した。「ラザロの蘇生」（ラザロの土曜）と「エルサレム入城」（棕櫚の日曜）は，聖週間（受難週間）の典礼において連続して祝われるので，聖堂装飾でもたいてい隣接して描かれる。しかし画家は「ラザロ」を北リュネット，「入城」を西ヴォールト，と分散して配したのである。

　小規模なギリシア十字式聖堂では，位階的装飾の第二段階，キリスト伝は二層に亙って描かれる。4 本の腕のヴォールト天井とそこに接する半円形壁面という上層と，その下の方形区画からなる下層である。中規模のペリブレプトスでは壁の面積が広いため，説話が三層に描かれている。その上層がきれいに十二大祭すべてを配しているのを眺めた。中層はキリスト受難と復活の物語に捧げられている。受難の開始が「エルサレム入城」であるから，物語を時間に沿って眺めようとする観者は，上層の「エルサレム入城」から中層に目を移し，刻々と進むキリストの苦難の物語を追った後，クライマックスの「磔刑」で目はまた上層に

---

　　19) 拙稿「ビザンティン聖堂装飾における中軸の図像」『エクフラシス』2 号，2012 年 3 月参照。
　　20) 拙著『ビザンティンの聖堂美術』116-126 頁。物語の時間的秩序を無視して，「変容」を聖堂中軸上に描く作例として，プスコフ（ロシア）のミロズ修道院（12 世紀），ローマのサンティ・ネレオ・エ・アキーレオ聖堂（9 世紀）等を挙げる。

戻る。キリストの死に直面した母の嘆きは中層に描かれ，日曜明け方の「復活」2 場面は上層を占める。復活後のいくつかの顕現の場面は中層に描かれている。時間順に物語を追うためには，このように上層と中層に視線を繰り返し往還させなければならない。バシリカ式聖堂と異なり，ギリシア十字式聖堂は物語の流れを信徒に示すことを目的としてはいなかった。

　上層の十二大祭は，南腕，北腕，西腕，東腕と，キリストの生涯の時間をほぼたどっているが，信徒は 1 年間の典礼暦の中でこれを受容した。受胎告知 3 月 25 日，降誕 12 月 25 日，神殿奉献 2 月 2 日，洗礼 1 月 6 日（カトリックの暦と異なっている），変容 8 月 6 日，ラザロから移動祭日に入り「ラザロの土曜」（復活祭 8 日前），入城「棕櫚の日曜」（受難週開始），磔刑「聖金曜」，復活「復活祭」，昇天「昇天の木曜」（復活後 40 日目），聖霊降臨は復活後 50 日目，聖母の眠り 8 月 15 日。復活祭は 3 月か 4 月に来ることが多いから，12 の祭日は 7 月を除いてほぼ 1 年中に亙っている。もちろんキリストの生涯を知悉している者ならば，視線をめぐらせて通時的に上層の物語を「読む」ことができるだろうが，一般の信徒は生活の中で 1 年を通して順不同にキリストの物語を「体験する」ことになる。十二大祭は教会にとって最重要の祭日で，通常のミサ（リトゥルギア）だけでなく，朝課(オルトロス)も行われる。この 12 日は，1 年の典礼の中で際立っているのである。

　それに対して中層の受難・復活伝は，いくつかの場面が上層の十二大祭にとられはしたが，順に左から右へと「通読する」ことが可能である。典礼の時間においては，受難週と復活後のしばらくという短期間に相当する。数において大半を占める場面は，聖木曜の夜から聖金曜にかけての出来事であった（最後の晩餐，洗足，ゲツセマネの祈り，ユダの裏切，カイアファの前のキリスト，ペテロの否認と後悔，手を洗うピラト，嘲弄，ゴルゴタへの連行（2 場面），昇架，十字架降下，聖母の嘆き）。したがってこれら二層は，視線を往還させてキリストの生涯を通時的に示すものではない。上層が 1 年を通じて，順不同にキリストの重要なライフ・イヴェントを示して，もって教義を理解させることが主たる目的である。対して中層は，とくに受難週において連続劇を見せることによって，キリストの苦難を追体験させる機能を有した。

下層は聖堂の献堂聖者である聖母マリアの生涯を描く。南壁面の東端に始まって西に進む。西壁面は「聖母の眠り」の場なので，聖母の死に関わる5場面が並ぶ。この壁面は南北の最後に読まれるべきものである。北壁面の西端が南壁面の西端から続く場面で，北壁面の東まで物語は連続する。西壁面の大きな区画を占める「聖母の眠り」が，上層の十二大祭サイクルと下層の聖母伝サイクルをつないでいる。

　聖母伝諸場面は，「聖母誕生」（9月8日）と「聖母神殿奉献」（11月21日）を除けば，教会典礼の中で祭日をもたない。これらの場面は典礼の中で信徒に示されたのではなく，聖堂をぐるりと一巡することによって信徒に読まれることを目指していた。描かれた位置も床から近く，信徒は容易にその細部を鑑賞することができた。中期ビザンティン時代（9－13世紀）には聖母伝の大規模なサイクルは見られず，後期になって突然のように完成形で現れたのがこのペリブレプトスである。この後コーラ修道院[21]やマケドニア，クチェヴィシュテの救世主聖堂などの14世紀の聖母伝が続くが，ミハイルとエウティキオスが描いたマリアの物語には他のサイクルが採用しない「水の試練」（ヤコブ原福音書16章）を含んでいる。二人組が参照した手本の系統は不明である。

　位階的装飾システムの第二段階が三層構造をもち，それぞれに異なる物語受容を前提としていることを確認した。十二大祭の層では，「昇天」，「聖霊降臨」，「聖母の眠り」の3場面に対して，左右対称の構図が採られ，聖堂中軸上の配置が与えられた。「相称性」をキーワードにすると，デムスの三段階理論のみでは説明できなかった聖堂装飾の局面が記述可能である。説話図像にのみ相称性が尊重されるわけではない。イコン的な図像の中でも，とくにメダイヨン（円形枠）形式をもつものが，好んで聖堂中軸上に配される[22]。ドームを占める「パントクラトール」に加えて，「キリスト・インマヌエル（幼児キリスト）」，「日の老いたる者（白

　21）　P.A. Underwood (ed.), *The Kariye Djami*, 3 vols., New York 1966; J. Lafontaine-Dosogne, "Iconography of the Cycle of the Life of the Virgin," in: Underwood (ed.), *The Kariye Djami*, vol.4, New York 1977, pp.161–94; ead., *Iconographie de l'enfance de la Vierge dans l'Empire byzantin et en Occident*, vol.1, Bruxelles 1991.
　22）　註19に挙げた論文に加えて，拙稿「ビザンティン聖堂におけるキリストの図像」，三宅理一・羽生修二監修『ルーマニアの中世修道院美術と建築　モルドヴァの世界遺産とその修復』西村書店，2009年，138-49頁。

髪白鬚のキリスト）」といった，年齢容貌の異なるキリスト像，説話性をもつがイコン的な構図をもつ「マンディリオン（聖顔布）」，「ケラミオン（聖なるタイル）」，また「空の御座」，「十字架」，「光」，「小羊」といったモティーフが円形枠に収められて，聖堂中軸上を飾った。

　パナギア・ペリブレプトスでは，アプシスのオランスの聖母の上部，逆U字形壁面の頂部に「インマヌエル」のメダイヨンがある（図7）。ドームには「パントクラトール」が君臨する。西腕ヴォールト頂部には，説話4図像の中央に「日の老いたる者」のメダイヨンが描かれている（図8）。旧約ダニエル書[23]に典拠をもつこの図像は，父なる神を描くことを忌避したビザンティン美術が発明したもので，三位一体の第一位格に言及しながら，あくまでもキリストを描いている。この図像が受難と復活図像の間に配される必然性はなく，また聖堂西腕頂部に描かれる例も私は知らない。二人組がこの位置に「日の老いたる者」を描いたのは，聖堂中軸上に「インマヌエル」，「パントクラトール」，「日の老いたる者」という「キリスト三態」を描きたかったからである[24]。

　複雑な壁面を装飾する際の原則のひとつとなる相称性は，二つのレヴェルに分けて考えなければならない。説話図像とイコン的図像である。この場合，シンメトリーは「左右対称」と訳して差し支えない。しかし相称性の語をもっと広義に解したときに，プログラムを構成する際のもうひとつの原則が浮かび上がるであろう。

4　意味の相称性

　前節で論じた相称性は，説話的図像にせよイコン的図像にせよ形態上の問題で，聖堂東西の中軸上に配されるという特性を有している。しかし広くビザンティン聖堂を見渡すと，そこには形態ではなく意味の相称

23）　なお見ていると，／王座が据えられ／「日の老いたる者」がそこに座した。その衣は雪のように白く／その白髪は清らかな羊の毛のようであった。(7：9)
24）　オフリド周辺には「キリスト三態」を描く後期の聖堂が多数残る。拙稿「オフリド周辺の『キリスト三態』に関する覚書」『早稲田大学大学院文学研究科紀要』57-3 (2011)，印刷中。

性とでも言うべきプログラムが存在することに気づく。アプシスに「聖母子」を配し，それに対面する西壁に「聖母の眠り」を描くのは，中期以降のビザンティン聖堂の定型であるが，ここには対照性 contrast と相称性 symmetry が見られる。東と西，祭壇とナオス入口，生と死といった対照性に加えて，「マリアがキリストを抱く」ことと「キリストがマリア（の魂）を抱く」ことが，鏡像的にシンメトリーをなしている。両図像は相称をなしつつ，ともに受肉の教義を語る。聖母はキリストをこの世界にもたらしたがゆえに天に魂が迎えられる，つまりは受肉が「聖母の眠り」においても強調されているのである。

図7　オフリド，パナギア・ペリブレプトス聖堂，アプシスの聖母とインマヌエル

　図像の意味については，対照性と相称性は近似した概念であるので，以下ではこれらを区別せず，広義の「意味の相称性」と考えて作例を分析する。「形態の相称性」が聖堂中軸上に見られたのに対して，「意味の相称性」は南北，東西の相対する壁面で見られることが多い。
　長方形の聖堂であっても（マケドニア，クルビノヴォの聖ゲオルギオス聖堂，1191年），ギリシア十字式の聖堂であっても（マケドニア，ネレヅィの聖パンテレイモン修道院，1164年），聖堂のほぼ中央付近の左右，つまり北と南の壁面に，「聖母の嘆き」と「キリスト神殿奉献」を向か

い合って配するプログラムが 12 世紀に考案された[25]。「神殿奉献」(ルカ 2：22-38) は将来のキリストの受難が予告される主題であり，「聖母の嘆き」はその成就である。両主題には「キリストとマリアの抱擁」という共通性があり，キリストの生涯の初めと終わりという対照があり，受難の予告と成就という釣合い(シンメトリー)がある。

図8　オフリド，パナギア・ペリブレプトス聖堂，西腕の「日の老いたる者」

この「意味の相称性」は，ビザンティンのレトリックにおける「対照法 antithesis」に重なる部分がある[26]。「今，この前まで最愛の子として胸に抱いた，息もせぬあなたを抱きしめています」(ニコメディア府主教ゲオルギオス，9世紀)，「かつて母の腕に抱こうとしても，あなたは子どもらしく飛び跳ねていました。今，この腕に抱こうとしても，あなたは息もせず死んだように横たわっています」(シメオン・メタフラスティス，10世紀) といったマリアの独白のレトリックは，2図像の対置に並行し

---

25) 拙著『ビザンティンの聖堂美術』112 頁以下。ネレヅィでは「聖母の嘆き」と対面させるために，十二大祭のひとつである「神殿奉献」を下層に描いている。上層に十二大祭を並べるというペリブレプトスでなされたプログラムを断念し，ネレヅィは二場面を対面させることによって生じる意味の相称性を重視した。

26) H. Maguire, *Art and Eloquence in Byzantium*, Princeton 1981, pp.53-83. はレトリックの対照法と美術の並行現象を包括的に論じている。

ている[27]。しかし何を反対に（anti）置く（thesis）か，という点に対して，レトリック理論は厳密な定義を下していない。私がここで試みようとするのは，対照法の内容を具体的に分類した上で，物語分析の立場から外延を拡張し，図像の形態・意味両面に亙る聖堂装飾の原理として，「相称性」という概念を提唱しようということである。

　対照と相称を厳密には区別しないと述べたが，キリスト教図像学上の重要な概念である予型論（タイポロジー）を考慮に入れるときに，「意味の相称性」という広義の概念がいっそう必要となる。予型論は，新約聖書の執筆者が旧約を引用する際に，また初期キリスト教時代に多くの神学者たちが旧約と新約の連続性を強調するために，磨き上げた神学思想である。本稿では物語分析という側面から，予型論のいくつかの側面を考えてみたい。

　新約の人物事象が旧約において予告されている，旧約の人物事象は新約のそれにおいて実現する。すなわち旧約の人物事象を新約の予型（ティポス）と捉える際に，二通りのパターンがある。両者に共通性を見出す場合と，両者に因果関係を認める場合である。「アブラハムによるイサクの犠牲」（創世記22章）がキリスト受難の予型とされるのは，両者に「父が独り子を犠牲に捧げる」という説話素 narrative element が共通するからである。「魚に呑み込まれ吐き出されるヨナ」（ヨナ書2章）がキリスト受難と復活の予型とされるのは，「暗いところ（ヨナ：怪魚の腹，キリスト：墓）に三日三晩いた後に明るいところ（ヨナ：怪魚の腹の外，キリスト：生の世界）に戻る」という説話素が共通すると考えられたためである。

　共通する説話素を見出して，異なる物語をつなぐ思考の方法は，ビザンティン美術において徹底的に追究された。ビザンティンの「キリスト降誕」図像の定型では，キリストが飼い葉桶に寝かされた姿と，産湯を浴びる姿の二度描かれる。前者が受難を予告するとされたのは，「石製の方形容器（降誕：飼い葉桶，受難：石棺）に白い布でくるまれた人物（降誕：幼児キリスト，受難：キリストの屍体）が横たわる」という共通要素が見出されるからである。産湯が「洗礼」を予告するとされたのは「キリストが水を浴びる」という点が似通っているからである。説話素の共通性が，絵画によってヴィジュアルに強調されて表現されている。

---

27)　前掲拙著 112-13 頁。

これによって「降誕」というキリスト誕生を祝うはずの図像に，その後のキリストの生涯——洗礼を受けて宗教家として立ち，やがて受難する——が要約的に示唆される。旧約と新約とではなく，新約同士の事象をつなぐのは，もちろん予型論ではないが，予型論的思考に基づく操作であると言えよう。

　因果関係によって旧新約の人物事象をつなぐ代表は，聖母マリアを「第二のエヴァ」とするものである。エヴァは男性を誘惑して堕落させる罪深い女性であり，マリアはその対極にある女性の美徳の集成である。その両者は，類似性によって関連づけられるのではなく，因果関係においてつながっている。エヴァが犯した罪（神の言いつけに背いて知恵の実を食べたという原罪）は，マリアによって（マリアが生んだキリストが磔になることで）贖われる。エヴァとマリアは罪を犯した者と贖う者という因果関係にある。しかしエヴァとマリアに共通性が見出されない訳ではなく，その点がキリスト教美術を豊かなものとしている。

　マリアが第二のエヴァとなるためには，わが子の死を眼前に見るという哀しみを味わわなければならなかったが，それに先立ってエヴァもまたわが子アベルの死を見なければならなかった。すなわち両者には「わが子の死を経験する母」という共通の説話素がある。マリアの子キリストは信徒を牧する羊飼いとされたが，エヴァの次男アベルもまた羊飼いであった。「カインによるアベル殺し」がキリスト受難の予型とされたのは，「羊飼いの死」という共通の説話素があるからである。エヴァとマリアは共通の要素をもちつつ，最終的に因果関係によって予型論的に結合する。こうした予型論的思考を踏まえて，今一度オフリドのパナギア・ペリブレプトス聖堂に戻ろう。

　本節で検討するのは聖堂の三つの聖域，主アプシスと南北の副アプシスである。主アプシスにはオランスのマリア立像が描かれ，その上部の逆U字形壁面頂部には「インマヌエルのキリスト」のメダイヨンが置かれる（図7）。マリア立像の下部には「聖餐」を表象する「使徒の聖体拝領」が描かれている（図2）。

　北の小祭室は聖体準備室（プロテーシス）であり，アプシスには雲のようなメダイヨンのキリストを抱いた聖母の半身が配され，天井には「アブラハムの饗

宴」（図9）が描かれた[28]。「創世記」18章によれば，アブラハムとサラの夫婦の下に，三人の旅人が訪れた。旅人は天使であり，夫妻はパンと子牛で旅人をもてなした。天使は席上，夫婦に子どもが授かることを予言するが，二人はこれを信じなかった。アブラハムは100歳，サラは90歳であったからである[29]。

図9 オフリド，パナギア・ペリブレプトス聖堂，北小祭室，「アブラハムの饗宴」

この主題はビザンティン美術において，通常「三位一体」の予型であると考えられた。天使が三人で現れたためである。「妊娠を告げる」という説話素の共通性から，「受胎告知」の予型とされる場合もあるが，

28) ヴォールトの南側（アプシス側）。北側には短髪短髯で剃髪したキリストが食卓に着く「祭りの半ば」Mid-Pentecost と思われる場面がある。これは先年ウォルターとバビチによってビザンティン図像学の主題としてようやく認知された。Ch. Walter, "The Earliest Representation of Mid-Pentecost," *Zograf* 8 (1977), pp.15-16; id., "Mid-Pentecost," *Eastern Church Review* 2 (1979), pp.231-33; G. Babić, "La Mi-Pentecôte," *Zograf* 7 (1976), pp.23-27. ペリブレプトスの聖域内部装飾は，早稲田大学の2010年の予備調査で確認されたが，2011年の本調査はオフリド主教によって認められず，詳細を確認することができなかった。プロテーシスにおける「祭りの半ば」の問題は今後の課題としたい。イェラーキ（ペロポネソス半島）のアギオス・アタナシオス聖堂他いくつかの聖堂聖域をこの主題が飾っていることのみを述べておく。

29) アブラハムもサラも多くの日を重ねて老人になっており，しかもサラは月のものがとうになくなっていた。サラはひそかに笑った。自分は年をとり，もはや楽しみがあるはずもなし，主人も年老いているのに，と思ったのである。（18：11-12）

何よりこの場面がプロテーシスに描かれたのは,「パンの準備をする」という説話素のゆえである[30]。後期ビザンティン聖堂において,「アブラハムの饗宴」を聖餐の予型として聖域周辺に描くことは珍しくない。

　南の小祭室(ディアコニコン)は洗礼者ヨハネに捧げられ,アプシスも洗礼者の半身像を描いている[31]。天井ヴォールトには,北(アプシス)側に「祭司ザカリアへのお告げ」(ルカ1:11-23),南側に「洗礼者ヨハネの誕生と命名」(ルカ1:57-64)が配される(図10)。神殿で祈るザカリアの下に天使が訪れて,子どもが生まれることを告げるが,ザカリアは信じない。妻エリサベトも自分も年をとっていたからである。ザカリアは不信の罰として口がきけなくなったが,赤ん坊が生まれた後,「この子の名はヨハネ」と石板に書くと,舌がほどけてしゃべれるようになった。

図10　オフリド,パナギア・ペリブレプトス聖堂,南小祭室,「洗礼者ヨハネの誕生と命名」

　この3アプシスにどのようなプログラムが認められるだろうか。プ

---

30)　S. Dufrenne, "Images du décor de la prothèse," *Revue des études byzantines* 26 (1968), pp.297-310. はプロテーシスに描かれるイマーゴ・ピエタティス型キリスト像の意味を論じている。

31)　近年グロズダノフがディアコニコンのプログラムについて論文を書いているが,特に私たちの参考になる内容ではない。C. Grozdanov, "On the Conceptual and Thematic Foundations of the Fresco Paintings in the Diaconicon of the Church of Virgin Peribleptos in Ohrid," *Zograf* 33 (2009), pp.93-100.

ロテーシスの「アブラハムの饗宴」は，聖体準備の場として「聖餐」の教義を表象するという役割を担っている。と同時に，老夫婦が妊娠のお告げを受けて，無理ないとは言いながらそれを信じることのできなかった物語がそこにある。ディアコニコンは洗礼者ヨハネの礼拝室であり，ヨハネ伝を描くことは自然であるが，ここにもまた妊娠の予告を信じることのできなかった老夫婦がいる。つまり南北の小祭室は「妊娠の予告を信じなかった老夫婦」という共通の説話素によって関連づけられている。

　主アプシスは不可視の神の受肉を語る場であった。ロゴス（初めに言があった。言は神と共にあった。言は神であった。〔ヨハネ1：1〕）の受肉を表象する「インマヌエル」が，オランスの聖母の上に在る。通常の中期以降のビザンティン聖堂装飾では，アプシスの左右に分割して「受胎告知」が描かれる。ペリブレプトスでは十二大祭をまとめて配置するというプログラムが先行して，「受胎告知」はアプシス左右に描かれず，南腕リュネットに置かれることとなったが，アプシスが受肉を語る場であることに変わりはない。南北の小祭室における「妊娠の予告を信じなかった老夫婦」に対して，中央主アプシスには「妊娠の予告を信じた若い娘」がいることになる。中央の若い処女と両側の老女（サラは月のものがとうになくなっていた〔創世記18：11〕），中央の信じた者と両側の信じなかった者，という相称性が聖域のプログラムに認められる。

　アプシス図像もまた相称性の概念で理解することができる。ビザンティン美術には「デイシス」という重要な図像がある。キリストを中央に，聖母マリア（多くの場合向かって左）と洗礼者ヨハネ（同右）がとりなしの仕種で描かれ，人類の救済をキリストに代願するというものである[32]。「最後の審判」の中央モティーフとして描かれる他，単独図像としても頻繁に登場する。ペリブレプトスの3アプシスには，中央に聖母とキリスト，北に聖母子，南に洗礼者が描かれている。中央をキリストと見て，左に聖母，右に洗礼者と考えれば，この3アプシスに「デイシス」の組合わせが成立している。

　私はかつてこのプログラムを「デイシス・コンビネイション」もしく

---

[32] 拙稿「デイシス図像の起源と発展（I・II）」『女子美術大学紀要』26 (1996), pp.1-18; 27 (1997), pp. 1-20.

は「メタレヴェルのデイシス」と呼んだ[33]。これを一つの図像とは見做せない，また聖母と洗礼者がとりなしの仕種をしていないから，これを「デイシス」とは呼べない，という反論が予想される。しかし「デイシス」という呼称は現代の図像学用語に過ぎず，ビザンティン人は「キリスト，聖母，洗礼者」の三尊図像を「デイシス」という概念で認識してはいなかった。したがって「とりなしの仕種をしていない」からこれを「デイシス」とは呼べない，と言うことはトートロジカルな誤謬である。このように言えばいいだろうか。中央のキリストに対して相称性を確保できるのは，キリストの母であるマリアと，キリストに洗礼を施して先駆者(プロドロモス)と呼ばれた洗礼者ヨハネ以外にない。聖堂全体の相称性を担保するために，「デイシス」図像と同じ三幅対が選ばれた。「メタレヴェルのデイシス」とは，3アプシスをもつ聖堂の相称性を保つための選択であった。このプログラムは，ネレヅィ（マケドニア）の聖パンテレイモン修道院，オフリドの聖ソフィア聖堂他，多くの聖堂装飾で認められる工夫である。

　説話素が共通する図像を聖堂内の南北，もしくは東西の対応する壁面に配することによって，聖堂装飾の相称性を確保する。この原則は，形態上の相称性をもつ図像を聖堂中軸上に並べる原則とともに，複雑な聖堂壁面を埋める際の枠組みとなっている。もう少しペリブレプトス聖堂のアプシスを見よう。

　主アプシスのオランスの聖母の下部には「使徒の聖体拝領」が描かれている。これに接する南（右）の壁には「最後の晩餐」が選ばれた（図1）。どちらも「聖餐」の教義を表象するが，前者がそれを典礼として，後者がそれを歴史的事件として語る，という差があった。ここにプロテーシスの「アブラハムの饗宴」を加えよう。北小祭室の天井に描かれたアブラハムの場面を，アプシスと同時に見ることはできない。しかし宗教美術においては必ずしも「見る」ことだけに意味がある訳ではない。「そこにある」ことが重要である場合もある。「アブラハムの饗宴」は「妊娠を告げられた老夫婦の不信」という説話素によって，南小祭室と関連づけられるが，同時に「聖餐の予型」という側面で，聖域装飾と

33）前掲「デイシス図像の成立と発展（II）」p.14.

して意義を有してもいる。つまり中央「使徒の聖体拝領」は典礼的に，南（右）の「最後の晩餐」は歴史的に，北（左）の「アブラハムの饗宴」は予型的に，「聖餐」の教義を表象している。語りのレヴェルをあえて違えて「聖餐」の教義を語ることが，聖域装飾における相称性であったのであろう。

ペリブレプトス聖堂の装飾全体を顧みる。「相称性の原理」が装飾プログラムの骨格を形作る。東西軸上には「インマヌエル」，「パントクラトール」，「日の老いたる者」の「キリスト三態」を配して背骨とする。この中軸上には，形態的に左右対称の構図をもつ「昇天」，「聖霊降臨」，「聖母の眠り」が並べられた。3アプシスには「妊娠を信じた若い娘と信じなかった老女」という相称性をつくりつつ，「聖餐」の教義を異なる三つのレヴェル（典礼，予型，歴史）で語った。形態と意味の両面に及ぶ「相称性」によって，複雑な壁面を飾る際の骨組みが出来上がった。

この骨格は基本的に聖堂平面上に展開する。これに対して，聖堂立面上に展開するのがデムスの三段階理論であった。その第二段階，ナラティヴな図像の層をペリブレプトスの画家は三層に分解した。上層には十二大祭を配する。中層には受難と復活の物語を並べる。下層には聖母伝を巡らせた。この三層は，物語が本質的にもつクロノロジーと，観者が生きる日常の時間の中でどのように眺められるか，という二つの異なる時間の中で，異なるありようを示した。上層は物語の時間からいえば順不同に，典礼暦の中で祀られた。中層はほぼ物語の時間に沿って，受難週典礼の中でキリストの苦難を描くドラマとして受容された。下層は信徒の目に近く，典礼との関わりも薄いため，神の母マリアの生涯を信徒にヴィジュアルに伝達する役割を担っていたものと推測される。

骨格と肉付けと。ビザンティン聖堂では物語を巡って，このような思索が展開されていた。オフリドのパナギア・ペリブレプトス聖堂は，「中規模の聖堂で全面にフレスコを残す」という点で数少ない遺例であるため，このようなプログラムがいつ成立したか，どのようなヴァリエーションがあるか，といった問いには答えることができない。しかしビザンティン人はこのように聖堂の壁画を見たのだし，聖堂装飾がひとつの小宇宙であるなら，宇宙をこのようなものとして構成した。説話素

が共通すれば，物語はつながり，過去と現在の時間は自在に連続するのである。

6
中世ヨーロッパの写本挿絵における時代表現と写実性

堀 越 宏 一

1 データベース化される写本挿絵

　近年，フランスでは，彩色写本挿絵 enluminure の史料的価値に対する関心が高まっている。そして，フランス国立図書館などにおいて，国家レヴェルでの写本挿絵データベースの整備が進行している[1]。このような事情はヨーロッパ各国において共通であり，国立図書館から大学，地方自治体などの多くの図書館において同じ動向が見出される[2]。そこで公開されているデータベースを利用すると，これまで多数の写本を現地で閲覧，探索しても，ほとんど偶然にしか見つけることのできなかったさまざまな内容の写本挿絵を，欄外余白の装飾模様のなかの小さな図

---

　1) フランスでは，国家レヴェルで，二つの写本挿絵データベースが整備されている。フランス国立図書館 Mandragore（http://mandragore.bnf.fr/html/accueil.html）は，フランス国立図書館所蔵の写本挿絵を対象とする。フランス文化省と l'Institut de recherche et d'histoite des textes（CNRS）による La base Enluminures（http://www.enluminures.culture.fr/documentation/ enlumine/fr/）は，フランス各地の地方自治体図書館所蔵の写本挿絵を対象としている。加えて，リヨン市立図書館のように，特に優れた所蔵写本をもつ場合には，独自のデータベース化が行われている例もある（http://www.bm-lyon.fr/ trouver/ basesdedonnees/ base_eluminure.htm）。
　2) 一例として，大英図書館の写本挿絵データベースは，the Online Catalogue of Illuminated Manuscripts（http://www.bl.uk/catalogues/illuminatedmanuscripts/introduction.asp）。このような動向に対するフランスの地方レヴェルの対応の紹介として，J. Deville et P. Martin, Le patrimoine écrit lorrain face à la numérisation et à internet, *Le Pays Lorrain*, Vol. 91-3, 2010, pp.189-196.

像にいたるまで，キーワード検索によって，テーマ毎にいとも容易にパソコンの画面上に導き出すことができるのである。

　写本挿絵に関して，これまでの美術史研究において，総合的な分析の対象となってきたのは，古代末期の写本に加えて[3]，『ユトレヒト詩篇』のような，比較的それがまとまって付されているカロリング時代やオットー朝期の写本であった[4]。そこでは，古代ローマ以来の絵画伝統の文脈上で，ビザンツを介した影響関係が中心的な研究課題とされている。これに対して，量的にははるかに多く残されている中世後期の写本挿絵は，我が国では，これが本格的に分析対象となることが少なかったように思われる[5]。加えて，美術史の研究方法としては，先行作品との比較対象から，各テーマがどのように描かれているかを考える様式論や，描かれたテーマに託された意味を考察する図像学が中心であり，描かれたモノの形態や機能，動植物ならばその種類などを歴史研究的な観点から考えることは例外的にしか行われて来なかった。このような従来の状況に対して，近年の写本挿絵のデータベース化によって，ひとつの写本をその全体として読み解くのではなく，写本挿絵のひとつひとつをばらばらに，そこで描かれている内容別に個別に検索し，写本間横断的に利用するという，もうひとつの研究アプローチが可能となったのである。

　その恩恵は，美術史研究者以上に，歴史研究者にとって大きいように思われる。なぜなら，写本挿絵のデータベース化によって，膨大な写本のなかに分散して埋もれていた図像史料という情報を効率的に利用することが可能となるからだ。これまで文献史料の文字部分にのみ集中してきた文献史学の歴史研究者にとっては，このような情報環境の革新的な変化は，ほとんど未知ともいえる史料世界を提供するものであり，これらの新しいデータを史料として効率的に活用し，歴史研究に取り入れて

　　3）　越宏一『挿絵の芸術――古代末期写本画の世界へ』朝日新聞社，1989 年。
　　4）　鼓みどり『ユトレヒト詩篇挿絵研究――言葉の織りなしたイメージをめぐって』中央公論美術出版，2006 年。
　　5）　越宏一「西欧中世写本画の世界」（同『西洋美術論考』中央公論美術出版，2002 年，所収）313 頁。鼓みどり「21 世紀の西洋中世美術史研究」『西洋中世研究』創刊号，2009 年，64-74 頁でも，「西欧初期中世美術史」が検討対象とされていて，本稿で紹介するような動向への言及はなかった。美術史学にとって，このようなデータベース化の意味をぜひ知りたいところではある。

いくことが求められているのである。そして，美術史学と歴史学との新しい架橋の可能性のひとつがここにあることもまた疑いない。

個別の写本挿絵の内容が，これまで史料として利用されてこなかったわけではない。美術史の領域では，金沢百枝は，『ジローナの刺繡布』に描かれた重量有輪犂の内容について考察するなかで，1100年前後のカタロニアにはなかったと推定されるヨーロッパ北方の重量有輪犂が描かれていることが，その刺繡画がイングランドの影響下で制作されたことの間接的根拠であると考えた[6]。私自身，論文「中世ヨーロッパにおける騎士と弓矢」の中で，これまで一般に槍と剣のみで戦うとされてきた中世ヨーロッパの騎馬兵のなかに，弓射騎兵が常に存在し続けていたことを明らかにしたが，その際には，弓射騎兵を描いた幾つかの写本挿絵が重要な証拠史料となったのである[7]。

しかし，美術史学の分野ではなく，文献史学的な歴史研究が写本挿絵の史料的価値に着目する場合には，その利用に際して乗り越えなければならないハードルがあるように思われる。

本稿で，第一に考えたいのは，実証主義的歴史研究において写本挿絵を利用する際に，写本挿絵に描かれた内容が，どれほど歴史的真実を伝えているか，もしくはいないかという問題である。写本挿絵を利用する際に，写本挿絵の史料的価値の有無は，そこに尽きるといってもよい。しかも，そのような写本挿絵の史料的価値をめぐっては，美術史研究と歴史研究とのあいだに，写実性に関する異なった考え方があるように思われる。これは，写本挿絵に限らず，絵画・彫刻などの図像資料全体についても言えることである。

それを踏まえたうえで，次に取り上げるのは，写本挿絵に描かれた内容の正確さの度合いをどのように判断すべきかという問題である。さらに，それは，挿絵画家個人の現実観察力ないし時代考証の力量の問題なのか，もしくは，それを越えた中世ヨーロッパ社会全体の歴史把握力・時間認識の問題なのだろうか。特に，そこに見られるアナクロニズム

---

[6] 金沢百枝『ロマネスクの宇宙――ジローナの《天地創造の刺繡布》を読む』東京大学出版会，2008年，33-35頁。

[7] 小島道裕編『武士と騎士――日欧比較中近世史の研究』思文閣出版，2010年，55-88頁。

は，なにかの絵画的ないし思想的意図の表現なのだろうか。これらの問題の検討は，挿絵を歴史研究の一次史料として取り扱う際の史料批判をどのように行うかということに帰結するであろう。

　このような問題を考えつつ，写本挿絵の史料としての有効性ないし利用可能性を，美術史学というよりは実証主義的な歴史研究の側から考察することが，この試論の目標である。もとより，美術史の知見と研鑽に乏しい身としては，このような未熟な論を立てることに内心忸怩たる思いを禁じえないが，現在，この新しいジャンルの歴史史料の公開が進められている公共的状況を考えると，それに対して，状況の簡単な紹介を兼ねつつ，ささやかな意見表明を行うことにも幾分かの意味があるかもしれない。

2　中世の図像表現における写実性

　美術史研究における写実主義 realism とは，現実をあるがままに正確に表現，描写するということである。それは具象美術の謂いであり，抽象化や様式化の対概念である。そしてその追求は，ルネサンス期以降の西欧美術の基本的動向でもあった。

　改めて，中世ヨーロッパを対象とした写実主義についての議論を探してみると，柳宗玄が，カロリング・ルネサンスにおける写実主義を論じるなかで，この時代の写本挿絵における写実性を高く評価する一方で[8]，「歴史画の発展」という節において，矛盾するような二つの中世写本挿絵をめぐる論点を取り上げている[9]。

　第一に，カロリング期には，ケルト・ゲルマン的な素朴抽象性や抽象的装飾美術との対比において，史的事実に即した写実的描写という，古代ローマ芸術における絵画原則のルネサンス（古代復興）があったとする。そこでは，反聖像的理念を持つユダヤ教的伝統が加わり，事態が錯綜しつつも，カロリング朝の立場としては，聖像崇拝を原理的に否定

---

　　8)　柳宗玄『初期ヨーロッパ美術・柳宗玄著作選3』八坂書房，2010年，第4章「カロリング朝とヨーロッパ美術の形成」。
　　9)　同上書，323-329頁。

しながら、壁画や写本挿絵の装飾的記念碑的意味は認めるのである[10]。「事実——とくに史的事実——を事実らしく描写するという絵画の原則——それは古代芸術の基本原理であった——が、この時代に再確認されたことは重要である[11]。」特にアルクィンは、聖書と同時に、歴史上の重要な人物（アレキサンダー大王、ロムルスとレムス、ハンニバル、カエサル、コンスタンティヌス帝、テオドシウス帝、カール・マルテル、ピピン3世、カール大帝など）を描かれるべき絵画の対象として重視した。このアルクィンが修道院長だった時期（796-804年）のトゥールのサン・マルタン修道院の写本室で制作された聖書写本の代表が、前述の『ユトレヒト詩篇』である。

その一方で、柳宗玄は、カロリング・ルネサンスにおいては、そこに描かれた意味内容が重要であって、いかに描かれたか（構図・色彩など）は重要ではないことも指摘している。描かれた内容を示す銘文や図像の外的特徴によって、その内容が伝えられることが多く、その限りで、色と形には、善悪や聖俗のような精神的内容を表現する力はない。このため、カロリング期に礼拝の対象となったのは、図像よりも聖遺物だった。このような考えに従うと、カロリング期には、図像は記号としての意味しかなかったということになる。結局、柳は、絵画や造形芸術の表現力を積極的に評価する近代的立場からこの点を否定的に捉えているのである。

しかし、以下に取り上げる議論を考え合わせると、むしろ、この図像の記号的意味を重視する立場こそが、中世ヨーロッパの人々の写本挿絵に対する基本的スタンスだったことがわかるであろう。柳の論考で考察の対象となっているのは、主として聖書関連の写本挿絵だけであり、そこでは比較的早い時期から定型表現が成立していたために、表現様式だけを比較して、このような議論が出来たように考えられるのである。

この問題を、彫刻も視野に収めつつ、別の表現で論じるのが、越宏一『ヨーロッパ中世美術講義』における議論である[12]。越は、プレ・カロリング期には、装飾的構成（パターン）が重視されたのに対して、カロリ

---

10) 同上書、321-322頁。『リブリ・カロリーニ Libri Carolini』を典拠とする。
11) 同上書、323頁。
12) 越宏一『ヨーロッパ中世美術講義』岩波書店、2001年。

ング期には，様式化を伴う再現（レプレゼンテイション）へ表現の重心が移るとする。そして，それ以後の中世美術の展開は，この二つの潮流の相克のうちに捉えることができると規定するのである[13]。

越宏一のいう様式化とは，自然や人間を直接に観察することから形象表現の素材が得られるのではなく，既存の図像・形式の模倣が繰り返されるということである[14]。その一方で，中世ヨーロッパ世界には，独特の真実性 reality 観があった[15]。それによれば，神に関わる事柄だけが実在する真実であるのに対して，可視的可触的な世界は幻想であり，偶然的イメージに過ぎないというのである。そして，そこでの神的内容の重視は，次のような二つの要素を結果することになる。

まず，表現の真実性は，事物の外観の忠実な模倣と同義ではないのであり，時間と空間における事物の自然な秩序をそのまま写実的に表現することは追求されなかった。そこでは，写実性ではなく，描かれ方の様式が問題となるのであり，その考察が中世ヨーロッパ美術研究のひとつの方向となる。他方，神的真実性を前提とする挿絵制作の目的は，可視的世界の背後にある，より深い象徴的神秘的意味を明らかにすることに置かれることとなった。それゆえ，そのような作品を読み解くことを目的とする中世美術研究では，図像学的解釈がもうひとつの中心的な位置を占めることになるのである。

中世美術研究の内容はともあれ，このような二つの要素の結果として，写本挿絵の現場では，記号的ないしステレオタイプ的表現が頻出することとなった。このことは，写本挿絵の写実的ないし歴史的内容を重視して利用しようとする歴史研究者にとって，大きな障害となる。この問題については，次章で再び取り上げたいと思う。

このように，中世ヨーロッパの図像表現は，キリスト教的世界観を背景として，記号論的意味の重視，装飾的構成，既存の図像・形式の模倣をその特徴としていたことが確認される。越宏一は，ビザンツ芸術の強い影響下に展開された 12 世紀までの中世絵画の特徴をそのような基

---

13) 同上書，46-47 頁。
14) 同上書，39 頁。
15) 同上書，4-6, 170, 186 頁を代表として，この点は，この書物のなかで繰り返し主張されている。

本線で捉えているが，その後も，それは変わらない。しかし，その一方で，13世紀に入ると，新たにゴシック様式の絵画表現が現れる。

絵画のゴシックは，それに先行するゴシック彫刻の主導下に発展した[16]。13世紀の盛期ゴシック様式の時代には，シャルトル大聖堂南北両袖廊扉口やランス大聖堂西側正面に見られるように，石造彫刻の人物像が，急速に具象的な様式へと変貌を遂げていった。ことに，シャルトルでは，西側正面扉口彫刻（12世紀半ば），北側袖廊扉口彫刻（13世紀初め），南側袖廊扉口彫刻（1230年代）のそれぞれに置かれた人像円柱を比較すれば，時代が下るにしたがって，その写実性が放物線的に発展してゆくことが実感される[17]。そして，そのような彫刻表現の変化の影響を受けて，ゴシック絵画もまた，ロマネスク的古拙ないし抽象性を脱却して，それまで見られなかった豊かな写実性を獲得するようになっていった。

しかし，表現方法が石造彫刻に先行されるという状況下にあっては，絵画は，石造彫刻に由来する表現条件の影響を免れることは出来なかった。そこでは，衣服のドレイパリーを豊かに表現するロマネスク的描写とは異なり，身体の動きや衣服をもっぱら線描で描くようになる。挿絵の描かれる枠組みが，ゴシック式のアーチをもつ窓枠になっている場合さえあるほか，彩色を施された写本挿絵の場合でも，色彩の意味は付随的なものに過ぎなかった。それらの特徴が集約されたのが，石造彫刻とともに大聖堂を飾ったステンドグラスであり，その平面的な表現は，まさに彫像と写本挿絵のあいだに位置するものであった。換言すれば，ゴシック式絵画とは，絵画本来の表現方法や場面設定がいまだ見られないような段階の絵画表現様式であったといえる。

このように，13世紀までのゴシックの線描画的挿絵が，輪郭を強調する一方で，人物の肉付きに欠け，色彩も二三色程度のわずかなものに留まっていたのに対して，15世紀の多彩な挿絵は，豊かな空間的奥行きを備え，古代ローマ的な自然主義的表現への回帰をも含むような方向

---

16) 同上書，104-118頁。以下，主として越の議論による。
17) 馬杉宗夫『ゴシック芸術――サン・ドニからの旅立ち』八坂書房，2003年，153-159頁。

へと展開していった[18]。そこでは，1400年前後のフランス，とりわけパリにおける写本挿絵制作の発展が決定的影響を及ぼした。そのような絵画的発展のなかで，中世後期の写本挿絵の写実性は着実に向上していったのである。

　描写における写実的正確さの発展という点では，ヤン・ファン・エイクやロベール・カンパン（別名「フレマルの画家 Maître de Flémalle」）を代表とする15世紀前半の初期フランドル派の絵画において，決定的な展開が認められる。特に，ブルゴーニュ公フィリップ・ル・ボン（位1419-1467年）の宮廷のために制作された写本挿絵では，同時代の情景描写に関しては，写本制作上の制約や芸術上の配慮から様式化された表現を伴いながらも，その具体的な内容は，当時の宮廷の室内の様子や背景となる風景の正確無比かつ精緻を極めた描写となっている[19]。描かれた人物の身体上の個性が特定できるようになるのも，この時代の写本挿絵の特徴であった。こうして13世紀までの様式化された写本挿絵は，15世紀に具象化へと大きく転換したのである。

3　写本挿絵の史料批判と図像的アナクロニズム

　かくして，写本挿絵の写実性は，盛期ゴシック期を経て，1400年前後に飛躍的に発展した。その結果，当然のことながら，15世紀の写本挿絵は，実証主義的な歴史研究にとってそれまで以上に多くの情報をもたらしてくれるものとなる。しかし，たとえ15世紀のものであっても，その図像を無条件に利用することがあってはならない。文書史料と同様の史料批判の手続きが不可欠であり，これは，写本挿絵の本文批評 textual criticism とも言い換えることができる作業である。

　写本挿絵とその内容との離齬の可能性については，K・ワイッツマン

---

18) F. Avril & C. Beaune, *Les manuscrits des rois de France au Moyen Âge*, Paris, 1989/1997, p.28. François Avril の筆になる Introduction における説明による。

19) *Ibid.*, p.26. そこでは，1458年に，ブルゴーニュ公フィリップ・ル・ボンへそのような写本が献呈される場面の挿絵が事例として挙げられている。（Bibliothèque nationale de France, Manuscrits français 9087, f.1.）

によるまとまった考察がある[20]。挿絵の内容とは，それが付された写本のテクスト部分が語る物語であるので，ワイッツマンの言葉では，「依拠する本文に対するミニアチュールの様々な関係」が問題となるが，彼はそれらを次の五つのケースに分類している。

第一に，「約束事あるいは方便」とワイッツマンが呼ぶ，定型的な画像表現がある。その例の一つとしてワイッツマンが挙げるのが，ビザンツ皇帝に始まる，国家の最高権力者の定型表現である。そこでは，皇帝や国王が，左右に護衛兵を伴って玉座に着くスタイルで描かれた。私が知る例でも，その一例を，『ヴィヴィアンの聖書 Bible de Vivien』（845年制作）の西フランク国王シャルル2世禿頭王の姿に見ることが出来る[21]。シャルル2世の皇帝戴冠は875年のことだが，ここでは，彼の着衣までもがすでにローマ皇帝風のトガやマントになっている。このようなステレオタイプ的定型表現については，本節後半で再度取り上げようと思う。

第二に，写本挿絵が制作された時代の「流行的要素」の混入がある。ワイッツマンは，主に服装の描写にその事例を求めているが，衣服以外にも，その図像が制作された当時の社会に存在した物質生活の形が，それ以前の時代を描いたはずの場面に持ち込まれる場合は少なくない。画家が，自分の身の回りにある物品を過去の情景のなかに描いてしまうのは，極く単純な不注意によるミスに過ぎないかもしれないが，中世ヨーロッパの写本挿絵では，それが非常にしばしば見られる。歴史画の場合には，第一の定型的表現とともに，これがアナクロニズムの印象を与える最大の要因のひとつとなる。

第三に，写本挿絵制作の過程で生じる，無意識の過失や誤解と，不用意な省略や複数場面の重ね合わせがもたらす不正確な変質がある。この問題は，挿絵作者それぞれの観察力と技量の程度に帰着するであろう。ことに，写本制作の過程で，写字生と挿絵画家が別々に作業する場合には，先に，挿絵の入るスペースを残しながら，写字生が本文を書くことが多かったため，本文の内容に無頓着な画家が間違った挿絵を描いてし

---

20) K・ワイッツマン『古代・中世の挿絵芸術——その起源と展開』辻成史訳，中央公論美術出版，2007年，113-130頁。

21) Bibliothèque nationale de France, ms. latin 1, f.423.

まうことがしばしば起こった。場面の理解を難しくする省略や複数場面の重ね合わせも，挿絵画家の問題である。これらはいずれも，テキスト内容に関する，写本挿絵画家の理解不十分から生じる図像上の誤りであるといえる。ワイッツマンは，そのような誤りを「退廃した読み」と呼び，その分析が，本文批評の場合と同様に，写本そのものの系統分類の重要な手がかりとなることも同時に指摘している。

第四に，写本元の作品には描かれていなかった図像が付加されることもあった。これは，装飾のための背景のほか，特に，科学的内容の著作において，説明上の効果を高めるために描かれた，本文の内容とは無関係の人物像を典型とする。また，擬人化や寓意像の挿入もまた，写本挿絵画家の創意により行われることがしばしばあった。このような擬人化には，自然界から星座にいたるまでを人の姿で表現しようとした古代ギリシアの擬人主義的伝統も大きく影響していたであろう[22]。

最後に，特に，有能な挿絵画家に見られる自由な独創に起因する誤りがある。これは，描くべき内容を独自に深く理解し，表現しようとした画家による意図的な逸脱であり，そこでは，テキストの主題の自由な再解釈が展開されることとなった。

K・ワイッツマンの指摘のうち，後半の三つは，総じて挿絵画家の個人的資質や技量，創意に関わるものであるのに対して，最初の二つの論点は，中世写本挿絵全体の特質とも言いうる内容を持っている。この二つの論点は，写本挿絵におけるアナクロニズムの問題を二つの角度から説明するものであるので，再度，具体例を挙げてこれらについて考えてみよう[23]。

第一の定型的ないしステレオタイプ的表現については，とりわけ，13世紀以前の様式化の強い時代には，写実性が重視されなかった結果として，それが写本挿絵に頻出することとなったのは当然であった。そのような傾向は，旧新約聖書をはじめとする，キリスト教関係の写本挿

---

22) 越宏一『ヨーロッパ中世美術講義』41-44頁。
23) 辻佐保子『ロマネスク美術とその周辺』岩波書店，2007年，320-321頁は，「アナクロニスム」の定義として，「実際にその種の備品が使用されなくなっても，または別個の形状を呈する時代になっても，いったん基本の図像定型が成立すると，そのまま利用，あるいは多様な情景描写や装飾要素（誇張を伴う建物の外観，華やかな素材の色調）といった必ずしも現実的ではない付加価値を加える傾向を指す」とする。

絵においてもっとも著しい。その代表は，長髪であご髭をたくわえたイエスの顔であろう。写本挿絵に限らず，壁画から彫刻まで数多く制作されたその姿は，古代ギリシア神話のゼウス像に由来するともされる[24]。同様の定型的反復は，聖母子の表現にも見ることができる。

　他方，聖書的なテキストを離れても，中世写本挿絵では，ステレオタイプ的表現の例は，その枚挙にいとまがない。ユダヤ人やアラブ人などの非キリスト教徒もまた，ある種の約束事に従って定型的に描かれた。ユダヤ人は，とんがり帽子を被っている姿が一般的であるし，イスラム教徒は色黒の人物で，頭の飾りやターバン，反りのある剣などの持ち物によって表現された。

　さらに，中世写本では，旧約聖書のダビデやユダ・マカバイ，古代のアレキサンダー大王やカエサル，フランク王国年代記のカール大帝など，国王的な歴史上の人物の挿絵が描かれる場合，こうした歴史画における国王像の多くは，王冠をかぶった長髪・長髭の老人の姿をとった。この点は，特殊中世政治的な理由があることのように思われるので，次節で再び論じたいと思う。(図1〜3)

　このように定型的描写が繰り返された背景としては，挿絵に描かれた内容がテキスト本文の叙述に直接関係しない場合がしばしばあるという，中世写本特有の事情を考え合わせる必要があるだろう。C・デ・ハメルによれば[25]，まず，このような定型的描写が特に好んで用いられたのは，中世西欧に生まれたイニシアル装飾においてである[26]。章が始まる大文字の形状を形作ると同時に，それを画像で飾るイニシアル装飾は，見出しとしての記号的機能を果たすものであり，一般に頁番号が付されない中世写本では頁番号の代わりとなるものでもあった[27]。13世紀の聖書写本では，各書の冒頭のイニシアル装飾には，『詩篇』ではダビ

---

24) 木俣元一『芸術のトポス（ヨーロッパの中世・第7巻）』(原野昇との共著) 岩波書店，2009年，228頁。

25) C. de Hamel, *The British Library Guide to Manuscript Illumination: History and Techniques*, London/Toronto, 2001, pp.29-35.

26) 越宏一『ヨーロッパ中世美術講義』101-104頁は，イニシアル装飾が，ビザンツ絵画の形態を採用しつつも，それとは異質の新装飾様式であったことを強調している。

27) M・カラザース『記憶術と書物——中世ヨーロッパの情報文化』別宮貞徳監訳，工作舎，1997年，360-366頁では，写本中の文字の装飾が，句読点の一種であり，音読や記憶のための印だったことを強調する。

348 第Ⅲ部 図像のなかの時間

図1 アレキサンダー大王（13世紀後半制作。Bibliothèque municipale d'Autun, ms. S 197, fol.337v..）。

図2 カエサル（14世紀制作。Bibliothèque nationale de France, ms. fr. 251, fol.236.）。

図3 カール大帝（15世紀制作。Bibliothèque nationale de France, ms. fr. 55, fol.230.）。

デ，『箴言』ではソロモンなど，その部分の著者と目された人物が象徴的に描かれた。しかし，『士師記』の場合には，本文が「ヨシュアの死後，イスラエルの人々は主に問うて言った。……」で始まるため，それに続く部分にヨシュアの事績に関する叙述がほとんどないにもかかわら

ず,『士師記』はヨシュアの図像によって示される。『イザヤ書』の冒頭には,イザヤが鋸によって両断されて殉教したという伝説に基づく挿絵が多く描かれたが,『イザヤ書』本文にはそのような叙述はない。このようなイニシアル装飾は,挿絵の定型化を引き起こす有力な背景となった。

さらに,中世に多く制作された時祷書では,聖務日課の当該頁を示すために,朝課の受胎告知から終課の聖母戴冠にいたる,聖母マリアの生涯の事件が描かれることが一般的だったが,時祷書の本文でこれらの内容に言及されているわけではない。これもまた見出しとしての機能をもつ挿絵であり,そこでは定型的表現が繰り返されたのだった[28]。

第二の,写本挿絵が制作された時代の文物が挿絵のなかに混入するという問題は,ごく単純な誤りとして済ますことが出来るようにも見えるが,実は,挿絵で描かれた内容を歴史研究の史料として利用しようとする者にとって,両義的な側面を持っている。

まず,私たちに大きな違和感を与えるのは,聖書も含めた古代世界の人物が,その写本が作成された当時の中世ヨーロッパの服装や道具とともに描かれる点であろう。換言すれば,それらの図像には,時代考証の配慮がまったく欠けているのである。

他方,挿絵のテキストの舞台となる時代がいつであれ,挿絵の内容が,それが描かれた時代の物質生活を反映したものであるとするならば,その限りで,それを,挿絵が制作された時代の物質生活に関する図像史料として扱うことができるように思われる。ただし,その際には,挿絵の図像内容の史料批判を厳重に行い,描かれた事物の時代をできる限り正確に把握することが必要となる。

そのような写本挿絵のアナクロニズムの顕著な例を,歴史画におけるさまざまな戦闘シーンに見ることができる。ギルボア山でのイスラエル王サウルとペリシテ軍との戦い(旧約聖書・サムエル記上)を描いた二つの挿絵では,それぞれ12世紀と14世紀の中世騎士の姿をした戦士が見られる(図4と図5)。ただし,前者では,敵対する両軍ともに12世紀のヨーロッパ戦士の姿であるのに対して,後者では,イスラエル軍は

[28) C・デ・ハメルは,頁の欄外と行末余白の装飾に描かれる戯画的動物や情景にも,同様の機能を見出している。C. de Hamel, *ibidem*.

図4 ギルボア山でのイスラエル王サウルとペリシテ軍との戦い(1155-1165年頃制作。Bibliothèque municipale de Troyes, ms. 28, t. I, fol.127v..)。

図5 ギルボア山でのイスラエル王サウルとペリシテ軍との戦い(14世紀後半制作。Bibliothèque municipale d'Alençon, ms. 128, fol.165v..)。

図6 ヒュダスペス河畔の戦い(1260-1270年頃制作。Bibliothèque municipale de Dijon, ms. 562, fol.172v..)。

14世紀当時の中世ヨーロッパ騎士，ペリシテ人はターバンと丸い盾を持つアラブ的様相を示しており，その描き方の差に，中世ヨーロッパ人の知見の拡大の影響を見ることができる。

　アレキサンダー大王がインド・パンジャーブ地方諸侯軍と戦ったヒュダスペス河畔の戦い（前326年）を描いた写本挿絵では，中世騎士風のギリシア軍に対して，象に乗り，弓矢で武装したインドの黒人部隊が対峙している（図6）。『ベリー公のいとも豪華なる時祷書』の1月の場面の背景に描かれているタピスリーは，アレキサンダー大王の戦闘場面であるとされるが，そこでもまた中世騎士軍の戦いが描かれている（図7）。後者の場合には，古代的要素が皆無であるため，これが紀元前4世紀の戦いの描写であることを想像することはまったく不可能である。この場面は，1413年元日，ベリー公ジャンが，ルーヴル城のセーヌ川対岸にあったネール館で開催した宴会を描いたものであるので，このベリー公の居館には，おそらく同様のモチーフの歴史画的タピスリーが掛かっていたに相違なく，そうだとするとこれは，写本挿絵の問題ではなくて，タピスリーにおける表現の問題であるということになる。

　奇妙に思えるのは，この15世紀といえば，イタリア・ルネサンスの影響下に，古代ローマの図像知識がある程度知られるようになっていた時代であるにもかかわらず，相変わらずの時代錯誤的図像表現が続くことである。テルモピレーの戦い（前480年）を描いた15世紀半ばのG・ボッカッチョの作品の写本挿絵（フランスで制作）でも，ギリシアとペルシアの双方の軍勢は，歩兵ではあるものの，まったくの中世騎士の装備で戦っているのである（図8）。

4　時代考証の不在

　中世ヨーロッパでは，歴史のテキストの写本が数多く制作され，その挿絵には歴史画が描かれた。それは，聖書ないし神話的物語から，古代ギリシアとローマの歴史書，騎士道文学，そして諸王国や都市で書かれた年代記に及ぶ。ここまで，前節後半では，これらの中世歴史画の特徴として，ステレオタイプ的な定型的表現と写本挿絵制作時の文物の

図7 『ベリー公のいとも豪華な時祷書 Les très riches heures du duc de Berry』(1410年代制作。Le Musée Condé, ms. 65, fol.1v..)

図8 テルモピレーの戦い(15世紀半ば制作。Bibliothèque municipale de Rouen, ms. 1440, fol.84.)。

　描写の混入という視角から，図像的アナクロニズムの問題を考察してきた。本節では，すでに指摘したことを発展させる形で，この問題の背景をまとめておこう。

　まず，このようなアナクロニズムの背景として，中世ヨーロッパ特有の事情があるケースがある。その代表例が，国王の描写における類似の定型的表現であり，それは，王権継承の連続性を政治的に主張するものであった。写本制作時の中世ヨーロッパの国王たちにとって，聖書の内容やアレクサンダー大王，カエサルとの類似によって，自分が彼らと似た姿かたちで描かれることは，過去の偉大な皇帝や国王たちと同等の権威を持つことをその読者に連想させたに違いない。たとえ，中世フランスの人々が自分たちを，ローマ人ではなく，トロイア人の子孫であると意識していたとしても，古代に遡る定型的な国王の図像は，王権の血統上の連続性を描くこと以上に，皇帝権と王権ないし国王権威一般の象徴的表現として重要だった。

　木俣元一は，パリの王宮礼拝堂であったサント・シャペルのステン

グラスにおいて，聖王ルイ9世がイエスの荊冠を入手し，それを安置するためにこの礼拝堂を建設させた顛末が，旧新約聖書の多くの場面とともに描かれていることに着目している[29]。それは，このステンドグラスが，ルイ9世が，ダビデやソロモンという旧約の王の後継者であり，都市パリが，かつてのイェルサレムやコンスタンティノープルのようなキリスト教世界の中心であることを国内外に示すメディア媒体となっているからである。王国年代記などをはじめとする歴史書の挿絵に描かれた皇帝や国王の姿もまた，同様の政治的プロパガンダであった。

　他方，そのような特定分野を離れると，第2節で取り上げたように，歴史画に留まらない中世絵画全体の思想的前提として，可視的世界の背後にある，より深い宗教的意味を重視するという，中世ヨーロッパ独特の真実性に関する価値観の存在から，時代考証の不在を説明することが出来るかもしれない。写本挿絵は，一種の記号であり，そこに自然や人間を直接に観察することから得られる写実的な形象表現を盛り込む必然性は薄かったというわけである。しかし，そこからは，中世後期における同時代的事物に関する写実性の高まりを説明することは出来ないだろう。

　歴史的内容の写本挿絵一般を，それが制作された時代の事物と比較すると，写実的描写への指向が確実に存在した。特に15世紀以降の写本挿絵では，同時代の出来事や事物を描く場合に，徹底した写実的正確さが追求されるようになる。挿絵画家個人の現実観察力ないし画家としての技量が問われるような事例もあるものの，そこでは，原則として，その写本挿絵が制作された当時の社会に存在した物質生活の形が比較的正確に描かれている場合が多いのである。それは，先のワイッツマンの指摘の第二点でもあるのだが，その一方で，画家のなかでは，そのような写実的描写志向を過去の事物の時代考証にまで結び付けようとする考えは希薄だったといわざるを得ない。この時代考証の不在こそ，中世写本挿絵の特徴であると同時に，歴史研究の史料としての写本挿絵の利用を妨げるもっとも大きな障害であるといえるが，その背景を明確に論じることは難しい。

---

29) 木俣元一，前掲書，277頁。

これに対して，たとえ図像で描かれる内容の時代考証を行おうとしても，そのための歴史的な情報が極めて限定されていたという現実的な理由を推定することは，より確実に可能であろう。そもそも，ビザンツ写本挿絵には，古代的事物を写実的に表現する意図がはっきりあったと言われる。しかし，時代と地域が離れれば離れるほど，過去の物質生活に対する情報が少なくなり，それが中世ヨーロッパ人の歴史観において，時代考証の意識を著しく低下させる結果となったと推定される。

　中世フランスの人々の古代ガリアに関する知見をまとめたC・ボーヌによると，1480年以前には，ガリアについて触れた古代の著作は，まず圧倒的にカエサルの『ガリア戦記』であり，そのほかには，トログス・ポンペイウスの著作を簡略化して伝えたユニアヌス・ユスティヌスと『ローマ建国史』の著者ティトゥス・リウィウス，7世紀まで時代を下ると，『語源』などを著したセヴィリャのイシドルスなど，ごくわずかしかなかった[30]。このなかで，『ガリア戦記』は，数多くの写本が制作されたほか[31]，ラウル・ド・プレールによるアウグスティヌス『神の国』の仏語訳をはじめとする，他の著作に引用されて広く流布したのである。このような偏りはあるものの，中世には，数多くの古代ローマの著作が知られていた[32]。軍事に関しても，ウェゲティウスを筆頭として，フロンティヌスもよく知られていた。しかし，こうしたテキストの伝承が確保されていた一方で，それは，写本挿絵を伴うものではなく，挿絵の伝承は偶発的なものに留まった。

　その一方で，13・14世紀になると，テキストと写本挿絵の乖離ないし挿絵の独立化という新たな傾向が現れる[33]。それは，ひとつには，写本の装飾においてであり，さらには，写本の注文主とその制作者が描かれるようになり，そこでの描写が平面的描写を脱して，奥行きを備えることとなったことと関連している。その一方で，そこでは，テキスト内容の時代考証は不必要なことがらであり，写本が制作されたその時の事

---

30) C. Beaune, *Naissance de la nation France*, Paris, 1985, 1993, pp.40-44.
31) K・ポミアン（上垣豊訳）「フランク人とガリア人」（P・ノラ編『記憶の場――フランス国民意識の文化＝社会史』第1巻，岩波書店，2002年所収），85頁。
32) E・R・クルツィウス（南大路振一・岸本通夫・中村善也訳）『ヨーロッパ文学とラテン中世』みすず書房，1971年，64-70頁。
33) R. Recht, *L'image médiévale. Le livre enluminé*, Paris, 2010, p.210.

物に合わせた写実的表現が重視されるであろう。その結果が，アナクロニズム的表現であった。

　もちろん，このほかに，挿絵画家の注意力不足に起因する時代考証の欠如も多かった。15世紀に制作されたフロワサール『年代記』のある写本では，百年戦争におけるクレシーの戦い（1346年）もポワティエの戦い（1356年）も，ほとんど同じ構図と内容の機械的表現で描かれている（図9・10）。

図9　クレシーの戦い（15世紀初め制作。Bibliothèque municipale de Besançon, ms. 864, fol.138.）。

図10　ポワティエの戦い（15世紀初め制作。Bibliothèque municipale de Besançon, ms. 864, fol.172.）。

5　写本挿絵の機能的な史料価値

　ここまで私たちは，歴史研究にとって写本挿絵が持つ写実性の意味について考えてきた。挿絵に描かれた歴史的情報の正確さという点では，写実性の程度が写本挿絵の史料的価値に比例することは間違いない。しかし，同時に，たとえ抽象的ないし簡略化された表現であっても，事物の形態，構造や機能的特徴がある程度正確に分かるような挿絵の場合には，その図像の史料としての意味は大きく，貴重な情報となりうるということも指摘しておかなければならない。そこでは，挿絵の描かれ方の様式や写実性は必ずしも問題とされない。描かれた挿絵が伝える事物の

構造主義的な意味での機能や特徴が重要であるのである。

　史料としての写本挿絵が持つこのような側面は，ものや技術などの物質生活に関する内容や動植物に関わることが多い。たとえば，歴史画として多く描かれる戦争の図像では，歴史家の関心は，その表現の芸術的写実性以上に，そこに描かれた戦闘や武具の機能的な正確さに寄せられることになる[34]。前節で挙げたクレシーの戦いでは，イングランド軍の長弓 longbow がフランス軍の弩 crossbow, arbalète を圧倒したことがよく知られている。この戦いを描いた写本挿絵の多くでは，戦場の具体的な描写は単純化されていても，両軍の飛び道具の構造的相違は明瞭に表現されている場合が多い。図9のクレシーの戦いの情景は，そのような具体的内容を描いておらず，この意味でも史料的価値に乏しいのである。

　最後に，写本挿絵ではないが，きわめて抽象化されている図像であるにもかかわらず，歴史史料として重要な事例を挙げておこう。それは，1066年のノルマン・コンクェストの顛末を描いた『バイユーのタピスリー』（11世紀後半制作）における都市囲壁の描写である（図11・12）。そこでは，ディナン Dinan とレンヌ Rennes という，フランス・ブルターニュ地方の二つの都市が，いずれも「土と木の城 motte and bailey castle」の形で登場しているのだが，ディナンの城を囲む囲壁は盛り土状の土塁であるのに対して，レンヌの城の囲壁は垂直の石造りであることが，それぞれの囲壁の断面の形状から分かるのである。この断面は極めて単純化された形で表現されているが，その違いが意味するところは明瞭であり，その意味もまた大きい。レンヌのように，この時代に石造囲壁を備えた定住地であるということは，多くの場合，古代ローマ時代末期にすでに存在していた都市であることを示している。これに対して，土塁で囲まれたディナンは，11世紀ころに登場する「土と木の城」を核として生まれた中世城下町であると考えられるからである。

　二つの都市囲壁の表現の差異は，抽象的で分かりにくいものであるため，古代から中世にかけてのヨーロッパの都市と城砦建築の歴史を知らなければ，それと気がつくことは難しい。しかし，それを知りさえすれ

---

34) V. Sekules, *Medieval Art*, Oxford UP., 2001, p.211.

6　中世ヨーロッパの写本挿絵における時代表現と写実性　　357

ば，『バイユーのタピスリー』の描写のもつ機能主義的な正確さと史料的価値の高さを改めて確認することができるのである。

図11　ディナン城（『バイユーのタピスリー』，11世紀後半制作。Le Musée de la tapisserie à Bayeux）。

図12　レンヌ城『バイユーのタピスリー』。

　　　　　　　　　　＊　　＊　　＊

　現在，ヨーロッパ各地でその整備が進められている写本挿絵データベースを，美術史研究だけでなく，実証主義的な歴史研究においても利用してゆくことは，歴史学にとっての新たな史料的地平を切り開くことを意味している。本稿では，そのような写本挿絵のデーターベース化のもつ可能性とともに，それを歴史研究の史料として利用する際の留意点を明らかにするという問題関心から議論を進めてきた。ここで引用した写本挿絵の多くもまた，そのような写本挿絵データベースから得られたものである。

　そこから明らかになったことは，この新しい史料群を有効利用するためには，中世ヨーロッパの絵画全般に当てはまる特徴を踏まえつつ，写本挿絵を取り巻くさまざまな不正確さの要因とともに，時代錯誤的表現と時代考証の不在に留意しなければならないということである。これらの障害は，写本間ないしテーマ間の比較対照という史料批判の作業によって克服されるであろう[35]。そのような作業を通じてのみ，中世ヨーロッパの写本挿絵は，歴史研究の新たな素材としての活用が期待されるのである。

---

35)　藤原良章「絵画資料再論」小野正敏・五味文彦・萩原三雄編『モノとココロの資料学——中世史料論の新段階』高志書院，2005年，107–131頁は，『一遍聖絵』などを素材とした，中世日本の絵画史料についての史料批判の事例を提示している。

あとがき

　本書は，早稲田大学総合研究機構のプロジェクト研究所「ヨーロッパ中世・ルネサンス研究所 (Institute for European Medieval and Renaissance Studies)」の企画による最初の論文集である。
　まず，我々の「ヨーロッパ中世・ルネサンス研究所」について説明しておきたい。この研究所は，ヨーロッパの中世とルネサンスの社会，文化，芸術の諸相を，特定の分野からだけではなく，歴史学，美術史，哲学，文学，宗教学など様々な分野から横断的に共同研究を行うことを目的にして，2009 年 10 月に創設された。すでに欧米の著名な大学には「中世・ルネサンス研究所」の名称を冠する研究所が多く存在し，そこでは学際的な共同研究が活発になされている。本研究所はそうした海外の研究所をモデルとしながらも，西洋文化圏ではなく東洋文化圏に属する日本ならではの，独自のヨーロッパ中世・ルネサンス研究を早稲田大学から発信してゆく研究所として発足した。
　我々がこの研究所を発足させた背景には，何よりも人文科学の研究のあり方が最近ますます変容している状況がある。これまでの人文科学の研究は，19 世紀に体系化された哲学，史学，文学の三区分を大きな枠組みとしながら，専門分野ごとに細分化された研究を行うことが主体であった。しかしこの数十年の間，我々の生きる世界が急速に変容するなか，従来の専門分野に基づく研究では解明できない問題が次々と浮上し，人文科学でも学際的な共同研究を行うことで多くの成果が上げられるようになってきた。例を挙げれば，ジェンダー，死生観といった最近注目を浴びているテーマは，従来のタコツボ的な研究ではとうていその全容を解明できないものであろう。おそらく学際的な協力がなければ，有意義な研究成果を上げることは不可能なテーマである。また，最近盛んになっている中世写本の図像研究でも，美術史的アプローチだけでなく，歴史学や宗教学の分析の視点も加味されることで，その文化的背景

も含めた意味が解き明かされるであろう。これらの例からもわかるように，現在，既存の枠組みを超えて共同研究を行うべき人文科学のテーマはますます増えている。我々はこのような学問状況に鑑み，ヨーロッパ中世・ルネサンスの研究について，従来の縦割りの専門研究を超えた共同研究を遂行するために本研究所を発足させた。

　さらに我々が目指す目標には，現代の知の状況に即したヨーロッパ文化の再考がある。現在，日本の人文科学全体の傾向として，ヨーロッパ中心主義に基づいた思考方法への懐疑がある。つまり，ヨーロッパの文化や思想の特権的な優位を強調し，ヨーロッパ近代の普遍性の原型を中世に探るという姿勢の分析が批判にさらされている。むしろ，中世や近世の世界を多元的な世界システムのなかで捉え，ヨーロッパ世界を他の文明圏との相互影響のなかで相対化して捉えようとする潮流が優勢になっている。確かに，19世紀以来のヨーロッパ中心主義的な価値観は，現代世界では必ずしもそのままでは通用しなくなっている。とくに1990年代以降，冷戦の時代が終わってからは，ヨーロッパ世界の文化的優越を主張することよりも，世界の多元的な文化の諸相を歴史のなかに探るという視点から人文科学の研究がなされることが多くなっているといえよう。

　しかし，多元主義的な分析が多くの成果を上げうることを認めた上で，それでもなお，ヨーロッパ文明が近代世界を形成した核心であることは確かであり，その根源としての中世とルネサンスの文化は我々にとり無視できない重要性をもつことも事実である。とくに日本は政治，経済，社会のすべての側面でヨーロッパ文明を摂取して近代化を成し遂げ，ヨーロッパ文明が根ざす中世やルネサンスの文化をいやおうなしに自分たちの文化の根源の一つとして受容したことも忘れてはならない。また，インターネットなどを通じての世界の一体化において，日本のみならず世界全体が多かれ少なかれヨーロッパ文明が形成した規範に従って動いている現実が存在する。世界全体の新しい共生のあり方を考えるためにも，ヨーロッパ文明の根源にある中世やルネサンスの文化を問い直すことは，今後とも重要な問題であることに変わりないであろう。

　このような問題意識に立って創設された本研究所では，これまで専門

あとがき

分野の異なる研究者を交えた研究会やシンポジウムを定期的に開催し，紀要『エクフラシス――ヨーロッパ文化研究』も創刊した．同時に，研究会の成果を「時間意識」をめぐる論文集として刊行することを当初より考え，2年の間，研究会とシンポジウムはこのテーマを意識しつつ行われた．「時間意識」をテーマに選んだ理由は，それが一つの専門分野だけでは解明できない多面的な問題を孕み，学際的な共同研究にふさわしいテーマだと判断したからである．「時間意識」を主たるテーマにした研究所の活動は，2009年秋学期から2011年春学期まで続いたが，その間の研究会とシンポジウムの概要は，以下のようなものである．

第1回研究会　2009年11月7日
　　講演　根占献一「ルネサンス世界――その意義と我々」
　　シンポジウム　「古代ローマと中世ヨーロッパ――学際的な共同研究に向けて」
　　　　　　　　報告者：宮城徳也，瀬戸直彦，益田朋幸，甚野尚志
第2回研究会　2009年1月9日
　　全体のテーマ「中世ヨーロッパにおける終末のイメージ」
　　　第1部「西欧とビザンティン世界の交流」
　　　　益田朋幸「「最後の審判」図像の東西伝播」
　　　　甚野尚志「12世紀の知識人の終末観と東西教会合同の理念」
　　　第2部「『ベアトゥス黙示録注解』の世界」
　　　　毛塚実江子「千年紀（ミレニアム）スペイン――黙示録にみる終末思想」
　　　　久米順子「千年紀（ミレニアム）を超えて――レコンキスタの進展と盛期中世のベアトゥス写本」
第3回研究会　2010年4月3日
　　全体のテーマ「中世ヨーロッパの異端と神秘主義」
　　　第1部「西欧の神秘主義」
　　　　細田あや子「ヒルデガルト・フォン・ビンゲンの救済論」
　　　　村上寛「自由心霊派とマルグリート・ポレート」
　　　第2部「ビザンティン・ロシアの異端」
　　　　草生久嗣「ビザンツの「神秘思想」と「異端」――コンスタンティ

ン・クリュソマルロスの事例（1140）を題材に」

　　　三浦清美「中世ロシア異端の系譜と古儀式派」

第4回研究会 2010年6月12日

　全体のテーマ「ルネサンス精神をめぐって」

　　　高橋朋子「写実と肖似性——イザベラ・デステの肖像画をめぐって」

　　　大川なつか「ジョン・コレットとヒューマニズム」

　　　柳沼正広「エラスムスと異教古典——『反蛮族論』を手がかりに」

第1回シンポジウム　2010年9月25日

　全体のテーマ「中世の時間意識」

　　　辻成史「語られる時間から内的表象の時間に」

　　　堀越宏一「中世ヨーロッパの写本挿絵にみる時代表現と写実性」

　　　佐野みどり「二重の時間，二重の空間——中世掛幅縁起絵の構造」

第5回研究会　2010年11月6日

　全体のテーマ「テクストからの時間意識」

　　　田島照久「『永遠の第一の単一なる今』——マイスター・エックハルトの時間論」

　　　竹田千穂「歴史を物語ること——フロワサールの『年代記』第3巻『ベアルンの旅』のテクストにおける時間意識」

　　　鈴木喜晴「Ad huc modernus puer es——カルメル会士ヨハネス・フォン・ヒルデスハイムの修道制観と時間意識」

第6回研究会　2011年4月9日　全体のテーマ：「中世の写本をめぐって」

　　　西間木真「アキテーヌ写本の「トナリウス tonarius」を通してみたロマネスク音楽の諸問題」

　　　辻絵理子「ストゥディオス修道院写本工房の磔刑図像——礼拝する人物と犠牲の仔羊」

第7回研究会　2011年7月16日

　全体のテーマ「中世の時間意識」

　　　黒田祐我「複合的な暦と時間意識——『辺境』としての中世イベリア半島」

　　　櫻井夕里子「アナスタシス（キリストの冥府降下）図像に内在する時間」

これらの研究会やシンポジウムでは，多数の参加者の出席のもと活発な質疑応答が行われた（各回の報告要旨は研究所のウェブサイト http://www.waseda.jp/prj-iemrs/ に掲載してある）。研究会を重ねるうちに，論文集の企画が練り上げられたが，本論文集に寄稿を依頼した執筆者は，必ずしもこれまでの研究会やシンポジウムでの報告者には限らなかった。それは編者が，論文集全体の構成のバランスなども考えて，研究所の関係者以外の方々にも執筆を依頼することにしたからである。しかし論文集に所収された諸論文には，研究会で議論された問題を随所に見出すことができ，その限りで我々の共同研究の成果であることに違いはない。

　このような学際的な共同研究の論文集は，欧米ではごくふつうに数多く刊行されているが，なお専門の棲み分けが強固な我が国の人文科学の世界ではいまだ少数といってよいだろう。だがすでに述べたように，我が国でも既存の学問の枠を超える共同研究がしだいに行われ始めている現在，本研究所の論文集の企画は，時代の要求に応えたものといえる。我々としては，今後も新しい人文科学の共同研究のあり方を模索しながら，既成の学問の枠に囚われずに，ヨーロッパの中世とルネサンスの文化の本質を解明する論文集を刊行していきたいと考えている。それにより，新しい学際的な視点からのヨーロッパ中世・ルネサンスの像を提示できれば望外の幸せである。

　最後になったが，学術出版が困難な状況のなか，刊行をお引き受けいただいた知泉書館の小山光夫氏には衷心より御礼申し上げる。なお本書の刊行には，早稲田大学総合研究機構からの出版補助を得た。

2012 年 2 月

甚野　尚志
益田　朋幸

執筆者紹介

大月康弘（おおつき・やすひろ）
1962年生。一橋大学大学院経済学研究科博士後期課程修了。博士（経済学，一橋大学）。一橋大学大学院経済学研究科教授。
〔業績〕『帝国と慈善 ビザンツ』創文社，「イヴィロン修道院の所領形成と帝国統治」，渡辺節夫編『ヨーロッパ中世社会における統合と調整』創文社，ピエール・マラヴァル『皇帝ユスティニアヌス』（訳）白水社，ベルナール・フリューザン『ビザンツ文明』（訳）白水社，など。

甚野尚志（じんの・たかし）
1958年生。東京大学大学院人文科学研究科修士課程修了。博士（文学，早稲田大学）。早稲田大学文学学術院教授。
〔業績〕『中世の異端者たち』山川出版社，『中世ヨーロッパの社会観』講談社学術文庫（『隠喩のなかの中世』弘文堂，の改訂版），『十二世紀ルネサンスの精神──ソールズベリのジョンの思想構造』知泉書館，『中世ヨーロッパを生きる』（編著）東京大学出版会，エルンスト・カントロヴィッチ『祖国のために死ぬこと』（訳），みすず書房，など。

黒田祐我（くろだ・ゆうが）
1980年生。早稲田大学大学院文学研究科博士後期課程単位取得満期退学。早稲田大学文学学術院助手の後，現在，日本学術振興会特別研究員（PD）。
〔業績〕「11世紀スペインにおけるパーリア制再考」『西洋史学』216号（2005年）。「アンダルス社会から封建社会へ：農村社会構造研究とレコンキスタの新解釈」『史學雜誌』118-10号（2009年）。「両文明を越境する傭兵──中世西地中海世界におけるキリスト教徒」『歴史学研究』881号（2011年）

根占献一（ねじめ・けんいち）
1949年生。早稲田大学大学院文学研究科博士課程単位取得満期退学。博士（文学，早稲田大学）。学習院女子大学国際文化交流学部教授。
〔業績〕『ロレンツォ・デ・メディチ──ルネサンス期フィレンツェ社会における個人の形成』南窓社，『東西ルネサンスの邂逅──南蛮と禰寝氏の歴史的世界を求めて』東信堂，『フィレンツェ共和国のヒューマニスト──イタリア・ルネサンス研究（正）』，『共和国のプラトン的世界──イタリア・ルネサンス研究（続）』，『ルネサンス精神への旅──ジョアッキーノ・ダ・フィオーレからカッシーラーまで』以上，創文社。

皆川 卓（みながわ・たく）
1967年生。早稲田大学大学院文学研究科博士課程単位取得退学。博士（文学，早稲田大学）。山梨大学教育人間科学部准教授。
〔業績〕『等族制国家から国家連合へ』創文社，「ハプスブルク朝神聖ローマ帝国統治体制の諸相」，佐藤勝則編『比較連邦制史研究』多賀出版，「フェーデと近世国家」，山内進・加藤博・新田一郎編『暴力──比較文明史的考察』東京大学出版会，「アリストテレスが結ぶヨーロッパ」，小倉欣一編『近世ヨーロッパの東と西──共和制の理念と現実』山川出版社。

西間木真（にしまぎ・しん）
1966年生。パリ高等研究院（第4セクション：歴史・文献学部門）博士課程修了。
〔業績〕*Tractatuli, excerpta et fragmenta de musica s. XI et XII*, Turnhout, 2011（Christian Meyerとの共著），S, Zapke (ed.), *Hispania vetus. Musical-Liturgical Manuscripts: From Visigothic Origins to the Franco-Roman Transition (9-12th Centuries)*, Madrid, 2007 に寄稿。

瀬戸直彦（せと・なおひこ）
1954年生。早稲田大学大学院文学研究科博士課程中退。博士（第3課程，パリ第4大学）。

早稲田大学文学学術院教授。
〔業績〕『トルバドゥール詞華集』大学書林，«Le chansonier C et le troubadour Folquet de Marseille», in *La France Latine*, t.121, 1995, pp.7-38.「フランス国立図書館 856 写本における目次と索引—とくにその作者措定について」『早稲田大学図書館紀要』第 49 号（2002），pp.1-21. ベルナール・セルキリーニ『フランス語の誕生』（共訳）白水社。

田島照久（たじま・てるひさ）
1947 年生。フライブルク大学哲学科修了（マギスター）。博士（文学，早稲田大学）。早稲田大学文学学術院教授。
〔業績〕『マイスター・エックハルト研究――思惟のトリアーデ構造 esse・creatio・generatio 論』創文社，『エックハルト説教集』岩波文庫，『タウラー説教集』創文社，『禅林句集』（共編）岩波文庫，『聖書をめぐる九の冒険』（共著）文芸春秋社。「マイスター・エックハルトの思想――神の荒野と一者神論」，上智大学中世思想研究所編『中世と近世のあいだ――14 世紀におけるスコラ学と神秘思想』知泉書館，「ドイツ神秘思想とテオーシス」『日本独文学会研究叢書 35 号　ドイツにおける神秘思想の展開』，「市民生活における宗教」早稲田大学出版部，『waseda libri mundi 3 ドイツの社会　民族の伝統とその構造』

黒岩　卓（くろいわ・たく）
1976 年生。早稲田大学大学院文学研究科博士後期課程満期退学。博士（文学，早稲田大学）。東北大学大学院文学研究科准教授。
〔業績〕« De l'oral a l'oral : reflexions sur la transmission ecrite des textes dramatiques au Moyen Age », *Médiévales*, 59, 2010, pp. 17-40. « Formes fixes : futilites versificatoires ou systeme de pensee ? », *Vers une poétique du discours dramatique au Moyen Âge*, Paris, H. Champion, 2011, pp. 3-25（以上二点は Darwin Smith, Xavier Leroux 両氏との共著）．« « Le viel jeu » en mouvement : la configuration rimique et métrique des triolets dans les manuscrits du *Mystere de la Passion* d'Arnoul Gréban », *Vers une poetique du discours dramatique au Moyen Âge*, Paris, H. Champion, 2011, pp.143-157.

辻　成史（つじ・しげぶみ）
1958 年東京芸術大学美術学部芸術学科卒。立教大学大学院キリスト教学科を経て，1968 年プリンストン大学大学院美術考古学科を修了。Ph.D. 帰国後清泉女子大学キリスト教学科，大阪大学文学部教授，その後金沢美術工芸大学大学院教授，大手前大学人文科学部教授，西宮市大谷記念美術館館長等を歴任。ダンバートン・オークス フェロー，プリンストン高等学術研究所フェロー，テキサス大学フルブライト上級研究員などを務める。1990 年よりトルコ共和国ムーラ県エリュデニズにおいて古代末期・ビザンティン都市および宗教遺跡の調査・発掘を計画，従事。西洋古典古代から現代，日本近代にかけての著書，論文多数。

毛塚実江子（けづか・みえこ）
1975 年生。早稲田大学大学院修了．博士（文学，早稲田大学）。共立女子大学・東京造形大学非常勤講師。
〔業績〕「レオンの『九六〇年聖書』の対観表研究」早稲田大学博士論文，2009 年，「レオンの『九六〇年聖書』写本の旧約挿絵研究」『スペインラテンアメリカ美術研究』12（2011），「960 年聖書」冒頭挿絵「荘厳のキリスト（マイエスタス・ドミニ）」を巡って」『エフクラシス』1（2011）等。

櫻井夕里子（さくらい・ゆりこ）
早稲田大学大学院修了。博士（文学，早稲田大学）。女子美術大学非常勤講師。
〔業績〕「『パルマ福音書』キリスト伝挿絵の図像プログラム」『美術史』157（2004）；「中期ビザンティン時代における『コンスタンティヌスとヘレナ』図像に関する一考察」『美術史』163（2007）；「トカル・キリセ新聖堂（カッパドキア，ギョレメ地区）の装飾プログラム」『地中海学研究』31（2008）；"The Evangelists of the Maiestas Domini in the Parma Gospel Book," Aesthetics, 13（2009）等。

辻絵理子（つじ・えりこ）
早稲田大学大学院修了。日本学術振興会特別研究員。
〔業績〕「ストゥディオス修道院工房における『キリスト三態』」『地中海研究所紀要』6（2008），「『ブリストル詩篇』の《苦難の穴》――「逐語的」挿絵の有する機能」『比較文学年誌』64（2010），「死を呑む鳥――カラドリオスと落語『死神』の淵源」『地中海研究所紀要』8（2010），「ストゥディオス修道院写本工房のペリカン図像」『美術史』171（2011）等。

執筆者紹介

益田朋幸（ますだ・ともゆき）
1960年生。早稲田大学大学院修了。Ph.D（ギリシア国立テサロニキ大学）。女子美術大学を経て早稲田大学文学学術院教授。
〔業績〕『ビザンティンの聖堂美術』中央公論新社，『西洋美術用語辞典』（共著）岩波書店，『世界歴史の旅　ビザンティン』山川出版社，『描かれた時間』論創社，『ピーターラビットの謎』東京書籍，『地中海紀行　ビザンティンでいこう！』東京書籍，J・ラウデン『初期キリスト教美術　ビザンティン美術』（翻訳）岩波書店，等。

堀越　宏一（ほりこし・こういち）
1957年生。東京大学大学院人文科学研究科博士課程単位取得退学，ナンシー第2大学大学院博士課程修了。歴史学博士（フランス）。早稲田大学教育・総合科学学術院教授。
〔業績〕『中世ヨーロッパ生活誌』日本放送出版協会，『ものと技術の弁証法（ヨーロッパの中世・第5巻）』岩波書店，*L'industrie du fer en Lorraine : XIIe-XVIIe siècles*, Langres (France), 2008, 『中世ヨーロッパの農村世界』山川出版社，『中世ヨーロッパを生きる』（編著）東京大学出版会。

人 名 索 引

アウグスティヌス（アウレリウス・アウグスティヌス）　23, 33-35, 121, 125-27, 133, 134, 136, 137, 141, 172, 245-47, 354
アウグストゥス（ローマ皇帝）　14, 51, 52, 62, 65, 231, 233, 235, 239, 241
アウレリアヌス　124, 126-28
アエニーアス（アエネーアース）　220
アガティアス　6, 17, 19
アゴバルドゥス　122
アタナギルド（西ゴート王）　53
アダム　6, 14, 33, 34, 49, 193, 245, 263, 265, 267, 269, 270, 278
アナスタシオス（シナイの）　6, 12, 25, 262
アブラハム　33, 34, 49, 245, 328-34
アベル　34, 43, 265, 269, 329
アメリゴ・ヴェスプッチ　72, 83
アリストテレス　11, 69, 74, 81-83, 162, 168, 170-73, 175, 176, 178-81, 184, 192
アルクィン，アルクイヌス　127, 341
アルデブランダン（シエナの）　144, 161, 162
アルド・マヌツィオ　79
アルヌール・グレバン　193, 201
アルフォンソ八世（カスティーリャ王）　62
アルフォンソ十世（カスティーリャ王）　49
アレキサンダー大王，アレクサンダー大王　162, 341, 347, 351, 352
アレッサンドロ・ファルネーゼ　76
アンセルムス（ハーフェルベルクの）　27-32, 34, 35-47
アンセルムス（カンタベリーの）　189, 190
アントニオ・ウルチェオ・コドロ　79
アントニオス　38
アンドレア・デル・サンソヴィーノ　86
イアンブリコス　82, 89
イェラーキ　311, 330
イサキオス1世コムニノス　282
イシドルス（セビーリャ司教）　51, 53, 121, 123, 246, 248, 354
ヴァイゲル　113-16
ウィトゥルウィウス　214, 218, 225
ウェゲティウス　354
ウェルギリウス　88, 223
ウスターシュ・メルカデ　194
エウセビオス　14, 23, 267, 272, 273
エウゲニウス3世　30, 31, 42
エウゲニウス4世　81
エウジェニオ・ガレン　80
エウセビオス（カイサリアの）　14, 23, 267, 272, 273
エグベルトゥス（フイスブルク修道院長）　31
エゲリア　241, 273
エジディオ・ダ・ヴィテルボ　75, 84
エックハルト（マイスター・エックハルト，エックハルト・フォン・ホーホハイム）　167-69, 172-74, 179-92, 362
エドワード・ローゼン　74, 81
エベルハルト　85
エリパンドゥス　247, 248
オウィディウス　148
オジアンダー　100-04
オジル・デ・カダルス　143-45, 152, 155, 158, 161, 163, 164
オットー（フライジングの）　5, 6, 9, 10, 27, 28, 338
オットー3世　5, 6

オフリド　　319, 320, 325, 329, 330, 333, 334
オルデリクス・ヴィターリス　　27, 28
オルドーニョ1世（アストゥリアス王）　　55
ガウセルム・ファイディット　　157, 165
カエサル　　51, 52, 57, 62, 65, 71, 214, 222, 341, 347, 352, 354
カッシオドルス　　123, 124, 128, 133
カファッロ　　28
カリギュラ（ローマ皇帝）　　52, 53
ガリレオ・ガリレイ　　75
カール大帝（シャルルマーニュ）　　122, 341, 347
カール・マルテル　　341
カルロ・スピノラ　　71, 72, 83
ガレノス，グイダ（サヴェリオ）
ガレノス，グイダ　　145, 146, 153, 161
キケロ　　83, 224, 235, 241
キンティラ（西ゴート王）　　64
クインティリアヌス　　142
クラヴィウス　　70, 71, 106, 107, 110, 117
クラウディウス（ローマ皇帝）　　52
クリストフォルス・クラヴィウス　　70
クリストーフォロ・コロンボ　　83
クルビノヴォ　　269, 326
グレゴリウス13世　　70, 71, 93, 96, 107
クレチヤン・ド・トロワ　　164
クレメンス7世　　75, 76
ゲオルギオス（ニコメディア府主教）　　81, 82, 326, 327
ゲオルギオス・トラペツンティオス　　81
ゲオルク・ポイエルバッハ　　72
ケプラー　　74, 109-14, 116, 117
ゲルホフス（ライヒェルスベルクの）　　28
ケルラリオス（コンスタンティノープル総主教）　　44
コゴーリャ　　244
コスロー1世　　12
コンスタンティヌス大帝　　15, 17, 19, 71, 102, 267, 272-74, 276-81, 283-85, 341
コンスタンティノス9世モノマコス　　273, 274, 277
コンラート3世（ドイツ王）　　31

サウル　　245, 349
ザクアー（エルンスト）　　22, 23
ザノビ・アッチャイウォーリ　　73
シクストゥス4世　　82
シゲベルトゥス（ジャンブルーの）　　28
シビュラ　　9, 10, 22-24, 85
シメオン・メタフラスティス　　327
シャルル2世禿頭王　　345
シャルル3世（西フランク王）　　58
ジャン（ベリー公）　　22, 28, 145, 151, 158, 198, 340, 351
ジュリアーノ・ディ・サンガッロ　　86
ジュリオ・アレーニ　　72
ジョアン1世（ポルトガル王）　　60
ジョヴァンニ・チプリアーニ　　87
ジョヴァンニ・ピエトロ　　75
ジョヴァンニ・マリア・トロサーニ　　75
ジョン（ソールズベリの）　　27, 28, 36, 37, 125, 127, 129, 162, 362
ジロラモ・ティラボスキ　　75
シンプリキウス　　11
スコット　　14, 15, 19, 20, 24, 25
ソシュール　　317
ソフォクレス　　78
ゾロアスター　　79
ソロモン　　262, 265, 266, 272-74, 277, 281-83, 285, 348, 353

ダビデ　　33, 34, 294, 298, 303, 347, 353
ディオクレティアヌス　　15

人名索引　　　　　　　　　　　　　　　　　　　371

ティコ・ブラーエ　　74, 82, 109
ティトゥス・リウィウス　　354
チェーザレ・ヴァゾーリ　　80
チェリオ・カルカニーニ　　83
ディオニュシオス・アレオパギテス
　　85
テオドシウス　　267, 341
テオフュラクトゥス　　78
テオファーヌ　　5
デメトリオス　　212, 214
デッラ・ヴォルパイア　　84
デメートリオ・マルツィ　　70
トマス・アクィナス　　167, 174
ドメニコ・マリア・ノヴァーラ・ダ・フェッラーラ　　74
トログス・ポンペイウス　　354

ナルセス　　15, 16
ニキフォロス2世フォカス　　277
ニケタス　　29, 30, 33, 39, 42–46
ニコラウス・クザーヌス　　70
ニコラウス・コペルニクス　　68
ニコラウス・シェーンベルク　　76
ヌマ王　　71
ネレヅィ　　326, 327, 333
ノトケル　　122
ノルベルトゥス　　30

ハイメ1世　　59
パウサニアス　　229, 230, 234
パウルス3世　　74, 75, 76, 82
パウル・デ・ミッデルブルク　　70, 73, 76, 84, 91
パウロ　　8–10, 36, 39, 96, 273, 315
パオロ・ダル・ポッツォ・トスカネッリ　　72
パコミオス　　38
バシレイオス　　38
ハンニバル　　341
ピピン3世　　341
ヒポクラテス　　144, 161
ヒメネス・デ・ラーダ　　50, 64

ピュタゴラス　　69, 77, 81, 82, 87, 91
ヒルトガルト・フォン・ヒュルンハイム　　163
ファン1世　　55, 57
フィリップ・ド・ノヴァール　　143, 144, 150, 151, 153, 157, 158, 163–65
フィリップ・ド・トリポリ　　163
フィリップ・ル・ボン　　344
フェデリゴ・ディ・モンテフェルトロ　　84
フォイクト　　113, 114
フゴー（サン・ヴィクトルの）　　59
プトレマイオス　　72, 74, 82–84, 107, 212–14, 216, 217
プセロス　　79
プラトン　　68, 72, 77–82, 84, 85, 86–91, 234
フランチェスコ・ベルリンギエーリ　　84
プリニウス　　216, 225
プリマポルタ　　239
プルタルコス　　83
ブレトン　　81, 82
プロティノス　　89, 91
フロンティヌス　　354
フィロポノス　　11
フェルナンド3世　　62
フゴー　　28
ブランデス　　20
フリードリヒ・バルバロッサ　　31, 62
プロコピオス　　6, 17, 20, 21, 24
フンベルトゥス　　44
ベアトゥス　　243–50, 252, 253, 255–59, 361
ベーコン　　163
ベーダ　　125
ペトルス（ハメルスレーベン律修参事会長）　　31
ベッサリオン　　72, 81, 82
ペテロ　　8, 36, 96, 298, 315, 323
ベルトルド・ディ・ジョヴァンニ　　86
ベルナルディーノ・バルディ　　69, 73,

76
ヘレナ　　267, 276-81, 285
ボエティウス　　124, 132, 134, 136, 184
ポエプス・カペッラ　　80
ボームガルトネル　　164
ホルドニウス　　247
ポルフュリオス　　89

マイモニデス　　183
マイヤー　　20, 25
マグダリーノ　　7-11, 19, 20, 22, 25
マクロビウス　　91
マルカブリュ　　150
マルカントニオ・チャンピ　　71
マルシリオ・フィチーノ　　67, 85
マルティン・ヴァルトゼーミュラー　　83
マンゴー　　20
マララス　　6, 13-15, 16, 24
ミカエル8世（パライオロゴス）　　44
三木清　　228, 229
ミケランジェロ　　75, 76, 86
ミリナ　　17
ミルティン　　282
ムクタディル　　63
ムハンマド　　54, 64
メディチ家　　72, 75, 87
　コジモ　　85
　ロレンツォ　　67, 85-87
メストリン　　99, 100-02, 104, 106-11

ヤン・ファン・エイク　　344
ユスティニアヌス　　6, 7, 12-14, 17, 19-21, 24, 25, 272, 276
ユニアヌス・ユスティヌス　　354
ユリアヌス　　81
ユリウス2世　　73, 76
ユリウス・カエサル　　57, 71, 214

ヨアキム（フィオレの）　　47, 144
ヨシュア　　12, 348, 349
ヨハネ　　5, 8, 9, 35, 38, 46, 115, 191, 243, 245, 246, 248, 254, 257, 258, 265, 266, 270, 271, 288, 290-93, 306, 315, 319, 331-33, 362
ヨハネス1世ツィミスケス　　5
ヨハン・アルブレヒト・フォン・ヴィトマンシュテッター　　75
ヨハンネス　　54, 74, 122, 132
ヨハンネス・ケプラー　　74
ラウル・ド・プレール　　354
ラファエッロ　　84
ラブレー　　143
リウトプランド　　9
ルイ9世　　353
ルイ6世　　59
ルイジ・リリオ　　70
ルーカス　　50, 52, 100
ルーカ・パチョーリ　　72
ルドルフ2世　　97, 111
ルペルトゥス（ドイツの）　　28, 29, 30
レオ10世　　73, 76, 86
レオナルド・ダ・ヴィンチ　　69, 72
レギオモンタヌス　　72, 83, 84
レオン　　51, 54, 62, 63, 244, 249, 257, 258
レムス　　341
ロエスリン　　100, 102
ロタール3世　　30, 37
ロベール・カンパン　　344
ローマノス・メロードス　　16
ロムルス　　341
ロンクフォルス　　145, 149, 150

和辻哲郎　　228, 229
ワッツルローデ　　78

作品名索引

『アラス受難劇』　193-202
『アラブ人の歴史』　64
『アリストテレス自然学注解』（トマス・アクィナス）　177
『アルフォンソ三世年代記』　54
『アルマゲスト』　82, 83
『イヴァン』　164
『韻律学』（ベーダ）　125
『ヴィヴィアンの聖書』　345
『エペメリデス』　84
『エレックとエニッド』　164
『オータン受難劇』　195
『カール大帝伝』（ノトケル）　122
『回想録』　152, 153
『改暦新理概説』　70
『神の国』（アウグスティヌス）　33, 354
『ガリア戦記』　354
『ガルガンチュアとパンタグリュエル物語』　143
『キプロス人戦記』　152
『偽メトディオス』　22
『九六〇年聖書』　244, 255, 257, 258
『教会史』（オルデリクス・ヴィタ―リス）　27, 28
『教皇史』（ソールズベリのジョン）　27
『ギリシア書簡雑多集』　79
『クリジェス』　164
『クルドフ詩篇』　296-98, 304, 305
『建築について』　20
『綱要』（カッシオドルス）　123
『ゴート人の歴史』　53
『護教書簡』（ハーフェルベルクのアンセルムス）　31, 32
『告白』（アウグスティヌス）　172
『語源』『語源誌』『語源論』（イシドルス）　53, 121, 248, 354
『国家』（プラトン）　86
『サント゠ジュヌヴィエーヴ受難劇』　195
『ジェノヴァ年代記』（カファッロ）　28
『自然学』（アリストテレス）　170-72, 175
『受難の聖史劇』　193-202
『食養生』　161
『ジローナの刺繍布』　339
『神学大全』（トマス・アクィナス）　164
『人生の四時期』　143, 151, 152
『数学者列伝』　69
『スミュール受難劇』　195, 196
『聖アンドレアス・サロス伝』　17
『正書法』（アルクイヌス）　127
『生命論』　68, 88
『聖霊の賜物の秩序について』（ライヒェルスベルクのゲルホフス）　28
『世界誌序説』　49, 52
『世界年代記』　49, 52
『第一総合年代記』　50, 51, 62
『太陽について』　67-69, 78-81, 85
『対話』（ハーフェルベルクのアンセルムス）　28, 29, 31-34, 42-47
『ダニエル書』　8-10, 102, 248, 258, 312, 325
『秩序』（アウグスティヌス）　121, 127, 133
『柱頭行者ヨシュアの年代記』　12
『地理学』　84
『ティマイオス』　80, 90
『テオドロス詩篇』　287, 294, 296-300, 302, 303, 305-07
『哲学者アリストテレスとプラトンの比

較』　81
『哲学の慰め』（ボエティウス）　184
『天球回転論』　74-76, 78, 80-83
『ドイツ語説教集』（エックハルト）
　　168, 169
『道徳風，田舎風，恋愛風書簡集』　78
『トレード編年史』　65
「ナイル河風景」　214
「那智熊野参詣曼陀羅」　221
『年代記』（ジャンブルーのシゲベルトゥス）　12, 14, 24, 28, 355, 362
『バイユーのタピスリー』　356, 357
『パウリナ，復活祭の正しきお祝い』
　　91
『パラティヌス受難劇』　195
『パリ福音書』　287, 288, 290-94, 299, 300-02, 306
『光とは何であるか』　80
『光について』　80
『秘史』　20, 24
『ヒスパニア事跡録』　50
『秘蹟論』（サン・ヴィクトルのフゴー）
　　28
『秘中の秘』　149, 162, 163

『ピマンデル』　80
『二つの国の歴史』（フライジングのオットー）　27, 28
『フィシオロゴス』　302
『プラトン神学』　68, 87, 89
『プラトンの誹謗中傷者に』　81, 82
『プロスロギオン』（アンセルムス）
　　190
『ペルスヴァル』　165
『弁論家の教育』（クインティリアヌス）
　　142
『法律』　80
『牧歌』　88
『ポリクラティクス』（ソールズベリのジョン）　36, 37
『迷える者の手引き』（マイモニデス）
　　183
『モノロギオン』（アンセルムス）　189
『ユトレヒト詩篇』　299, 338, 341
『ヨハネの手紙一』（使徒ヨハネ）　191
「ヨハネの黙示録」「黙示録」（『聖書』）
　　8, 9, 13, 17, 19-21, 23, 25, 35, 38, 46, 68, 102, 243-46, 248-50, 252, 253, 257-59, 271, 361

〔ヨーロッパ中世の時間意識〕　　　　　　ISBN978-4-86285-133-8

| 2012年5月15日　第1刷印刷 |
| 2012年5月20日　第1刷発行 |

編　者　　甚　野　尚　志
　　　　　益　田　朋　幸
発行者　　小　山　光　夫
製　版　　ジ　ャ　ッ　ト

発行所　〒113-0033 東京都文京区本郷1-13-2　　株式会社　知泉書館
　　　　電話03(3814)6161 振替00120-6-117170
　　　　http://www.chisen.co.jp

Printed in Japan　　　　　　　　　　　印刷・製本／藤原印刷